徐珂編撰

清稗類鈔

第八册

中華書局

第八册目録

疾病類

喪祭類

師友類

會黨類

著述類

性理類

經術類

文學類

清稗類鈔

疾病類

高宗患癤

高宗壯年曾患癤，甫愈，醫云：「須養百日，元氣可復。」孝賢后聞之，每夕於上寢宮外居住，奉侍百日，滿後始回宮。

德宗多病

孝貞后賓天，德宗方十一齡。内監寇連材深悉帝多病之原因，嘗曰：「人當幼時，無不有父母以親愛之，顧復其出入，料簡其飲食，體慰其寒燠，雖孤兒亦必有親友以撫之也。獨皇上無敢愛之，即醇邸福晉醇親王妻，德宗之生母。亦不得親近，蓋限於名分也。名分上可親愛皇上者，惟西太后一人，即孝欽后。然西太后又絕不以上爲念，此帝所以多病也。」

孝貞后以微疾上賓

孝貞后崩之前一夕，以稍感風寒，微不適。翌晨召薛福辰請脈，醫士爲帝后診脈稱請脈。福辰奏微疾不須服藥，侍者強之，不得已爲疏一方，略用清熱發表之品而出。是日午後，福辰往謁閻敬銘，閻留與譚。日向夕，一户部司員滿人某，持稿詣請畫諾。閻召之入，畫稿畢，某司員乃言：「出城時，城中喧傳東后上賓，已傳吉祥版矣。」禁中謂棺曰吉祥版。福辰大驚曰：「今晨尚請脈，不過小感風寒，肺氣略不舒暢耳，何至是？或西邊病有反覆，外間訛傳，以東西互易耶？」有頃，内府中人至，則噩耗果確矣。福辰乃大戚，曰：「天地間乃竟有此事！吾尚可在此乎？」蓋福辰已以醫疾功，晉副都御史矣。自孝欽后寢疾，數日間，皆孝貞一人召見。於時左宗棠方長軍機，次晨入内，與同列語孝貞病狀，左頓足大聲曰：「吾昨早對時，上邊語言清朗周密，何嘗似有病者！卽云暴疾，亦何至如此之速耶！」恭王在座，亟以他語亂之。未數日，出督兩江之命下矣。蓋内侍在旁詗察，已以左語入奏也。或曰：孝欽實誣以賄賣囑託，干預朝政，語頗激。孝貞不能忍，又以木訥不能與之辯，大恚，吞鼻煙壺自盡。其所以致疑者，則以孝貞之弟桂祥時遣人入宫問候也。

上海消夏之致疾

上海人烟稠密，居民不講衛生，其消夏法，一日可分爲三截。午前烈日當窗，黑甜未足，炎歊萬丈，一呼一吸以承受之。午後則奔集於酒肆、茶寮、劇場、妓館，室不通風，復聚數十稠脂膩粉之輩，圍作肉屏風，以腐朽珍錯果腹。至夜而驅車於曠郊之夜花園，則入蘆棚、泥地、草亭，啜荷蘭水、冰其淋，樂此不疲，鷄鳴未散。雖金鋼玉樹之身，亦將何以堪此！故夏令未終，痢疾大盛，赤痢尤多，十死其九。

因病借壽

淮安居民之有病者，每至醫藥罔效時，親密戚友乃有借壽之舉。於是自結團體，往邑城隍廟拜禱，各願借壽一歲，以求延長病者之壽，俾其即日痊愈，得以治理未畢之家政。俗傳此舉定須十人，且必出於借者之自願，若由病家請託，或他人説合，則無驗。

身作曆本

青浦諸某，久嬰瘵疾，卧經歲矣。謂其族兄聯曰：「不意近今我身竟可作曆本看，每逢二十四節，無不先覺。」蓋時至而痛也。

杜開藩妻病後易態

乾隆丙戌，青浦杜開藩之妻得疾，死而復蘇，言語不可解，家人環立不相識。及愈，則紉績炊爨之事鮮有能者。越二十餘年始死。

鼠疫

同治初，滇中大亂，賊所到之處，殺人如麻，白骨盈野，通都大邑悉成邱墟。亂定，孑遺之民稍稍復集，掃除胔骼而掩之，時則又有大疫。疫之將作也，其家之鼠無故自斃，或在牆壁中，或在承塵上，不及見，久而腐爛，聞其臭，鮮不病者。病皆驟起，其身先墳起一小塊，堅如石，色微紅，捫之極痛。俄而身熱譫語，或逾日死，或即日死，可以刀割去之。然此處甫割，彼處復起，得活者千百中一二而已。疫起鄉間，延及城市，一家有病者，則其左右十數家即遷移避之，踣於道路者無算，然卒不能免也。甚至闔門同盡，比户皆然，小村聚中至絶無人跡焉。

瘴

甘肅多烟瘴，青海更多，至柴達木而尤甚。瘴有三種：其一，水土陰寒，冰雪凝沍，氣如最淡之曉霧，是爲寒瘴。人觸之氣鬱腹脹，衣襟皆溼，飲其水則立瀉。其二，高亢之地，日色所蒸，土氣如薄雲覆其上，香如茶味而帶塵土氣，是爲熱瘴。觸之氣喘而渴，面項發赤。其三，山險嶺惡，林深菁密，多毒蛇惡蝎，吐涎草際，雨淋日炙，漬土經久不散，每當天昏微雨，遠望之有光燦然，如落葉繽紛，嗅之其香噴鼻者，是爲毒瘴。觸之眼眶微黑，鼻中奇癢，額端冷汗不止，衣襟溼如沾露，此瘴爲最惡。三瘴又各分水旱二種：水瘴生於水，犯之易治；旱瘴生於陸，犯之難治。草地烟瘴，不似炎方之重，犯瘴倒地者，不忌鐵器，刀刺眉尖驗之，血色紅紫者，雖有重有輕，皆無恙，惟血帶黑者不可救。多食葱蒜薑韭，可敵瘴，少食番産蔬蓏野味，可避瘴。行道者早飲酒，吸菸草，腰間佩有磁瓶革囊，凡烟酒辛辣藥散之屬，無不當備。然漢人至番地，從無不服水土。老商户常稱鹽爲人生食慣之品，草地水味大半鹹苦，雖不適口，然不至傷脾。又山中盛産百草，水爲藥氣薰融，冷飲亦不致泄利。其最關係者，全在牛馬糞。牛馬不食腥穢，其矢質淨而無毒，不惟濃臭可解諸瘴，所爨熟食兼足健人脾胃。凡游牧山場，開墾盡屬良田，非特有天然之肥料，其瘴毒亦經其淘盡也。是以用牛馬糞代薪，不犯瘴氣，又可無水土不服之患。

蠱

南方行蠱，始於蠻僮，蓋彼族狉榛成俗，不通文化。異方人之作客閩、粤者，往往迷途入洞，中蠱而死。漳、汀之間較盛。蠱類不一，名亦各異。閩曰蠱鬼；粤曰藥鬼；粤西有藥思蠱，狀似竈雞蟲；滇蜀有金蠶蠱，又名食錦蟲。《五岳游草》載稻田蠱；《馮氏醫説》載魚蠱、雞蠱、鵝蠱、羊蠱、牛蠱、犬蠱、蜈蚣蠱、蜘蛛蠱、蜥蜴蠱、蜣蜋蠱、科斗蠱、馬蝗蠱、艸蠱、小兒蠱等稱。其造蠱之法，以百蟲置皿中，俾相啖食，存者爲蠱。或云，蠱者，人取三蟲之類，蝦蟆、蜈蚣、蛇虺也，以器皿盛之，使其自相啖食，餘一存者名爲蠱，而能變化。人以酒肉祭之，取出，放毒於飲食中，人中其毒，心悶腹痛，面目青黄，或唾雜鮮血，或下膿血。病人所食之物，皆化爲蟲，侵蝕臟腑，蝕盡則死。急者十數日即死，緩者延歲月。死後，病氣流注，傳染於人，故謂之蠱疰。或云，中蠱者面色青黄，爲蛇蠱；面色赤黄，爲蜥蜴蠱；面色青白，若内脹滿，吐出成科斗形者，爲蝦蟆蠱；面色多青，或吐出如蜣蜋形者，爲蜣蜋蠱。或云，南方蓄金蠶，蠶金色，食以蜀錦，取其糞置飲食中，毒人。或云，五月五日聚諸蟲豸之毒者，並寘器內，自相吞食，最後獨存者曰蠱，有蛇蠱、蜥蜴蠱、蜣蜋蠱。視食者久暫，卜死者遲速。蠱成，先置食中，味增百倍。歸或數日，或經年，心腹絞痛而死。家中之物，皆潛移去。魂至其家，爲之力役，猶虎之役倀也。其後夜出，有光耀如曳彗，是名飛蠱；光積生影，狀如生人，是名桃一作挑生；影積生形，能與人交，是名金蠶。於是任意所之，流毒鄉邑，殺人多者蠱益靈，家益富。蠱術公行，峒官潛知其狀，令巫作法厭之。取婦埋地中，出其首，澆蠟燃之，以召冤魂。魂不附，僮婦代鬼返罵，乃死，否則不能置之法也。

粵東之估，往贅粵西土州之寡婦，曰鬼妻，人弗娶也。估欲歸，必與要約，三年則下三年之蠱，五年則下五年之蠱，謂之定年藥。愆期，蠱發，膨脹而死；如期返，婦以藥解之，輒無恙。土州之婦，蓋以得粵東夫壻爲榮，故其諺曰：「廣西有一留人洞，廣東有一望夫山。」以蠱留人，人亦以蠱而留。

粵東諸山縣，人雜瑶蠻，亦往往下蠱。有挑生鬼者，能於權量間，出則使輕而少，入則使重而多，以害商旅，蠱主必敬事之。投宿者，視其屋宇潔淨，無流塵蛛網，斯必挑生鬼所爲。飲食先嚼甘草，毒中則吐，復以甘草薑煎水飲之，乃無患。蠻村，不可不常攜甘草也。

凡下蠱，皆出於僮之婦，若瑶娘，則不能下蠱。蠱有鬼，曰藥鬼。藥鬼之所附，僮婦恆不得自繇，代代相傳，必使其蠱不絕以爲神。其中於人得解者，或吐出生魚、生蝦、生鴨之屬，皆藥鬼爲之。

滇中亦多蠱，有以藥成者，有自生者。某太史典試雲南，偶與內監試某觀察言及，觀察曰：「此易見耳。」翼日，告曰：「蠱起矣。」太史出視之，如放烟火。觀察曰：「貴人指之則落，星使何不試之？」太史指之，果墜。太史曰：「觀察亦貴矣，何獨屬我？」觀察曰：「非欽使不應也，省中惟巡撫、學政乃可耳。考官天使，故請試之。」

湖南苗婦有蠱術

湖南保靖南關外富户姜正秀家，有雇工梁勝貴，勤苦誠樸，爲姜所信用。某日，使往那洞守碾房，梁挈其妻吴氏同居。吴本苗女，夙有蠱術，凡蛇蝎龜蛙之屬，蓄臥榻下。初各一二頭，未一月，竈廁間皆蠕蠕而動。往來碾米者遂視爲畏途，梁亦患之，累戒不悛。有人以其事告姜，姜懼，使人逐梁他徙。吴怒，披髮入姜宅，横目視人，口喃喃誦符咒，指牛，牛死；指犬，犬斃；叱人，人病，惡蛇毒蟲滿室中。姜大恐，率家人羅拜於吴，求恕罪。吴許之，患始平。

麻瘋

粤多瘋人，患麻瘋者是也。市多瘋男女，行乞道旁，穢氣所觸，或小遺於道路間，最能染人。高、雷間，當盛夏時，風濤蒸毒，嵐瘴所乘，其人生瘋尤多，至以爲祖瘡，弗之怪。當壚婦女，皆繫一花繡囊，多貯果物，牽人下馬獻之，無論老少估人，率稱之爲同年，與之諧笑。有爲《五藍號子》詩者，詩云：「垂垂腰下繡囊長，中有檳門花最香。一笑行人齊下騎，殷勤紫蟹與瓊漿。」蓋謂此也。是中染有瘋疾者十而五六。凡男瘋不能賣於女，女瘋則可賣於男，一賣而瘋蟲卽去，女復無疾。自陽春至海康六七百里，板橋茅店之間，數錢妖冶，皆可怖畏，俗所謂過癩者也。瘋爲大癩，雖繇溼熱所生，亦傳染之有自。故凡生瘋，則其家以小舟處之，多備衣糧，使之浮游海上，或使別居於空曠之所，毋與人近。或爲瘋人所捉而去，以厚賂遺之乃免。

粤東有麻瘋院，設於廣州城外，專養瘋人。患者既入內，不准入城。市有三蛇祛風酒，專祛風溼，然染疾太深者亦難見效。人家之買婢妾，雇乳婦，均須驗明有無麻瘋。其法，使其人處暗房中，以硝傾入火爐中燃之，如面色發青者無疾，面色如常則有疾，斷不可留也。

吴紹田好色染麻瘋

麻瘋之害，較楊梅尤烈。婦女罹此病者，往往遊行市上，搔首弄姿，惑諸少年，誘與之交，登徒子輒入其陷阱。桂林吴紹田，翩翩佳公子也，以其舅氏陳訓宦於廣州，因往依焉。一日薄暮，偶散步郊外，見女郎扶小婢，躑躅道路。睨之而美，顧無人，入以游詞，笑不拒，但啓齒嫣然笑，姍姍去。吴爲所惑，遥尾之，約半里許，入一巨第。吴徘徊瞻望，不敢遽入，密詢之鄰居，曰：「是某顯者家也。」吴悵惘若失。俄而婢出，招以手，卽隨入。越數重門，達女室，則方明燭凝坐，若有所待，低聲曰：「惱郎久待矣。」因扯與並坐。室中各物，窮極奢麗，一切陳設多未覩，錦帳低垂，床上裀褥厚尺有咫。吴至是，惟自慚形穢，跼蹐不自安。女笑謂婢曰：「若男子，羞瑟瑟，殆類小姑子。」顧謂吳曰：「子何前倨而後恭也？」吳曰：「我乃山野俚人，猥蒙不棄，恐污僊人，以是心不自安耳。」女笑曰：「君誠篤人也。」無何，就寢，宛然處子，吳亦護持周至。女忽於枕上潸然淚下，吳怪而問之，但泣不答。吳固詰之，女曰：「妾誠不忍見君死，用是悲耳。」吳詫曰：「是何言歟？」曰：「君不聞廣東麻瘋症耶？」吳大悟，既曰：「得親薌澤，即以一死報知己恩，可瞑目泉下矣。」女感其言，益嗚咽不成聲。漏三鼓，女曰：「君盍去，此難久留。」即起，送之出。吳歸，掩卧空齋，嗒然如喪。未幾，果病，一身盡潰爛，自分必死。初，其舅氏猶時一存問，繼則閉置一室，從窗外進食物，不過問矣。一夕，夜已深，忽奇渴呼茶，氣竭聲嘶，無應者，乃自起，匐伏暗中索之，忽觸一巨甕，捫之，滿貯酒，俯而牛飲，渴漸止，乃返身睡。次日，則遍身膿血盡成厚痂，揭之，隨手脱落，視膚肉，較昔日白嫩數倍。拔關出，奔告舅氏，述夜來狀。視甕中，則溺一蛇，長僅四五寸，有四足，始悟夜飲此酒而愈也。吳愈後，浼鄰媪，告女以不死，請續舊好。女曰：「吳郎，妾恩人，殆天佑之不死。桑中之約不可再，致意吳郎，但命媒妁來，妾誓嫁之，不遂，則以死殉。」吳喜，以商舅氏，轉託母家戚好致意女父母，並以事顛末告之，曰：「此天作之合也。」許之，遂以女嫁吳。

孔昭乾得狂疾

光緒丙戌，湘鄉曾惠敏公紀澤使俄歸，鑒京官之迂謬，不達外情，乃建議考試游歷官，專取甲乙科出身之部曹，使游歐美列邦。試畢，十二人中選，游英、法者爲寶應兵部主事劉啓彤、吳縣刑部主事孔昭乾、江陰工部主事陳爔唐、文登刑部主事李某。劉久客津海關署，習外事，衆皆奉爲導師。孔乃曰：「我爲散館庶常，豈反不如彼，而必聽命於彼乎？」隨行有兩譯人，一日，至意國境，船主號於衆曰：「明日有東行郵船往滬，有寄家書者，今日可書之。」於是皆具書報平安。次日晚餐，席次忽無牛肉，蓋西行浹旬，牛適罄也。孔謂劉曰：「船主私閱我家書矣。」劉詢故，孔曰：「我家不食牛肉已數代，自登舟至今，每飯皆牛，嘗不得飽。昨於家書中及之，茲忽無牛，是以知其閱我家書也。」劉笑曰：「船主未必識華文，閱信何爲？況歐人以私拆人信爲無私德乎，君何疑？」孔顧兩譯人謂劉曰：「彼，我國人，何以識洋字？安保船主不識華文耶？」及抵英，一日，游阿模司大礮廠，見有長三尺許之礮彈，孔問譯人，以砲彈對。孔怒曰：「爾以我爲童騃耶？砲彈乃圓物，我幼即見之。此殆一小砲，何云砲彈？」又凡經游之地，至門，輒有冊請留名，孔必大書「翰林院庶吉士」。劉每阻之，孔謂爲妬，大不懌。久之，病發矣。一日，忽具衣冠繕狀控劉，呈公使，大聲呼冤。公使不見。閱數日，竊吞同伴之鴉片膏半甌，復至庖覓冷飯半盂，咽而下之。夜半，斃焉。床頭有上公使遺書一通，略云：「劉曾引我至蠟人館，指所塑印度野蠻酷刑相示，謂將以此法殺我，故不如自盡耳。乞代奏伸冤。」孔死，公使乃奏請給卹如例。

張孝廉得狂疾

鄂垣張孝廉，名下士也，以事實近陰私，談者諱其名。先是，張婦逝世，悼亡詩文稿積數寸，同人羣指爲癡。既三年，納一妾，擬不再娶。戚鄰以宗祧所在，強張委禽於某氏。某氏知其有妾也，已不懌。

入門，妾以禮見主婦，抗不爲禮，張入房，責之。某氏亦以先妾後妻責張。薄言逢怒，遂賦《終風》。張由是指天畫地，每日如癲人。百計醫治，卒莫效。嘗自言有老叟夜至，時以九具鏡箱持贈，促令開視，云箱中所有，皆前生事。張遂逐鏡試之，見第一箱揭影，辨得前生爲紀文達公，第二爲瀘溪知縣，第三爲京師名妓，第四爲乞兒，第五爲南嶽苦行僧，第六爲歙縣孝廉，早卒，第七八皆童殤，至第九則今世矣。其箱中則現妻死已葬、繼妻與妾不和狀，本身氣惱成癲狀，忽將碗盞擲碎一一吞下狀，誤食毒菌，肢體青腫狀。又言癲一年便愈。凡過去事都驗，未來事亦由家人筆誌諸狀，以待印證。明年，癲果愈。適春闈在邇，部署入場，竟中式，授知縣。越年，張文襄公之洞調兩江，督兵防海，鄂督募練兵，與敵戰。張亦起辦團練，領鄉軍，數戰皆捷。復募兵萬人，往來長江上下游爲接應。時東南諸省糜爛已甚，與夢中所現各事皆吻合，究不識其夢境變幻何如是之眞也。

某制軍弟得狂疾

某制軍之弟某，有幹才。一日，往省其兄，晚食時，責制軍昏憒，謂將來恐招滅族之禍。制軍恚而入。次晨，某不別而行，竟附輪歸矣。制軍亦聽之。既而發電告以已爲其覓有保舉，恐特旨即日見召。時某尚在途，瞥見電有特旨二字，驚駭以爲禍作，矢溺齊下，旋忽躍入水中而死。

李瘋子罵人

光緒間，京師有婦人李氏者，年六十許，羣呼爲李瘋子。好詈人，輒於清晨，提一籃游於市，且行且詈，朝政民俗，一一指陳，無稍諱。羣兒輒尾之。初爲步軍統領所逮，致之獄，撻之不懾，久乃釋之。市肆争施以錢，且有爲之具飯者。得錢多，則以之建廟。廟凡七，皆延僧主之，而行詈如故。遇冠蓋於途，聲益高，入人家則又和顔款接，不類有疾者。

陳蘭堂得異疾

陳蘭堂屺瞻以詩、字鳴於嘉、道間，晚年得異疾，口瘖，手足痿痺不仁，而心思耳目如常，見人輒淚下，即援筆爲詩，輒得佳句。

阿桂得離魂病

阿桂，佚其姓，丹徒人，農家子也。年二十餘，已娶妻生子。某年冬，阿桂驟遘奇疾，終日咄咄，不飲亦不食。其妻憾之，百計求治，卒無效。一日晝寢，狀甚適，歷二小時許始寤，目灼灼四顧，口操魯音曰：「異哉！此何地也？我何由至此？」語畢，狂奔出門去。妻大駭，牽衣阻之。阿桂怒曰：「爾欲何爲？我非此間人，留無益。」語畢，又奮身欲行。妻泣曰：「爾即病狂，何床頭人亦不識耶？」阿桂笑曰：「異哉，我安得有此黄臉婆！」妻益駭，曰：「然則爾何人？」曰：「我李某，山東人也。既不識我，何認我爲夫？」妻曰：「爾名阿桂，我爲爾妻，此間人孰不知者。」又指其三歲兒泣曰：「此牙牙學語者，我與爾所生之子也。爾卽無結髮情，獨不念此一塊肉耶？」時村人羣集，衆口一致，皆韙其妻之言，阿桂亦踟躕不能決。妻又曰：「爾如不信，盍窺鏡自視？」阿桂曰：「善。」甫對鏡，卽噭然失聲曰：「異哉！今日之我，非昨日之我也。我之本來面目安在耶？」阿桂泣，妻亦泣。村人皆嘖嘖稱異，争詢其故。阿桂曰：「我亦不審何以至此。頃在山東時，惟午睡耳。」妻及村人仍意其病後譫語，設辭以慰之曰：「既來之，姑少安毋躁。」阿桂摇首曰：「嘻，我家有一妻一妾，華屋數楹，藏書萬卷，此齷齪者安能一朝居耶！我去矣，後會有期。」語時，又奪門欲出，妻號泣隨之，掉頭不一顧。村人不得已，乃執而送之官。阿桂本不識字，初訊時，親書供狀，則洋洋千餘言，斐然可觀。此卽離魂病，往往能以彼人之魂附於此人之身，阿桂殆其類耶？

外蒙易致寒疾

外蒙古各處，皆有漢人貿易，惟冬令苦寒，時有冷瘴中人，使人腿足腫潰。以馬腦髓敷治之，雖可漸愈，然亦多致殘廢。故漢人之初至其地者，必緊其袴帶，足亦不可常使貼地也。

眼病

眼病與種族至有關係，東亞人種之近視眼較西洋爲多，以東亞國古種族舊也。加以近世事物之多，而東亞人之執業處事，又不知調護之法，近視眼之進步，其度更速。然此尚不足慮也，最可危者，則東亞最多之眼病，我國古名曰椒瘡、粟瘡，俗稱痧眼，西人曰托拉呵謨。日本此病亦最盛，曰顆粒性結膜炎，或目爲國民病，而我國眼醫尚未知之。奉化某小學校，學生五十四人，而檢其患椒瘡、粟瘡者，多至十人。問其家族，則父母兄弟姊妹常苦眼病，且發赤眼。又以此病傳染最易，初時多不注意，及發覺，則病已甚重，且至失明。故美國海關檢疫令，凡東亞人上岸，必檢其眼者，即畏此耳。

楊秀清多服温藥而瞽

粵寇喜服藥物，凡人參、高麗參、肉桂、鹿茸温補之劑，隨處收求，並令諜人假充商販，兼赴各處購買。楊秀清以服温劑過多，熱毒上冲，兩目俱瞽。

短視

丁藥園，名澎，仁和人，以詩名，與宋荔裳、施愚山、嚴灝亭輩稱「燕臺七子」。其讀書處曰攬雲樓。客至，輒梯而登，則見藥園伏案上，疑晝寢，迫而視之，方觀書，目去紙不及寸。驟昂首，又不辨誰某。客嘲之，藥園戲持杖逐客，客匿屏後，誤逐其僕，藥園婦聞之大笑。一夕娶姬，藥園逼視光麗，心喜甚，出與客賦定情詩。夜半披幃，薌澤襲人，姬卒無語。詰旦視之，爨下婢也，知爲婦所給，則又大笑。每日晨入東省，侍郎李奭棠從東出，藥園從中入，瞠目相視。侍郎遣騶卒問訊，藥園趨謝，侍郎笑曰：「是公耶？吾知公短視，奚謝爲！」又乾隆朝，某省知府某入都展覲，召對畢，頓首言：「臣猶有下忱。」上曰：「何也？」曰：「臣有老母，臣來京，别母，母命臣必仰瞻聖顔，歸以告母。」上曰：「而目朕可。」曰：「臣短視。」曰：「攜眼鏡未？」曰：「有之。」曰：「帶鏡目朕可。」某頓首遵旨。有頃，上曰：「審未？」曰：「審矣。」頓首謝恩出。上嘉其質直，未幾竟大用。

董文恭鼻有淤肉

乾、嘉間，大學士富陽董文恭公誥久居京師，鼻有淤肉，閉塞，氣不得通。每當嚴冬，入西華門，撲面風來，則張口迎之。或風甚氣逆，則小立暫喘。老年則上氣疾，至冬恆劇，亦鼻息不能轉運之故也。

海秀以患痘自刺鼻孔

海秀，滿洲人，幼患痘，左鼻壅塞，人多笑之。海伺母出，以佩刀刺鼻孔，血涔涔下，卒通其竅。時方七歲。父歎曰：「此何異符生之刺目也。」

鼻出煙蟲

咸豐初，祁宿藻陳臬湖北，時吸鴉片烟之風初盛，其禁亦至嚴，署中人無敢私吸者。獨刑幕徐某，年老癮久，吸食如故。豢一猴，冬能温衾，夏能揮扇，酷愛之。徐吸煙時，猴恒蹲榻畔嗅煙氣。後徐以公事他出，猴癮起，疲憊，僵卧五日而斃，鼻中有黑物游出，如小蛇，蓋煙蟲也。徐歸，剖猴腹視之，則腹中蟲數百，蠕蠕而動，腸胃皆被齧穿，鼻中者僅其旁溢上行者也。或語徐曰：「君不戒吸，鼻中亦有烟蟲耳。」徐因此猛醒，亦即戒烟，然疲病如猴狀。祁命以猴腹煙蟲數條，焙焦研末，置藥中，使徐服之，不數日，癮竟斷。

縪病

俗謂臂短屈不能伸者爲綣膀。端方署江督時，檄州縣致二人，送日本，習普通師範。有顧聽秋、成蘭徵二人往。蘭徵右臂拳曲，且折其一支，如懸贅然，作書畫蘭皆左手，故自號左腕生。一旦改服短衣窄袖，則右手不能舉，蓋縪病也。

鄭環之疾革回光

乾、嘉之際，武進鄭環以經學名宇內，躬行峻潔，志在經世。自以學成不得用，常與當路言民間疾苦，於兵政、海防、屯田尤詳切。人或勸且厭，鄭猶曉曉不已，蓋冀其偶一聽用也。嘉慶丙寅，卒於甘泉訓導官署。客或往唁，則見其朝衣冠端坐，持筆疾書。客大驚，問先至者，則曰：「以丑初疾革，浴畢，斂以公服。天始曙，忽起索紙筆，曰：『吾註《易》，有四卦未卒業，是以回光續成之。』」客坐候至酉，始擲筆長歎而瞑。急舁上牀，身已僵冷而卦註畢矣。

錢寶峯病革囈語

錢寶峯爲花面中之老手，《蘆花蕩》、《長板坡》、《金雁橋》、《奪阿斗》，皆其著名之劇，而尤以扮《兒女英雄傳》之鄧九公爲得俠士鹵莽情狀。光緒中，病革，囈語曰：「閻君召我演劇。」此事近妄，而都下盛傳其言。

清稗類鈔

喪祭類

居喪不薙髮

薙髮雖滿俗，然古者喪而毁容，其時亦必薙髮。乃至本朝，於居父母之喪者不薙髮，自天子以至於庶人皆然，亦滿俗也。而皇太后、皇帝之賓天，曰國喪，臣民亦皆百日不薙髮，服縞素，禁止音樂、婚嫁，此即皇帝私國爲己有之一證也。

喜喪

人家之有喪，哀事也，方追悼之不暇，何有於喜。而俗有所謂喜喪者，則以死者之福壽兼備爲可喜也。

訃文

訃文，一作「訃聞」，古本作「赴」，以喪告人也。詳具死者之姓號、履歷及生卒年月日時、卜葬或浮厝之地及出殯日期，凡宗族、戚友、同鄉、同官、同事、同學必徧致之。

其新式男訃文如下：某某侍奉無狀，痛遭先考某某府君諱某某，慟於某年某月某日某時，以某病卒於正寢。距生於某年某月某日某時，享壽幾十有幾歲。某某親視含殮，即日成服。定於某月某日下午幾時至幾時，在家設奠。哀此訃聞。孤子某某謹啓。若在外病故，即於「正寢」上添「某寓」二字。晚近訃文，於「孤子」之下，以有服之直系、旁系親屬，仍照舊例一一載明者。直系親屬，孫與曾孫也。旁系親屬，兄弟、姪也。且有以女、媳、孫女、孫媳、曾孫女、曾孫媳、玄孫女、玄孫媳列於同輩男子之後者。各人名下，或泣血匍匐，或泣鞠躬，或抆淚鞠躬，或拭淚鞠躬，均酌其輕重而定之。

其舊式男訃文如下：不孝某罪孽深重，不自殞滅，禍延顯考皇清誥授某某大夫，歷任某官某某府君，慟於某年某月某日某時，壽終正寢。距生於某某年某月某日某時，享壽幾十幾歲。不孝某隨侍在側，親視含殮，遵禮成服。茲擇於某月某日，暫厝某地，預日家奠，另期扶柩回籍安葬。叨在友、寅、年、世、鄉、戚誼，哀此訃聞。某月某日領帖孤子某某泣血稽顙，齊衰期服孫某泣稽首，期服姪某抆淚頓首，大功服姪孫某拭淚頓首，功服姪孫某拭淚頓首，緦服姪孫某拭淚頓首。

俗例有將已故子孫之名，一并列入者，以黑底白文之字別之。若有三子，惟二子在家，一子不在家，則於「親視含殮」下，寫明某在某地，聞訃星夜奔喪，先後遵禮成服。友、寅、年、世、鄉、戚六字平列，用紅色。母若前卒，即稱孤哀子。若有繼母在堂，則於孤哀子旁加「慈命稱哀」四字。

其新式女訃文如下：某侍奉無狀，痛遭先妣某太君諱某，慟於某年某月某日某時，以某病卒於內寢。距生於某年某月某日某時，享壽幾十有幾歲。某某親視含殮，即日成服。定於某月某日下午幾時至幾時，在家設奠。哀此訃聞。哀子某某謹啓。

其舊式女訃文如下：不孝某罪孽深重，不自殞滅，禍延顯妣皇清誥封夫人某太夫人，慟於某年某月某日，壽終内寢。距生於某某年某月某日某時，享年幾十有幾歲。不孝某隨侍在側，即日親視含殮，遵禮成服，擇期安葬祖塋。茲擇於某月某日，在家設奠。謹此訃聞。哀子某某泣血稽顙，齊衰期服孫某泣稽首，期服姪某抆淚頓首，大功服夫兄某拭淚頓首，大功服姪某拭淚頓首。稱某太夫人者，以其子亦命官也。父若前卒，宜稱孤哀子。

又有以承重喪而發訃文者，承重孫爲長子之子，長子早卒，不克持三年之喪，其子代之，承父之重喪也。至所謂降服子者，已出嗣於人，僅持一年之喪。其所生之子，爲降服孫。所謂庶子者，妾生子也。爲高祖父母、曾祖父母亦有承重三年之喪。庶子於所生母，稱斬衰子，亦持喪三年。嫡子於庶母，即稱嫡子。

哀啓

哀啓隨訃文而分送，所以詳述死者生平之言行也。其式如下：哀啓者，先君云云，延至某月某日某時，竟棄不孝而長逝矣。嗚呼痛哉！不孝侍奉無狀，罹此鞠凶，搶地呼天，百身莫贖。祇以窀穸未安，不得不苟延殘喘，勉襄大事。苫塊昏迷，語無倫次，伏乞矜鑒。下列棘人某某泣血稽顙字樣。訃文，子以下均列名。此則但列子名，亦有稱孤哀子或孤子或哀子者，於祖父母於母均相類。

喪事之題主

神主，卽木主也。周武王載文王木主以伐紂。主有内外二層，内層中書皇清誥授光祿大夫某某府君之神主，上旁寫生卒年月日，下旁寫奉祀人姓名。外層亦然，惟無生卒年月日耳。内外層字從單數，不成雙。

初喪卽立神主，惟内外二層之主字，均寫王字，至受弔之日，有延請貴官達人行題主之禮。題主者，以王字改主字也。須二次，初由題主者以硃筆點之，繼改墨筆而主乃成。

喪用之銘旌

銘旌，喪具也，亦謂之銘，又謂之明旌。《周禮·春官·司常》：「大喪供銘旌。」近代用絳帛粉書敍其官爵，曰皇清誥授某某大夫或某某將軍原任某官之靈柩。題者必爲當世著人，曰姻愚弟或姻侍生某某某謹題。中間一行字數，無論多少，不成雙。

大斂後，懸以竹杠，置之靈右。出殯日，使人舁之以行。葬時，去杠及題者姓名，以旌加於柩上。

出喪之路祭

路祭者，於喪家出殯之日，靈柩經過之衢衢，肆筵設席以奠之，亦曰公祭，蓋皆戚友聯合醵資以爲之也。是時必擇一聲望較著者主祭，行一跪三叩禮，奠酒，讀祭文，餘皆跽於下。富貴之家，路祭有多至數十起者。

喪家開追悼會

凡有喪者，擇期設奠於家，或假寺廟庵觀，或假公共處所，則宗族戚友咸往祭唁，且致賻儀。於訃文聲敘之，曰某日領帖。帖，柬也。賓至時，必先投名柬也。俗謂之開喪，又謂之開弔。光、宣間，有所謂追悼會者出焉。會必擇廣場，一切陳設或較設奠爲簡，來賓或可不致賻儀。然亦有於定期設奠受人弔唁之外，別開追悼會者，無論男女，均可前往。其開會秩序如下：一，摇鈴開會。二，奏哀樂。三，獻花果。四，奏琴。唱追悼歌。五，述行狀。六，讀追悼文。七，奏哀樂。八，行三鞠躬禮。九，奏琴。唱追悼歌。十，演説。十一，奏哀樂。十二，家屬答謝，行三鞠躬禮，即閉會。至在事職員則如下：主禮員一人，庶務員二人，男招待員八人，女招待員八人，獻花果二人，述行狀一人，讀追悼文一人。禮簡者如下：一，摇鈴開會。二，報告開會宗旨。三，宣讀祭文。四，宣讀誄詞。五，行三鞠躬禮。六，述行狀。七，演説。八，家屬答謝來賓。九，奏樂散會。

京師有殃榜

京師人家有喪，無論男女，必請陰陽生至，令書殃榜。此殃榜，蓋爲將來尸柩出城時之證也。陰陽生並將死者數目呈報警廳。

東北邊境之葬

東北邊境人死，以芻草裹尸，懸之於樹。俟其將腐，解下，敷以碎石，薄掩之，如其軀幹之長短，蓋風葬也。

寧古塔人之喪

寧古塔人家有喪事，將斂，其夕戚友咸集，曰守夜，終夜不睡，主人待以盛饌，殮後方散。七七内必殯，火化而葬。棺蓋尖，無底，中置麻骨蘆柴，有被褥。父母之喪，一年而除，不薙髮。

崑人爲母喪服紅褲

崑山鄉女之居母喪也，必以紅色布爲褲，服三年乃除。謂母育己身時，惡露甚多，有血污之穢，死後必入血污地獄，服紅褲者，爲其祓除不祥也。男子亦間有之。

太倉人之喪

太倉喪禮，孝服尚白，用僧道者十室而八九。七日設祭，謂之燒七。七終舉殯，十二月臘始行葬禮。有信堪輿家言，停棺廟中，至數十年之久而不葬者，惟知禮者葬則如期。貧苦無力之家，好義紳士往往捐資設立義塚，代之營葬，施以棺木，代之殯殮。

南翔居喪之紅拜

嘉定之南翔鎮，有紅拜之俗。人家有喪事，小殮畢，其家屬依次衣吉服，先向靈前拜跪行禮，乃哭泣成服。相傳明末里人張子石鴻磐叩閽請折漕糧時，别其家人，作永訣，家人具衣冠拜之，遂以成俗。

淮安人之喪

淮安喪禮，與他處不同者有三：一，頭七。俗謂此日爲死者上望鄉臺之日，凡家中所有之事物情形，無一不爲死者所見。家中人多於此夜通宵不卧，咸服白衣，意恐死者不知其在此爲之成服也。二，送飯。俗傳人死之後，三日内不能即達閻王處所，則暫駐於本坊之土地廟中，此三日間，每夜必往土地廟送飯一次，並多焚紙帛，意似賄囑土地照應者。三，起程。三日之限既滿，本坊土地將死者送往都土地廟，喪家遂以紙紮轎馬，並延僧人、樂手導之，謂之起程，並謂轎爲死者所乘，馬爲本坊土地所騎也。

淮人鬧喪

淮人於女之已嫁而死者，母家必盡率其親屬，紛至壻家争鬧，一若此女爲其謀斃者，甚至奢列殯殮用途，壻家即貧，亦必傾其家蕩其産而後已。且必俟母家親屬到齊，始可殯殮。母家每故意留難，屢請不至，或由壻家託人關説，舌敝脣焦，而後始來。來則非謂衣衾之菲，即謂棺木之薄，吹毛求疵，誠不堪其擾也。

汴人之喪

汴中人死，著衣畢，即由主喪人自報三黨之親。三黨咸集，由最有關係之公親詢明病源，始許入殮。父死，必族長允之；母死，必母黨公親允之；妻死，必妻黨公親允之。其擅自先殮者，則公親羣起反對。殮之日，無舉動，俟至三七或五七，始設奠受弔。至於年老病久，或貧乏者，則亦不然。及出殯，惟用鼓吹，不延僧道。如二三歲小孩因病殤亡，必焚其尸於野，使成灰隨風而散，其意謂除其禍根，以保下胎之安寧也。

常德人之喪

常德人之喪，縉紳家必依朱子家禮，間有隨俗增損之者。普通居民則延僧道殯殮，作佛事，謂之建道場；或擊鼓歌唱，謂之伴夜。

粵喪之過社

粵俗，殉葬之衣，輒持至社壇，燃香火灼之，謂之過社。謂非此，則死者不能享。然考其所始，實具精意。蓋粵人尚速葬，因此多盜棺者，孝子憫父母遺骸之見辱，而又無術以止之，因以火灼其衣，示人以不堪用。社爲大衆聚集之地，故行於社，後人因之，遂成俗尚也。

潮人之葬

潮人溺於風水之説，妄思趨吉避凶。既葬其親，復出諸土，水之，火之，兵之。瘞骨以罈，曰金罐，易其處曰翻。甚有屢遷而卒暴露之者。

滇中小兒之喪

雲南風俗，大體雖與内地同，而亦有特異者。凡未滿七歲之小兒死時，土人以其先父母而入泉路，目爲不孝，乃盛以無蓋之棺，懸之樹，任鳥啄之。又普通人之習慣，例必曝棺於野三年，而後舉行葬儀，故屍體多爲豺狼野犬所啣齧，狼籍於道不顧也。

八旗喪葬

八旗人死，停尸於正屋之木架，曰太平牀，不在炕。所衣必棉，其數或七或九，蓋凶事尚單，故皆用單數也。既殮之三日，喇嘛誦經，曰接三，以死後之第三日必回煞也。接三者，近接魂魄也。柩停於家，多則三十一日，少則五日。開弔發引，一如漢人。逢單七，輒招僧諷經，雙七則否，五七有焚帛之舉。至六十日，則燒船、橋。橋有二，一金色，一銀色。船、橋，供其冥渡也。喪三年，守禮之孤子束薪卧柩側，饘粥蔬食，猶有古風。

其舊俗多以僕妾殉葬，朱小晉侍郎裴官御史時，始建議禁止，得旨允行。

蒙古喪葬

蒙古王公、札薩克府如有喪事，人民均須致送禮物，駝馬牛羊毡毯，視其貧富而定之。

蒙古無棺槨衣衾，其喪葬之禮凡三種：一，獸葬。普通人死，裸載牛車，馳於荒原，其顛撲之地，即爲葬身之所。子孫一無戚容，疾馳而回，尸任鳥獸啄食。一，土葬。富者以板製方櫃，白布纏尸，坐置其中，浮土壓之。札薩克則擇地埋葬，以磚砌壙，頗草率，粗具形式而已。一，火葬。惟大富貴者始行之。潔其尸，纏以棉布，塗以羊油，架乾柴焚之。檢其遺燼，送入五台山佛前儲藏。然不納多金，山僧拒不使入也。親友弔唁，亦有賻儀，惟較婚嫁禮略減。

新疆蒙人喪葬

新疆之蒙古人尚火葬，貴人歿，浴尸，韜以白布縢囊，舁至高原，平奠柴上，喇嘛誦經，舉火焚之。骨燼，則羣相慶賀，謂亡者無罪過，昇樂境也。取灰和藥屑、淨土，其藥來自西藏，名于勒哩，又名吱底斯。摶像，卜地葬之，壘土作塔形，亦有尖頂似矮室者。常人死，則以常服冪其尸，喇嘛取亡者年命卜地，馬載之往，誦經，投鳥鴉、狐犬，任其啄噬。旁熾火一炬，送葬者躍火而歸，不得數返顧其尸。食盡，則大喜，越三日不食，舉家皆惶惑恐懼不懂，謂亡者罪大，鳥獸皆不食，將獲陰罰。乃益延喇嘛誦經，驅鳥獸速食，謂之天葬。葬畢，相率遷徙，以死者地凶惡，絶履跡。復延喇嘛誦大經，以死者衣服、雜物、牲畜，持半施庫倫，乞誦經，祈冥福。冥福厚薄，視施送多寡。故庫倫喇嘛皆擁厚貲，富與萬户侯等。又有人所稱慕爲大喇嘛者，藏獨角獸之角，用以畫地，長與尸身齊，置尸其上，是地卽爲亡者有，除一切罪孽。非生前有大善，不獲遘此。遘之，卽羣舉爲慶。

子爲父母，妻爲夫，均持百日服，平人則持服四十九日。服期不著鮮服，髮不梳櫛，不宴會嬉遊。服闋，始出門。婦人守節與否，視其志，無強之者。親歿，無廟祭、忌日，然酥燈佛座前，焚香奠酒禮拜。富者以銀畜送庫倫，貧者獻哈達爲亡人誦經。男女爭擕銀畜茶麵至庫倫，告以死者之名，祈喇嘛超薦。

每遇佳節，子孫延喇嘛至葬處追薦，哭奠如儀。天葬者，誦經於室，仰空哭奠而已。

哈薩克人喪葬

哈薩克，卽蒙哈也。其俗，親死不居喪，不奠祭，惟舉哀而已。死則速葬不宿。人病，延莫洛大誦《依滿經》於耳側，經言死後復生善地之意。歿，取淨水洗尸，以阿和乃哆卽細白布。密絞而堅絜之，奠板上，幠以常服之衣。莫洛大率其家人往拱不耳，猶漢人之義地。掘地爲長方穴，舁尸置其中，頭北而足南，面西向，亦有旁開一穴安放尸身，墓門閉以木板者。西向者，朝汗之意也。墁門疊土爲墓，會葬者誦經而後返。未葬之前，衆不得飲食。至是，始大嚼。莫洛大攫死者衣物以去。既葬，四十日以內皆誦經，莫洛大多者至二三十人，少亦三四人。竣事，各酬五歲馬一匹，亦有報以銀者。富者初周之年，設宴會親友，多殺馬駝敬客。至者賻貨財，賵牛馬羊駱駝，量力大小，自挈氈幕，聯結墓左右，爲馳馬鬬捷之戲。是日也，童子年不盈十五者，跨馬至會所報名，以次編第，萃集數十里外，整鞍按轡而立。聞角聲起，蹴踏飛馳，疾如驚矢，先至者居第一，以次至四十騎而止。第一酬銀畜值千金，其下獎各有差。遠近慕嗟，以爲矜寵。光緒時，千戶長唐古忒爲其亡父千戶長音薩周年，中、俄賓客如期而至者四千餘人，氈房三百餘頂，稟請中、俄官長到會彈壓。其供上人皆馬駝上品之肉，一房給羊一隻，以食僕人。是日賽馬者三百五十餘騎，第一騎酬元寶銀十枚、駱駝五隻，以次皆有旌賞。是會也，費二萬餘金。

夫死，婦毁容，戚友弔唁者對之痛哭，以抓面流血爲戚，否則鄙笑之，以爲無情。婦之於夫，子女之於父母，喪服無定制，類持服四十日，不出門，不宴樂。無墓祭，然時延莫洛大誦經以薦亡人，蓋亦追遠之意也。

回人喪葬

回俗，凡遇將死之人，其子孫必先盡去其衣，以衾覆之，慰以一心歸主，不必他慮。死後則冪其面，雖骨肉至親不能揭視。乃請阿渾至，取寺中聖水爲死者自頂至踵洗濯潔淨。富者以綿纏體，如裹粽狀，貧者以布代之。殮竣，眷屬始入帷，同置死者於棺。棺以四板合成，洞其底，可開闔，教中稱爲馬衣。不問貴賤老少，皆同此棺。俟舁至山中下土，仍舁回，待再用也。富者用石棺。棺外有呢蓋遮掩，前導焚檀香兩爐。後復改用籐棺，外可望見屍身。墳立石碑，四週藏以檀香等末，以防尸化。葬時有教師爲之誦經，卽遇大祥、小祥，亦僅請教師爲死者誦經二日而已。

纏回喪葬

新疆纏回喪葬之俗，人死，延海蘭達爾集屋上誦經。猶内地寺廟之香火道人。戚友弔唁，賻銀畜。卽日，以白布絞尸，納之穴，阿渾誦經，家人皆純素冠帶。子女之於父母，妻之於夫，若兄弟親戚，持服四十日，或百日，不薙髮，不華衣。封土爲墳，謂之麻札，或長，或圓，形式不一。上飾馬牛羊之角尾。富家或築廬墓側，聘明經典者守之，朝夕諷誦，謂之唸素爾。春秋佳節，淪羊肉糜祭於墓，謂之散尼牙子。不建廟，不樹主。有子者，財産歸子，其女與前妻之子，得分子之半。無子有女者，財産歸女。子女俱無者，不立嗣，撫他人之子，不得分財産，兄弟及親戚均分之。其妻無所出者，僅分女所應得財産之半。子先父母死，父母財産例不得及於其孫。

布魯特人喪葬

布魯特人之父母或夫死，無三年喪。葬畢，除素服，著青衣。有墓祭。期年，開筵享客，戚友羣以牛羊相問遺，爲設刁羊之會，或植高竿爲的，以礮矢角勝負。

藏人喪葬

藏人以爲人之脈動呼吸一時停止，猶不足爲生命滅絶之證，其靈魂尚留於身，凡三日。甫死而卽移之出瘞，是罪惡之舉也。故若人死，皆當停尸於家三日。此三日中，戚友皆弔，並祝死者來生之幸福。至第四日之晨，乃將死者及移尸者之運命占算之，又請一喇嘛爲行葬禮。喇嘛乃作法，使靈魂由腦之一裂罅出。苟不行此，則靈魂將失其大道而入於地獄。當是時，喇嘛獨留於死者旁，門窗皆閉，必待宜告死者魂魄之出路，乃可入室。喪家因喇嘛任此莊嚴之事，乃酬以牛羊金錢，其厚薄則視死者家計之豐嗇以爲斷。

柩未離家之前，令星士推占弔客之生辰，苟與死者生辰同一星辰，則其身將有大不幸，卽不得襄理葬事。是時將尸移置舁床，從吉祥之方位，停於屋隅，於頭側燃五牛脂燈，環以簾，並陳其在日常嗜之飲食及燈於簾中。詰朝，柩將赴葬地，弔客皆向之行禮，以二人攜茶酒及一切食品隨其柩，死者之坐家僧或喇嘛，則擲一錢於舁床，緩隨其後。其前行時，右手擊手鼓，左手鳴鈴。若柩未至葬所而中輟於地，則爲大不祥，即於其地再整理之。

拉薩之隣有二葬地，一曰伐邦卡，一曰西拉夏。殯於伐邦卡者，付三唐喀西藏錢名。於此寺爲茶敬。殯於西拉夏者，付一唐喀於守墓人。每一墓地皆樹大石碑，鐫刻死者之服飾，尸則置於其下。

達賴喇嘛圓寂，尸棺裝入佛塔，砌訖，以金塗罩之。若濟仲第穆諾們罕死，則以香焚化。其餘官民，悉用天葬、地葬、水葬之法。死之日，有力者擇吉抬尸至寺前，將尸截爲無數段，第一片則擲飼最大或最老之鷹，餘則飼他鷹或鵰，曰天葬。碎尸者，藏人自以爲最慈善之舉動，最高尚之道德也。尸果爲鷹所噬，則死者即爲善人。若鷹之來噬者少，且犬亦不近之，則其人即有大罪惡矣。尸既畢碎，又將其骨與腦和之以飼鷹。既，乃用一新瓷杯盛牛酪與麥粉，燃之以爲香，以送死者之靈。司葬事者淨其手，略離墓地而進晨餐，日中乃歸。次則用繩縛其尸，使膝口相連，兩手交插腿中，以死者所服之舊衣裹之，盛以革袋，更懸之於梁，招喇嘛誦經，家屬坐於死者四周而號哭。如是者數日，乃送於剮人場，刲以飼犬。其骨以臼搗碎，和糌粑拋之，曰地葬。頭骨爲司剮者攜回，留以配合火藥。拋河中以飼魚者，曰水葬。司剮者卽丐頭，亦有碟巴管束。至水葬，則自行剮拋。若不剮碎，全尸漂起，蠻役卽報浪子轄查究辦理。凡孕婦、無出婦及瘋人之尸，皆裹以革囊而投之於漳浦河。西藏大河。藏諺云：生子而不育者，白石女也；女而不育者，半石女也；子女俱不生者，黑石女也。此類婦女及瘋人之尸，皆極不淨，不當葬於鄉土境内。乃置之於最高之山谷，或蒙以馬牛皮而擲之河。亦間有不葬，以尸懸空房，俟其乾以配火藥者。

又如賢後之徒，乃從佛教流派而出者，則存其焚餘於金銀銅器中。其保存之法，亦如埃及之木乃伊。將藏此焚餘之器供於神位，如佛像然。

凡人死，宗族戚友往弔之，貧者助銀錢，富者贈哈達，亦有饋茶酒者。其有服之男子，百日中不盛服，不梳沐，婦女則去耳環與念珠，他無所忌。富者時召喇嘛，使諷經一年。死後第七日，頌禱者爲之祈死後之冥福，而一切施濟如穀食金銀等物，皆以奉喇嘛，並爲熬茶送大小昭點燈。此等舉動，每值第七日，皆當舉行，至四十九日大宴喇嘛後乃止。死者衣物悉送喇嘛，其財産則遵死者遺囑，贈於高等或有令聞之喇嘛。

藏人有遺囑，其由來亦甚遠。富人每以其財産與其子或友，又留一分以爲其身後各事之費用者。

死後之四十九日以内，皆當於靈几前供獻酒食，並燃麥粉、牛酪、松屑以爲香。至第四十九日，則凡屬死者之衣履、冠帶、錢幣等物，皆淨之以水送喇嘛，爲死者祈福。喇嘛則登壇作法，驅除邪神餓鬼，俾勿擾死者冥間之安居。

西康番人喪葬

西康番人父母死，號哭躃踊，捶胸抓髮，哀痛迫切，與漢人同。至於葬，則有天、水、火葬之別。如人死以尸送之於山，任烏鴉食其肉，所餘之骨收而碎之，敷以麥粉，復爲鳥食，必食盡而後止，名曰天葬。又以尸棄於河內，名曰水葬。又以尸用火焚化，將灰和泥，大如雞卵，棄以巖穴間，名曰火葬。死後無祭祀之禮。夫死，妻即可他適。妻死而夫未滿三年即娶者，輒爲人所笑罵也。

西寧番人喪葬

甘肅、西寧有食骨之鳥。番民死，負而適野，其長荷鋌前導，至沙漠無人之處，左右顧視，若相幽宅。久之，仰擲鋌，視鋌所墜，置尸其處，如鋌首而首焉。乃出室女脛骨爲樂器。其俗，室女死，截其脛，空之如管。至是，吹以召鳥，其聲嗚咽哀怨，和以悽厲之歌。俄而翼聲颯颯，鳥四集，地爲之黑，血肉食盡。鳥似鷹而大，長喙，骨遇之立化。骨盡，則相與慶慰，謂之天葬。呼其名曰鶻，《廣韻》鶻，鷹屬也。意其字之從骨，殆形聲兼會意歟？

行火葬、水葬者，以其骨和土搗如泥，貯各缶，置之廟内或塞之山脚下。

番民之死，其家人不哭，不變服。

乾州紅苗喪葬

乾州紅苗有喪事，不設木主，葬無棺槨，以筊卜地，淺瘞而封之，宰牲墓祭。過三年，不顧視。初喪受弔，椎牛設飲，謂之送哭。

六額子之葬

六額子在大定、威寧，人死年餘，延親族祭墓，發冢開棺，取骨洗刷令白，以布裹之。復埋三年，仍開洗如前。如此者三次乃已。家人病，則云祖骨不白所致，以是亦名洗骨苗。

麽些喪葬

雲南麽些種人，死無喪服，棺以竹席爲底，盡懸死者衣於柩側，而陳設所有琵琶猪。頭目家有喪，則屠羊豕，所屬之人來弔，皆飯之。死無論貴賤，三日後舁至山，厝薪灌酥，焚而棄其骨，取炭一寸瘞之。

那馬喪葬

瀾滄弓籠之那馬種人，死無棺，置尸牀於庭，陳死者衣冠。家人哭不絶聲，姻婭弔於百步之外而哭，友弔於五十步之外而哭，哭於尸所，以所攜尊酒灌尸口畢，躃踊卒哭而拜。鄰人延而款以酒食。五日後舁而焚之，葬骨立墓，歲時俱祭。喪服尤嚴，五世後之族兄弟，子姓之姻婭皆有服。一時輕重之服俱遇，則先服其重者，而補輕服於後。其服無節而遇恆多，故其人長年多白衣冠也。

黎人之喪

黎人有父母之喪，用木鑿空中心以爲棺，埋地中。其上無建築，無標識，祭掃禮儀蔑如也。親喪，衣服如常時，僅以白布包其首，父母三年，伯叔期年，貧者并此無之。

瑶人之喪

廣西瑶人死，陳尸中庭，著芒接羅，名曰茅綏，召集優伶於家，朝暮演劇，出殯乃已，謂之暖靈。發引日，戚友倩角男羈女，飾古今人物數十具，各執丈許之竹竿猶帶枝葉者，盛服鳴鼓鑼爲前導。又或始死置尸館舍，鄰里少年各持弓箭繞尸而歌，以箭扣弓爲節，歌數十闋，乃棺斂之，送往山林，别爲廬舍，待積有二三十棺，始葬之石窟。

反而虞，沿途號其字曰某復，以爲不號，則魂不歸也。再虞，則舉其所遺衣服爇火之。無禫、祥禮。三十六閱月，服甫闋。未闋，不衦金，不肆刼，雖瑶目脅之以威，葛黨鉤終不忍佩。葛黨鉤，瑶利刃也。迨晨除素服，晚卽肆暴如故矣。

神祇鬼魅之祭

祭祀爲人世所不廢，五大洲皆有之，以彼之宗教，亦有儀式也。我國重宗法，故重祀祖，又爲多神教，而於天神、地祇、人鬼、物魅亦皆有祭，陳列淆雜，莫衷一是。或常年設祭，或祭無定期，而不屬於時令者亦不可勝數。

行香

行香本爲事佛儀注，卽執香爐以繞行佛會中也。帝王行香，則自乘輦繞行，而令他人代執爐以步其後。其行香之法，或謂散撒香末，或謂仍自炷香爲禮，但執爐周匝道場而已。近世文武官吏入廟焚香叩拜，曰行香，則但襲其名耳。亦曰拈香，俗語謂之燒香。

黄陂人朝山

黄陂鄉人每歲於農事畢，行朝山禮。每社香頭四人，四人中又舉一人爲長，先期齋戒。行日，沿途鳴鑼宣佛號。其宣佛號，先一人曰南無阿彌陀佛，羣應之曰無量壽佛，一路呼號至山。冠染麻紅纓涼帽，躡草履，披天青布單套。朝山畢，必購山上所售木喇叭、木刀、木鎗筋及湯勺之類，攜歸以贈親友。

蜀人拜香

蜀俗，父母有疾病，子即拜香。拜香者，以香三縛於額，一步一跪，自其家起，至廟而止。路之遠近，即視病之輕重也。

旗人所祀之神

關羽、馬神諸祀，滿蒙漢軍旗人一律舉行。其祭品，牛羊豕雜牲皆有之，惟庫雅喇滿洲每殺犬以祭，而對人則諱言爲豕也。

滿洲跳神

滿洲尚跳神，無富貴貧賤，皆於內室供神牌，木版無字，亦有用木龕者，室中之西壁、北壁各一龕。凡室，南向、北向以西方爲上，東向、西向以南方爲上，龕設於南。龕下懸黃雲緞簾幙，亦有不施者。北龕設一椅，椅下有木五，形若木主之座。西龕上設一几，几下有木三。春秋擇日致祭，謂之跳神。其木，若香盤也，祭以香末灑於木上。室南向者，多以北壁爲正龕，西爲旁龕；東向則以西壁爲正龕，南爲旁龕。旁龕乃最尊處也，最尊處所奉之神爲觀世音大士，次爲關帝，次爲土地，故用香盤三也。

國初出師，恆載關羽像以從，所向克捷。及入關，乃崇祀之，尊與孔子並，滿語稱之爲關瑪法。瑪法者，祖之稱，蓋尊之至也。中壁所祀，一爲朱果發祥之仙女，一爲明萬曆媽媽。

八旗舊族、宗室、王公家跳神，每前一月，於神房敬造旨酒，用黍米糟麯，如江南造酒式。前三日，每日朝暮獻牲各一，曰烏雲。即引祀也。前一日，敬製糕餌，以椎擊碎黃黍米，然後蒸饋，曰打糕，神前各置九盤。大祀日，五鼓，獻糕於明堂如儀。俟使歸，主人吉服，嚮西跪，設神幄，嚮東，供糕酒素食，中設如來、觀音、關羽位。女巫吉服舞刀，祝曰：「敬獻糕餌，以祈康年。」主人跪擊神版，諸護衛擊神版及彈弦筝、月琴以和之，聲嗚嗚可聽。巫歌畢，誦祝詞，主人敬聆畢，叩首，興。司香婦敬請如來、觀音二神位出户牖，西設龕，南嚮以奉之。司俎者呼進牲，牲入，主人跪，家人皆跪。巫前致詞畢，以酒澆牲耳，牲耳膶，司俎者高聲曰：「神已領牲。」主人叩謝。司俎者揮庖人進刲牲，葅烹畢，及熟薦，選牲肉最精者爲醢，供神位前。主人再拜謁，巫致辭。主人叩畢，巫以繫馬吉帛進，巫祝如儀。主人跪領吉帛，付司牧者，叩，興，始聚宗人分食胙肉，不許出户庭，且諱言死喪事。賓至，主人迎送不出庭門。暮供七仙女、長白山神、遠祖、始祖位，西南嚮，以神幔隱蔽窗牖，誌幽冥之意。舞刀進牲，讀祝詞，惟伐銅鼓作淵淵聲，祝詞聲調各異。次晨，設位於庭院前，位北嚮。主人吉服，用男巫致詞畢，以米灑揚趨退，主人叩拜。牲内皆刲爲葅醢，和稻米以進，曰祭天還願。越翼日，於神位祈福，供以餅。餅以五色縷供神前，祝辭畢，以縷繫主人胸前，爲受福。三日，祭乃畢。若滿洲舊族之近興京城者，祀典禮儀皆同。惟舒穆禄氏供大上帝、如來菩薩諸像，又供貂神於神位側。納蘭氏則獻羊雞魚鴨諸品，巫用銅鈴繫腰跳舞，以鈴墜爲宜男之兆。

蒙人祀天門星

蒙人每晨熬茶畢，將一勺出戶，向東南奠之，跪誦經語一句，謂之哈拉哈烏敦，譯言天門星也，即靈星。

蒙人祀佛

蒙人居行帳中，必供佛數龕，像以銅製，貧者則以泥製。供佛之處，率在包之西隅，隨門爲向。供淨水五杯，或炒米五碗。碗以銅製，式扁緣厚。佛前然火一盆，牛油海燈各一具，均長明不滅。佛龕前除叩拜外，不許人立，謂阻佛路也。撥火之鐵箝夾，人不得動，動之則謂招口舌也。

蒙人懸帛致禱

凡出行帳外必懸紅或白方布旗，大小不一。旗密書經語，皆藏文，喇嘛所書也，飄颺風中，俗呼經旗，云以鎮邪魔也。

蒙俗尚鬼，山川神祇，累石象塚，常懸帛致禱。報賽則植木爲表，謂之鄂博。過客致敬，不敢犯也。

蒙古跳神豫防劫祀

蒙古跳神用羊酒，以一人介胄持弓矢坐於牆闕。蓋先世有劫祀者，故豫使人防之，後因沿爲制也。

蒙番磕等身頭

青海柴達木蒙番之奉佛，必磕等身頭，望南叩頭而進，以拜代步。身貼地，兩脛後伸，兩手前推，手指印地爲記。起而前，足趾接手印處，跪下復拜。起立，再步至手印處，跪下復拜，以趾接指。連環相接，中無隙地。每一拜則向前行六七尺，每日可行十里，如是竟日。過阿克坦河、巴顏喀剌山、木魯烏蘇、當拉嶺、喀喇烏蘇、岡里斯山，至拉薩達賴喇嘛所居之寺，凡七千里，約歷一年有半，尚有雨雪風沙之時，則須兩年有餘矣。

苗人祭用牛牲

白苗之祭祀用牛。其屠牛之法，先縶之，乃使大力者以斧背擊其腦，必一擊卽倒，再剖割之。倒之方向，謂爲有關禍福，如向不祥之方而倒，則羣扶之，務使轉其向。此法青苗、黑苗、花苗及仡佬、倮儸、仲家、蔡家諸族皆同，然祇屠祀祖之牛時如此耳。

祭時若不用牛而用彘，則曰做母豬鬼。乃擇一長高而瘠之彘，先刺斃，以泥遍塗其身。掘地爲竈，燔多柴，投塗泥之彘於其中。二三小時，取出撥泥，皮毛隨脫，分啖之，必立盡。又指某地爲昔年曾做大鬼殺牲數萬之地，相率不敢居。凡有疾病災害，則禱於先人之墓。

粤寇鑄像奉祀

粤寇洪秀全皈依加特力教，嘗以黄金鑄天主像，高三尺許，供奉高臺，率其徒黨禮拜。越宿，乃被竊，洪大怒，殺二十餘人。

或曰：秀全崇奉邪教，嘗雕一木像，高二尺許，人身虎頭，云係天父差來傳語，衆叩拜甚恭。逢禮拜期，裹以黄綢，置臺上。遇陰晴，三日前徧掛牌，詭稱天父下界告知。所派間諜，每百人爲大隊，五人爲小隊，身貼小布一塊，如指面大，腿臂各分暗記，分道而行。或裝僧道，或扮乞丐，或肩挑貿易，每至一處，卽於城牆畫一白圈爲暗號，欲使愚民疑爲天神下降也。

粤寇禱辭

洪秀全據金陵時，臨餐，率誦讚美詩。詩爲洪自製，其辭云：「讚美上帝，爲天聖父。讚美耶穌，爲救世聖主。讚美聖神，封爲神靈。讚美三位，爲合一真神。天道豈與世道相同，能救人靈，享福無窮。智者踴躍，接之爲福。愚者醒悟，天堂路通。天父鴻恩，廣大無邊。不惜太子，遣降人間。捐命代贖，吾儕罪孽。人知悔改，魂得升天。」初入城時皆誦此，後又屢易。誦畢，各向外跪，手書默念「小子秀全跪在地下，仰求天父皇上帝老親爺大開天恩」等語，末句則高呼「殺盡妖魔」等字，於是始飯。

梨園供奉之神

梨園子弟之唱崑曲者，輒奉一少年白皙冠服如王者之神爲鼻祖，謂爲老郎，相傳卽唐玄宗。殆以中秋游月宮霓裳偷譜之事，而玄宗且自稱三郎，又因禪位倦勤退爲上皇，而稱之曰老郎，此傅會之所由來也。至唱秦腔者之祀秦二世胡亥，謂胡亥所倡，則不知何據也。

衡人送趙公

衡州貿易之家，必有趙公，俗所謂招財菩薩者是也。然趙公之來，必有親友歡送之，否則不能保其發財也。歡送之手續，必先具帖報告，於某日邀集其歡送者，華服峩冠，以一人擕趙公，附以爆竹聲、鑼鼓聲，亦有不用鑼鼓者。蜂擁而去，磕響頭，讚土地，送之商店，然後餔啜，且索酬焉。

閩海船祀天后

閩中海船之舵樓，皆有小神龕，龕中安設天后牌位，並備具木製之小斤斧鋸鑿等物。若遇大風浪，必先斫斷桅木，以免搖撼。倉猝間力斫之不斷，則由舵工向神龕虔誠拈香，然後取出木製之小斤斧，作斫伐之勢，則其梳自斷。天后林氏，初封天妃，莆田人。

以祀關羽愚蒙

本朝羈縻蒙古，實利用《三國志》一書。當世祖之未入關也，先征服內蒙古諸部，因與蒙古諸汗約爲兄弟，引《三國志》桃園結義事爲例，滿洲自認爲劉備，而以蒙古爲關羽。其後入帝中夏，恐蒙古之攜貳也，於是累封忠義神武靈佑仁勇威顯護國保民精誠綏靖翊贊宣德關聖大帝，以示尊崇蒙古之意。是以蒙人於信仰喇嘛外，所最尊奉者厥惟關羽。二百餘年，備北藩而爲不侵不叛之臣者，端在於此，其意亦如關羽之於劉備，服事惟謹也。

黎人祀李明

瓊州峒黎祀貍神，水旱疾苦皆禱之。相傳神降世於三百年前，能以術屠猛獸，驅蛟螭，故祀之。或謂貍爲李之誤，神姓李，名明，乃杜永和部將。明永曆帝事敗，走之潮州，後入瓊州之黎山。黎人初欲害之，獨身與羣黎鬬於野，三合三勝，黎人驚服。有酋長某迎以居，使其人從習武。當是時，黎人水耕火耨，績木皮爲衣，神至，出所攜棉子種之，萌芽怒生，以秀以吐。實熟之際，纍纍者百頃一白，教之出棉，貿於漢人，多得錢鹽。黎人喜，又教之招漢人授紡織之法，黎中始有棉布。黎人居山峒，出入多虎患，獵以標槍，不慎，輒爲所傷。神取黎中毒箭，度虎所經處置之，一夕斃其七，虎爲絕跡，黎人始神之。

溪有青螭，人與牛馬往往爲所啖，神教於溪旁别穿一陂，堰上流注之，溪水大減，乃以石灰百石傾入溪，溪水皆沸，螭躍出岸畔而死，於是黎人益神之。粤東有水患，神教黎人招漢人爲墾田，收其租。漢人多全活，而黎人得安享焉，漢黎益洽。黎人始知有書算矣。神度黎人信之，益教以大義，黎人屠殺鬭争之習更爲之戢。因納婦峒中，家焉。

晚歲，有漢人二，披僧服來訪，語剌剌，竟兩日夜不休。客去，神語妻子曰：「汝曹當爲漢人，此間不宜久居。」家人皆訝之。夜而寢，晨而不起，視之，血淋漓，已尸解矣。有遺書一封，面曰：「待無空大師來，付之。」其子私啓函，書寥寥，無多語，惟云：「負先皇帝，久應死。惟以大仇未報，故稽之。今同志諸君能若此，幸甚。自恨老邁無能，謹效田光之送荆軻。」尋前僧果來，付之，長喟去。

無幾時，吴三桂舉兵，聞有老僧參其軍事。及三桂僭號，僧憤，面質三桂曰：「向爲君畫策，將爲興復，何乃自取耶？背義負天，竊恐神之不佑也。」三桂憚其辭直，使左右扶以出。僧憤絶，竟嘔血死。不數年，三桂亦敗。聞僧亦遺老遯跡者，殆即無空歟？

畲客祀祖

温、處之畲客極重祀祖，有畫像、赤袋、香爐等。相傳以木置犬頭，飾以金箔，塗以赤漆，置赤袋中。其祭也，初服赤色衣，繼改服黑色衣。祭時需三晝夜。祭壇之前，以白布圖畫像，形似卷軸，長及數丈，上繪盤瓠啣犬戎將軍首級處，或高辛氏以女妻盤瓠處。犬頭即盤瓠之僞，乃其鼻祖，故彼等以此爲羞。

祭時高歌，且恣飲啖焉。

孫次穀重祀先

孫次穀，名偉男，虞城人。性敦厚，治家勤儉，尤重祀先之儀。每舉必齋戒，夙興，襄事惟謹，朔望必跪奠進香。雖身在異鄉，值風雪，屆期亦必至也。

祀煞神

俗傳回煞日，於亡者卧室陳設如生時，列筵款煞神。道光朝，江陰有趙大成者，伉儷最篤，妻亡，慟甚。是夕，設筵房外，備亡人衣履於房中，自伏帳後窺之。三更許，煞神赤髮獰面，一手持叉，一手以索牽其妻入，見酒肴羅列，解索逕坐。妻至榻前，揭帳，坐牀上，歎息曰：「郎君安在？咫尺家庭，不能一見耶？」因泣下。趙突出抱之，妻駭，囑勿聲，以手指外曰：「勿爲所覺。」趙問死後何如，曰：「薄有罪罰，今已無事，可望轉生。不能拋君，故一來相視耳。」趙窺煞神方據案大嚼，抽刀從後刺之，仆地，提而納之罈中，封口，畫八卦鎮之。啓棺，抱妻魂納入。至天明，妻起坐，又三十一年而亡。

送羹飯

吳越之人媚鬼，凡有病者，則具酒一盂、飯一罇、紙錢若干串，並備衣包、雨傘，送之東南方，名曰送羹飯。

常年設主以祀鬼

光緒初，浙有候補縣令錢鍾麟者，字紫霞，吴江人，嘗宰新昌。有二子五女，僅長女出嫁，歸其里人費軍門金組。紫霞殁，餘皆在室，夫人楊氏慟之甚。四女亦相繼殤，乃爲四女設木主，與紫霞之木主合奉於一龕，朝夕祭之，歷數十年，迄宣統辛亥未已也。

直督陳肖石制軍夔龍有愛女曰文官，以病卒，其夫人許氏慟之甚，謂女仙矣。設木主於寢室，昕夕祭之，既葬矣，不撤也，亦終宣統辛亥而未衰。

建醮驅鬼

光緒時，某中丞方握江寧藩篆時，疹癘大作，夭札頻聞，中丞愀然曰：「此鬼之爲厲也。」命道士畫符鈐印繫於鍊上，於闤闠間曳之而走，琅琅作響。已而命備大船數艘，以鍊纏將軍柱，派中軍押解至某鄉而止，謂之驅疫。且令各廟賽會，以五色塗人面，謂是《周禮》方相之遺。在大堂設壇建醮，令僧四十九人誦《玉皇經》，以保全四境。僧有逾卯時至者，罰跪丹墀。以是一屆黎明，鐘聲佛號，徹於遠近。中丞衣冠出，盥手拈香，口中喃喃祝禱，蓋自謂爲民請命也。

閩人祀鬼

閩人信鬼，鬼且有姓名。其於子女初生也，即赴叢葬處招新死之鬼，虔奉而歸，永久祀之，以祈終身之福。更有所謂下爺者，曰地主，亦家祀之，實則所祀者乃病癘而死者也。每入市，必見餚饌滿地，或十簋，或八簋，以祀地主。祭品爲猪魚雞鴨，品必兩簋，一烹一不烹，亦古血食義也。

内閣祭籐猴

内閣大庫藏弆宋元書籍，且有珍祕罕見之物。宣統時，張文襄公之洞疏請開内閣大庫檢查藏書，曹舍人元忠司其事。瞥見最高處有一木匣，黄綢密裹，外加銜封。異而詢之庫吏，吏謂爲庫神，並言歲由閣長致祭，無敢啟視，違則大不利。閣長者，内閣侍讀也。曹不信，遂自取之。及啟觀，則一天然成形之籐，狀肖獮猴，長約五六寸，眉目悉具。曹把玩久之，加以封識，仍庋之原處。

祀鐵犀

康熙時，黄河爲患，河督張文端公鵬翮令鑄鐵犀十六具，分鎮黄淮各險工，以取蛟龍畏鐵之義。而鄉人之有子者，於其幼時多拜鐵牛爲乾爺，朔望焚香頂禮，敬之如神，歷久相傳。祖若父拜寄者，則又以牛子牛孫命名。

祀河神

世謂河工合龍，必有河神助順。其助順也，先以水族現形，其形如小蛇，大王頭方，將軍頭圓。朱色者，俗呼爲朱大王，河督朱之錫是也；栗色者，俗呼爲栗大王，河督栗毓美是也。河工、漕船諸人皆祀之維謹。

某爲南河同知，一日，吏白龍見，視之，三寸小蛇也，圓首方脊，身甚光澤。大吏立命以盆盛之，更演劇娛之。蛇居於盆，昂首四顧，躁動不已。吏以戲單進，置盆中，龍首觸之，則曰：「此龍王所點劇目也。」如所點扮演。演未半，一鷹忽下啄而食之。某大驚，吏白龍王頃跨鶴去矣。臺上仍演戲如故，大吏猶鞠腃奉觴不稍懈也。河上之舟有膠於沙者，則曰龍取之，明春當還，船貨無恙。凡值之者，捨舟去，俟春水至乃行云。主此舟者，必大獲。光緒乙未，有布商舟擱淺，信之，即捨去。月餘更至，舟乃不見，惘惘乘他舟去。過河渚，則見曩舟蕩漾中流，已有乘之者矣。詰之，不承，乃訟於官。其乘者，數無賴也，即妄言龍實使之。官不信。曰：「能使龍爲我證。」即檢舷側，果有小蛇延緣其間，捧以入，曰：「龍來爲我證矣。」以示商人，商忿曰：「龍王乃助賊輩耶？」攫之擲地，足踐成糜，觀者皆駭。訟既罷，商資僅還其半，然竟無恙。

梧州祀青龍

梧州府城對河之三角嘴，有三界廟，相傳内多小青蛇，土人呼爲青龍，謂神所憑依也。愚民偶因細故，争論不決，輒相約往摩青龍。司祝僧又故神其説，謂摩者必問心無愧方可，苟内省有疚，青龍必噬之，迷信者每多附會。司祝又謂青龍無他嗜，惟啖雞卵，於是羣以雞卵敬神，纍纍然置神座。司祝者煮以武夷茶，恣大嚼焉。

祀蛙

江西撫州一帶有青蛙神，土人呼爲將軍。杭州亦有所謂金華將軍者，亦蛙也。

清稗類鈔

師友類

魏叔子論師友行輩

魏叔子以易堂之交如親兄弟，降及三世，其尊卑有不可班例者，嘗曰：「余年近五十，未舉子，而門人之長者，僅少余四五歲以下，門人之子與通家子子，有舉子者矣。假令吾今卽舉子，而其子且長於吾子，乃令其父以行輩爲後進，非情也，義也。故作師友行輩議，質諸同堂，使後之人有所依據焉。」叔子，名禧，字冰叔，號裕齋，寧都人。有兄際瑞，字善伯；弟禮，字和公，世稱「寧都三魏」。

其議曰：師者，師其德；友者，友者義。以德義爲名分，故兄弟子孫行輩，非如族姓姻戚之有一定可遞推也。古者師友無服，義無一定，故不可以制服。知服之不可制，則知行輩之不可遞推，爲合禮義矣。請言其例。德業之師，以父道事之，師之父，尊其稱曰祖，師之妻，尊其稱曰母，此名不可殺者也。至所以事之之禮，則不盡如祖與母也。其父有名德，而妻賢，齒丑長，以祖與母事之可也。不然，則奉以名焉可已。師之至親伯叔兄弟，俯然爲子弟，吾不可以雁行也。非名德，宜自居於後進。師之弟，學與齒可雁行，則雁行之矣。曰師伯叔者，俗人之稱也。何也？師之弟，有可以爲吾弟子者，則分非一定也。師之子，以兄弟禮之，常也。然師有以門人爲其子師者，故學與齒相去也遠，而師視其門人如至友，則師之子可事以父執。有初相友而後爲師弟者，有本爲師弟而情義實如朋友者，師之子隅坐隨行，拜跪當如通家子禮，但以伯叔姪稱呼，則不可以先後輩可也。漢昭烈謂後主曰：「汝事丞相從事，當如事父。」是君臣且然矣。昔者吾以父事吾師楊一水先生，而先生使二子晟、晉以父執事余。及其長也，乃爲弟子焉。彭躬菴曰：「師之子可以先輩事其門人，以父執則不可。」同立乎一師之門，有先輩焉，有後輩焉，其禮不可班也。父與子，師與門人，可共進而師一人。門人之子，於師之子爲後進，常也。學與齒可雁行，則雁行之矣。故曰，師也者，師其德；友也者，友其義。非德非義，苟非名分之必不可移，則不可以遞推。吾友之子以吾爲父執，不可移者也。故友之孫，視吾子爲前輩，常也。友之子稱父執曰友伯叔，自稱曰友姪，於同輩以齒序相稱，曰友兄弟。子之子相稱曰世兄弟，稱父執曰世伯叔，自稱曰世姪，以世別友者，原以世誼相推故也。而齒與學相等，則雁行可也。友之子與吾子，不徒以通家爲兄弟，而自爲兄弟。其孫與吾子，雖齒學等焉，而雁行不可也。父自爲兄弟者，其子皆稱友，不稱世。友之中，有可以兄視其父而弟視其子者，父友之子亦友之者，古人所謂羣紀之間也。交親如兄弟者，則不可必，視其所始交，或父其父，或子其子，不可移也。此其大較也。嶺南之東莞，有九姓祠焉。遠祖九人，相厚善爲兄弟，其子孫世世以行輩敍叔姪，絕婚姻。此賢者之過，然而不易及也。其子孫必賢者也，否則再世如路人矣。彭躬菴曰：「愚意易堂九人卽不得如九姓，而子與孫世次必不容混，卽齒學等不擠也，過此則出入可矣。」父之友或親爲兄弟，或同齒同學，出入同友善，則皆可以伯叔禮之。今夫伯叔之服，自期至於緦以及同姓，其親疎固有殺也。故父之友，有事之如親伯叔父者，有如從再從以下者，有僅奉之以其名者。天子稱同姓諸侯曰父，異姓曰舅是也。余少於前輩，甚重伯叔之名，或不得已，循其禮焉，而心慚則過也。

馮金伯友錢滁山而兼師

錢芬，號滁山，馮金伯敬事之，實友而兼師也。順治丁亥春初，馮阻雪盱眙，北征不果，憩於虎邱竹亭。旬日聚首，唱酬之餘，錢嘗作畫貽馮，滿紙雲煙，藏弆篋衍，每一展視，則不勝有人琴之感。

汪蛟門惓惓師友

汪蛟門有《五客話舊圖》。客爲一師四友，讀其序，知其惓惓於師友也。序曰："懋麟自順治末受知於濟南王公，康熙初，舉鄉試，始通賓客，與海内名賢相結納。乙巳，得交郃陽王公；丁未，得交崑山徐公；己酉，應闈試入京，得交澤州陳公，相與論詩，有合焉。時陳公官侍讀，徐公爲孝廉，王公領縣潛江，而濟南公則由揚州推官遷禮部主客矣。歲庚戌，徐公取上第，入詞館，濟南公歷户部郎，懋麟在中書，四人者相聚於闕下。惟王公隔江漢，相去三千餘里之外，雖時見其詩，思其人，而遠莫能致也。壬子秋，濟南公典試入蜀，尋以太夫人憂去。明年，徐公覲省去，懋麟遭母憂去，而陳公方朝夕講幄，蒙上知，凜然公輔，不似予輩之憔悴而濩落也。又三年丙辰，王公自潛江被召，授給事中。余與徐公服滿入京，而王公先以憂去，不得見，惟予四人者，復聚於闕下，暇輒論詩。未幾，徐公與予再以憂去。越三年己未，予兩人再來，濟南公已改館閣，尋拜祭酒，而陳公久領翰林學士，先數月以太夫人喪歸里，又不得見。又二年辛酉，王公始來給事門下，陳公繼入，再領翰林，五人者始聚而不散。回憶二十年來，聚復散，散復聚，中更憂患，情事不殊，若不期而然者，陳公於此有深感焉。於是壬戌七月，相聚於城南山莊，賦詩飲酒相娛樂，命與化禹生貌五人像爲一圖，屬懋麟爲之記。」

趙秋谷師友在馮氏

朱竹垞、吳天章、陳元孝，雖皆折輩行與趙秋谷交，而秋谷天才駿厲，視儕輩無足當意，獨善德州馮大木廷樾。所師承者，常熟馮定遠班。嘗曰：「吾平生師友，皆在馮氏矣。」由是名日高，忌者亦日衆。

王兆符於方氏有師友

王崑繩棄家漫遊，其子兆符自天津還金壇，復從方望溪侍郎苞於白下。崑繩嘗語望溪曰：「兆符視子猶父也。吾執友惟子及李剛主，吾使事剛主，曰：『兆符於方子之學，未之能竟也。』」

成容若有師友

成容若爲康熙時名公子，明珠子也。容若有徐健庵、查初白、姜西溟爲師，朱竹垞、高澹人、顧梁汾、徐電發爲友，名章俊語，價重雞林，不假《通志堂經解》爲重也。

汪默庵有師友

新安汪燧，字默庵，與高彙旃、吴徽仲、汪惕岩、徐齊爲師友，善言《易》，有《讀易質疑》二十卷。高寄詩有云：「游吴握手皆奇士，還里論心有碩儒。」

黄崧甫陳凝齋之師友

廣昌黄崧甫主政永年，爲新城陳凝齋大令道之師。而崧甫之友若寧化雷副憲鋐、宣城劉觀察方藹、雲南傅中丞爲詝、劉司寇吴龍，皆海内賢者，並折節樂與凝齋交，皆以師友之禮事之。凝齋所自取之友，則爲海寧祝洤、新建夏之瀚，每聚首，輒相與講習正學。

師儒爲學之師友

國朝師儒之爲學也，皆得力於師友，淵源有自，故能卓然有所成就。仁和譚仲修大令獻嘗論列之，其言絶學、名家、大儒、通儒、經師、校讎名家、輿地名家、小學名家之關於師友者，節録如下。

絶學　汪容甫有同學劉端臨、李孝臣、賈稻孫、江鄭堂。章實齋有同學邵二雲。龔定庵有同學魏默深。

黄春谷有同學焦里堂。春谷之弟子爲王句生、梅蕴生。

名家　惠定宇有弟子江艮庭、余古農。

大儒　顔習齋有弟子李剛主、王崑繩、劉繼莊。剛主别師爲毛河右。崑繩有同學馬宛斯。

通儒　黄梨洲之私淑爲全謝山。顧亭林之同學爲張稷若。

經師　江慎修一傳爲戴東原，再傳爲段懋堂、金檠之，三傳爲陳碩父，四傳爲戴子高。碩父有同學胡竹村、胡墨莊。姚惜抱有弟子管異之、陳碩士、梅伯言，其師資爲劉海峯、姚薑隝。張皋文有同學洪稚存、孫淵如。

校讎名家　盧召弓有同學孫伯淵、畢秋帆。

輿地名家　顧景范有同學顧亭林。

小學名家　段懋堂有諍友徐謝山，言《説文》之學。江慎修一傳爲戴東原，再傳爲段懋堂，言聲韻之學。

丁氏兄弟自相師友

錢塘丁松生大令丙以學行著於時，蓋得力於其兄竹舟主政申也，教以事而喻諸德。主政以兄而兼師資友誼，實爲晚近所僅見。主政有子，長爲修甫舍人立誠，次爲道甫太守立本，大令長子爲和甫舍人立中，以同堂昆仲而亦互相切磋，自相師友，遂皆爲世聞人。

科舉時代之師，類别頗多。曰受業師，朝夕侍教者也。曰問業師，偶詣函丈，有所請益，有所質問者也。曰受知師，則或爲縣府道試之主試官及其閲卷主任，或爲科歲主試之學政，或爲優拔主試之學政，會考之巡撫，或爲鄉會試之主考房考，或爲朝殿考試之閲卷讀卷各大臣，或爲書院之山長、監院是也。有所謂保舉師者，則惟仕宦中人有之。屬吏受知於上官，爲之具疏保薦，俾晉升階，如是而小之得以給衣食，大之得以恣貪婪，感激涕零，欲奉之爲父，靦身義子之列而不得，於是加以夫子之稱謂，而尊之曰師。

由斯以觀，弟子之致敬於師，所最竭誠盡禮者，爲保舉之受知師，而考試之師則次之。平時也，年節也，師及其父母妻妾子女之慶弔各事也，無不有所獻，師惟安然受之而已。若受業、問業之師，則皆視如途人，不相聞問。其有通往來饋財物者，則必致身通顯，著聞於時，或可藉爲聲援者也。

此外又有拜門之師，亦靦於受知之列，其實初固不相識也，且不必計其人之言行何如。卽其輩行下於己，年齡少於己，但須爲當代之顯宦，足以爲奥援、利汲引者，卽可丐人介紹，肅衣冠，具財物而往謁之。見必叩首無數，呼之曰老師，而著録稱弟子矣。

弟子於師之自身稱謂，筆之於書面，皆寫「受業」二字，至於口頭則有别。對於受業、問業之師，曰學生；對於受知之師，曰門生，蓋以列於門牆也。且受知師大抵爲達官貴人，其公署，其私邸，必有閽人，閽人所居之室曰門房，弟子往謁，必先至門房，俟閽人通報傳見，乃敢面師，故曰拜門。所贈閽人之金曰門包，約爲師所得贄敬百分之十。

諳達

皇子六齡入學，遴選八旗武員弓馬、滿語嫻熟者數人，更番入衛教授，名曰諳達，體制稍次於師傅，蓋古保氏之遺。皆選東三省人充補，以其弓馬尤精也。

延師關書

延訂賓師之書，曰關書，亦曰關聘，上載所任之事及酬報之數，其實亦契約也。送關書時，必附以聘金。

三年役於師

江浙間，凡學手藝者，必三年而成。成後，役於其師者三年，不取值。故俗語謂之學三年，幫三年。六年之後，任其所往，若師欲留之，必予值矣。

高僧顧師劉繼莊

吳中有高僧說法，士人醵金爲聘，從之講《華嚴》。劉繼莊處士獻廷聞之，與焉。坐食頃，伏几而鼾。僧說罷，處士鼾亦罷。明日，復往，如故，衆竊笑，僧詫曰：「客何爲者？」呼與語，則大驚，拜伏地，曰：「公，神人也。」掖登座。處士夷然而登，不讓，暢衍厥旨，衆大説。僧率衆蒲伏，願爲弟子。處士笑曰：「吾正若誤耳，豈爲浮屠學者哉！」拂衣去。由是從游者日衆。

鮑夔生師魏叔子

鮑夔生，字子韶，歙縣人。幼聰穎，於諸書章句，聞而誦，誦而輒解。嘗遇魏叔子於揚州，談論累日，出，語人曰：「魏先生真吾師也。」遂執業於其門。

吴漢槎爲師於塞外

吴漢槎孝廉兆騫以科場事遭寃獄，投荒二十四年，垂老賜環，當時人莫不憐其才，悲其遇，而以生入玉門，張爲幸事。然漢槎在寧古塔時，歷任將軍皆延之爲上賓，飛書草檄，縱情詩酒，無異於在内地。蓋其地讀書人少，漢槎至，則官吏子弟及土人之志在科第者，皆就之執經問業，脩脯豐腴，養生之具賴以無缺。及歸，乃侘傺無聊，日爲飢軀。且在邊塞久，習其風土，江南溽暑，轉以爲苦，卒以此致肺疾而終。臨殁時，語其子曰：「吾欲與汝射雉白山之麓，釣尺鯉松花江，挈歸供饍，手采庭下籬邊新磨菰，付汝母作羹，以佐晚餐，豈可得耶？」味其詞意，若轉不忘塞外之樂也。

揆愷功師查初白

揆敍，字愷功，爲明珠之子，曾受業於查初白。查登第，揆已官掌院學士，面奏查某爲臣業師，請免教習，特旨允之。初白有《奉旨免赴教習廳賦呈愷功》詩云：「第二廳前逐隊過，北扉咫尺接鸞坡。詔恩已免春秋課，館職猶充弟子科。變白果能生黑否？出藍其奈謝青何！回思東閣傳經地，老廁門牆媿自多。」

胡大靈不欲受教於惠士奇

胡方，字大靈，新會金竹岡人，僑居南海之鹽步。元和惠士奇督粤學時，嘗訪之，艤舟至村外，遣吳某至其家，求一見，急揮手曰：「學政未蕆事，不可見，不可見。」出吳而扃其門。惠再至，索所著書，僅乃得之。惠試竣，仍介吳求見，則假一冠，投刺至，長揖曰：「今日齋沐，謝知己。方年邁，無受教地，不能執弟子禮。」語畢遂起。

汪孺人延女師

汪孺人，蕭山王聲遠茂才鉽之婦也。聲遠以康熙甲子八月卒，有遺孤，孺人乃飾書幣，請山陰之閨秀夙以文字相往來者曰金先生，出子女使事之，授《孝經》、《論語》，一時講誦之盛，逾外塾焉。

汪鈍翁葉星期各有門徒

汪鈍翁教授堯峰，門徒數百輩，比於鄭衆、摯恂。時嘉善葉燮星期方罷官，築室吴縣横山下，遠近從學者亦復負笈踵來，廊舍爲滿。鈍翁説經鏗鏗，素不下人，與星期持論鑿枘，互相詆諆，兩家門下士遂各持師説不相讓。後鈍翁没，星期曰：「吾向不滿汪氏文，亦爲其名太高，意氣太盛，故麻列其失，非爲汪氏學竟謬盭於聖人也。今汪殁，誰譏彈吾文者？吾少一諍友矣。」因取向所摘汪文短處，悉焚之。星期前宰寶應，值三藩倡亂，驛道雲擾，黄、淮交漲，隄岸屢決，毁家紓難，民賴乂安，固非僅以文學表見者也。

葉星期門下有詩人

長洲沈文慤公德潛，少從學於葉星期。葉所居在横山，故王文簡公士禎嘗云：「横山門下尚有詩人。」然其獨綜今古，無藉而成，源本漢魏，效法盛唐，先宗老杜，次及昌黎、義山、東坡、遺山，下至青邱、崆峒、大復、卧子、阮亭，皆能兼綜條貫。有門下士王光禄鳴盛、司寇昶、錢宫詹大昕、曹侍講仁虎、趙少卿文哲、吴舍人泰來，黄明府文蓮諸人，俱以文章氣節重於天下，因彙刻吴中七子詩。

桑弢甫師勞麟書

勞史爲桑調元之師，自杭來謁，論學數日。將別，送之曰：「吾壽不過三年，恐不復相見。行矣，勉之！」勞字麟書，餘姚人。桑字弢甫，錢塘人。

陳少章師何義門

吴多博聞好古、砥節勵行之碩儒。康熙以前，位不大而名最著者，則有何義門。門弟子無慮數百人，其最相契如晦翁之於蔡季通呼爲老友者，曰陳少章。

方雪瓢師何義門

方雪瓢，名粹然，淳安人，朴山子。少隨朴山居京師，從何義門游，稱義門高第弟子。

循王師吴煒

歙縣吴煒由口北道擢光禄少卿，入上書房。循王有過，吴以大杖責之。王哭訴於高宗，高宗曰：「汝師用夏楚，良是，何訴爲！若再犯，朕必親責也。」

洪北江要師恕罪

洪北江少孤，寄讀於某塾師，性慧而不羈，恆不受約束。師以其少孤，未忍嚴責也。一日，洪矚師去，洗硯假山後。師忽過其旁，洪誤爲同學也，潑以墨汁。師叱之。洪懼責，亟援花架以上，箕坐屋頂。師再三呼之下，不應，而曰：「師以甘言誘我，必痛施夏楚，寧死不下。」師曰：「我勿責爾，且決不相誑。」洪曰：「口說不足憑。」師曰：「然則必如何而後可？」洪曰：「須與我以證。」師不得已，以片紙用長竿遞之，其文曰：「潑墨非出有心，當恕汝罪。且歸坐讀書，決不撲汝。」洪觀之微笑，始緣梯冉冉而下。

皇子隆重師傅

國朝家法，皇子皇孫無不於六歲就外傅，非若明季諸臣之常以皇子出閣讀書爲請也。上書房在乾清門之東北嚮，卯入申出，攻《五經》、《史》、《漢》、策問、詩賦之學，雖窮寒盛暑不輟。舊例，皇子初就學見師傅，彼此皆長揖。徐元夢於康熙癸酉以原任侍講入直，佟淵若於戊寅以檢討入直，曰教書，曰課讀，尚無師傅之稱。其居處爲南薰殿西長房兆祥所咸福宮，亦無上書房之名。雍正紀元，諭：「諸皇子入學之日，與師傅預備杌子四張、高桌四張，將書籍筆硯安設桌上。皇子行禮時，爾等力勸其受禮。如不肯受，皇子向座一揖，以師儒之禮相敬。如此，則皇子知隆重師傅，師傅等得盡心教導，此古禮也。至桌張飯菜之預備，亦須竭誠盡禮，毋或稍間。」

尹文端與袁子才師生之契

袁子才與尹文端公師生之契，固不與尋常同。文端督兩江時，袁時相過從，情意親密如家人。文端或勾當公事未了，在簽押房，袁直入内室。文端多姬侍，不避袁，評詩論畫，咸以袁先生呼之。一日，文端招袁，遲之久不至，屢催之，不知蹤跡所在。及文端退食燕寢，袁已與諸姬開樽飲矣。文端爲頌《山樞》一詩以嘲之，相與大笑。

金纖纖願師袁子才

蘇州有女士曰金纖纖，名逸，生而有夭窕之容。幼讀書，即辨四聲，愛作韻語，每落筆，如駿馬在御，蹀躞不能自止。年甫笄，嫁吴中少年陳竹士。結褵之夕，忽一婢手花箋出，索竹士催妝詩。竹士適然驚，幸素所習也，即應教，索和。然事尊章謹，不以文翰自矜。當時吴門多閨秀，如沈散花、汪玉軫、江碧珠等皆能詩，皆推纖纖爲祭酒。一日，偕諸女坐虎邱劍池旁，相與談《越絶書》、《吴越春秋》諸故事，洋洋千言，此往彼復，縉紳先生旁聽者或不解所謂。其論詩，於唐宋諸名家，靡不研究，尤嗜袁子才詩。嘗於病中得《小倉山房集》，伏枕讀之，盡四晝夜畢。寄書諄諄，乞爲弟子。及袁往訪，扶病出拜，逾數月而死矣。

袁子才有女弟子

乾隆壬子三月，袁子才寓西湖寶石山莊，一時江浙女弟子各以詩來受業。因屬尤某、汪某寫圖布景，其在柳下姊妹偕行者，湖樓主人孫令宜臬使之二女雲鳳、雲鶴也；正坐撫琴者，己卯經魁孫原湘之妻席佩蘭也；側坐其旁者，大學士徐文穆公本之女孫裕馨也；手折蘭者，安徽巡撫汪又新之女纘祖也；執筆題芭蕉者，汪秋御明經之女妽也；稚女倚其肩而立者，吴江李寧人臬使之外孫女嚴蕊珠也；憑几拈毫若有所思者，松江廖古檀明府之女雲錦也；把卷對坐者，太倉孝子金瑚之室張玉珍也；隅坐於几旁者，虞山屈婉仙也；倚竹而立者，蔣戟門少司農之女孫金寶也；執團扇者，卽金纖纖，吴下陳竹士秀才之妻也；持釣竿而山遮其身者，京江鮑雅堂郎中之妹，名之蕙，字芷香，張可齋詩人之室也。十三人外，侍隨園老人側，而攜其兒者，子才之姪婦戴蘭英也，兒名恩官。

張芑堂師丁敬身

海鹽張芑堂徵君燕昌，少曾受業於丁敬身。初及門時，囊負南瓜二枚爲贄，丁欣然受之，爲烹瓜具飯焉。

仁宗尊師

仁宗之於朱文正公也，禮數逾涯，恩榮終始。歿後數年，文正猶子錫爵方爲山東藩司，而山東學政黄勤敏公亦文正昔所特薦也。仁宗批勤敏謝恩摺云：「朱錫爵才勝於德，汝應念石君師傅之舊恩，時加訓戒，毋忽。并令轉諭知錫爵，令其回奏。」御筆於石君二字上空一格，尊師之意也。

阮文達受門生土宜

嘉慶甲戌，阮文達公元總督漕運，駐節淮安。蕭山王某詣轅叩謁，以浙中土宜西湖藕粉、燒酒楊梅、甌柑、筍脯爲贄。入門，巡捕迎謂曰：「漕帥到任以來，從不收受官民一絲一粟，此恐當見卻也。」又私告曰：「如漕帥卻還，能分惠少許乎？」王曰：「某車中斷難攜帶，當盡以奉贈耳。」既而呼令入見，並命將禮物全納，巡捕大駭。坐定，文達笑謂巡捕曰：「此蕭山王某，余翼而長之，二十年矣。彼以師生之禮來，故可受之而無愧也。」又曰：「是皆浙中佳品，吾不嘗其味者已有年矣。今日見之，未免露老饕故態也。」乃命啓筐，出甌柑十枚與巡捕，曰：「爾亦試嘗此味。其餘諸物，我當寄歸揚州，不能割愛矣。」

李文恭師陶文毅

湘陰李文恭公星沅起家孤寒，開敏沉毅。陶文毅公澍，故父執也，知之久，招入川東幕，委以書記。

每口授大略，援筆萬言，曲盡事理。文毅色喜曰：「子，經世才也，但當多讀書耳。」文恭感激自力，執弟子禮終其身。

陳用光不以門生視管異之

嘉慶初，姚姬傳主江寧鍾山書院，管異之與梅伯言最受知。其後，管苦力孤詣，學日以進，四方賢士爭欲識之。道光乙酉，新城陳侍郎用光典試江南，力拔之，得中舉人。陳固姬傳弟子也，既得，異之，不敢以世俗門生之禮相待。管名同，上元人。

王桂仙師侯青甫湯貞愍

咸豐時，金陵有名妓王桂仙者，色藝冠一時，研究音律，善簫管。以詩畫請益於上元侯青甫廣文、湯貞愍公貽汾，列女弟子行，名益噪。

陳六舟師董枯匏

道、咸間，秀水董枯匏明經燿嘗館儀徵陳氏，爲塾師者九載，主人敬禮備至，久而不衰，卽六舟中丞彝之尊人也。明經授課之暇，日詣書肆，縱觀其插架所有。以力棉，不能悉購，輒手一編坐櫃旁，日晡始返塾，日以爲常。主人微聞之。某年歲暮，解館歸，主人買舟送之。甫登舟，則見簏書多於昔，訝其非盡己物也，詢舟人，乃言其中有主人所贈之書。啓觀之，皆平日在書肆所常披閱者。蓋主人詗知其嗜書，購以貽之也。明經僑居桐鄉之梅涇，咸豐庚申，粤寇至梅，欲燬其廬，一酋見有藏書，曰：「此讀書人家也。」止其黨，遂得不燬。中丞從明經有年，克以成立。光緒時，中丞督學浙江，於按臨禾中時，嘗遣使存問其家。

程長庚閉門授徒

道光戊戌，英吉利以雅片入廣東，戊申，入長江。程長庚聞之，大憤。咸豐時，髮、捻、回、苗徧國中，諸貴人讌樂不衰，長庚則閉户不出。或怪之，則泫然流涕曰：「京師首善乃若此，吾不知所税駕矣。」乃擇門下之賢者教之，曰：「京師亂且作，毋使廣陵散絶人間也。」咸豐丙辰，英人破廣州，縛粤督去。江南軍大潰，捻勢益熾。庚申，英法聯軍入京師，文宗狩木蘭，長庚痛哭去。未幾，和議成，俄羅斯奪龍江、吉林邊地七千里，英法始訂市長江。辛酉，文宗崩，穆宗幼，兩宫聽政，返京師，恭忠親王領樞府，始設譯署理外交，諸貴人讌樂如故。長庚喪亂且貧，則復治故業，孤愴抑塞，調益高，獨喜演古賢豪故事，若諸葛亮、劉基之倫，則沉鬱英壯，四座悚然，無不流涕。久之，而簡三、楊月樓、汪桂芬、譚鑫培之徒出焉，皆長庚憂亂時所閉門授業者也。

李申夫師曾文正

李申夫方伯從曾文正公最久，文正在祁門，兵事方急，惟李相隨不去。同治壬申，文正薨，李輓之曰：「極贊亦何辭，文爲正學，武告成功，百世旗常，更無史筆紛紜日；茹悲還自慰，前佐東征，後隨北伐，八年戎幕，猶及師門患難時。」李文忠公見之，頗恨其言。申夫，乃文正之弟子也。

某侍郎倒拜門

某侍郎家資本饒，歲人又鉅，其入仕也，非以科第，而好爲人師。著弟子籍者多至百餘，蓋皆漫不相識，納金爲贄，俗所謂拜門者是也。且束脩之豐嗇，在所不計，以是人多歸之。

光緒乙亥秋七月，至漢口，初居逆旅。繼以其婦自京至，遂賃廡於後花樓之某里，與其友合居，然僅僦其樓下之數椽而已。漢之土豪商賈但知其爲達官貴人，而争欲執贄於其門矣。有周某者，居城中，初亦欲令其長男往廁弟子之列，將以爲後日之奥援也。丐人介紹，言以銀幣百元爲贄。某聞之，欣然，有成議矣。已而聞某之所居卑陋，非廣廈細旃也，疑其爲江湖游客自炫官秩以詐欺取財者，遂逡巡不往。某晝夜嫖賭，方苦資匱，日盼此百元以補不足，使居間者促之。乃訂期，由居間者挈周氏子以詣某寓，修弟子見師禮。然及期而竟爽約。某徬徨無措，因與居間者謀，令導之入城，自登其堂，由居間者入内，以危辭脅之，迫周氏子出拜，匆促成禮，而袖金以歸。有知其事者，則曰此爲倒拜門。蓋以師就弟，固爲特别之拜門也。

袁忠節師高劉

桐廬袁忠節公昶幼貧，日從溪邊麗小魚，雜野蔬爲食。後游學杭州，聞高伯平主講東城精舍，憐其才，周卹備至。繼而問業於興化劉融齋中允。自謂聞縣、興化兩師，一生衣被所在也。

岑襄勤師李文忠

岑襄勤公之於李文忠公也，初極詆之，後乃認之爲師。某年，襄勤赴雲南，遣其子謁文忠，請授心法。李云：「越南非我國所急，朝廷方重用唐炯，可讓之。」岑既到滇，力言救越南之非計，迨奉嚴旨督責，始惶悚請視師。

秦五九師張樵野

五九，姓秦，光緒時，在京師國興堂唱青衣，嗓音清亮，有穿雲裂帛之響。張樵野侍郎奇賞之，公餘散值，輒至國興堂小坐，教以讀書作楷。間或招至邸寓，以玩好古物、金石圖畫陳列案頭，口講指授，若師弟焉。

李蓮英好爲人師

士子之以鄉試中舉人、會試成進士者，皆刻硃卷，而列履歷於卷端，凡與考試之有關係者，悉列之爲師，載其姓名官秩，文科然，武科亦然。總管李蓮英自以身屬刑餘，不得列於鄉會試及第士子履歷之末，引爲終身之憾。光緒中，某科武會試，李竭力運動，得派爲場中巡查，於是李總管之名，遂登於武進士之履歷。自是而諸侍衛遂有投李爲師，自稱門生者，且有武員入拜其門者矣。武員爲何？丁汝昌、趙桂林、龔照嶼、葉志超、衛汝貴、衛汝成是也。未幾，又運動爲某科殿試搜檢官。某進士欲以李名列入受知師，懼與論抨擊，未果，然猶具束往謁，而自稱受業焉。

異姓盟爲兄弟

世俗交友相得，盟爲兄弟，各書紅柬交換以爲證，曰蘭譜，蓋取《易經》所載「同心之言，其臭如蘭」，及《世說》所載山公與嵇、阮一面契若金蘭之義也。紅柬所書，如姓名、字號、省府縣籍貫、年歲、誕生之年月日時、男三代之名號、女三代之姓、兄弟姊妹妻妾子女孫曾之名號並其官爵、職業，若有顯貴之疏族，亦備書之，以示光寵。此實爲依附攀援之作用，非果志同而道合、聲應而氣求也。然如甲乙二人皆於微時訂盟，結爲異姓兄弟，他日者，甲貴而乙賤，適同官一地，而乙須受轄於甲，則乙必擇期具手版上謁，附繳蘭譜，甲亦直受之不謙讓也。自是而口頭、書面不敢有如兄、如弟之稱謂矣，惟乙之對於他人，則必仍曰某憲爲予之盟兄弟，以驕於人。

俗謂異姓兄弟曰盟兄弟，一曰譜兄弟，又曰靶兄弟。靶者，箭靶，射矢之鵠也。殆本於三國時之劉備、關羽、張飛三人之兵中結義，弧矢設誓歟？結盟時曰拜靶，亦有設筵肆席以聯歡者。

以團拜聯友誼

辦團拜者，每年之春，京師各部院及有科目者，例必舉行。以值年一二人承辦，開筵演劇，費至數百金，次者亦必擇地會飲。蓋京師地大人衆，往往經年不一面，亦藉此以得聚晤耳。外省亦然，且多有聯合商界以行之者。

顧亭林與王山史善

顧亭林爲明大儒，既鼎革，歷遊名山大川，嘗有英雄自喜不可一世之志，而蛟龍泥蟠，終制螻蟻。晚年與陝人王山史善，山史爲構書院以居之。山史，名宏撰，華陰人。

傅青主廣交游

傅青主年甫踰冠，交游已廣。及明祚既移，所與游者，大率爲遺逸、學問、藝術之士及方外而已。有温毓桂字秋香者，晉之高士，嘗曰：「昔與傅青主、梁小素游，文章道義，相爲切磋。自二公作古後，不數十年而士風日下，典型無存，緬想風規，如東京夢華，邈焉難再矣。」青主嘗自言：「吾自二十外以來，交游頗多，亦儘有意氣傾倒之人。惟爲日既久，漸覺其無甚益我處耳。」

顧景范兄事魏叔子

顧景范，名祖禹，於儕輩中少所許可，惟兄事魏叔子，至爲之執緻、捧溺器焉。

易堂九子

魏叔子文集有易堂九子之名，蓋魏氏兄弟避兵翠微峯，與故人講學時之稱。易堂者，即魏氏堂也。九子者，三魏而外，爲彭任、曾燦、林時益、李騰蛟、邱維屏、彭士望也。

魏和公所至交賢豪

魏和公既以明亡棄諸生，事遠遊，歷閩、粤，渡海，達瓊厓，北抵燕京，返轍夷門，過洛陽，南浮漢沔，入秦關，涉伊水，經鳳、滁。所至必交其賢豪，訪尋窮巖遺佚之士。嘗省故人於韓城，往觀砥柱三門，聞高士彭荆山居華山絶險處，直上四十里，手鐵絙，躡飛磴，訪之。遂居翠微峯頂，榜曰吾廬，更以自號。

魏和公壽李世熊

寧化李媿庵副貢世熊之八十也，魏和公往壽之。媿庵亟逆之於門，注視，執手涕下曰：「鬚髮遽如是白也！」翌日，命其季子出拜，媿庵親掖和公，使勿答。及歸，送一里許，揮涕曰：「知能再相見耶？」

冒青若懷友

如皋冒青若，名丹書，爲辟疆次子。其游京師時，明遺逸鶡坦道人戴本孝曾作畫册贈之，題其後曰：「冒子青若，生平於事親懷友之外，無他騖，進德修業，不出户庭而譽聞四方。年近三十，始遠游來京師，承親志也。時余已旅食燕市兩年，因主人能適余性，不掃室危坐，則蒙袂獨行，出入可以自恣。一聞户外革鞜聲，則畏匿不敢見，即間有過從，僅素心一兩人而已。嘗歎青若來，自今之公卿大夫以及遠近名彦，莫不折節樂與之游。余每過其次舍，不終食，輒欲避影而逃也。夫以青若恂恂若不勝衣，訥訥不能出口，今則復能控轡疾步，恆交錯於劇驂氛塵之中，飲酒賦詩日相贈答不少倦，此皆青若夙所未涉者，而顧善若此，嘻！豈得已哉，豈得已哉？承親志也。親之志曷若是其不得已也？若其得已，青若老親之上，猶有老親在焉，肯以其家三十年中不違晨昏之賢子若孫，有如吾青若者，令其久旅孑處於數千里之外，將僕僕欲奚爲也？苟非知者，則亦第謂其若今之逐富貴慕聲勢者等耳。嘻！豈青若之所以勉承親志也哉？青若少余十有八歲，固兄事余，因其降辰，將哀仁人金石之音以贈之，遂出是册，以當先粃。青若持余贈歸皋東，以娱其親，庶見交道在今日，猶有跫然若某某先生其人者，若是乎其不能忘也。」王文簡公士禎《感舊集》已録其册中題畫詩數首。鶡坦道人又號鷹阿山樵，海陽人，僑居歷陽，著有《前生餘生詩稿》。

黄珍百交董文友

武進董以寧，字文友，少工塡詞，爲閨襜之作。喜結賓客，時時被酒。嘗遊荆溪，荆溪之士觴之於南山之麓者二十二人，徧起，道姓名畢，黄珍百奉巵酒言曰：「僕，山中之鄙人也。今聞董生賢，竊願交董生。」

士大夫以復社通聲氣

明季士大夫特重聲氣，故復社廢興，幾與國運相終始。順治癸巳上巳，吴閶宋既庭實穎、章素文布兹復舉社事，飛箋訂客，大會於虎阜，江浙二省及自遠赴者幾二千人。先一日，布席山頂。次夕，聯巨艦數十，飛觴賦詩，歌舞達曙。翼日，各挾一小册，彙書籍貫、姓名而散。吴梅村祭酒以詩記之云：「楊柳絲絲逼禁煙，筆床書卷五湖船。青溪勝集仍遺老，白帢高談盡少年。筍屐鶯花看士女，羽觴冠蓋會神仙。茂先往事風流在，重過蘭亭意惘然。」梅村當時尚未入仕本朝，未幾，卽爲海寧相國陳之遴所薦矣。

吴梅村悔負侯朝宗

吴梅村之入仕也，侯朝宗曾遺書力阻。吴不聽，繼而悔之，自謂負侯生也。其弔朝宗詩云：「死生總負侯嬴諾。」臨歿時，填《賀新涼》詞云：「論龔生天年竟夭，高名難沒。」又云：「爲當年沉吟不斷，草間偷活。」又云：「竟一錢不值何須說。」怨艾之意深矣。遺命以僧服殮，題碣曰「詩人吴梅村之墓」。

蔡大美喜交游

宣城蔡蓁春，字大美，善屬文，喜交游。常自釀酒待客，釀兼數種。其後家益貧，釀不能給，客至，輒質衣以具酒焉。

李笠翁交潘愚谿

潘一晟，字愚谿，東安人，明諸生。明亡，不復應科舉，恣意游覽。嘗斥家財以供詩酒，所題詠未嘗署名。嘗游南昌東湖，題句於酒肆，李笠翁物色之，知爲東安人。笠翁遊桂林，紆道訪之，莫能得。偶泊舟大樹下，見草屋之門署一聯，笑曰：「此有塵外之致，其是矣。」入詢主人，相與拊掌，遂留信宿而去。笠翁，名漁。

吴野人與吴鱗潭爲神交

泰州吴野人名所居曰陋軒，甘心窮餓。與吴鱗潭祭酒善。鱗潭官京師，夜夢野人索棉布十丈，詰朝，寄詩與布。野人得之，曰：「神交哉！」報以詩。

劉繼莊有講學之友

劉繼莊平生講學之友，嚴事者曰梁谿顧畇滋、衡山王而農，而尤心服者曰彭躬菴。彭尚平實，而劉之恢張殆有過之。

宋荔裳好客

宋荔裳廉訪琬性倜儻好客，徵歌命酒，座無虚席。即向未謀面者，亦許闌入，去來不問，亦不詢其姓氏。客遊吴越，居西湖十年，偕諸名流觴詠其間，動至經月。

吴薗次廣交游

吴薗次守湖州日，廣交游，四方名士過從無虚日。嘗與吴梅村、宋荔裳、曹秋岳等集窪樽亭，皆屏去騶從，解衣盤礴，見者目爲神仙中人。梅村作詩紀事，有「客比亂山多」之句。陳其年獨未與其盛，故其敍《林蕙堂集》，有「獨有鄙人，况居旁邑，調絃待奏，情含流水之中；滅刺難前，客在亂山之外」等句。

李方山友宋荔裳

歷城李方山，名日景，嘗客南昌，有傳宋荔裳已死者，特爲詩弔之，與宋初未識也。後至武林，聞宋尚無恙，李喜甚，借馬於友人，疾馳相視，且出詩讀之，兩人因泣下霑襟。已而命酒，狂飲極歡，策馬而去，自是遂爲友。

王文簡交邵潛夫

通州有布衣邵潛夫者，明萬曆時，以詩歌名江表。康熙初，年八十餘矣，家貧，苦徭役。值王文簡公士禎司李揚州，按部抵境，首謁邵。邵居委巷，乃屏輿從，徒步而入。邵曰：「適有酒一斗，能飲乎？」文簡欣然爲引滿，流連移晷始別。有司聞之，立除其役。

孫豹人交王文簡

三原孫豹人，曾於明崇禎甲申闖寇亂時，結里中少年殺賊，失足墮坎中，幸不死。後流寓廣陵，學賈，三致千金，已而盡散之。王文簡司李揚州，慕豹人名，欲往詣之而恐其不見，乃先貽之以詩曰：「焦穫奇人孫豹人，新詩雅健出風塵。王宏不見陶潛跡，端木寧知原憲貧。」遂爲莫逆。文簡俸滿入都，豹人送以詩曰：「欲問忘情老，何名並命禽。」

吳賢感王文簡而訂交

王文簡公官揚州司李時，一夕，雪甚，漏三下，風籟𡨋㝮，街鼓寂然，方於燈下簡篋中故書，得吳賢詩，且讀且歎，遂泚筆爲序。明日，走急足馳二百里寄之。吴感其意，爲刺舟入郡城，相見歡甚，因與訂交。

造訪不作賓主禮

王文簡公官京師時，曾居保安寺街。邵青門亦寓焉，與文簡衡宇相對，施愚山所居相去數十武，陸冰修僅隔一牆。數人者，偶一相思，率爾造訪，都不作賓主禮。某歲，寓稍遠，隔日輒相見，恆於月夜偕扣文簡門，坐梧樹下，茗椀香爐，清談達曙。愚山《贈行》詩有云「踏月夜敲門，貽詩朝滿扇」是也。

丁野鶴入都訪友

丁野鶴在京都充内廷教習時，嘗於米市築室，與王覺斯、傅掌雷、薛行屋、張坦公諸人賦詩其中，王敬齋爲題其室曰陸舫。後官椒邱廣文，忽念京師舊遊，策驢冒風雪，日馳三四百里，至華嚴寺陸舫中，召諸貴游、山人、琴師、劍客，雜坐酣飲，笑謔怒駡，筆墨淋漓，興盡策驢而返。

梁仲木交孫宇台

宛平梁仲木，名以柟，某年至武林，一見孫宇台，便披衿契，與之爲友。謂人曰：「若孫子者，所謂雲中白鶴，邴根矩、劉士光之儔也。」

王丹麓廣交游

錢塘王丹麓，名晫，廣交游，遇好友，譚論移日，至信宿不厭。非其人，不得闌入，偶遇之他所，亦不妄交一言。鄉里宵人故多憾之，至欲相傾搆，則察幾豫應，不明其所以然，然卒亦不能爲害也。

閔伯宗交友

祥符閔伯宗大令派魯，性簡默，其交友也，意致蕭遠，殊不大快人意。然久與居處，輒覺欣然如飲醇醪。

諸駿男念友傷懷

諸駿男嘗過廣陵，歎曰：「小有之風流頓盡，于一之宿草久衰，柴丈遯跡於白門，梅岑栖蹤於遠郭，故人雲馳雨散，念此能不傷懷！」

陳緯雲追念鄒董

宜興陳緯雲，名維岳，其年弟也。嘗云：「鄒、董相繼零落，蘭陵舊游，酒旗歌板之故地，闌風長雨，不可復尋，言之悽然，不待過黃公酒罏而始慟哭也。」

石哈生爲宋釋之知己

富平宋釋之嘗客靖逆侯將軍張勇幕，勇平定三藩，多出釋之策。一日，語勇曰：「予平生少知己。」勇曰：「如予者，不足爲知己耶？」釋之曰：「予與將軍一言偶合，非知己也。所稱知己者，獨石哈生而已。」及歸西安，每訪哈生於其家，必攜酒自後户人。既相見，偕至僻地趺坐，而飲酒劇談，談罷大笑，笑罷復大哭，興盡，棄其飲器而散。又嘗於將軍幕中大會賓客，設席虛左，或問之，曰：「此待吾友人石哈生也。」俄而哈生草冠草履，披褐衣，昂然而入，揖衆，直踞其席。釋之旁侍，執壺傾酒甚恭。哈生亦不少遜，持盃豪飲，旁若無人。衆大驚駭，卒莫測其爲何許人。釋之，一作石芝。哈生，一作哈興。

四明有四友

康熙時，鎮海謝緒章北溟、慈溪鄭性南谿、鄞縣萬承勳西郭、李暾東門，號稱四友，各以詩鳴，嘗合刻《四明四友詩集》。

蕭山有四友

蕭山包歙和著述自豪，出處不苟，嘗與同邑崇儒里沈七禹錫、城南蔡五十一仲光、城東里毛奇齡爲四友。

陳繹思交和本初

陳確，字繹思，江寧人，從父官湘鄉，遂家焉。爲人尚大節，不治生，工詩字，所居爲茅廬，書數卷、竹數竿而已。長沙之能文者皆豪之，與往來，然特與北人和本初友善。本初者，乃繹思里人彭警庵之妹壻也。其父由武舉官守備，而本初事文藝，隸善化庠，名籍甚。胸無城府，人有過，面争之，扶人於危，口不市德。産於南，而慷慨悲歌，尚有燕趙風也。

王山史交李天生

王山史與富平李天生檢討因篤初未相識，一日，邂逅於長安茶肆，隔席遥接，各以意擬名姓。及詢之，皆不謬，遂相與定交。

李文定兄事李天生

李天生爲三相國所薦，至京師，名重一時。合肥武英殿大學士文定公天馥以同姓年長兄事之，天生居之不疑。

朱人遠交四方奇士

會稽朱人遠茂才邇邁嘗以事至京師，名公鉅卿嘗延之東閣，以觀四方奇士，人遠因得徧交之。相與唱和者，爲王西樵與其弟文簡公，及宋荔裳、朱竹垞、屈翁山、鄭禹梅、陳迦陵，皆當世文學大家也。

徐虹亭朱竹垞定交輦下

吴江徐虹亭、秀水朱竹垞均少負才名，定交輦下。後同被徵，同入史館，相宅同居。虹亭就徵日，屬友繪《楓江漁父圖》，竹垞題詩，有「驚起沙鷗定相笑，黑頭未稱作漁翁」之句。又填《摸魚子》詞，前調云：「怕白水撈蝦，紅闌鬬鴨，與爾便無分。」後調云：「料八測塘邊，三高祠裏，讓我醉眠穩。」既而竹垞謫官，虹亭亦言歸，所居雖壤判江浙，然鄄鑯百里而近，朝掛席而夕抵其廬，一舸往還，互商舊業。白頭二老，隱繫東南文獻之傳，後生望見者，咸以神仙目之。徐、朱本婣戚，虹亭七十時，竹垞往祝，因命工爲《二老垂綸圖》。

周青士好客

周青士家嘉興之梅里，以賣米爲業，自晨至午居市肆，過午輒閉肆，登小樓讀書。工詩，好客，與朱彝尊、李良年、鍾淵映比隣相善，詩酒往來無虚日。晚游京師，至宿遷，墮水死。

儲同人有友十二人

儲欣，字同人，年未二十，好學，嘗約里中才俊集於一堂，切劘經義，里中稱之曰「八俊」，既而廣之爲十二人，皆友也。約曰：「非聖賢之書勿視，非其行勿蹈，不幸有過，必面責，改然後止。」又約曰：「文之課，月有三。合而課者一，爲書之藝七。離而課者二，書之藝五，論、表、判、策暨詩賦、古文詞諸體胥一。」後如約行之，寒煖不稍輟者凡七八年。蓋嘗約周礎芹、周天綬、葉培生、吳仲文暨羣從君宜、井陘、清源爲八士課也，又益以許子廷、周亞卿、周亮生、徐叔遠而爲十二人。

成容若與顧梁汾交契

成容若風雅好友，座客常滿，與無錫顧梁汾舍人貞觀尤契，旬日不見則不歡。梁汾詣容若，恆登樓去梯，不令去，一談輒數日夕。

姜西溟哭成容若詩

成容若卒，姜西溟哭以詩云：「禁方親賜與，天語更纏綿。」又云：「俄聞中使告，慘淡素帷前。」自註：「次日老羌款關報至，詔使哭告靈前。」

鄭芷畦廣交游

鄭元慶，字芷畦，歸安人，覃思著述，期有用於世，而廣交游，毛大可、朱竹垞、胡東樵、張樸村諸名人並折行輩與之交。

芷畦自名所居之地曰小谷口，其著書之室曰魚計亭。亭前種花壘石，後有方池一泓，大旱不涸。友朋過從，徵文考獻，與人應答，終日忘罷。

康熙戊寅京都名人大會

康熙戊寅夏，京都名人大會，合寫《芷僊書屋圖》，作畫三十人：王原祁、宋駿業、禹之鼎、顧士奇、張振岳、楊晉、顧昉、沈堅、黄鼎、劉石齡、鄭淮、馬是行、孔衍栻、楊豹、方孝維、馬昂、于炎、周兹、許容、姚匡、馮纕、顧芷、王永、李堅、鄧煐、黄衛、錢石含、翁嵩年、唐岱……而始寫樹石，末復補遠山一角者，石谷子王翬也。吟詩六十人，皆余思祖爲之書：姚奎、袁啓旭、費厚藩、黄元治、胡介祉、汪灝、宫鴻歷、李時龍、胡賡昌、錢維夏、江宏文、王弈清、劉允升、朱襄、汪若、顧嗣協、翁必選、錢汝翼、錢元昉、孫致彌、蔣仁錫、馮歷、王源、王澤宏、周彝、朱時鳳、許志進、蔡坙、朱鎬、顧彩、吴麐、顧瑶光、龐塏、姜宸英、王盛益、蔣疇錫、金璧、王時鴻、周清源、馬幾先、孫鋐、葉藩、陳于王、沈用濟、吴世標、孔尚任、曹日瑛、金肇昌、張霔、金德純、吴漣、宏焞、阿文昭、博爾都、占拙齋、珠兼山、端釋、等承、慈眎也；尚有孔毓圻之題識，則陳奕禧所書。

金啓與劉紹錡善

金啓，字奕山，會稽人，嘗居三原，放於酒，獨與三原劉紹錡善。紹錡雖不勝杯杓，而精於詩，啓喜從之游，紹錡輒爲具飲。啓獨酌，紹錡操筆其旁，爲詩以酬，且鍵户，他人不得預也。

岳襄勤交怡親王

岳襄勤公鍾琪居京師，怡賢親王與之納交。一日，岳以忌之者多，不克保身爲憂。王遂於奏對之暇代爲陳之，岳不知也。世宗曰：「既如是，可令其改入旗籍，當無敢有撼之者。然汝私往商之，勿云朕意。」王既至，與岳久談，終不言而去。世宗問之，王曰：「覘鍾琪意，似不願也。」世宗曰：「若爾，則勿庸。」然岳始終不知也。襄勤，號蓉湖，成都人，嘗拜撫遠大將軍，終四川提督，繪像南書房，加太子少保、兵部尚書，封威信公。

馬秋玉佩兮好客

祁門馬秋玉刺史曰琯，與弟佩兮上舍曰璐同居，皆好客。舉宏博，皆不就。乾隆癸巳，以開四庫全書館，進書七百七十六種。有園曰小玲瓏山館，全謝山祖望、符幼魯曾、厲樊榭鶚、金壽門農、陶篁村元藻、陳楞山撰諸名士悉主其家。

揚州鹺商好客

揚州爲鹺商所萃，類皆風雅好客，喜招名士以自重，而小玲瓏山館主人馬秋玉、佩兮昆仲尤爲衆望所歸。時盧雅雨任運使，又能奔走寒畯，於是四方之士輻輳於邗，而浙人尤多。

江永交戴震

休寧戴震，少不譽於鄉曲，婺源江永獨重之，引爲忘年交。震，字東原。永，字愼修。

禾中有四友

秀水馮柳東與史竹南、屠梅西、周桐北稱「禾中四友」，錢警石《甘泉鄉人集》中有《與馮柳東勸辭薦舉書》，稱三君爲道義之友、總角之交。

劉文清交瑛夢禪

劉文清公墉與瑛夢禪交最契，夢禪居勾欄胡同，與文清邸第鄰巷也。文清善書，與夢禪手札凡二百通，由壯至老，體格皆備，夢禪裝爲册，自爲之序。又有與夢禪餽物事目一册，日用之物無所不具，殆亦無日不餽也。又二册，則多邀飲之札。此可想見二人交誼矣。

程風衣馬璞臣如舊相識

乾隆壬戌，淮揚大賈之業鹺者，深居簡出，四方游客未易得見。桐城馬璞臣，名相如，名士也。至揚，投刺於程風衣。再至，閽人再拒之，馬怒，鬨於門。已而有一人便衣小冠，趿履而出，問曰：「子何人？」曰：「吾桐城馬相如也。」曰：「馬璞臣耶？」曰：「然。子何人？子知程風衣在家耶？」曰：「吾卽程風衣也。」兩人乃大笑，牽袂入，各盡吐所欲語，如舊相識。留數日，盡歡而別。風衣，名嗣立，有寒士風。

裘文達下直見客

新建裘文達公曰修，每下直，卽居聽事西軒，環設客座，戒閽人，客至卽引入坐，與共飲食，迭起迎送，竟日無倦容。

袁子才廣交

袁子才廣交，居金陵隨園，爲詩壇盟主。四方客至，坐花醉月，樽俎聯歡，殆無虛日。一日，大開東閣，客至五百人，皆一時知名之士，惟趙雲松觀察方游棲霞，折簡招之，竟謝不往，貽以詩云：「名紙填門奉坫壇，隨園豪舉欲留餐。靈山五百阿羅漢，一個觀音請到難。」袁得詩大笑。

子才交游徧海内，大江南北爲尤多。每出行，自白下起程，而京口，而毗陵，而錫山，而蘇，而松，以抵杭州，沿途訪舊，都以肴蒸相餽贈，雖有行廚，虚自備員而已。至杭後，句留略久，人之詢歸期者，魚雁日以屬，及將返金陵，皆已相候於道矣。或邀至其家，一宿再宿，其饋贈一如出行時。子才曰：「三年一看西湖雨，累得家家具黍雞。惟年已七十餘矣，若問重來與否，則前路茫茫，殊難自主，而未能預定耳。」

慶似村與袁子才鐵冶亭善

慶似村，名蘭，文端公尹繼善子，寡交游，與袁子才善，而鐵冶亭交之最久。冶亭每過訪，一髯頭婢應門，引入室，見主人不衫不履，案頭詩一本，窗間竹數竿，此外别無長物。烹新茗一甌，味至佳，不留飲，亦不答拜，曰：「我無車馬僮僕也。」年五十餘，以布衣終。

杭堇浦與何耿莫逆

杭堇浦，名世駿，字大宗，乾隆時主講粤秀書院，自壬申至甲戌乃北歸。其在廣州時，與何西池、耿湘門最莫逆。湘門於靜海門外濠畔街闢素舫齋，堇浦時過從談讌，有句云：「風流吴楚朋襟接，天色西南雨脚賒。傳語重城休上鑰，酒邊正要説梅花。」

馮三友爲某觀察子友

馮三友，名益，皋蘭人，先世居江寧，高祖某宦於蘭，遂家焉。父福，嘗從戎有勳，病歿，三友方四齡，福之妾張氏所生也。嫡母王氏生三禄，三禄弗爲養，逐張及三友。稍長，賣餅餌以供生母。時有某觀察者，方爲子求塾侶，或進三友，時僅九齡，總角長揖，舉止端謹。觀察異之，酬以揖，曰：「是子良足爲吾子友也。」

謝鳴謙與趙汪楊定交

南豐趙山南孝廉由儀工詩，謝鳴謙與之善。謝於趙爲十年長，趙四五歲時，謝已愛其神駿。其後，嘗燕見，以飲食徵逐相歌呼爲樂。謝性拙率，人或面諛之，輒忸怩，雖有甚愛，不自達。乾隆甲子，趙交武寧汪輩雲。汪貧而工詩，壬戌、癸亥間名大起，當路争羅致之。謝晤之於南昌，方熟察其所爲，而趙與一見，遂定交。是時與汪方駕者，爲南昌楊子載，而趙獨推重汪，然問嘗示謝以楊書，又未嘗不歎其忠告侃侃，以爲古人復出也。而趙顧數數爲汪、楊言，謝以是又交汪、楊。

名流歡迎張熙河

乾隆時，平湖張誠，字熙河，性倜儻，好遊名山，九州歷其七，五岳登其三。所至，賢士大夫如袁子才、畢秋帆、洪稚存、孫淵如輩，皆傾襟倒屣，相見恨晚。

姚朱王相契

姚姬傳在京師，與遼東朱孝純子穎、丹徒王文治夢樓最相契。一日，天寒微雪，偕過黑窯廠，置酒縱談，詠歌擊節，旁若無人。明日，盛傳都下。既而王自雲南罷官旋里，朱爲兩淮運使，聞姚歸，三人者相約復聚於揚州。朱特築書院於梅花嶺側，一夕植梅五百株，延姚主講席，此卽梅花書院之所自始也。

梁山舟交任禮堂

錢唐梁侍講同書，初字元穎，偶得元貫酸齋行楷「山舟」字，揭之軒中，士林遂稱山舟先生。後陽羡任禮堂過雲間，於天馬山周氏見石刻「山舟」二字，迹類飛白，甚奇古，蓋趙承旨筆也，亟手拓一本，俾吴槎客齎攜至杭州贈侍講。任、梁素未謀面，自此遂訂交，槎客賦長歌以紀之。

朱東臣與陳李契

朱東臣，名棟，與陳斗泉、李樂泉初未相識。一日，相遇於王雲谷齋中，則三人並生於乾隆丙寅，並號泉，於是甚相契。自是，吴中厮養隸卒亦無不知楓橋有三泉矣。

黄仲則交洪稚存

黄仲則少尹景仁性落落難合，不廣交，以是始慕與交者，後皆稍稍避之，黄亦不置意，獨與洪稚存太史亮吉交十八年。洪屢以事規黄，黄雖不之善，而亦不之絶也。

毛大瀛與國泰爲異姓兄弟

毛大瀛，寶山諸生，善屬文，試輒不利。年踰五十，以薦舉得官。教匪起湖北，蹂躪陝、汴、川諸處，大府奏調毛隨營。以功擢知縣，尋授簡州知州。毛初在魯撫國泰幕，幾十年。國泰者，毛在京時所識，約爲兄弟者也，撫山東，即挾之以行。

國性暴戾，妻子僕隸皆若不可一日共居者，獨重毛，始終無纖毫芥蒂。毛質直，嘗數其過，國受之不校也。國盛怒時，或至扑妻子，刃僕隸，得毛數語即解。以是署内外事毛如神明，國亦飭所親下人奉毛若己。毛或赴試，則闔署人環以泣，阻其行，若勢不可留，則各囊金以贈之。毛入試，所獲無算，亦隨手輒盡，不餘一錢也。在幕府日，國四鼓即促毛起，然巨燭，與分案治官文書，日出，事始竣。國讀書不甚分句讀，顧酷嗜作制舉文，日必拈一題，强毛共爲之。

董小狂友湯貞愍何蕉衫

上元諸生董小狂，名進，好爲詩，結茅野處，名曰窺園，與湯貞愍公貽汾結爲異姓昆弟。貞愍患疥，不時往，小狂怪之，曰：「恆欲得浴。」曰：「窺園不可浴耶？」曰：「無抑搔者。」乃即劑藥爇湯以浴貞愍，躬抑搔之。董所善又有何蕉衫，嘗客游，圖其形壁間，每飲酒，輒設桮勺，若勸酬。何之子曰成兒者幼，小狂愛惜逾己子。成兒夭，飲食坐卧及爲詩，無非哭成兒。

花連布友洪稚存

提督花連布，滿洲鑲白旗人，以世職歷官貴州南籠鎮總兵。洪稚存太史視黔學，始識之。花性質直，與人交，有肝膽，嘗語洪曰：「少時讀書，曾習《論語》、《左傳》。襲職後，乃輟讀。」學政例歲試武生童，必移文所轄總督，請派副將以下一員，監視騎射，蓋立法之始，恐文臣不諳弓馬也。洪試南籠，所派適爲花標下之參將。洪按定制，正坐演武廳，而參將及充提調官之知府左右坐。花聞之，不悦。日晚，會讌於花之署齋，花愠見於色，洪笑曰：「非妄自尊大也，例若此耳。公不嘗讀《左氏傳》乎？王人敍諸侯之上，左氏言之矣。」語未竟，花意頓釋，談甚洽，遂約爲異姓兄弟。洪之從弟顯吉留太守署中，一日，見花，以花之官稱之，花不悦曰：「吾與若兄交，汝何外我耶？」因强之入内室，令妻子出見，歲時饋問若骨肉焉。

張東甫交四方名宿

張之杲，號東甫，錢塘人，幼隨其大父宦於湘，繼以家貧母老，思橐筆以游。會曾賓谷侍郎燠方在邗，乃往依之，命居題襟館。時四方名宿若汪容甫、魏默深輩咸聚館中，遍交之。侍郎或一月至，或數月至，至則談文藝，無一語及私。東甫後官江蘇泰州知州。

高爽泉愛交游

高爽泉，名塏，錢塘人，以善書著於時，愛交游，如何上舍元錫、查刺史揆、陳司馬鴻壽、陳明府文述、郭明經麐、彭上舍兆蓀、陳侍郎嵩慶、朱漕督爲弼、慶制軍保、胡中丞克家、陳中丞桂生，咸相與推襟送抱，跌宕文酒，蓋重其書，並器其人也。

蔡木龕愛客若命

錢塘布衣蔡焜，字木龕，居武林門内斜橋河下，家貧，而愛客若命。室惟一老嫗給事，門懸竹梆一，客至，擊之，則嫗啓扃出。門設題名簿，訪者先書姓氏焉。登其堂，修潔無塵，茗碗熏鑪位置妥貼，酒談茶話，惟客之便。蔡不作詩而善談論，腹笥極博，待人接物則煦煦作春氣也。

龔定庵交徧海内

仁和龔定庵，名自珍，爲段懋堂外孫。兩世禮曹，交徧海内，綺紈附驥，齒挂通人，道光時之名公子也。

劉孟塗爲姚石甫好友

桐城姚石甫，少與劉孟塗爲友。後石甫成進士歸，里人招飲，兩人在座，孟塗直斥其文。石甫幾不能堪，避席引去，至階，復入席坐，孟塗駡如故。石甫避而返者三，終入坐，泣曰：「孟塗真吾好友，吾知過矣，請改之。」孟塗駡始息。

道光末，石甫罷官居里，過其家，遇孟塗叔某，時年老目眩，問客誰，石甫跪而自呼其名曰：「某在斯。」其叔撫摩石甫之項而言曰：「姚三，汝歸來耶？何久別也！」若不知其曾爲廉訪也者。

曾文正友莫子偲

獨山莫子偲友芝少與鄭子尹珍齊名，精許書，工篆籀，詩亦古樸有味。嘗與曾文正公國藩訂交於京師琉璃廠書肆中。文正遺莫書云：「閣下與鄭先生遊，六合之奇，覽之於一匊，千秋之業，信之於寸心。」其傾倒可謂至矣。

澄園八友十友

乾隆時，上齋內直諸臣嘗繪《澄園八友圖》，主之者漳浦蔡文恭公新，凡七人，則陳尚書悳華、程文恭公景伊、張文恪公泰開、觀總憲保、二周學士長發、玉章、梁少詹錫嶼也。汪文端公由敦、秦文恭公蕙田作記，武進劉文定公綸作長歌，鉛山蔣侍御士銓代涂少空逢震作二律，中有云：「地鄰海淀兼三島，人異淮南正八公。」至咸豐朝，倭文端公仁亦嘗繪《澄懷十友圖》，孫方伯衣言《遜學齋集》中有記，圖中姓名惜未全舉也。

林琴南友菜傭

林琴南早年貧甚，授徒奉母，時苦不給。一日，有賣菜傭弛擔息其門首，出見，與語。菜傭自言家止一母，負販所得，以供甘旨外，無他求。林歎曰：「若然，我儕之友也。」菜傭謝弗敢當，林曰：「若無然。我儕操業不同，能孝母一也，我今友汝矣。」

郭午橋交譚復堂

同治癸亥，仁和譚復堂大令獻在閩，銅梁郭午橋偕南昌朱蓮峯訪之。譚、郭相見於分水縣，僅再面耳，情誼懇摯，有如素交。聞譚遇汀州之變，愴惋累月。既而知其尚在人間，又不知蹤跡，與桐廬江退谷亂後相見，輒動色以告。及至閩，訪求甚堅，得蓮峯，始知譚所在，以得見爲歡幸。

高譚之交誼

同治己巳，仁和高古民卒，譚復堂大令哭之慟，嘗曰：「追懷癸丑以來，論交髫紀之間，與昭伯結昆弟之好，文唱酬相得。仲瀛、白叔童幼親密，予弟畜之。昭伯得心疾，沈緜不瘳。予南北奔走，與高氏蹤跡遂隔。亂定言歸，昭伯殁於越州，有子歧嶷，而仲瀛好學深思，白叔才氣飈舉，皆可一日千里。丈周甲之年，神明強固，猶跌宕文酒之場。家素封，遇亂，不能無折閲。父子兄弟，怡悦家衖，授受文史。丁卯秋，白叔與予同舉於鄉，通家之誼，視予加親。禮闈報罷，與丈猶數見。秋初嬰疾，奄忽閲歲，遂以不起。遺詩二三十卷，尚未刊布，意趣在梅村、竹垞間。言念疇昔，愴懷老成，如何可言！」

譚樊定交於都門

同治甲戌春二月，譚復堂大令以計偕入都，與恩施樊雲門方伯增祥定交。下第後贈言，以爲古君子勿爲今名士相勗，謂宜讀有用書，成偉人，斯爲交游光寵耳。

高逋孫與陳石遺善

侯官高逋孫文學鍾泉之婦邵氏，幼隨父宦江南，嘗與逋孫談太湖山水，爲之神往，以語其友陳石

遺。時陳亦蜷曲鄉井，往往出門寫憂，意行原野，則迴汀斷港，頹榭荒龕，與高相遻而笑，買山果菱芡之

屬以充飢渴。日既入，不忍舍去，有千百錢，則沽酒相從老屋中，談諧動鄰壁，蓋高與陳固相善也。

德宗有小友

德宗登極，方四齡，初入宫時，以乳姆未至，大哭。故事，無官者不得入宫門。孝欽后乃賞乳媪四品服，召之入，哭乃止。翌晨又哭，孝欽問故，乳姆告之，蓋帝在醇邸時，邸有御者某之子，與帝年相若，朝夕嬉戲，極相得，因御者之子不至故哭也。又賞御者之子四品服，召入宫，帝乃嬉戲如常。

譚復堂與莊中白爲心交

譚復堂大令與莊中白至相善也，光緒戊寅，中白卒於揚州，大令哭之慟，復筆之於日記曰：「月餘日出入寡歡，心志慘沮，覺非佳朕。忽得揚州書，乃莊中白訃也。郢人逝矣，臣質已淪，茫茫六合，此身遂孤，懷寧一別，竟終古矣。二十餘年，心交無第二人，素車之約，亦不能踐，夢魂摇摇，更無熟路。再展遺文，遂有昨猶見佛，今日已稱我聞之歎。」中白，名棫，丹徒人。

譚復堂引夏薪卿爲小友

錢塘夏薪卿，名曾傳，爲子儀農曹之子，紫笙中書之姪，從宦於京。時當舞象之年，適譚復堂大令

在都，時以詩就質。大令以其製題結調有成人風，引之爲小友。

黄體芳友何金壽

光緒初，京朝官中有五虎之名，其最著稱者，則以何金壽、黄體芳爲尤著。二人本相友善，皆以抗直聞。未幾，何以忤朝貴謫官揚州府，黄適督學江南。何到任後，卒於官，黄挽以聯云：「清慎勤萬口成碑，即今宦槖蕭然，剩有西臺留諫草；詩書畫一朝絶筆，令我征帆到此，不填東閣弔官梅。」

陳兆甲與扮黄天霸之武生締交

歸安陳兆甲，字友三，官户部雲南司主事，素不諳事。一日，忽大悟曰：「今豈猶是閉門寂處時乎？正須廣求天下英雄豪傑而與之結交，斯可矣。」逾時，往觀四喜班所演戲劇，見扮黄天霸某武生，拍案大喜曰：「真英雄在此矣。」觀戲畢，亟往求其人而與之締交，並結爲異姓兄弟。更求武生之友而徧與之交，飲食往還無虚日。又時括家中金，或質貸得金而與之，緣是落拓殊甚。其妻，粤東某方伯之妹也，與議曰：「汝爲京官，貧欲死。吾嘗至粤，向家兄貸金若干，與汝捐一直隸州，差堪自活。」陳唯唯。妻遂至粤，籌得數千金，攜至京與陳。陳則不報捐，又不還債，而悉貸與武生及其諸友。歲暮，債户蝟集，陳惟視天無一語。其妻微怨之，陳愧甚，遽吞鴉片煙而死。

金友筠與俞曲園神交

青浦有金友筠者，自號無礙翁，又號林陰仰雪翁，家園養晦，以著述自娛。與德清俞曲園太史樾初未相見也，光緒丁亥、戊子間，忽上書於曲園，與訂神交，而不署真姓名，曲園謂其如漫郎聱叟之姓名未許人知也。自是尺素往來，辭意肫摯，時而爲文字之商量，時而爲縞紵之投報，拳拳敬愛，久而不渝。通問之明年，乃始以真姓名告曲園。

王蘭生寡交遊

侯官王蘭生孝廉景寡交遊，惟與陳琇瑩、陳衍、陳念祖、許貞幹諸人善，無三日不過從，多集念祖所。念祖家近市，對門有酒樓，飲輒彌日，恆言詩，同飲者厭其酸，目笑之。景性復不廣，遇生客則斂容不一語，人亦多弗之喜，故獨與琇瑩及衍之交爲最親且久也。

王文敏謁客之名刺

福山王文敏公懿榮，光緒庚辰進士，蚤負博雅名。居京師久，士子公車入都，咸以得一識面爲榮。王答拜之名刺有三種：僅工制舉文者，用楷書刺；稍知古今學不名一體者，用隸書；嫥精漢學旁通金石者，用小篆。歙縣汪仲伊與王爲同年，或問曰：「王與先生何如」？答曰：「用隸書，猶以其爲同年也。」因大笑。

俞筱甫友譚復堂

教人以事者曰師，然古之君子互相切磋，固兼師資友誼而言也。光緒中葉，吳縣俞筱甫通守廷瑛官浙中時，譚復堂大令方自皖罷官，休於里門。譚以經學文學負海内重望，俞與之友，每有撰著，輒攜以就正，奉以爲師，風瀟雨晦，時相過從，不厭不倦也。譚曰：「俞君非風塵中人，老而好學，固自有千秋也。」

丁徐久敬不衰

丁竹舟主政松生大令與徐印香舍人恩綬，皆錢塘人。舍人家居時，里閈近接，數相過從。别後，書札往還無虚月。結契垂四十年，以道義文字相切磋，久敬不衰。丁富而徐貧，徐不諂，丁亦不驕也。

徐朱沈廣交遊

光緒中葉，浙江京官有三人，皆以廣交遊名於時：一，仁和徐花農侍郎琪；一，海鹽朱桂卿講學福詵；一，秀水沈淇泉編修衛。自在京之王公百官外，各省人都之官吏士子無不相與往還。有葛雲垣者，嘗過其邸寓，謂與人僕從填咽户外，途爲之塞，若權門焉。

三人皆負時望，而宫室、車馬、衣服之自奉，儗於素封，蓋亦以門閥之異於尋常耳。其宴客也，且旬日而九。有見其門籍者，謂一日間往謁之客，多者以百計，審其籍，則漢、滿、蒙及二十二行省之人幾已悉具，而徐爲尤多。三人皆相識，徐、朱且爲姻婭也。

林暾谷交名流

侯官林暾谷京卿旭嘗遊武昌，徧識一時名流，若陳寶箴三立父子、梁鼎芬、蒯光典、屠寄之倫。光緒癸巳，旋里，應童子試，三試冠其曹，爲邑諸生。旋領鄉薦第一，其闈作傳誦天下，年十有九耳。入都，知名之士争與交，乃遂交黄紹基、沈曾植、康有爲、梁啓超、嚴復諸人。

汪穰卿好客

汪穰卿舍人康年好客，出於天性，嘗分校兩湖書院，凡名士之客於張文襄者，無不結納。光緒戊戌，設《時務報》於上海，則凡寓公之於政治、學術、藝能、商業負有聲譽與夫道滬者，無不踵門投刺。穰卿聞其來，亦無不迎候訪問，夕則設讌以款之，相與談天下大計，或諮詢其所長，或徵求其所聞見，故於各省之人情風俗與夫其人性情品行之奚若，無不明暸於胸。嘗手輯一書，以平日所見之人分省記載，并詳著其所長，顔曰《曹倉人物志》。

穰卿好客之名既著，故四方人士無不求與一面。日本人之能作華語者，亦與相周旋，某且舉其家藏之寶刀以爲贈。

穉卿有弟曰仲閣者，則反是，以耳聾，須與人筆談，人恆厭之故也。

譚鑫培交李某

名伶譚鑫培好立崖岸，與之交者頗不久，惟内務府茶庫李某與狎，久而不衰，歲貸金錢不可勝數。而李固不吝，以獲交偉伶爲榮。人家婚誕演劇，欲延譚而不得者，往往卑禮厚幣，介李以請，得李一諾，譚必至矣。故李因譚，亦終歲受人餽遺讌飲無虚日，頗用是以自多，光寵交遊，此之謂矣。

清稗類鈔

會黨類

世祖禁立社盟會

順治庚子正月，禁士子不得妄立社名，糾衆盟會，其投刺往來亦不許用同社、同盟字樣，違者治罪。

孝欽后禁政聞社

光緒戊申七月庚子，孝欽后諭令查禁政聞社。

光宣間之黨爭

自粵寇平而郭筠仙侍郎嵩燾使歐西，馳書親友，稱許西國文明，爲世大詬。李文忠公鴻章取魏默深師夷長技以制夷之說，盛倡洋務，張文襄公之洞、丁雨生中丞日昌等和之，而清流黨攻擊文忠不遺餘力。蓋在光緒初，徐致祥、梁鼎芬、夏震武等爲一團，而以倭文端公仁爲之魁。中葉以後，楊崇伊、洪嘉與何乃瑩等爲一團，而以徐蔭軒相國桐爲之魁。庚子變後，創鉅痛深矣，而士大夫尤競騰其口說，阻撓新政，陳田、趙炳麟、胡思敬、劉廷琛主持最力，而鐵良輩遂利用之，以遂其排漢之私，駸駸乎以言論意見變爲種族鬩係。蓋自有黨説之衝突，遂有利用黨争以遂其隱謀者矣。

天地會

傳言天地會之起因者，頗近神話。謂在福建福州府莆田縣九連山中之少林寺，地至幽邃，人跡罕至，伽藍堂有塔聳峙林間，規模極莊嚴，相傳爲達摩尊神所創建。寺僧誦經之暇，恆究心於軍略武藝焉。康熙時，藏人寇邊，官軍征討之，大受創。聖祖乃懸賞，謂無論貴賤男女僧道，有能應募征服之者，有重賞。寺中諸徒有勇武絶倫之鄭君達者，偕一百二十八僧應募，誓必掃蕩西藏。抵京，聖祖召見，許從軍，欲任以總兵，詢以需兵幾何，需餉幾何。答言不需一兵，有糧馬已足。乃即授以征討全權，賜以劍，劍有「家后日山」四字之鐵印。僧擇吉日，整裝行，闢山通道，臨流架梁。不數日，達藏，張營建栅。藏人探知，突進攻擊。僧軍乃轉守爲攻，一戰破之，斬將搴旗，累戰俱捷。藏人行成，約仍獻貢物，遵約束。僧軍出征未三月，不損一人，不折一矢而凱旋。聖祖忻賞有加，將如約，惟所欲與之。而僧等乃一無所欲，各願放歸故寺，優游以終。君達留就總兵職。上乃大賜宴，賞金銀絹帛無數，並御書「聖澤無疆」匾額，以及「英雄居第一，豪傑定無雙」、「不用文章朝聖主，全憑武藝見君王」、「出門朝見君王面，入寺方知古佛心」各聯。僧軍歸寺，居民歡迎。

顧是時，廷臣有陳文耀、張近秋者，懷叛志，以僧軍武勇，憚不敢發，謀除之，百計譖於帝，謂官軍屢爲藏人所敗，寺僧乃能征服之，設若輩有異志，朝廷滅亡猶反掌耳，竊爲國家危之。帝聆言大驚，曰：「然則奈何？」文耀、近秋言有守兵三四百足滅之，帝不許。文耀、近秋謂以火藥焚之，必盡殲。於是命文耀、近秋率兵至閩。顧九連山既極幽深，而寺又在邃密之地，正在搜索，有馬儀福者，願爲先導。儀福亦寺僧，武藝居第七，然性極好色，卒以引誘君達之妻郭秀英及其妹玉蘭，爲衆所不容，驅之出，儀福銜之。至是，文耀、近秋居爲奇貨，許酬以官。因乘夜引至寺，埋火藥，復積柴草，引以松香燃之。達尊神現靈救之，遣朱開、朱光二天使引十八僧遁。儀福見有遁僧，急追蹤擒之，忽濃霧蔽天，追者迷於所向，十八僧乃得達沙灣口。道經黄泉村，有十三僧戰死其地，於是徒黨相謂曰：「彼等雖死，縱歷萬年，此讐不復不已。」時生存者五僧，曰蔡德忠、方大洪、馬超興、胡德帝、李式開，卽所稱爲前五祖者也。儀福卒爲同黨友人所殺。以儀福武藝居第七，故會中禁言七。

五僧焚死僧之尸而葬之，匿橋下，適泊有舟，舟子謝邦恆、吳廷貢見之，迎之舟中宿焉。翌日，辭別，乃與以秘密符號，爲將來承認之證。方五僧未離黄泉村時，適有兵隊至而搜索，有勇士吳天祐、方惠成、張敬照、楊杖佐、林大江五人，告以今已被害，因得安全遠遁。既至惠州府之長沙灣，後又有軍隊追躡，而前有河流，達尊神乃再遣二使現形救之，一持鐵板，一持銅板，架作橋渡之。僧因至寶珠寺，轉而至石城縣之高溪廟，有天使給以食物用品。中有三僧疲勞，互相扶持，強起行，向東方進發，不數日而寺廟卽消失，四鄰咸大駭詫。僧既行，猶慮有兵士追蹤，避至湖廣，抵閣王廟，賴其守者黄昌成及妻鍾氏。宿半月，再去之，至丁山之一小港，無意間忽遇秀英、玉蘭並君達之子道德、道芳，於是相與結合，往祭君達之墓，蓋君達此時已爲文耀用紅絹縊死。墓祭時，來兵士一隊，正皇急間，忽一桃劍自君達之墓躍出，秀英握得之，其劍柄刻有「反汨復汨」文字，又有雙龍争玉圖。秀英持劍亂揮，斬首無算，遂脱險。無何，此事爲近秋所聞，特派兵士搜索秀英。秀英先知之，乃以劍與二子，令速遁，而已則與玉蘭投三合河死之。謝邦恆得其尸，葬之河畔陵上，並爲立石碑一誌之。

五僧聞近秋之暴横，欲擊之，匿森林中，伺其來，出不意，突擊之，乘其兵士周章狼狽之際，斬近秋。兵士怒而反追。會吴天成、洪太歲、姚必達、李式地、林永超五人救之，是卽會中所稱後五祖也，或謂之五虎。五僧復還高溪廟，再揭寶珠院，倦無卧，飢無食，困苦殊甚。

至是而遇創會之陳近南。近南曾爲學士，於市之焚寺也，力争以爲不可。以文耀、近秋之讒，不得已辭職。痛僧之遭讒也，益與僧黨相結。近南家湖廣，返里，就白鶴洞研究道教。後又以代僧復仇，變形爲卜者，作江湖遊。至是，適遇五僧，憐其困，迎至家。後其黨員相遇，詢自何處來，必答言來自白鶴洞者，以此也。後近南以所居隘，不適於謀事之用，因告僧曰：「距此不遠有下普庵者，後有一堂甚寬廣，俗稱紅花亭，可居之，徐圖復讐。」衆因移居於紅花亭。

一日，僧逍遥河上，見中流浮至一物，審之，一大石香爐也。檢其底，有「反汨復汨」四字，又有小字一行，註明重五十二斤十三兩，是卽與會中白鐵鼎同形，因是鼎失於杭州故也。時既有香爐，因取樹枝與草以代燭香，注水以代酒，祭告天地，期必復寺讐。不意樹枝與草忽焉自焚，衆以爲得請之兆應。歸至紅花亭，以告近南，近南曰：「此汨代將覆，汨朝復興之天意也。」以爲復讐之期已至，卽日，明揭旌旗，發傳單，召將士。時有朱脣美丰儀之少年，手過膝，耳垂肩，儼若劉備。衆見其態度非常，詢之，則曰：「我朱洪竹也，乃明思宗之孫，爲李妃所出。先帝爲北胡篡奪，懷復讐之志久矣。今見諸士以明代故，仗劍羣起，特來相助耳。」衆聞之，推之爲主。以次日爲吉日，宰牲祭旗，部衆咸集旗下，近南對衆言曰：「武裝諸君宜各別擇吉日，歃血盟誓。」以武裝者爲兄，後來者爲弟。近南卽自爲香主，擇甲寅七月二十五日，以紅花亭爲兄弟盟誓之地。各會員卽以其日爲誕日，稱爲洪家大會。是夜，天顯瑞兆，南天光耀，有燦爛之星辰，作「文廷國式」四字。近南從天意，取以爲元帥旗。而東方復發紅光，紅音同洪，故卽以爲姓，拆之爲三八二十一，卽以作符號焉。

近南籌畫一切，以蘇洪光爲先鋒，吳、洪、姚、李、林與五僧爲中堅，令吳、方、張、楊、林至龍虎山募集兵馬，整理後備。近南乃發令於次日進擊官軍。不意官軍至強，一戰而敗洪軍於山中。於是近南特開軍前會議，決誓退至萬雲山。道經萬雲寺，爲其院長萬雲龍所知。雲龍，卽浙人胡得起也，貌魁梧，膂力過人，以少年曾殺人，懼罪爲僧。至此，見僧軍卻退，驚問其由，則大怒，謂胡人何無道至此，誓必滅之，以雪幼帝之恥。近南見其勇猛，以幼帝介紹之，命爲大哥。雲龍則歃血設誓，以示非覆清與明不已。

八月二十日，再戰，雲龍提二棍，痛擊官軍，不幸於九月九日中矢而斃。餘軍見大哥被殺，皆潰，五僧乃潛匿。俟官軍去，燬雲龍尸，裹以紅絹，葬丁山下。墓前有九曲河，後有十三峯，右有五樹，左有一樹，以爲標記。近南尊之爲達宗神，建三角形之萬年塔，密加刻畫之九話塔各一。

事畢，乃遍覓幼帝，而不知其蹤，乃相與議後事。近南曰：「近頃大敗以來，知時機未至，政府尚不能覆滅，然不久必亡，明當復興，幸勿遽萌懈志。惟勸諸兄弟暫時解散，隱遁江湖山澤間，靜以待時。予今亦暫與諸君別，遊歷各地，以觀時機。如洪家有可告成之豫定日期，尚望必來，勿爽約也。」遂對衆作禮而去。於是諸黨徒四出運動，臨別作詩，詩曰：「五人分開一首詩，身上洪英無人知。此事傳得衆兄弟，後來相會團圓時。」此卽黨人所持以爲會員之證者。散後，周遊各省。後於惠州府高溪廟再圖大舉，然頭目生存者僅洪光一人，未幾亦死。旋傳洪光復生，其所以復生之故，傳說亦至詭異，然要不離復明之思想，借以爲收拾人心之計而已。意謂思宗縊死之際，京師爲李自成所陷，帝縊於柏樹。有寵任之宦官王承恩者，冀得附葬明陵，欲與帝共縊死，然更無他柏可縊，將欲縊於同枝之上，又恐冒瀆尊嚴，不得已縊於帝足而斃。不意後之尋得帝尸者，轉以承恩爲叛逆，棄之於野，遊魂無歸。當大軍雲集於高溪廟時，達摩憐其遊魂無依，卽將其靈移之於洪光尸，更生後，定名曰天祐洪，重握三合軍之司令，統三合軍連戰連勝，掃蕩七省。四川之戰，不幸爲官軍擊斃，於是三合軍卽四散，而七省亦一律爲官軍所恢復矣。

哥老會及其他各秘密社，傳說雖略有差異，而其言焚寺斃僧，以逃出之五僧作爲五祖，圖復讐於萬一，則出於一。此種傳說，綿歷數代，輾轉口傳，其謬處識者當自能辨之也。

三合會

三合會或稱天地會，世人以此名之，會中人亦卽以自名，遂成爲通稱。或曰卽三點會，凡清水會、匕首會、雙刀會等，皆其支會也。

三合會之成立，在康熙甲寅。相傳其原起之目的，以少林寺僧既被官焚殺，志在復讐。或有疑爲未必然者。然觀其尊信一種神秘儀式，自知爲僧道創始之者無疑。至其叛亂之事，則以乾隆丁未臺灣林爽文始。

林爲彰化縣大理村人，乃三合會大頭目。數十年間，土人多黨於三合會，以免地方官暴政者。忽爲大吏所聞，卽令總兵柴大紀率軍三百剿捕，於是林與土人起而拒捕。某夜，突襲官軍營，破之，斬其司令官，陷彰化。旋又進攻各地，圍守諸要隘，絕官軍糧道。官軍久爲所苦，及福建援軍提督黃某、總兵普某至，夾擊之，遂大敗，退保大理村。中途遇伏，幾至全軍覆没，林舉家遠遁番夷中。時有一女黨人鄭氏者，容貌絶麗，多武勇，能使劍彎弓，鎗百發百中，領殘軍，指揮中要，屢與官軍戰，多所擒斬。然極淫肆，黨人中無可其意者。適擒獲官軍一武員，迫之，則加以詬辱，鄭大怒，斬之，臨其頭。後三合會大失敗，鄭匿廣東，卒被捕殺。

嘉慶己巳，有三合會支派清水會會員胡炳耀等十七人，在江西崇義被捕，治以叛亂煽惑之罪，僇焉。

丁丑，三合會會員增至千餘人，其會員有犯事被刑者。戊寅，又大敗於梅嶺，常稱兵以與廣東官吏抗。由會員在江西者亦甚多，常干涉行政，官吏畏之。

道光壬辰，兩廣、湖南各山之瑶人叛，傳言爲三合會所煽惑。官軍征之，卽因以征三合會，殺二千人。一時居於瑶族官軍間之三合會，迷於向背，卒結瑶人以攻官軍。某夜，瑶效田單火牛之計，燃火於羊角，驅羣羊至山。官軍怪而進擊之，瑶卽自後突出襲擊，官軍大敗。後瑶以得賄故，退入山，三合會乃獨當前敵，被戮者無算，官軍遂獲勝。

如上所言，三合會蔓延之廣可知矣。當是時，臺灣、兩廣、江西南方一帶，三合會至跋扈，而以福建爲醞釀之所，雖官吏下嚴令痛制之，卒無效。蓋此種秘密社會，不獨爲官吏所憂，其挾此主義，自閩、廣往馬來及南洋各島或暹羅、印度諸地者，所至往往盜殺，爲地方官吏之害。且黨羽既多，卽不願入會者，亦多憚而求其保護，受逼迫而入會矣。

庚戌，三合會擾兩廣各地，粤寇洪秀全效之，起事廣西，輾轉而至中原。

秀全本農家子，嘉慶壬申生於花縣，距廣州七十里。幼喪父母，於鄉里授徒爲業，屢應省試。繼而流寓四方，陰結同志，賣卜江湘間。先是，粤人朱九濤唱上帝教，秀全及其鄉人馮雲山等師事之。九濤死，乃推秀全爲教主。

丙申，秀全、雲山同至廣西，居桂平、武宣二縣交界之鵬化山，傳上帝教。初，桂平有保良攻匪會，爲秀全、雲山所設，立會講教，官吏已陰惡之。至是，而秀全、雲山與盧賢拔等造《真言》、《寶誥》諸書，秘密傳布，蓄髮易服，潛伏山林，遣人遊說四方。會大疫，歲饑，人心所在傾動，附從者日多。於是秀全舉兵金田村，移屯武宣縣東鄉，招集四方豪暴。時三合會各頭目之有武器者，悉歸秀全軍，然以其教義相異，不久輒散去，惟粵人羅大綱從之。世多以秀全爲三合會首領，呼粵寇曰三合賊，實大謬也。秀全僅容納三合會之一部分耳，非自爲三合會員也。雖其復明逐滿，兩者俱同，蓄髮易服，不背三合會之主旨，然三合會所奉爲道教、佛教，上帝教所奉爲基督教，其根原實大相剌謬。秀全嘗語人曰：「三合會之目的，在覆清復明，其創始在康熙時，主義雖正當，然必至二百年後，如今日，始可爲覆清之舉。至於復明，則又似是而非。既還復吾舊有之山河，必當別建新朝。今乃以復明爲言，焉可以得人心！若就吾真教言之，全賴上帝之威力爲援助耳。其得助多者，以吾等數人敵彼百萬可也。予是以不知有孫臏、吳起、孔明各名將，三合會果有何價值哉！」此其語實確有所見，後之稱太平國王，效亂世英雄之所爲者，非其素志也。厥後，貴縣林鳳祥、漢陽萬大洪、湖南衡山洪大全等來歸，勢大振，卽分諸將席卷廣西，進陷永安，創國號曰太平天國，自稱天王。所向無敵，遂進陷江寧，據之，而三合會亦紛起於各地矣。

當己酉年，新嘉坡陳正成設三合會支部於廈門，命名曰匕首會，入會者數千人。咸豐辛亥，傳聞至廣州，官吏調查三合會，欲鎮定之，遣道員某巡捕正成。正成被捕拷問，令自述。英領事以其爲新嘉坡籍，欲干涉之，然不知其拘於何處。方偵察間，正成已斃於拷問之下，舁其尸以肩輿，仍棄之於其寓前。後由黃威代領其衆。時官吏橫暴，迫刼豪富財貨之事時有所聞也。癸丑，以官吏強奪豪富黃某之財，黃威保庇之，率二千餘人起兵。其隊長多新嘉坡人。奪廈門附近二市鎮，附從者增至八千，遂進而據廈門。威出示諭，自稱明軍指揮官，大抗官軍，而不擾外人。其戰也，持人道主義，尊生命，晝戰夕休，不尚夜襲，然卒未能持久者，以糧餉藥彈不足也。明軍於是啓城，議款而去。明軍既去，官軍入城市，縱刼掠，戮及童稚，刀鈍而不血，則并縛數人而投之河，不可理喻。英領事通牒勸止，亦無效，乃用威壓之計，以兩軍艦泊香港，若將强制者。於是洋場及船埠四周俱免於禍，餘則有一日斬殺至二千人以上者。

廈門爲匕首會占領時，上海復有三合會起事。時閩、粵兩省人之在上海者，約十四萬，多三合會會員。粵劉麗川、閩陳阿連等羣謀襲上海城，事未發，爲地方官偵知，捕粵、閩頭目七八人。粵、閩人大怒，致書地方官，謂信偶爾之浮說，究何理，不速返者，立斫汝頭，毋後悔。地方官大駭，返而謝之。八月二十日，適地方官致祭孔子廟，黎明，麗川、阿連等六百餘人潛匿北門外，待啓城，即入襲縣署，迫知縣袁某繳印。袁駡曰：「印爲天子所賜，汝欲印者，先取吾頭。」麗川黨人大叱而斬之。衆乃圍道署，而黨徒已集萬餘，城中鼎沸。官吏命守兵放大礮，衆仍不退，並迫道員吴某繳印。吴恐蹈袁之覆轍也，即解綬與之。麗川取其印，縛吴，奪官家銀無算，城亦陷。時其黨悉以紅巾爲號，因稱爲紅巾賊。後數日，麗川、阿連等欲殺吴，衆議大譁。美總領事麥輅爾聞之，告麗川，使以吴付之，麗川不許。然有二西人潛誘吴自西門縋城逸，匿麥所。麗川大怒，將攻租界，租界防益嚴。鎮江之官軍聞上海陷，乞購大礮數尊於洋人，不允，乃强奪之，與洋人鬭，死者數十人。官兵營於跑馬場，凡四千餘人，時或嘲弄洋人而毆辱之，於是駐滬各國領事請於總督何桂清，欲移軍於跑馬場。桂清猶豫未決，各領事又致書，令速移,謂將以兵力奪取。時英、美軍艦之在上海者各一艘,合租界所有洋兵得三百餘人,各戒嚴以待。桂清以爲仇洋人,則洋人必惡我而助敵,轉而攻我,則滬城何以復,遂自至租界謝罪。時官軍集上海者萬餘人,借洋人之力以斷糧道,復向城中礮擊。麗川聞洋兵之助官軍也,率死黨百餘人犯圍遁。

庚戌,三合會蜂起兩廣各地,見秀全之得勝也,勢益張。咸豐甲寅,兩廣皆亂。其年,占領廣東之肇慶、佛山、東莞各地,廣州幾爲所包圍,珠江悉爲所據有。占領各地之頭目,雖多放蕩無賴,然軍隊尚有紀律,統率之者亦多得力,又知公表其目的,其旗有「反清復明」等字,而對於外人,亦知竭力聯絡之。然自此官軍與三合軍顯有區別,而官軍之運餉廣州者,轉得利用外人之助,懸外國旗,安然行過三合軍之礮臺與軍艦間矣。

十一月,廣東豪商某備艦隊,運兵向佛山,與三合會戰。三合軍大勝,獲軍弁四五十人,且戮兵士無算。後又戰於珠江,卽用此艦隊攻破官軍之兵艦四十四艘。

在廣東通商之外人,惡亂之久也,遂亦不望三合會之有成功,而被累尤甚之英人,亦漸袒官軍。會三合會渙散,中有率黨而遁者,泰半至廣西之外郡。餘八千人,至桂林,與將軍羅某合,形勢遂大變。乙卯,官軍益順利,而省城外十數村鎮皆爲官軍所克矣。

廣東總督葉名琛之鎮懾三合會也,爲法至嚴,然兩廣、江西、福建諸省尚時有暴動。方英、法同盟軍占領廣東時,石達開自湖南進兵廣西,欲攻據桂林,三合會乘之,乃再有回復之希望。戊午,陳清康率兵數千,會集於廣東之北,隱有占領廣東之計,將待同盟軍退,卽擬起事。適攻擊桂林之粵寇遇强悍之官軍，突圍逃廣東，更於中途脅諸無賴，加以三合軍，勢遂益盛，其主力軍乃再向廣西而進。主力之粤寇既去，官軍乃逕攻三合軍，並用賄通、懸賞等法，潛約三合會副統領陳政及諸頭目，謀殺清康，率衆投降。政遂斬清康，官軍乃大得勝。官吏爲升職地，欲以血戰報告，乃捕與内應無涉之三合會員二千餘人斬之。於是十年之間，凡三合會之在廣東及其鄰境傳播無政府論者，悉處以極刑，捕縛者一不宥恕，其家族之幸逃至香港者，既無官吏管轄，則仍昌傳反清復明之主義焉。

光緒丙戌，廣東惠州府寧山有三合軍三千人抗官起事，别有石工四百，編一隊，爲三合軍之應援，由香港至九龍山會集。至歸善，則寧山之三合軍已爲官軍擊敗，於是此援軍即解散矣。

戊戌，三合會頭目李立亭、洪振年等起事於廣西鬱林、南寧一帶，連陷各城，所餘僅梧州、桂州耳，官軍多投降之。粤寇以後，此爲第一大亂。延十數月，官軍鎮定之。

庚子，三合會頭目鄭弼臣等與興中會首領孫逸仙相約，受其指揮，在廣東惠州樹革命幟，所在響應，從者逾二萬人。然外絶輸運藥彈之途，官軍之援兵頻至，不可支，遂解散。是役也，日本山田良政亦戰死於虎頭山。

以上爲三合會小歷史，其宗旨始不過反清復明，自逸仙變化其思想，易而爲近世之革命黨，其徒黨徧伏各地。辛亥革命之所以風靡南方者，三合會未始無力也。

此外則有海外三合會，由中國本部黨員扶植其勢力於海外，不僅以傾覆政府爲宗旨，貧病死喪亦互相援助，以是僑民欽其義，入會者益多。十九世紀之初，諸會員之自福建、廣東而至南洋羣島者，每於其地犯法，或保庇犯法之人，殖民政府無如之何。且不僅因犯罪而騷擾，猶有因各公所會員屢起爭鬭者，必大經殘殺以後，始略鎮定。然固不抗叛殖民政府，卽其政府起而鎮服之，亦不違異，以其所懷思想雖爲無政府主義，然不過自相爭鬭耳。

道光辛丑，中英之戰端既開，新嘉坡之三合會卽因以再起覆清興明之望，屢與殖民政府協商。時各頭目多豪宕不羈，惟部下悉無賴，常劫奪財物。殖民政府欲有以約束之，於是向各公所會員强行錄載人名，由是得揣測其會員之多寡，知其頭目爲何人，遇會員有違法者，其責任始有所屬。數年來，政府大便利之。後來者十九皆三合會員，殖民政府乃思爲一網打盡之計，於數十萬之中國人，特定一審判權而保有之。於是各會員始與其地之政府爲敵，更秘密運動以求勝之。而其地政府之官吏亦漸覺其言語風俗之異，不易應付，且中國人之至自各内地者，語言又互異，雖鎮壓之，責任在各頭目，然不能悉通其土語，卽無從施其約束焉。

三合會之在南洋各地或英屬各地者，其地之政府恆視爲害物。暹羅亦然，且其勢甚盛，凡其地有大暴動，必三合會所爲。於澳洲，亦以反抗其地之官吏，致其政府横生議論。於北美洲，則肆行殺害，强奪虜贖，其惡名高於太平洋海岸。犯事以後，輒用秘密勢力，由諸兄弟庇之，以是得常逃法網。

其在香港之三合會，則發端於殖民地建設之日。道光乙巳，凡反抗殖民政府者，皆烙印於頰，監禁三年，又制定放逐之法令，其年又改正之。惟三合會員犯有不法情事須處罰者，不烙印於頰而烙於腕，其判定，一任判事爲之，廢放逐之令。然此法曾未實行。而三合會反抗政府，亦無公然之舉動。蔓延日久，至咸豐丁巳，中英開戰，乃於香港備攻廣東，以八百苦工編爲教練隊。苦工皆客民也，大抵屬於三合會。其數頭目以排滿故，曾於英軍有所協商。

光緒丙戌，三合會以苦工營業之紛爭，各公所曾有械鬬，其主動者爲萬安及福義興兩派。萬安之頭目充中國偵探，被捕後，以團體不法行爲之罪，付之高等法院審問之，旋准其保釋出獄，即逃歸歸善。華官偵知所在，舉兵捕之。自後安與義興即因此時有爭鬬，兩派互以數人投之獄。

丁亥，制定秘密結社各條例。凡應拘禁於公所者，罰銀千元。會員之應拘禁者，罰五百元。且禁止單會。香港二三十公所，皆秘而不宣，其牆壁僅有字畫旗幟以爲裝飾，及各會員捐款簿一册，餘無所有。各公所均祀關羽，每以六月二十四日爲其忌日，以五月十三日爲其生誕，皆慶祝。

公所會員多有於外洋犯事，因求保庇而入會者，或有因掠奪遠行而入會者，或有因欲在廣東各港灣劫奪而入會者，或有因放火逍脅掠奪而入會者，或有客民孤寄欲求安全而入會者。然多數會員，均能嚴守會中法律，堅持目的而不變。要之，所有會員，無論其爲貧病死喪之扶持而入，或爲求免會中諸種壓制而入，或爲好奇而入，或爲種族革命而入，或有所利己而入，而皆同抱一傾覆政府之念，歃血以後，衆志即團結矣。

公所　設會之始，曾立五大公所，每公所各分配以數省，爲五黨派。年代久遠，公所漸失，而亦無大聚會。然各以意立旗旆徽號，別爲五部，各以特別之文字記之，專用於各部，色彩亦各有別。其旗左右各五種，分隸五祖，記五祖之名於上。復書簉造之字，五字爲一句以別之。

第一部稱爲一九梯，分配於福建、江蘇，記號爲江彪，即彩字。旗爲黑色，記前祖蔡德忠、後祖吳天成之名，配以青蓮堂、鳳凰羣等字，是部之印爲菱形。第二部稱爲十二梯，分配於廣東、廣西，記號爲洪鑓，即壽字。旗爲紅色，記前祖方大洪、後祖洪太歲之名，配以洪順堂及金蘭羣等字，是部之印爲三角形。第三部稱爲九梯，分配於雲南、四川，記號爲泪艙，即合字。旗爲深紅色，記前祖馬超興、後祖姚必達之名，配以家后堂及蓮章羣等字，是部之印爲四角形。第四部稱爲二九梯，分配於江南、湖廣，記號爲淇皰，即和字。旗爲白色，記前祖胡德帝、後祖李式地之名，配以參大堂及錦廂羣等字，是部之印爲平行四邊形。第五部稱爲四七梯，分配於浙江、江西及河南，記號爲泰皰，即同字。旗爲綠色，記前祖李式開、後祖林永超之名，配以宏化堂及得興羣等字，是部之印爲圓形。又各以意造之[illegible]，[illegible]，[illegible]，[illegible]，[illegible]，配分五部，各從其次，製爲旗。

中世之大公所，有稱爲廣惠及肇義慶者。公所之大哥曰何胤，殆死於五十年前。未死之前，有廣東、福建之大首領，每於夜間聚集於公所。何歿，會員益不和，互相爭鬬，遂成數派，而各設公所。插旗幟於木斗之上，稱木楊城，以參拜唐太宗李世民爲宗教儀式，即獻之於少林寺以爲根據。旗分五部，凡集會均用之。

會員　公所之首領稱大總理或元帥，普通稱大哥，爲萬雲龍所擬。以下之頭目稱香主，普通稱二哥，爲陳近南所擬。再次之頭目稱白扇或先生，或三哥，再次爲先鋒，爲天祐洪所擬。次爲紅棍，以執行會員之刑罰。以下總稱草鞋，爲最下級，供服役使令隨從等事。

入會式　入會式，稱爲作戲或放馬。舉行日，會員咸蒞會，謂之看戲。須俟入會者有五十人以上，方舉行。會員謂之香，入會者謂之新丁。入會者須有頭目紹介，爲收取入會費之保證。若頭目爲其叔父，令教以入會式之舉止問答。凡富貴人、學問家、官吏、農夫、商人、兵士、莠民、盜賊、乞丐，苟存忠義之志，思復明者，均得入會爲洪家兄弟。會場則臨時設於郊外，方約五丈，分外部、中央、內層三區。其行儀式之秘密室，則取陳近南之亭名作隱語，謂之紅花亭，中祀關羽，額曰忠義堂。堂中央設種種神座，如女軍神關英，以及前五祖、後五祖、鄭君達、萬雲龍、鄭玉蘭、郭秀英、周洪英等，此外如洪家之已故會員及其他有關係者亦列之。神座前設高溪塔，盛果實，又有細加刻畫之九話塔。香爐有「反汨復汨」等字樣。其餘則有紅燈、官傘、七星刀、刻畫龍鳳之棍棒，以及木楊城之木斗。案前列燭無數，下有七星劍，以明覆滿興明之意。有算盤，以算滅清後明帝再行登位之日。有紅燈，以辨真僞。有尺，以比較會員之行爲，且以計天地合一之處。有秤，以表正義公道。有鏡，以照破一切順良邪惡。有翦刀，謂可翦開蔽空之暗雲。有桃枝，以明劉備、關羽、張飛結義之意。此外有珠串木魚，抱合一劍以成穹窿之形，下置一橋，以爲五祖由少林寺逃出時下降之橋，雜取銅鐵板爲之，外更作溝渠圍之。紅花亭前有休憩室二。各部門前均有衛兵拔刀挺立。衛兵更以竹圈植立門際，凡入會者，必經過此竹圈。

然以事須秘密，多於普通室舉行，室中裝飾亦略，或以他物代之，除關羽外，諸神之名僅以紙寫之，且常於夜中舉行。俟會場準備已畢，公所之頭目、會員均披明代衣冠，紅巾結髮，以次入會，置木斗焚香，拜五祖。其時一舉一動，咸誦規定之詩句爲之。祭畢，大哥坐神前，香主坐左，先生坐右，草鞋則均立，會員則散坐遠處，衞兵則帶劍各立門際，先鋒則導入會者居休憩室。次則入會者散髮入第一圈，其門口甚狹，皆須匍匐而入。至門口時，衞兵與入會者作問答如下。衞兵曰：「何故來此？」入會者曰：「意欲列名軍籍，爲洪家兄弟，故來此。」衞兵曰：「何以知可爲此間兵士？」入會者曰：「見有召集之示諭故。」衞兵曰：「誰教汝來？」入會者曰：「由於己意而來。」是時保證人導入會者入第二圈。衞兵曰：「自何處來？」入會者曰：「自東方來。」衞兵曰：「誰爲保證人？」入會者曰：「保證人某。」衞兵曰：「兄弟食三分米七分沙，困苦否？」入會者曰：「兄弟所食，我亦食之。」次乃入第三圈。衞兵曰：「劍與頸孰堅？」入會者曰：「頸堅。」是時入會者袒其衣，露右手及肩，執香三枝或六枝，先鋒首爲誦規定之句，膝行，導入會者之內室。其門際又有衞兵，作問答如下。先鋒告衞兵曰：「高溪之天祐洪，率新兵數千，欲加盟我軍，遵桃園兄弟之約，來報香主。新兵咸願以洪爲姓，請香主於五祖前鑑照吾人之神，以嘉納吾人之行爲爲禱。」衞兵曰：「命天祐洪晉謁五祖。」先鋒曰：「我敬從是命。」香主曰：「汝爲何人？」先鋒曰：「我高溪天祐洪也。」香主曰：「勿譫語，無姓天之人。汝究生於何處？」先鋒曰：「我乃明思宗宮中宦官，忠心義氣，以復讎爲事，欲再興明室。我以天爲父，地爲母，日爲兄弟，月爲姊妹。天以洪爲治，日月爲明，故我自名天祐洪，言天必護洪也。」香主曰：「天地日月之姓若何？」先鋒曰：「天爲興，地爲旺，日爲孫，月爲唐。」香主曰：「汝經若干之路而來？」先鋒曰：「我歷萬里而來。」香主曰：「幾人與汝偕來？」先鋒曰：「三人。」香主曰：「汝何以獨到此？」先鋒曰：「謝哥前行，萬哥後行，我居其中。」香主曰：「汝自何方來？」先鋒曰：「自東方來。」香主曰：「汝何時來？」先鋒曰：「日月照東海時來。」香主曰：「汝來由大道乎，抑小徑乎？」先鋒曰：「由大道之中央來此。」香主曰：「汝既爲洪家先鋒，何書爲汝之秘略，試語之。」先鋒曰：「我有文武書。」香主曰：「文從何人？武學何人？」先鋒曰：「文從孔子，武學養由基。」香主曰：「自何處習之？」先鋒曰：「在紅花亭習之。」香主曰：「讀至何書何項？」先鋒曰：「百萬書洪水橫流之項。」香主曰：「何處演武藝？」先鋒曰：「少林寺。」香主曰：「汝先爲何？」先鋒曰：「洪氏。」以下尚有種種隱語問答，不及備載，姑從略。問畢，先鋒導入會者至劍橋下，膝行執香。香主演述以下各語作禮拜，其語曰：「吾人當吉凶與共，以求回復天地萬有之明，滅絶胡虜以待真命。吾人當虔拜天帝、地皇、山河，土穀之靈，六惡之靈，五方五龍之靈，以及無邊際之神靈。創造以來，百事提倡，其古人所知而足爲後代教訓者，當傳遺之。諸兄弟今再導汝於忠義之中，吾人當以同生死誓於上天。今夜吾人各介紹數新信徒於天地會，倣桃園結義故事，約爲兄弟，洪其姓，金蘭其名，以合爲一家。自入洪門之後，當一心同體，互相扶持，毋許有彼我之别。今夜拜天爲父，地爲母，日爲兄，月爲姊妹，復拜五祖及始祖萬雲龍等，與夫洪家之全神靈。今夜吾人跪拜爐前，心神立卽清淨。吾人各刺指血混啜之，以爲同生死之盟誓。吾人以甲寅年七月二十五日丑時爲生誕時，凡昔二京十三省當一心同體，人人互求幸福，各分其勞，毋或疏隔。一遇今朝廷王侯非王侯，將相非將相，人心動摇，卽爲明代回復胡虜剿滅之天兆。吾人當決行昔時陳近南之命令，立亭作橋，開天下太平之城。以實行作戲，歷五湖四海以求英雄豪傑，握木楊城主權，焚香以設山河同永之誓。凡新會員，各以其範圍行所任務，順天行道，順天者存，逆天者亡。如有能回復明代，報仇雪恥，建設天下太平之治者，及身封王侯，子孫則歷世永昌。違反是道者，應滅絶於劍戟之下，且須滅絶其種。惟忠心義氣之人，得受永遠之福祉。吾人受生於天地，被日月之所照，結義以後，歃血盟誓，上仰神明之降鑑，當各表誠意，以矢三十六誓。」是時下級會員之所謂草鞋者，進三十六誓書之黃卷於香主。卷中右繡龍叁玉圖，左繡鳳凰追玉圖，上下各飾以花鳥，背面四隅各書「反清復明」字樣。受此卷者，一人跪右足，捧以右手，一人跪左足，捧以左手，各提其一端。他會員亦一律長跽，聽香主朗誦三十六誓詞。朗誦畢，皆起立，引入會者至神前，各執香焚之。復執一雄雞，斬其頭，香主以碗盛其血，以釘刺新會員左手第二指，滴其血於碗，乃焚三十六誓詞，將其灰同調入碗，各固其信誓以啜之。

其後則新會員行相見禮，大哥各以紅紙包錢四文與之，新會員咸納入會費銀一元。會中即於是夜以紅布票印成秘密符號及公所名與之，登録簿籍後，復給以會規二十一則、十禁、十刑，令知所遵守。

三十六誓　一，自入洪門之後，爾父母即是我父母，爾兄弟姊妹即是我兄弟姊妹，爾妻即是我嫂，爾子姪即是我子姪。如不遵此例，不念此情，即爲背誓，五雷誅滅。二，倘有父母兄弟，百年歸壽，無銀埋葬，有白燐飛到，求兄弟相幫，必要通知各兄弟，有多幫多，無錢出力，以完其事。如有詐作不知者，五雷誅滅。三，各省外洋洪家兄弟，不論士農工商，江湖之客到來，必要支留一宿兩餐。如有不思親情，詐作不知，以外人相看者，死在萬刀之下。四，所有洪家兄弟，未相識掛牌號，說起投機，必要相認。如有不認者，死在萬刀之下。五，洪家之內事，父不能傳子，子不能傳父，兄不能傳弟，弟不能傳兄，以及六親四眷，一概不得傳。講說以及私傳衫仔、腰平以及本底，私教私授，貪人錢財者，死在萬刀之下。六，凡我洪門兄弟，不得做線捉拿洪門兄弟。倘有舊仇宿恨，必要傳齊衆兄弟，判其是非曲直，當衆決斷，不得記恨在心。倘有不知者，捉錯兄弟，須要放他途走。如有不遵此例者，五雷誅滅。七，兄弟患難之時，無銀走路，必要相幫，錢銀水脚，無論多少。如有不念親情者，五雷誅滅。八，捏造兄弟有逆倫，以及謀害香主，行刺兄弟者，死在萬刀之下。九，不得奸淫兄弟妻女及兄弟姊妹。若犯者，五雷誅滅。十，兄弟託寄銀錢以及什物，必要盡心交妥，逮到支還。如有私騙者，死在萬刀之下。十一，兄弟寄妻託子，或有要事相託，如不做者，五雷誅滅。十二，今晚入洪門，年庚八字須要報真姓年月日時。如有假報瞞騙五祖者，五雷誅滅。十三，今晚入洪門之後，不得歎息自怨入錯，當天解愿。如有此心者，死在萬刀之下。十四，私刧兄弟財物，暗幫外人搶奪兄弟財物者，五雷誅滅。十五，不得强買兄弟貨物，以及騙買爭賣，亦不得强爲。如有恃强欺弱者，死在萬刀之下。十六，所借兄弟錢財物件，有借有還。如有欺心不還，不念情義者，五雷誅滅。十七，或有搶刧取錯兄弟財物者，即速送回兄弟。如有欺心不送回者，死在萬刀之下。十八，倘或被官兵捉獲，此乃天降横禍，不得供出洪門兄弟，亦不得記念舊仇，亂供兄弟。如有亂供兄弟，不念洪門結義之情者，五雷誅滅。十九，兄弟被捉去，或出外日久不得回家，留下妻兒子女無人倚靠，必要留心幫助，以得長大成人。如有詐作不知者，五雷誅滅。二十，有兄弟被人打罵，必要向前，有理相幫，無理相勸。若係屢次被人欺打者，即傳知衆兄弟商議。若其家貧，必要幫助錢財，代他争氣。如無錢者出力，不得詐作不知。如有犯此例者，五雷誅滅。二十一，各省外洋兄弟文書物件，有官府追拿，即時通知他途走爲上。如有不知者，死在萬刀之下。二十二，或賭博場中，不得使假吞騙兄弟錢財，以及串同外人騙賭，貪圖利己以傷兄弟。有此欺心者，死在萬刀之下。二十三，不得捏造是非。有增言減語離間兄弟者，死在萬刀之下。二十四，不得私做香主。入洪門之後，三年以外爲服滿，果係忠心義氣，有香主傳授文章，或前傳後教，或有三及第保舉，方可做得香主。如有私自爲之者，五雷誅滅。二十五，自入洪門之後，或有前仇舊恨，不得再行記念，前事了過，無容懷恨。如有私懷恨者，五雷誅滅。二十六，有親兄弟以及洪家兄弟相打或官訟等事，必要相勸，不得幫理一邊，總要以和爲是。如有不遵此例者，五雷誅滅。二十七，兄弟看守之地方，不得犯他，各有事業。如有詐作不知，固犯兄弟所守之地方，連累兄弟受苦者，五雷誅滅。二十八，有兄弟刼搶偷拐或騙執之財，不得眼紅。兄弟有財帛以及物件，如有心懷恨兄弟，因以圖謀分潤者，五雷誅滅。二十九，有兄弟發財，不得洩漏機關。如有不遵此例者，死在萬刀之下。三十，不得以外人包押貨物，指東話西。庇外人騙吞洪門兄弟者，死在萬刀之下。三十一，勿恃我洪家人多，倚勢欺虐外人，不得橫行凶惡，須安分守己，各守職業。如有恃衆欺人者，天地難容，死在萬刀之下。三十二，不得因借不遂生寃，以及怪飲怪食。如有懷恨含寃於心者，此乃小人之見，五雷誅滅。三十三，不得弄姦我洪家兄弟之幼童少女。有犯此例者，五雷誅滅。三十四，不得受買洪家兄弟妻妾爲室，亦不得以兄弟妻妾通姦。如有犯此例者，死在萬刀之下。三十五，不得對外人亂講書句，口白宜謹慎，腰平、衫仔不得被外人看破，務宜小心，不得洩漏機關。如有犯此例者，死在萬刀之下。三十六，士農工商各執一藝，自入洪門，必要忠心義氣爲先，交結各省洪家兄弟，皆同一體手足之情，不得分彼此。或日後起義，務宜支辦軍火糧草，一同協力，殺滅汨朝，保汨主回復，以報五祖火燒之仇，以表今日結義聯盟之情。如有二心不奮發其力者，死在萬刀之下。立誓傳來有奸忠，四海兄弟一般同，忠心義氣公侯位，奸臣反骨刀下終。

二十一則 一，犯罪而波及他會員者，捕之，處以死刑，輕者刵其兩耳。二，姦淫兄弟之妻室，或與兄弟之子女私通者，處以死刑，決不寬假。三，誘拐兄弟至國外者，刵其兩耳。四，因圖懸賞以捕縛兄弟者，處以死刑。五，詐稱香主，爲一切事件之指導者，處以死刑。六，示外人以儀式暨及會員之憑證者，刵其兩耳，且加以笞刑百八十。七，新會員有僭越之行爲者，刵其一耳。八，報告會中事件於外人者，刵其兩耳，再加笞刑百八十。九，以惡意語其兩親之事者，刵其兩耳。十，恃强欺弱者，或恃大侮小者，皆刵其兩耳。十一，私行毁壞香主之名聲，或對香主作用邪曲之言語者，刵其兩耳。十二，兄弟已起義時，隱身不出者，刵其兩耳。十三，可救兄弟之時不救助，或詐作不知者，刵其兩耳，並加以笞刑百八十。十四，盜刼兄弟之財産，不肯返還之者，刵其兩耳。十五，私自毁傷兄弟，或浪費其錢財者，刵其一耳。十六，他省有召寡兄弟之文書到來，匿不應召者，處以死刑。十七，爲外人所嘲笑，以語誘惑而即報告以會情者，刵其兩耳，並加笞刑七十二。十八，管理事件有過情之舉，或任意消費會中之資本者，刵其兩耳，並加以笞刑百八十。十九，入會後一月以內不納會費者，刵其兩耳，並加笞刑七十二。二十，强請於兄弟，或欺虐之者，刵其兩耳。二十一，破壞規則而抗拒定刑，或歸其罪於他人者，刵其兩耳。

十禁 一，兄弟之妻室必須務正，有妻室卽不宜貪色。如妻室不務正者，刵其兩耳；如貪色者，處以死刑。二，兄弟之父母死後，無力埋葬，告貸於兄弟者，無論何人不能抗拒。抗拒者，刵其兩耳；再抗拒者，加重刑。三，兄弟訴説窮乏而有借貸者，不能拒絶。若侮辱之或嚴拒之者，刵其兩耳，再拒，則加重。四，兄弟至賭博場，不可故令輸財或私行騙取之。犯者處以笞刑百八十。五，自入洪門之後，不可私與外人以會章，犯者處以死刑。六，兄弟營謀事業，或有所營運於國外，因而封寄錢財託寄文書者，不可私用之或騙取之。犯者刵其兩耳。七，兄弟與外人争鬬而來告知，必當赴援。詐爲不知而不赴援，則處以百八十之笞刑。八，入洪門之後，恃自己之尊大而侮蔑賤者，恃自己之强盛而凌虐弱者，刵其兩耳，並加以七十二笞刑。九，兄弟遭遇困厄，必當貸以金錢，惟借者不可不還。若恃强硬借，不思歸還者，處以百八十之笞刑。十，兄弟危急時，或遭官吏之懸賞而被捕縛，告知後不可不救。詐託不知而規避，違此規則者，處以百八十之笞刑。

十刑　一，不孝敬父母者，笞刑一百八。二，漏洩緊要事件者，笞刑一百八。三，無事詐爲有事者，笞刑一百八。四，愚弄兄弟者，笞刑一百八。五，結識外人以侮辱兄弟者，笞刑一百八。六，經理兄弟錢財而濫費之者，笞刑一百八。七，昏醉争鬬而起葛藤者，笞刑七十二。八，隱匿兄弟所寄託之財，或謀算入私者，酌量加刑。九，違反兄弟之情，與其親戚争鬬者，笞刑七十二。十，爲欺人之賭博者，笞刑七十二。

會員證書　腰平，或稱八卦，以爲會員之保證也。入會後，由會付給，有大小白、赤、黄數種，多以布片印成八角形文字，中捺公所之朱印。詩句連綴法，種種不同，或一句顛倒文字，或各句互相錯綜，務令外人見之難於索解，卽無慮矣。詩云：初進洪門結義兄，當天汨誓表真心。長沙灣口連天近，渡過烏龍見太平。松柏二枝兄弟衆，忠節連花結義亭。忠義堂前兄弟在，城中點將百萬兵。福德祠前來警應，反汨復汨我洪英。五人分開一首詩，身上洪英無人知。此事傳得衆兄弟，後來相會團圓時。你我腰平大不同，老母賜我傍身中。上繡五龍扶真主，下繡彪壽合和同。陰陽合化成，彪壽合和同。彪卽彩字變體。公侯伯子男，天廷國式。金木火水土，順天行道。天地日月年，龍虎龜蛇岃。岃卽會之古字。⿰天氣賜與，⿰天氣卽天。⿰黑氣賜旺，⿰黑氣卽地。川大丁首，「順天行道」之變形。川大車日。「順天轉明」之變形。日姓孫，月姓唐，雲姓氣，星姓碧。滲淶滚泷，「參太宏化」之變形。反汨復汨，「反清復明」之變形。鬭不正便，龍開不同，洪家后日山，⿰金蘭「金蘭郡」之變形。稓「共同和合」之變形。⿰糹言「結萬爲記」之變形。圖之左方尚有「共同和合忠心義氣日月」數字，其背面記姓名年月日。圖有「木立斗世」四字。木爲十八，卽世祖在位年數。立爲六一，卽聖祖在位年數。斗爲二十，卽世宗在位年數。世爲三卅，卽高宗在位年數，言至乾隆末年必滅亡也。票中有咔，卽洪順堂之變形。有烒，卽香主所用之號碼。票後附有「臣廿皿右口木」，卽姓名「藍杏」之變形。又有作四方形者。

造字　會中人以欲守秘密，使外人見之亦不通曉，故用種種方法以製造特別之字。或除去偏旁，或寫作不經見之字，或用同音同義之字，或以他字相代，或以數字合爲一字，或分一字爲一句。如「順天轉明」之爲「川大車日」，「順天行道」之爲「川大丁首」，「鬭開路現」之爲「关井足王」，「天地會配姓洪」之爲「⿰天氣⿰黑氣岃合姓洪」，或作「青氣山人生共」，其「金蘭結義」四字，則有詩云：「人王頭上兩堆沙，金字。東門頭上草生花。蘭字絲線穿針十一口，結字。羊羔美酒是我家。義字。」「清」字常作「汨」，有時作「三月」，

「明」字常作「汨」。其用作偏旁以創設之字，如虎、霓、氵、穴、凢、共、气、立等皆是。又如「合」作「龤」，「會」作「岃」，「明」作「淵」，「太」作「溛」，「月」作「朠」，「青」作「氰」，「號」作「竝」。其聯結之字，如「結萬爲記」作「𩐋」或「𩌏」，「洪順堂」作「𨟋」或「𡐓淵泚」等。「金蘭郡」作「𨥖」，「共同和合」作「𥢽」，「忠心義氣」作「𤆬」或「㴆」，「一片丹心」作「𡴭」，「順天行道」作「𨗾」，「反清復明」作「𢔩」。其代用之字，如「天」作「興」，「日」作「孫」，「月」作「唐」，「雲」作「氣」，「星」作「碧」是也。又有以數目字代用者，如「洪」字作「三八廿一」，「天」字作「三六」，「地」字作「七十二」，而三六與七二之合數一百八，即以代「會」字，故亦稱三合會爲天地會，其意義蓋以天有三十六宮，地有七十二魔故也。又間以三六爲新會員，七二爲各頭目，一百八爲大總理。有時以「𬎯」爲「洪」字，「𢆶」爲「英」字，「炏」爲「通」字，「炏」爲「大哥」，「炏」爲「香主」，「炪」爲「白扇」，「炏」爲「先鋒」，「灶」爲紅棍，「炏」爲「草鞋」。惟人數須有定限，滿定限者可代用，不滿定限者不得代用。

僧人爲妖術者，均以上記字之號數爲可驅逐惡魔，或貼於門户及牀，或焚之，或包之，以爲護符，掛於項，謂如是則惡魔不敢近也。

隱語　三合會員與盜賊往來，有怪文以之爲暗號，今略揭大要如下。

公所曰紅花亭，曰松柏林。新入會曰入圈，曰拜正，曰出世。集會曰開檯，曰放馬。會員曰香，曰洪英，曰豪傑。外人曰風，曰瘋子，曰鷓鴣。新會員曰新丁。到會曰去睇戲。會中之秘書曰衫仔。會員之憑票曰腰平，曰八角招牌，曰八卦。髮曰青絲。豚曰毛瓜，豚肉曰白瓜，已燔之豚肉曰金瓜，曰紅瓜。牛肉曰大菜，鹽牛肉曰一把菜。狗曰蚊。魚曰穿浪，曰擺尾，鹽魚曰鹹箏，曰丫環。米曰沙，煮飯曰打沙，喫飯曰耕沙。鴉片曰雲遊，喫鴉片曰咬雲。茶曰青蓮。水曰三河。油曰洪順。茶碗曰蓮蓋。酒盃曰蓮米。線香曰桂枝，蠟燭曰古樹。蚊帳曰燈籠。明代服曰袈裟，套袴曰菱角，靴曰鐵板，帽子曰雲蓋，曰萬笠。洋傘曰洪頭，曰獨脚，曰烏雲。道路曰線，旅行曰遊線。家曰甲子。祖先公館曰馬桶。船曰平，乘船曰搭平。劍曰橘板，曰縐紗。小刀曰獅子。大礮曰黑狗，火藥曰狗糞，大礮聲曰狗吠。銀圓曰瓜子，銅錢曰芝蔴。手曰五爪龍，耳曰順風。斬首曰洗面。海曰大天。密會所曰三尺六，曰古松。扇曰彎月。木斗曰木楊城。

符號及茶碗陣　三合會員猝遇素不相識之人，欲探其是否爲同黨兄弟，輒用許多言語以爲符號。此外尚有以茶碗、烟管、鴉片管及種種器物授之，觀其接受之狀態，以試其確實與否。又有將辮髮或手作記號者。臨戰時，有召集援兵之符號，有諷示盜賊之符號。茲略述如下。

符號　遇有要事，以白扇徐搖三四次，卽招其旁近會員之證。其踰越頭上，輕搖其扇三次者，卽爲招其會員與於戰事之證。會員與外人争鬬時，在塲之他會員以手掌向外人，以又一手之指甲向會員，卽爲止其勿再争鬬之意。兩人毆打時，會員以手之兩掌向外，連呼勿争鬬者，卽示以毆，彼乃會外人之意；如曲右手拇指，將兩掌向內，連呼勿争鬬者，卽示以勿争，彼乃會內人之意，謂之陰陽法。争鬬時，以右手之拇指及第一第二指伸出，餘三指曲握於掌，伸臂向前，復以左手照式作勢，置於右手依肘，卽爲求救之意，謂之三角法。將右手拇指握於餘四指之外，以置頭上，爲求助之又一法。以右手掌向外伸出，以左手之拇指與前指屈曲之，餘指貼掌，置於胸前，爲求助之又一法。如左右手作同勢，易其位置，卽爲止爭鬬之符號。於道上試人是否會員，則叩以汝爲瞎子否，其人如答言我非瞎子，我目較汝目爲大，卽爲會員之符號。

若欲於飲茶時試之，則以右手之拇指置茶碗緣，第二指置茶碗底，執茶碗以獻，左手之拇指與第二指屈曲，餘三指伸出，置於右手之肘，若其人爲會員，必以同法受之。

供獻飲食物三種時，必取其居中之一物，謂之忠臣。

伸右手，令拇指與前指屈曲，餘三指伸直，左手亦然，惟以伸直之三指按胸前，此卽所以表天。如伸右手，令拇指與第一第二指伸直，他二指屈曲，而以左手之拇指與第一第二指伸直，按其胸，卽所以表地。若伸右手，令拇指與小指伸直，餘三指屈曲，左手亦然，以置於胸，卽所以表人。此表人者，謂之龍頭鳳尾。三法連演，卽所以表明爲三合會員也。

蔔屬人及馬來人之爲會員者，别設便利之法，以絹製手帕卷於頸，於胸前作結，下垂，此卽表明爲福建義與公所之會員也。

三合會起事以後，有保護家族之法。凡會員之家，門必貼方形紅巾，外作洪字，内書英字，室中四隅必豎立三尺六寸長之緑竹，是卽會員家之符號也。

茶碗陣　茶碗陣者，於飲茶之際互相鬬法，甲乙相對時，甲先布一陣，令乙破之，能破者爲好漢，不能破者爲怯弱。一，單鞭陣。一碗一壺並列，卽爲求救於他同志之意。能救者可逕飲其茶，不能救者，棄其茶，再傾茶飲之。二，順逆陣。二碗一壺，滿碗之茶爲孫臏，半碗之茶爲龐涓，當將兩碗茶同注壺中，再傾而飲之。三，雙龍争玉陣。一壺二碗，先置焗於他處，將兩碗並列，然後飲之。四，上下陣。一壺二碗，將下之茶碗移置於上，令兩碗平列，或置稍遠之處飲之。五，忠義黨陣。三碗並列，取其中之茶飲之。六，争鬭陣。一壺三碗，壺口對茶碗，卽獻茶人欲請其與於争鬭之意。如不應其請，取中一盃飲之。七，品字陣。下二碗移與上一碗齊，飲之。八，山字陣。法同上。九，關公守荊州陣。一壺三碗，將壺上之碗取下，與餘二盃作品字形，飲之。十，劉秀過關陣。一壺四碗，受茶之人執最近己身之一碗，將三碗整列之，口中呼劉關張血誓，不可不作一列。若原置本爲一列者，卽爲求援之意，無以應而拒之，卽按前法而盡飲其茶。十一，四忠臣陣。一壺四盃平列，惟求助時布之。若爲寄託妻子而允諾，卽取左邊一茶飲之。若爲借錢而允諾，卽取其次一茶飲之。若爲援救兄弟之生命，則取第三茶飲之。若爲救免兄弟之危難，則取第四茶飲之。設不能應其求，或不欲應其求，則變更茶碗之位置飲之。十二，英雄入栅陣。四碗，移近身之二碗飲之。若對面之人移之，則已卽置之後方。若對面之人置之後方，則已卽移而飲之。十三，四隅陣。四碗，將上下茶碗移置一列，立而飲之。十四，趙雲加盟陣。四碗，取下邊一碗與上三碗平列，飲之。十五，貧困篚簋陣。一壺四碗，若能扶兄弟使脫患難，則去其壺，任執一碗飲之。十六，孔明上檯令諸將陣。一壺四碗，將壺上之碗取下，使與他碗平列，飲之。十七，關公護送二嫂陣。一壺四碗，取壺上之碗置於三碗之左，飲之。十八，復明陣。五碗，當擧中央一碗傾茶飲之。十九，反清陣。五碗，惟中碗有茶，餘皆空，當棄中碗之茶，任取餘四碗注茶飲之。二十，趙雲救阿斗陣。一壺一碗置盤中，先將盤中之壺碗取出，然後飲茶五碗。二十一，患難相扶陣。一盤置四碗，外一壺一碗。取盤外一碗置四碗之中，飲之。二十二，五虎將軍陣。置一壺五碗，將茶還入壺，再傾茶於中央碗中飲之。二十三，古人陣。一壺六碗，取兩端之碗，一置於中央之上，一置於中央之下，作中字形，飲之。二十四，蘇秦相六國陣。一壺在中，兩旁各三碗，取去壺，將兩端之碗移置上下，作中字形，飲之。二十五，六子守三關陣。六碗分二列，取上列中央之碗置於上，取下列中央之碗置於下，作斜中字形，飲之。二十六，七神女降下陣。七碗，左端之碗所以表利己之意，不可飲，餘各碗可任飲之。二十七，七星劍陣。七碗，以四直列，以三橫列，爲第一陣。左右兩端之碗不可取，惟尖端一碗可飲之。二十八，太陰陣。七碗，以四直列，三橫列，爲第二陣。左右兩端之碗不可取，宜將尖端一碗，置於横列三碗之中央者之一直線上，然後取兩尖端之茶飲之。二十九，下字陣。七碗，首列三，二列二，三列、四列各一。宜取下邊突出之一碗飲之。三十，十五碗，以十四碗爲圈，中一碗。圈中之茶不可取，惟中央一碗可飲。

道光時，廣東人朱九濤立上帝教，秀全卽藉傳教爲革命機關，然革命宗旨不以興明爲然，與三合會相反，當時或指爲三合會，誤也。

咸豐辛亥，秀全既據廣西之永安州，飭其丞相出安民告示，文云：「大漢軍師兼理内外政教、統屬官吏軍民、開國丞相左，爲上諭宣布中外事。照得安邦定國，弔民非所以害民；發政施仁，戡亂非所以擾亂。村鄉市鎮，不用驚惶，士農工商，各安本業。滿夷當滅，皇漢當興，久合必分，亂極思治，天地古今循環自然之理也。並因君弱而闇，臣暴而貪，殘酷日甚，我民何堪！況且朝中文武，權重者盡屬旗滿之人；外省職員，尸位者無非捐納之子。士人雪窗勤學，終屬徒勞，難抒抱負，雖有經濟之才，安有展用之日。朝無善政，野多遺賢。大臣盡自貪贓，小吏能無索賄？上有好者，下必甚焉。故張家祥等遂致阻截江河，擾亂鄉里，逞其虎狼之性，魚肉生民；肆其狐狸之淫，閭里受害。如渠等類，聞風而興，招集匪人，淩暴黎庶，沿江取稅，到處搶掠，商民當之者迎刃而倒，士庶聞之者望氣而逃。官司不肯究詰，猫鼠竟至同眠。吁嗟！我民際此，聊生何賴？是以我聖神文武皇帝心懷惻隱，日夜焦憂，用是聚天下之義士，弔民伐罪，大舉義旗，以清妖孽。八月初一日兵入永安，陛下待庶民如保赤子。本官深體陛下之意，自從出兵以來，不許部下妄搶一物，妄傷一人，倘有抗拒不遵，本官定必重究。各省州縣地方，所在必宜更革編髮左衽之非，奮厥乃心，成茲偉績。效力有功，定貽爵賞。且俟東南底定，然後戮力北燕，擒獲虜酋，問其累世猾夏之罪，光復中華一統之休。賞德論功，明刑設罰，我國家自有常典。爲此特示，凜遵毋違。」

秀全旋有檄告百姓文，文云：「奉天承運太平天國總理軍機天下大元帥萬歲洪，爲愷切曉諭伐暴救民事。照得天下貪官，甚於强盜，衙門酷吏，無異虎狼，皆由人君之不德，遠君子而親小人，賣官鬻爵，壓抑賢才，以致世風日下，上下交征，富貴者諗惡不究，貧賤者銜冤莫伸，言之痛心，殊堪髮指。即以錢糧一事而論，近加數倍，三十年之糧，既而復徵，民之財盡矣，民之苦極矣。我等仁人義士，觸目傷心，故將各府州縣之賊官狼吏，盡行除滅，以救民於水火之中。刻下大兵雲集，廣西已定，湘、鄂二省以及江西、江南一帶，不得不先行曉諭。凡我百姓兄弟，不必驚慌，農工商賈，各安生業。富貴者須備辦糧食，助我兵餉，多寡數目，親自報明，各給回借券，以憑日後清償。爾等如有勇力者，智謀者，宜同心協力，共襄義舉，俟太平之日，各予榮封。現在各府州縣官員，逆吾者斬，順吾者生，著先赴還原籍，聽候他日起用。其餘豺狼差役，概行剷除，懸首示衆。恐有流賊土匪，藉端滋事，准爾等指名投稟，俾加懲治。倘有鄉民敢助清官爲虐，以敵吾之士卒者，無論各府州縣村鎮，天兵所到，必予誅夷。凜之慎之，毋違，特示。」

秀全於壬子十二月據武昌，有烏程錢江字東平者，以爲非計，宜長驅北上，上書言之。書云：「伏以大王起事之初，笄髮易服，欲變中國二百餘年索虜之俗，志謀遠大，創業非常，其不以武昌爲止足之境明矣。今日之舉，有進無退，區區武昌，守亦亡，不守亦亡，與其坐而待亡，孰若進而冀其不亡。不乘此時爲破釜沉舟之計，長驅北上，徒苟且目前，懈怠軍心，誠無謂也。清初，吳三桂舉兵之時，不數月而南六省皆陷，地廣衆附，自帝稱雄，可謂驟矣。然遣將四出，不越湖南一步，搶攘十數年，終抵滅亡，前車可鑒也。或謂武昌依阻江湖，襟帶漢湘，扼險自固，然後間道出奇，以一軍出鄖陽，攻潼關，趨陝西，擾彼關内外地；以一軍出荆州，攻夔郡，趨成都，先取四川爲基業。不知秦隴四塞，地錯邊鄙，人悍物嗇，糧食維艱，且重關疊隘，縱我攻必克，大費兵力，勞而莫必，固宜後悔，得不償失，盡棄前功。況削其枝爪，究不如洞其腹心之爲愈也。至四川小局，昔日已形，在蜀漢當日，先以諸葛之賢，繼以姜維之勇，六出九伐，不得中原寸土。且江南水邦，賴吳據之以爲脣齒，聯絡援應，尚難得志，況今日哉！天下財賦，大半萃於東南，當此逐鹿於寧謐之中，而欲以一隅敵天下，江決其無能爲也。以江愚昧，不若舍西而東。金陵、建業，古帝王建都之所；鳳泗、汴梁，真聖人崛起之方。江謂宜先取江寧以裕軍餉，繼取汴梁以爲犄角，終趨濟南以圖進取。扼齊魯之運河，可以坐困通倉之食；截南北之郵轉，可以牽制勤王之師。然後約我老萬，以攻梁廈；檄我丹山，以攻温、處。所過則秋毫無犯，所至則招納賢能，而民有不完髮易服，簞食壺漿以迎者，江未之信也。南京不下，則江東不得渡；豐沛不陷，則青兗不得進；山東不摇，則燕京不得戒嚴。糧漕困於內，漢心離於外，孟子所謂『不嗜殺人者能一之』，正此時也。今日之事，勢成騎虎，萬一頹惰，轉致蹉跎，成敗之機，間不容髮。我軍遠離鄉井，志切從龍，聞進則同心同力，踴躍爭先；聞退則畏首畏尾，存亡莫保。戎衣兩截，捨命沖陷，渡湖而後，無復有南還之望者，皆欲立功名，享富貴，誓九死以垂勳，不顧一生以伏莽也。誠因時而勵之，羣策羣力，一可當百，萬戰何敢辭，時哉不可失，席前之箸，江願借而籌之；馬上之策，江願指而先之也。俟南京底定之後，招集流氓，秣厲兵馬，扼要南堵，揮軍北上。左出則趨江北以進戰，急則可調淮陽之軍以繼之；右出則握河海以拒敵，急則可調開、歸之軍以應之。南陽、海寧則發一軍以突其西，略取河內州縣，乘勝入晉，直抵燕冀，無返旆；杭、嘉、金、衢則發一軍以沖其東，應我沿海舟師，相機定浙，伺間窺閩，無輕舉。兵不止於一路，計必出於萬全。內固江南之根本，外安新造之人民，修我政理，宏我規模，則西而秦、蜀，南而豫、粤，可傳檄而定，此千古一時也。自漢迄明，天下之變故多矣。分合代興，原無定局。晉亂於胡，宋亡於元，數皆恃彼强婁，蹶主中夏。然種類雖異，好惡則同，亦不數十年，弃還舊部，從未有毁滅禮義之冠裳，削去父母之毛血，儀制甚匪，官人類畜，中土何辜，久遭荼毒若斯之酷者也。帝王自有真，天意果何屬，大任奮興，能不勗諸。更有期者，旗旐所指，與民無逆，提劍號召，是漢卽從，使天下咸知今日之舉，並非無名之師，亦使天下咸知中國之仍爲華，不皆終於夷。王者發軫，彰明較著，陣堂旗正，不容秘詐，軍行令肅，所至如歸。彼縱有滿洲、蒙古殫心竭力之臣，吉林、索倫精騎善射之旅，苟不望風投順，我百姓其許之乎。方今天下以利爲市，上下交征，風俗之壞，亦已極矣，人心之憤，亦已久矣。納賄損名，靦然民上，縉紳之途，亦已污矣。而英雄豪傑之士，抱負名節，伏處於山林莽野之間者，亦已困矣。磅礴鬱勃之氣，積久必宣，有真人起，孰不欲去其舊染之污，拭目而觀新命之鼎哉。佈置調度，此其大略，欲成基業，願勿他圖。夫草茅崛起，締造艱難，必先有包括宇宙之心，而後有旋轉乾坤之力。知民之爲貴，得民則興；知賢之爲貴，得賢則治，如漢高祖之寬洪大度，如明太祖之夙夜精勤。一旦天人合應，順時而動，事機之來，無可言喻。否則眷戀武昌，預懷得寸則寸之思，偏隅自足，因循歲月，疆宇不增，糧竭衆危，四面受敵，大勢已去，不能復振，噬臍之悔，誠有非吾屬之所忍言者矣。江合觀天下之際，詳察地理之宜，謹撰興王之策十有四條，伏乞採擇施之，實爲至幸。」

哥老會

哥老會，一稱哥弟會，秘密會黨也。或謂其成立於乾隆時。同治朝，以粤寇平而撤湘軍，其人窮於衣食，多入此會，於是哥老會始盛。中有曰紅幫者，專從事於賭博盜刼，謂賭博爲文差事，盜刼爲武差事。亦曰洪幫，哥老會之正派也。彼中人之自稱，則曰在元弟兄，又自稱爲梁山英雄。又有曰青幫者，其徒本皆以運漕爲業，歲居糧船，船北上時，夾帶南貨，南下時，夾帶北貨，所謂糧船幫者是也。既改海運，艱於衣食，乃秘密結會，以販私鹽爲業，亦有專以賭博及詐欺取財度日者。江浙爲多，淮、徐、海尤盛，皖北亦有之。亦曰安慶道友，爲哥老會之別派。聞其成立至今，已二十餘傳，有一定統系，以「清淨道德文昌武發能忍知悔本耐之性原明心理大通吾學」等二十四字爲序。道情相通，輩行既合，卽有密切之關係，可以相率横行。故凡失業游民，浮浪子弟，輒善其便捷，利其庇護，乃遂争相依附，朝拜師，夕收徒，輾轉擴充，而漫無限制矣。

山西澤州府之哥老會，則有特别稱謂，曰老大，曰老二，曰老三，曰老四，曰老五，曰老六，曰老七，曰老八，又有所謂八旗杆、二十四個大辮子、七十二個黑包巾、三十六個大粗腿、魔天大王、混天大王者。

青、紅二幫，亦有十戒。戒忤逆，戒强姦，戒盜，戒賊，戒扒灰，此與世俗翁淫媳之扒灰不同，蓋幫中之事至爲秘密，若以告外人，則爲扒灰。輕則撻，重則丢。丢，殺也。戒喫水放水，戒酗酒滋事，戒殺人放火，戒駡天地，戒弟兄不和。犯戒而受刑者，以慷慨就命爲能事，呼手予手，呼足予足，無難色，無呻吟聲，則目之曰英雄，羣贊美之。

紅幫、青幫之外，别有所謂黑幫、白幫者。黑幫專事竊盜，俗所謂江湖團者是也。白幫專以拐騙爲生。世多以此兩幫屬之哥老會，然實爲哥老會所賤視，不容入會者。在真正哥老會勢力範圍之中竊盜拐騙者，則必獻納稅金，始能得其許可，否則必置之死地而後已也。

哥老會宗旨，與三合會無異，亦以復明爲言。自耶教傳播，因其儀式之不同而生誤解，加以淫邪抉眼、剖心取膽、割勢和藥之謠言所在流傳，土人偶有紛爭，教會牧師不問事之曲直，輒袒其徒，遂化爲激烈之排外黨。其會最盛之地，爲湖南、浙江，揚子江沿岸各省次之，然其他各省亦無在不有其會員。

哥老會雖久有其名，至光緒辛卯鎭江洋人彌遜一案出後，始爲世所注目。此案以關熙明爲主，李豐次之。豐有資巨萬，其勢力幾駕其魁而上之。豐之父昭壽，本淮北無賴，從李秀成爲寇。當官軍攻天長縣時，昭壽降，欽差大臣勝保大喜，奏獎三品頂戴，賜名世忠。然朝廷恆猜疑之，後卒以事誅於安徽。豐乃入哥老會，欲傾覆政府以雪父恥，則致銀六萬兩於鎭江，以三萬兩託彌購軍火。彌更薦六洋人密爲之助，由香港購辦軍械、彈藥、炸彈，密輸之鎭江。時其僕及素與連絡之華人，以隱謀之嫌疑，爲官吏所捕，嚴加拷問，乃具供同盟者姓名。於是彌亦就逮，經駐滬領事審問，監禁九月，驅逐回國。明年，獲豐，乃自殺於獄，妻妾及婢亦同時自殺。最後乃捕得熙明，處死刑，與豐尸同梟首焉。自此案出後，揚子江沿岸人民對於外人，益起惡感，時有虐殺迫害之事，沙市日本領事館稅關、怡和洋行等屋皆被焚，哥老會至是益肆行無忌。政府恐再與外人生隙，遂視爲暴民之煽動，恆據哥老會以爲口實。

壬辰，湖南醴陵獲哥老會中人四，二人殺，二人監禁。其黨遂起而劫獄，挾二人走五臺山，官軍剿之乃潰。

丁酉冬，日本人平山周亦在會者。偕畢永年、林述唐遊湖南，晤哥老會頭目李雲彪、楊鴻鈞、張堯卿、李堃山等，即介紹孫文，謀於揚子江沿岸組織英雄會。

己亥，永年偕頭目七人至香港，與興中會領袖、三合會領袖相晤，組織興漢會，推文爲首領，此即哥老會連絡革命黨之始也。

庚子，義和拳起，八國聯軍入京。同仇會之馬福益，約唐才常起事於湖南，在漢口謀洩，才常等數人爲張文襄公之洞所殺。福益之總參謀劉佐楫恐禍及，思以功自贖，以同黨姓名密告之，於是有頭目二人被捕，福益僅以身免。其年，雲彪、鴻鈞以廣東不易成事，轉而至上海，結才常，見康有爲、梁啓超之勢正盛，遂再至廣東，起事惠州，謀未密，事敗。

甲辰，福益與黃興等謀，遣人至廣西，結納各首領，及三合會青幫、白幫各小會，謀設一總會曰華興會，入會者歲納會費一元，積至百萬，購軍器起事。未久，而陸亞發起事於廣西，攻柳州，奪洋槍五千枝，粤督乃大發兵剿之。亞發急告福益，令起事於湖南。福益方創華興會，事雖未集，而亦慮時機之失也，適瀏陽八月有普濟大會，四方之人羣集，福益乃招集三十六正龍頭、七十二副龍頭，分中東南西北五路，約以十月十日同時起兵。會謀洩，九月十五日，南路正統蕭桂生、西路副統游得勝均被捕。後又捕得福益，斬之於瀏陽西門外。亞發軍亦挫，遂爲官軍所擒。

丙午，江西萍鄉礦夫肇事。礦夫多哥老會、洪江會中人，於是福益部下之舊頭目率之以起事，由萍鄉進攻湖南之醴陵、瀏陽，陷之，將長驅以攻長沙。所出告示有「爲祖宗雪恥，宜同德同心，體天伐罪」

等語。江督發兵二千向萍鄉，鄂督發兵三千向瀏陽。然官軍多有與之通者，槍皆向空擊，或棄槍與之而遁。鄂督發礮兵救援，戰二十餘次，福益所部始以子彈缺乏而潰。萍鄉之役，於教會牧師皆一律保護，而礦夫多屬會中人，是可見哥老會思想之改革矣。

昔之哥老會皆排外，自革命黨入其中，教化而指導之，遂自稱爲革命軍。

其在浙江之哥老會，處州王金寶則稱雙龍會，衢州劉家福則稱九龍會，浦江杜勇則稱千人會，嚴州濮振聲則稱白布會。數年以來，先後以事被誅。餘如紹興竺紹康之平洋黨，嵊縣裘文高之烏帶黨、金錢黨、祖宗教、百子會、白旗會、紅旗會、黑旗會、八旗會等，皆持仇洋之主義，以憤耶教徒之跋扈故也。自革命黨入其中，說以洋教之跋扈，由於政府之惡劣，遂一變而欲傾覆政府，仇洋之主義轉以消滅。於是有陶成章、沈英、張恭等倡議於杭州，集浙江、福建、江蘇、江西、安徽五省之頭目，立一大會，曰龍華會。

以上爲哥老會之歷史，三合會化而爲革命黨，哥老會亦化而爲革命黨，於是全國各省之諸會黨悉統一而爲革命黨矣。

山堂　哥老會每團必設一某某山名，猶寺院之在某某山也。又有堂名，猶《水滸傳》梁山上之有忠義堂。又有水名，有香名。蓋半爲道教，半爲佛教，又其半則出於宗教儀式以外。復有詩一首，則略與宋公明之題壁相似。有內口號，有外口號，有成語。各省總計，約有山堂數百，其組織之法雖同，而自爲統屬，絶少連絡，又無總括之大本部。自革命黨投入，始謀合一。所知之山名如下。

甘肅有虎形山，正龍頭爲楊鴻鈞。山海關有寶華山，正龍頭爲蕭松山。湖南有錦華山，正龍頭爲劉傳福。又有金龍山，正龍頭爲楊鴻鈞。有泰華山，正龍頭爲蕭松山。又有楚金山，正龍頭爲陳堯。又有金鳳山，正龍頭爲胡佐臣。又有天台山，正龍頭爲胡雲。甘肅有西涼山，正龍頭爲賀桂林。四川有峨眉山，正龍頭爲顔鼎章。廣東有天寶山，正龍頭爲蕭朝舉。江蘇有東梁山，正龍頭爲李雲龍。浙江有終南山，正龍頭爲何步鴻。又有飛虎山，正龍頭爲劉家福。又有萬雲山，正龍頭爲王金寶。又有二人合開一堂者，曰山主。徐寶山、寧春山所合開者曰春寶山堂，蓋春山當時資格較寶山爲老，故以春字居先。亦有取地名爲山堂之名，或取人名爲山堂之名者，固無定也。

會員　每山首領稱正龍頭，正龍頭下有副龍頭。會時以草束龍頭跨之，故名。副龍頭下有坐堂、陪堂、刑堂、理堂、執堂，謂之五堂。別有稱盟證及香長者，乃舉行儀式之際臨時增添，由五堂中人兼攝之。又有稱心腹、聖賢、當家、紅旗、巡風者，大抵皆爲頭目。頭目之下有稱大九、小九、大么、小么、大滿、小滿者，則皆普通會員，各視其功而升轉。至普通會員之外，有八牌，均爲身家不清白者，大抵不能升轉。其裝束最奇特，披大袍，衷甲，頂盔，綴長雉尾，一足著靴，一足著草履，若曰江山未定，不遑寧處，有文事亦有武備也。其位次則一，正龍頭，或稱總正龍頭大爺。二，副龍頭，或稱副龍頭大爺。三，坐堂，或稱坐堂左相大爺。四，盟證，或稱盟證中堂大爺。五，陪堂，或稱陪堂右相大爺。六，理堂，或稱理堂東閣大爺。七，刑堂，或稱刑堂西閣大爺。八，執堂，或稱執堂尚書大爺。九，香長。或有合正龍頭、坐堂、陪堂、名堂、禮堂、刑堂、盟堂、香長八職，稱爲内八堂者。十，心腹，或稱京内軍師，或稱老二。十一，聖賢，或稱京外罕帥，亦稱老二。十二，堂家，或稱京外總督糧餉，或稱行帖三江總理糧餉軍機，或稱坐帖總理營務處，或稱老三。至老四，則以曾出會而反對者，故會中無此稱。十三，紅旗，或稱紅旗督營糧臺，或稱藍旗傳報山堂，或稱黑旗伺候坐堂，謂之老五。十四，巡風，或稱巡營查哨，謂之老六。至老七，亦以曾出會而反對者，會中無此稱。以下卽大九、小九、總么滿、大么、小么、大滿、小滿。或有合心腹大爺、聖賢二爺、當家三爺、管事五爺、光口六爺、巡風八爺、大滿九爺、么滿大爺之八職，稱爲外八堂者。

開山式　行開山式，必於深山古廟人跡不到之所，擇黃道日行之。場中正面壇上，祀五祖、關羽等神，别備紅紙所書之進山柬、出山柬。進山柬有昭告天地之誓文，輒用駢體，附有會員之等級及種種條例。出山柬則爲通告天下各山主之檄文，與進山柬大同小異。俟會員咸集，正龍頭卽向神壇朗誦進山、出山兩柬。朗誦訖，各會員卽禮神，行抖海式。抖海式者，乃處罰之名，當以至誠之心立誓者也。進山柬及出山柬無一定文字，由山主隨意撰之。

東梁山出山柬之文曰：

竊思世衰道微，正英雄建業之秋；水秀山清，本豪傑立功之地。古帝王烏牛白馬，告天地而起義桃園，破黃巾而三分鼎足。繼起者或據瓦崗而立寨，或鎮梁山以稱雄。賢豪之崛起，不一而足。迨康熙間，我祖招募英豪，平西出力，功不加賞，勞不擢爵。我祖乃獨霸山東，建旆出師，登壇拜將，與起虎龍之兄弟，裁成仁義之英豪。此當時之俊傑，乃我輩之淵源，本而行之，未敢改易前章，用謹稍參末議。雲龍少讀詩書，粗知禮義，飄零山岳，寄跡江湖，鮮受仁兄之指教，多蒙前輩之栽培。覩此世變時艱，焉敢不一動念。識時務者乃爲俊傑，知世道者不愧英雄。雲龍雖不敢自居，但既承選舉，點作龍頭，亦聊以仰慕前賢，追隨驥足。爰覽東山之盛，興懷西水之清，名山曰東梁山者，因山勢挺峙，卓爾不羣故也。名水曰西江水者，因水勢活潑，清澄且漣故也。得山之厚，得水之深，兼有人文之蔚起，故名其堂曰北漢堂。祝我祖威靈，馨香勿替，山嶽禋祀，千秋永存，故名其香曰南嶽香，取南方火德之旺也。茲當天朗氣清，惠風和暢，謹選吉日，諏良辰，設五祖之靈，虔伸祭奠，當三光之照，共矢至誠。伏願當道俊彥，執事仁兄，踴躍急公，指揮美舉。俾豪傑同心，雷雨擬經綸之盛；英雄合志，光輝如璧玉之圓。聊誌蕪詞，用伸小引。

戊戌年十月十五日，在鎮江府西城外鶴林寺，坐北朝南設立，齊集關帝、五祖殿前，各踴躍進山。英雄聚會，豪傑同心，義聲震河岳，仁德扇區夏，所厚望也。

此處有古七十二庵、一百八殿，前有張玄廟，後有竹松林，左有朱夫子，有放生池，寺中有一佛兩菩薩。十五日酉時進香，十七日卯時圓香。光緒二十四年十月十五日申時進山，十七日辰時出山。此告。

開立

點得貔貅百萬兵　掃平胡囟鎮乾坤　胸貫文韜武略

南嶽香　內口號 外夷悅服　上將英雄豪傑
東梁山　北漢堂　同心興邦立業
和益正直秉公
西江水　外口號 華夏心歸　爲人四方志氣
義得八面威風
英雄本是天生子　風虎雲龍統弟兄

以下列各頭目之名

入會式　入會式，則擇清淨之古廟舉行。欲入會者，須有會員紹介，保證其身家清白。紹介之人，謂之四盟兄中之成兄，一名曰保舉。保舉，先須査明入會者之身家是否清白，如不査明而妄爲紹介，可由紹介者令其退會，故紅令中有「身家不清問成兄」一條。三綱五子初不許爲會員，餘如剃頭者曰掃青生，擡肩輿者曰天平生，演劇者曰跳板生，皆不許入會。惟天津多伶人，不得已，准其入會。有楊某、馬某曾出而反對，故楊、馬二姓亦不許入會，後始許之。

凡會員，人人得收徒。師徒既多，則各序其長幼之輩行以定尊卑，甲爲乙師，乙爲丙師，丙爲丁師。一日之間，遞相傳授，乃至數世，即有無數等級，無論先後，惟視所投之師位置高下，如投甲則居乙位，投丙則居丁位。彼此不相通知，告以隱語，即自親暱。

入會時，會場之布置亦與開山式同，保舉者既紹介其人於管事者，管事者乃與部下頭目一人，引紹介者及新會員入古廟之會場。行抖海式時，先由成兄及邦兄行禮。禮畢，新入會者跪於神前，管事者乃問入會者曰：「來作何事？」入會者曰：「來歸洪。」管事者曰：「爾來歸洪，係何人引進？」入會者曰：「保舉人某。」管事者乃顧而問紹介者曰：「此人是爾引進乎？」曰：「然。」管事者乃再問入會者曰：「入洪門之禮，知之乎？」曰：「全仗成兄、拜兄之戒摩。」管事者又曰：「爾何故須入會？」曰：「爲忠義故。」管事者乃曰：「進我會後，爲韃子所知，將殺爾；犯我會中之條款，亦將殺爾，爾願之否？」曰：「若事機不密，爲韃子所知，則一身做事一身當，決不連累兄弟。若犯我自己條款，或私與馬子通，越禮而反悖，則願受三刀五斧。」管事者乃顧紹介者曰：「既如此，其爲抖海式。」入會者乃對神誓曰：「我既歸洪，若有三心兩意，或勾通馬子，或私賣梁山，日後甘死於鎗礮或刀劍之下。」鎗礮、刀劍隨各人自願言之。是時管事者立於神之左側，手持利刃，卽時斬一白雄雞而言曰：「有如此雞。」神前常供三牲，凡供三牲者，必更用白雄雞。若略式則僅供香燭，以五色絲束線香一股，至此乃截線香爲二，曰：「有如此香。」卽以代宰雞之用。誓畢，再行禮起立，然後行洪家之抖腕式。抖腕式者，卽請安式。行畢，管事者乃將入會者之姓名填記於寶，轉而與導引來之頭目。頭目兩手捧寶，高誦「大哥命我解寶來」七字。誦畢，入會者以兩手接寶，口中誦「多謝某哥來解寶」。受寶後，納入會費一百零八文。乃照大小等級，拜見諸兄弟及送寶者，彼此且相賀。

老龍頭與正龍頭遇，舉兩手，撟拇指搖之。副龍頭舉一手，大哥則以左手加右手之腕。有至肘者，有至胸者，則皆下於大哥者也。其最下級者，垂手矮身。相遇舉手者，則知其爲個中人，且知其品秩。

後爲官吏發覺，多所更改，遂不畫一，惟大會時仍搖指。

會員往來全國，不必名一錢，所至都會市集，先謁外管，曰拜碼頭，繼引見老龍頭介紹各兄弟，待以賓禮。他往，復量程爲贐，豐殺視位之高下。需鉅款時，則拖隊伍。拖隊伍者，攫金越貨之代名詞也。由老龍頭遣兵調將，派諳練者領隊伺要隘。此領隊者曰提口袋，號令所從出也。拖隊伍須有大研究，非可鹵莽從事也。全隊伍分内外二部。内部内管事掌之，主賞罰調遣約束。外部外管事掌之，司偵探調查事，旅人行囊之重量，經由之程途，悉報告口袋。口袋示行期於内管事，及期誓師，衆圍坐，人有酒一碗，管事宣誓言已，執雄雞割之，徧滴雞血於酒碗。衆大呼曰：「遵命。」乃舉酒狂飲。飲已，執械遝行，詣所預定之要隘，譬如駐隊三峽，則重慶、宜昌、沙市、漢口皆有專探，旅客之舉動無不知之。隊伍進行時，人挈冰糖半斤，問所用，曰：「此新軍之水瓶也。冰糖能生津液，噙一粒可走數十里，且取攜視水瓶便，故用之。」每值敵人追緝時，則令善擊射者數十人爲殿，前隊押金帛，過要隘，插標記，殿者至此，須力禦敵小時。至第二要隘，亦如之。如是數次，前隊已遠，則揚長而去。每一拖隊伍，所得輒數十萬，少亦數萬，千百不屑也。如追者甚力，則遺銀一箱，帛數十束，曰買路錢。若復相逼不捨，則聚衆力戰，必有大死傷。川、湘、滇、黔諸防營深諳此道，得金帛後，遽反旆矣。

祕密書　會有祕密書，紀載會話及慣用之祕密儀式。惟會員之識字不多，傳誦常有所誤，而書寫時亦或脱漏，輾轉傳鈔，遂多謬誤。其大致尚爲近是之條，有所謂拜碼頭交結者，有所謂梁山高大典交結者，有所謂洪盛殷出身交結者，有所謂贊酒者，有所謂送寶者，有所謂出山訪友交結者，有所謂四十八句總詩交結者，有所謂送行交結者，有所謂出門交結者，有所謂店主回者，有所謂洗面一稱開光。者，有所謂陪堂傳令者，有所謂五牌高升者，有所謂山崗令者，有所謂大小通用者，有所謂贊刀斬牲者，有所謂祭旗者，有所謂洋煙開火者，有所謂茶者，有所謂祭紅旗者，有所謂傳令開山者，有所謂相會合同者，有所謂相會皮盼者，皮盼音讀如皮盤。皮盤卽盤結洪底細之意，故盤人底細曰我皮盤。有所謂紅旗安位者，有所謂鎮山令者，有所謂接客安位者，有所謂封贈大爺者，有所謂封贈當家者，有所謂封贈老五者，有所謂封贈老六者，有所謂封贈老九者，有所謂封贈滿爺者，有所謂封贈少姪者，有所謂稟見盟證大爺者。以上各條，大率爲七字句，辭意鄙俚。其答語曰回條。

譏戒 一，不准欺兄滅弟。二，不准呪罵爹娘。三，不准挑燈搏火。四，不准以大壓小。五，不准瞞天過海。六，不准擾淌別湯。七，不准不仁不義。八，不准抽紅采蘸。九，不准行路爭先。十，不准坐席要讓。

隱語 哥老會所用暗語數十，記之如左。

會員曰圈子，曰在玄，新會員曰新在玄。集會曰開山，按祕密儀式互相問答曰請包袱。會員證曰寶，曰帖子。祕密書曰金不換，曰海底。外人曰馬子，曰貴四哥，曰刁滑馬子，曰玲瓏馬子。剃頭者曰掃青生，輿夫曰天平生，優伶曰跳板生。鴉片曰熏老，喫鴉片曰靠熏，鴉片管曰熏管子。茶曰青，茶館曰混堂子。酒曰紅花雨。鞋曰踢土，傘曰開花子。道路曰線，走道路曰踹線。到處曰開碼頭，謁容曰拜碼頭，見時行禮曰丟灣子。銀幣曰餅子。被拘曰被摘，斬曰劈，牢獄曰砦房，廟曰啞吧窑子，衙門曰威武窰子。

會中又分三派，謂之翁、錢、潘。其稱呼，翁與錢同，潘則相反。如學字輩之稱吾字輩，翁、錢稱之爲老管，潘稱之爲師父。於通字輩，翁、錢稱之爲師太，潘稱之爲爺爺。於大字輩，翁、錢稱之爲爺爺，潘稱之爲師太。至於平輩，則稱老大。凡在此幫中，能知糧船器具之別號，有三堂、六部、七飛禽、八走獸等名目，尚有三種板名，爲有釘有眼之板，無釘無眼之板，有眼無釘之板，及運河各處壩名，卽謂之老法師。徒欲於師求教一切者，謂之討慈悲。初遇，未識其在幫與否，開始卽問老大在幫，如同道中人，卽稱不敢占祖爺靈光。不知其爲翁、錢、潘，卽問貴寶茶，如翁派，卽曰翁祖位下，錢爲錢祖位下，潘爲潘祖位下。不知字輩，卽問以幾爐香，如通字輩者，卽答以身站二十二爐香，餘可類推。

茶碗陣　哥老會員猝遇素不相識之人，欲探其在會與否，亦如三合會員之授與茶碗，觀其接受之狀以試之。一，仁義陣，碗二。二，桃園陣，碗三。三，四平八穩陣，碗四。四，五梅花陣，碗五。五，六順陣，碗六。六，七星陣，碗七。以上均普通喫茶式。七，一龍陣，碗一。一朵蓮花在盆中，端記蓮花洗牙唇，一口吞下大清國，吐出青煙萬丈虹。八，雙龍陣，碗二。雙龍戲水喜洋洋，好比韓信訪張良，今日兄弟來相會，暫把此茶作商量。九，桃園陣，碗三。三仙原來明望家，英雄到處好逍遥，昔日桃園三結義，烏牛白馬祭天地。十，龍宫陣，碗四。四海澄清不揚波，只因中國聖人多，哪吒太子去鬧海，戲得龍王受須磨。十一，生尅陣，碗五。金木水火土五行，法力如來五行真，位台能知天文事，可算湖海一高明。十二，六國陣，碗六。說合六國是蘇秦，六國封相天下聞，位台江湖都遊到，爾我洪家會詩文。十三，寶劍陣，碗七。七星寶劍擺當中，鐵面無情逞英雄，傳斬英雄千千萬，不妨洪家半毫分。十四，梅花陣，碗八。梅花朵朵重重開，古人傳來二度梅，昔日良玉重台別，拜相登臺現奇才。十五，梁山陣，碗二十四。頭頂梁山忠根本，才梱木楊是豪強，三八廿四分得清，可算湖海一能人，脚踏瓦崗充英雄，仁義大哥振威風。

令旗　令旗，即傳令之旗，以綾羅爲之。五堂之令稱黄令，謂之黄羅寶帳。當家之令稱將令，謂之龍虎寶帳。管事之令稱紅令，謂之中軍寶帳。以下則僅曰寶帳。

五堂各以彪𩨹𩨑𩩲𩨒及彪𩪾𩪾𩨎𩨎等字別之，分作公侯伯子男五等。一爲彪𩨑公，一爲𩪾𩪾侯，三爲𩨒𩨒伯，四爲𩩲𩨎子，五爲𩨒𩨎男。五堂皆用雙金花雙金珠，當家用金花金珠，管事用金花或金珠。

會員證　會員證謂之寶，用白布以靛青印之，即票布也。入會後，給本人收執。惟此證若爲官吏所得，必處以嚴刑。

龍華會有檄文，文曰：「怎樣叫做革命？革命就是造反。有人問我革命就是造反，這句話如今是通行的了，但這革命兩字，古人有得説過麽？我答應道，有的。《易經》上面，湯武革命，應乎天而順乎人，就是這兩字的出典。又有人問我，革命既是順人應天，爲什麽中國古老話兒，又把造反叫做大逆不道呢？我答應道，列位，這大逆不道四個字，並不是我古時蒼頡聖人造字的時候，就把來作造反二字注脚用的。要曉得這是後代做了皇帝的人，自己一屁股坐了金交椅，恐怕别個學他的樣，就同着開國軍師文武百官造出四個字來，硬派做造反的罪名。又用着粟米芝蔴大的官職，又冷又臭，將要腐爛快的猪羊肉，騙騙那些不職羞恥，認強盜作祖宗，略識幾個字的人。他說道，咄，你們聽着，把大逆不道四個字，做了那造反的注脚，說我做皇帝的是天上所傳受，別個不容妄想的，我便生前把個官你做，你死了，我便寫一尺二寸長，四五寸闊，猪血蘇木汁染紅的一塊小小木頭，上寫着先儒兩個字的封號，送你到孔夫子廟裏去，擺在東西二廊，春秋二祭，殺猪宰羊的祭祀。那些不愛臉的，聽了這句話，便巴結到死，同狗舔屁股一樣的趨奉他。他這個獨夫位，便可傳子傳孫，安穩不過了。有人要想造反，就便幫着他吠。列位，要曉得孔夫子廟裏正中供的，不是孔夫子同孟夫子麽？孔夫子、孟夫子的說話，諸位兄弟們想必多願意聽的。他兩位老先生說的說話，載在《四書》上面，明明白白，何嘗說皇帝是不許百姓做的，造反是大逆不道的。孔夫子因爲春秋時代百姓苦極了，故而教着七十二個賢人，三千個弟子，天天商議辦法。其中他第一個徒弟，叫個顔淵的，來問爲邦，孔夫子就說着唐虞三代的制度，說我們做了皇帝，是要用這樣制度的。還有個徒弟叫仲弓，夫子就說他『可使南面』，請看一個「使」字，孔夫子豈不比皇帝還大麽？至於異種亂入中國，他老先生更恨到萬分，所以說到齊國的管仲，他不過幫着桓公伐過山戎，便把他不死子糾一節大事，輕輕放過了，還再三說管仲是個仁者，又恐怕後世的人解不出這個仁字，便道微管仲吾其被髮左衽矣。他老先生如今坐在大成殿上，看看這些戴紅纓帽，穿馬蹄袖，拖猪尾巴的，三跪九叩首的來拜他，兩廊還立着許多元朝、清朝的死去的走狗，不知怎樣傷心呢。至於孟夫子說話更多了，這麽『民爲貴，社稷次之，君爲輕』，又說到武王、湯王，便說道『湯放桀，武王伐紂，聞誅一夫紂矣，未聞弑君者也』。這種說話，在下一時没有功夫細說，好在《四書》並不是什麽世間少有的書本，列位可以自己去看，但不要相信那宋朝那個混帳東西不過姓朱的《四書集注》好便了。又有一個說，湯王、武王本是個諸侯，所以有力量革命，我們强煞是個百姓，那有這種力量，所以孔夫子、孟夫子也只好嘴裡說說，倒底做不成皇帝。咳，這又是不懂時勢的話頭了。春秋、戰國是個封建時代，所以平民做不成皇帝，到了秦、漢以來，那局面就變了。列位請看看那秦始老皇，吞滅了六國，統一天下，說起他的兵力，真比着後代皇帝强得多了。他恐怕人家造反，便收聚着天下的兵器，都拿來一把火燒銷毁掉了，這個心思狠不狠呢？那曉得他還没有死，韓國有個張良，拿着一個千金重的鐵錐，在博浪沙中等他出來的時候，要打死他。雖然打他不着，到處搜了十日，連影兒也搜不着半個。後來百姓曉得皇帝的本領不過如此，陳涉一把鋤頭，劉邦的三尺寶劍，便都等不得始皇的肉冷，就都起來了。那陳涉雖然没有做到皇帝，然中國平民頭一個造反的就是他。而且一個種田幫工的人，生前做到楚王，打破了封建的全局，也就可以心滿意足了。那漢高祖劉邦的出身，不是一個亭長麽？這秦時的亭長，就是我們現在的地保，你道他的力量豈不比秦始皇還大麽？三國時的劉備，他雖自己說是中山靖王的後代，其實這種說話，不過拿來擺擺場面，我們大家不都是軒轅黄帝的後代麽？若說起劉備的出身，是個織草鞋賣的。至於宋朝那個趙禪郎，是列位看過戲文，就没有一個不曉得他是個光棍出身。咳，可憐，可憐！他的子孫不挣氣，到了後來，被那四太子金兀朮殺得無地可奔，兩個老皇帝是擄到五國城去了，單只剩着一個小康王，泥馬渡江，做了一個小朝廷的皇帝。當時雖有個岳爺爺驚天動地的出來替他報仇，恨只恨岳爺是個宋朝的臣子，被那奸賊秦檜害死了。這個時候，岳爺爺自己肯做皇帝，怕不把江山一統打平，那元朝的韃子也不至乘勢進來，來做中國的皇帝了。列位啊！自從盤古以來，雖有那五胡亂華，一統中國的，頭一個就是元韃子，這是我第一次中國亡的記念了。幸虧坐不到百年，就出一個朱洪武，把那元韃子趕出塞外，仍舊是我漢人做皇帝，我們是算再見天日。這朱洪武的出身，列位也都曉得，豈不是人家看牛的小廝，到着没奈何時節，還在皇覺寺做過和尚麽？萬料不到後來金朝殺不了的雜種，又乘着我們年歲飢荒，有了内亂，崇禎皇帝死在煤山的時節，幾個做奸細的范文程、洪承疇、吴三桂，引賊開門，他又進了山海關，强佔着北京城，來做我們天朝的皇帝了。那時我們南邊都立着明朝的親王，論理，吾們漢人就是讓了北方，他也就不當搶到南邊來了。不料他狼子野心，得一想十，又帶着許多醜類，把我們南邊的親王一個個滅了。那南來的凶惡，到一處屠一處的城，不知死了多少忠臣義士，剩下來的因爲逼我們改他的打扮，又不曉得殺了多少。當時他有兩句口號，叫做「留頭不留髮，留髮不留頭」，到今剃頭擔上豎着的那根旗桿，就是當時因爲不肯剃頭，拿來殺了，把頭掛在棋桿斗上做榜樣的。你道可慘不可慘？他既削平了南北，就想出種種不平暴虐的制度，我一枝筆那裏説得盡。單只爲防我們漢人造反，便各處要緊的省分駐紮旗兵，監守着我們，還要我們辛苦田地種出來養活他們。近來又想出新鮮法子，要想奪我們的各省田地，凡是好的都想歸給他們，那狗屁的上諭，反説是滿漢平等，時價估買。阿喲，你這班雜種的滿洲人，北邊近京的田地，二百年前已被你們圈佔去了，難道我們南邊的幾畝荒田，你不肯捨免了麽？再説我們當時的老輩，那一個不切齒痛恨他，獨可惜各處所起的義兵，都被那班大逆不道的邪説所誤，獨立無助，終究没有成功。直到出了太平天國的洪秀全天王，本來我們漢人可以再見天日了，却被那曾國藩、左宗棠、李鴻章這些混張王八羔子豬狗不喫的東西，練着漢兵，反幫韃子，殺我漢人。咳，這也是滿洲氣數未盡，我們再該多喫幾十年的苦。若像今日的人心，個個都曉得韃子是應該滅的，就再出幾個曾、左、李，也不相干了。諸位要曉得今日的人心，爲什麼比從前幾十年明白的多呢？這多是各國交通的好處。原來外洋各國，從未有異種人做皇帝的，就是同種的人暴虐百姓，也就要起來革命。我們如今與外國人來往得漸漸多了，再把孔夫子、孟夫子的説話印證起來，這個道理所以就明白了。將來我們革命成功，外國人那一個不稱讚我國。然而也有一種口口聲聲拍滿洲人馬屁的外國人，同着幾個亡心昧理的中國人，居然想望滿洲立憲。列位要曉得立憲二字，這麼樣解法？外面看看像是照各國的樣子，實在是把權勢集在皇帝同幾個大官身上，却好借着憲法二字，用出種種的苛法，來壓制我們。無論各國立憲，是因爲離着封建時代不遠，一時不能到平民執政的時代，就把這立憲做個上下過渡的用法。我們已是平民做了皇帝、宰相千百餘年，那裏還要用着立憲過渡呢。況且立憲實在是有弊病，無論什麼君主立憲、共和立憲，總不免於少數人的私意，平民依舊喫苦，將來天下各國定歸還要革命。況且我們又添着一個異種的政府，來替我們立憲，那裏立得好呢！所以我們今日就是同種人來立憲，還要再起革命。雖然，成功以後，或是因爲萬不得已，暫時設立一總統，由大家公舉，或五年一任，或八年一任，年限雖不定，然而不能傳子傳孫呢。或者用市民政體，或者竟定爲無政府，不設總統，也未可知，然而必須看那時候我國國民程度了。但無論如何，皇位是永遠不能霸佔的。

列位有大本領的出來，替大家辦事，餘外百姓也便萬萬不致於像今日的樣子，苦的苦到萬分，窮的窮到萬分，他們做皇帝大官的依舊快活到一萬二千分。到那時候，土地没有，也没有大財主，也没有苦百姓，税也輕了，釐捐税關也都廢了，兵也少了，從此大家有飯喫了，不愁冷了，於是乎可以太太平平，永遠不用造反革命了，這才是我中華國民的萬歲。或者難曰，皇帝傳子傳孫，是我中國的老例，中國没有無皇帝的國家。唉，列位要曉得，我們中國古時皇帝也不是世襲的。昔者唐堯的父親高辛皇帝死了，大兒子名叫摯，做了皇帝九年，因爲無道，經大衆公議革了他的皇位，立了他的兄弟唐堯做了皇帝。堯之兒子不肖，堯請於大衆，尋了一位在歷山耕田的農夫名叫做舜，遂傳了皇位於他。後來舜的兒子又入下流，舜請於大衆，因爲當其時有一軍犯鯀之子，名叫大禹，着實賢能，遂又傳了皇帝位於他，那就是夏朝的頭代祖宗大禹皇帝了。夏禹皇帝因爲治了洪水，有大功勞，他的兒子又好，大家公許了承襲，遂變作傳子傳孫的皇位了。後來孔子知道此事又有點不妙了，於是將堯舜的事蹟載在《書經》第一編上頭，叫大家看看，庶幾或者又能照此辦理。又在《禮記》上面，内有《禮運》一篇，其中亦有孔夫子的説話，言明皇位當由大家公舉，其言曰，大同之世，『天下爲公，選賢與能，使人人不獨親其親，不獨子其子，使老有所養，幼有所長，壯有所歸』云云。從此看來，皇帝位置豈是可以世襲的麽？現今時勢又變了，皇帝位置又當傳賢不傳子。至於我們動手革命的時候，外國人不來幫扶滿洲，我們一概客禮相待，兵力所到的地方，無論他是傳教的，做商人的，來中國遊歷的，都要好好保護。或是不願在我們交戰的地方久居，我們就送他出境。等我們平定了滿洲，立格外優待的條約，無論何國，都是利益均沾。若是有人幫助滿洲，不要説是外國人，越是漢人的奸細，越要殺他盡絶，外國是不用説了。但我們所殺的，是合我們打仗的外國人。譬如在我國境内的外國人生命財産，即使與某國失和，也萬萬不肯違背公理，殺戮無辜的。所以就是革命的時節，就立定了兩個主意，滿洲是我仇人，各國是我朋友，萬萬不可誤會的。至於現在所定章程，與一切所行的官制、軍制，等到革命成功，另外同大家議定。若是革命還没有成功，我們這個章程、官制、軍制，就是神聖不可侵犯的條約。有人來侵犯我們的條約，或是我兄弟們自己違背條約做事，那是我們四萬萬人的公敵，決定不肯放過的。我們是親愛的朋友啊！兄弟姊妹啊！快快前來幫助啊！」下註「天運歲次甲辰正月朔日新中國軍政省檄」。

會規　第一條，宗旨。什麼叫做宗旨呢？就是偺語叫做打定主意。我們兄弟家打定的主意呢，就報我們兄弟家祖上的大仇，並現在種種暴虐待我們的新仇，趕去了滿洲韃子皇家，收回了大明江山，并且要把田地改作大家公有財産，也不准富豪們霸佔，使得我們四萬萬同胞，並四萬萬同胞的子孫，不生出貧富的階級，大家安安穩穩享福有飯喫呢。第二條，命名。什麼叫做命名呢？就是那所做事體的名目。我們兄弟家所做趕去皇家的事件，並非一個人可以做得去的，還要衆們兄弟同心協力呢。所以我們的會，就叫做革命協會，山名就叫做一統龍華山，堂名呢，就叫做漢族同登普渡堂。第三條，職官。什麼叫做職官呢？就是那職位官銜是了。現在我們最要緊的事件，第一件就是練兵了，所以我們所設立的官職，第一個部分就是軍政省。軍政省分作内外二府。内府呢，就是叫做樞密府，所管的事件就是籌畫軍餉，購買槍礮等大事。但因爲内府職官與外府不同，憑票另給，所以詳細的職銜，不載在這的上面。外府呢，就是叫做都督府。都督府有五個，第一叫做中軍都督府，第二叫做前軍都督府，第三叫做後軍都督府，第四叫做左軍都督府，第五叫做右軍都督府。這五個都督府中，每一府設立一個大都督，又有一個左都督，一個右都督。都督以下，還有統制使、軍正使。軍正使有三等，第一等叫做正軍正使，第二等叫做副軍正使，第三等叫做協軍正使。軍正使以下的官呢，還有巡察使。巡察使有正巡察使、副巡察使二等。還有正副介士。到了副介士爲止。從統制使到副介士，隨多隨少，無一定的額。五個都督府，正缺以外的大都督、左右都督等，都加寄銜兩個字於上面，權柄位置亦是一式一樣的。以上新設立的官職，乃是取法於大明、大唐的，並不是杜撰出來的。現在所授的什麼官、什麼職，將來就是什麼官、什麼職了。其職官如下：新中國軍政省有總司令官、司令副理、司令協理。内府爲樞密府，有大指揮、左指揮、右指揮，並設部三，曰參謀，曰運輸，曰偵探，均有部長、副部長。設司二，曰交通，曰報信，均有大使、副使。外府爲都督府，有大都督、左都督、右都督。並設統制司，有統制使。軍正司，有軍正使、副軍正使、協軍正使。巡察司，有正巡察使、副巡察使，均各冠以第一、第二、第三、第四、第五、第六、第七、第八、第九等字樣。介士曹，有正介士、副介士。第四條，對照。什麼叫做對照？就是拿新官職與舊官職比一比就是了。因爲現在所設的官職，同洪家、潘家的舊官職是一式一樣的。現在五大都督府呢，就是以前的五堂。左右都督呢，就是以前的新副。統制使呢，就是以前的當家。正軍正使呢，就是以前的紅旗正管事。副軍正使呢，就是以前的紅旗副管事。協軍正使呢，就是以前的不管事的紅旗。正巡察使呢，就是以前的巡風。副巡察使呢，就是以前的藍旗管事。正介士呢，就是以前的大九。副介士呢，亦是大九。聖賢、總公滿並大滿、小滿、大么、小八牌等一統裁去不設。所有口號、暗號、各家名教一切者，仍其舊，内中單有黄令改作師令，紅令改作將令，藍令改作軍令。第五條，權限。什麼叫做權限呢？就是各人守各人的本分是了。譬如大都督呢，權柄是最大的，所有自己手下的兄弟，都聽其命令。但是欲舉義旗的時候，必定要同樞密府商量妥當，然後可以行。若自己妄爲了，樞密府是不答應的，並且不幫助他的軍火，不做他的軍師了。左右都督相幫大都督行事，若左右都督的上面，没有大都督的時候呢，他的權柄是同大都督一樣的。統制使、軍正使、巡察使，都聽大都督、左右都督的命令，受了大都督、左右都督的委任狀，委任狀就是上司的劄子。然後各辦各的事。正介士、副介士，都聽統制使、軍正使的命令。第六條，黜陟。什麼叫做黜陟呢？黜就是革，陟就是陞，黜陟兩個字就是革官陞官是了。我們兄弟中有功勞者陞官，若本是副介士呢，一陞就是正介士了，從此一級一級陞了上去，就陞到大都督了。大都督又有功勞，便在樞密府功勞簿上注定他的姓名，將來等新朝廷成立以後，還要封侯封王呢。若我們兄弟中犯了罪，就要革官，若本來是大都督呢，一革就是左右都督了，從此一級一級革了下去，就是副介士了。副介士又有罪，則受罰，或跪或杖等不一。若不從命，則革出會，重罪劈。若犯了十條戒約，無論大都督及正副介士，一體治罪。十條戒約附載在憑票上面，不載在此。但是陞官革官必定要有一個憑據，因他功勞的大小，罪過的輕重，聽樞密府議定，然後陞的陞，革的革。若正副介士或杖或跪或劈等刑罰，概由大都督、左右都督等爲之，樞密府概不管帳。行刑之時，亦由大都督、左右都督差軍政司爲之，樞密府亦不過問。第七條，追卹。什麼叫做追卹呢？譬如我們衆兄弟中，有爲了會中的公事出力死了，或無故受累死了，他的妻子孤苦，他的子女幼弱，家內又非凡的窮，妻子不能存活的時候，本會都有撫卹的費用。如子女三個人以下者，每月給洋三元，如五人以上者，每月給洋五元，等他的長子到了十八歲爲止。如無子有女，給至嫁人家爲止。此費由大都督、左右都督給之。若大都督、左右都督無錢時，可告愬樞密府，由樞密府給與。但是要切實查明，不得濫領濫給的。查明了他的出力功勞，樞密府簿上記了他的名，等到新朝廷立定以後，論他功勞的大小，還要封他的祖宗，蔭他的妻子，使他的子孫世世代代食祿做官呢。並且還要鑄了他一個銅像，宣揚他忠義的名譽呢。另外若超度等事件，一切照洪家、潘家的舊規。第八條，追罰。什麼叫做追罰呢？譬如我們兄弟中有壞了良心，出首會中祕密的事件，我們是一定要劈死他的。然而或者被他逃去了，或者另有不方便的地方，一時一刻不能劈死他，亦是有的，我們必定將他的罪惡登記在樞密府罪人簿子中，等到韃子皇家趕去以後，各省各府各縣嚴拿，務必拿到，處以極刑而後已，並且還要罪及妻子呢，重者滿門誅戮，輕者妻女爲娼，兒子爲奴，世世代代受罰無窮。還要鑄他的石像一個，跪在人人往來的大路上，使人人得撒尿溺其上，同西湖上的秦檜一樣。並且還要行文陰間，告愬岳爺爺，淪入地獄，萬劫不得翻身呢。岳爺爺乃忠義貫天的人，是最惡這等樣人的。做奸細等人，實在比韃子可惡十倍，所以我們一定要嚴治他的。列位！要曉得韃子皇家的命運已要完了，大家務要勉爲忠義，不作惡人纔好呢。第九條，入會。凡入我們這個革命協會的時候，大都督、左右都督呢，均寫願書一張，交給紹介的人，從紹介的人交給軍政省收藏，然後軍政省、樞密府發下委任狀，給與大都督或左右都督。統制使、軍政使、巡察使，均寫願書一張，交給自己的大都督或左右都督，然後大都督或左右都督發下委任狀，給與統制使、軍政使、巡察使。正介士、副介士呢，寫願書一張，交給自己的統制使或軍政使，然因爲不管事，所以委任狀是没有的。至於各五個都督府招兄弟入會的禮式呢，各家教各會一切都照舊。如本來不是會友教友，則從以下所載新定的禮式。大都督左右都督入會的時候，也照這個樣子的辦法。第十條，稱呼。正副介士稱大都督叫老大哥，稱左右都督叫大哥，稱統制使、軍正使、巡察使叫二哥，對自己並輩兄弟，彼此都稱呼老三。統制使、軍正使、巡察使稱大都督，也叫老大哥，稱左右都督也叫大哥，對自己並輩兄弟，彼此均稱老二，稱正副介士叫三弟。左右都督稱大都督也叫老大哥，對自己並輩兄弟均稱大哥，稱統制使、軍正使、巡察使叫二弟，稱正副介士叫三弟。大都督對自己並輩兄弟都叫老人，稱左右都督叫老弟臺，稱統制使、軍正使、巡察使都叫二弟，稱正副介士都叫三弟。大都督、左右都督對樞密府管事，都叫老哥，樞密府管事人對大都督、左右都督也都叫老哥。另外見對面的禮節，各會各教任其舊，内中單有樞密府内的人，同大都督、左右都督相見，彼此拱手。拱手時，左手掌在外，右手掌在内。因爲是平等的，所以要行平等的禮節，拱手到胸乳止，不必過高，也不必過低。書信往來稱呼，也都照上邊所説的。

約章第一條，凡在樞密府的人，如大指揮、左指揮、右指揮，懂得内地情形的，可以帶領都督府坐堂的職銜。又在都督府的人，如大都督、左右都督，懂得外邊情形的，可以帶領樞密府坐堂的職銜。樞密府坐堂，就是大指揮及左右指揮。都督府的坐堂，就是大都督及左右都督。第二條，凡在樞密府各部的司員，得都督府坐堂差委者，亦可以做得統制使、軍正使、巡察使等職。又在都督府屬下的司員，得樞密府坐堂的差委者，亦可以做得樞密府聯絡部長副部長，偵探部部長副部長，及交通司大使副使、報信使大使副使等職。第三條，凡在都督府的人員帶有樞密府的職銜者，然後可以直接寫信於樞密府，商量事情。若尚没有樞密府兼銜的，必定是要由樞密府人員介紹書爲憑。樞密府這一邊，也照這個樣子的辦法。第四條，凡樞密府人員，同都督府人員信件往來，彼此多以圖章爲記號。圖章一處一處是不同的。這圖章從樞密府發出。如若信中没有圖章呢，這個信是不中用的。如圖章失去了呢，必定是要告愬樞密府，樞密府再另給一個圖章，以前的圖章就是再尋見了，也是不再用的。如若差人往來，用銅牌爲記號，與圖章是一樣的辦法。第五條，樞密府所做得所辦的件件完備，以後看定一處最重要的地方，先舉了義旗，立刻派人通知各處，大家都起來接應，使得韃子官家防不勝防，大事自然而然一舉就成功了。先接應爲頭功。所以不先約定日期，同日起事的緣故呢，因爲怕傳了出去，韃子官家知道了，提防起來，也是不好的。所以約定同日起事的舊方法不用，用現在的新法子，這個法子就叫做迅雷不及掩耳了。

入會禮式　凡進我們這個協會的規矩，最好是在岳廟裏。若無岳廟，或有在不便的地方，就在家裏擇一個乾淨的地方也可以的。行規矩的時候，設立公案，寫少保忠武王岳爺爺的神位一個，位置中央，左首列一個楊將軍再興之神位，右首列一個牛將軍皋之神位。楊將軍下列一王將軍佐之神位，牛將軍下列一施義士全之神位。用鷄鵝並肉一方，如没有鵝，用鴨或羊肉一方，都可以的，祇要有三牲就好。又用酒一大壺，杯五個，都盛半杯酒，供在神前。又另用生鷄一隻，縛在神桌下。香爐一個，燭一對，安置神位前。主盟人呢，先向神前四跪四拜。拜完了起來，拿針刺臂上血一點，滴入神座上岳爺爺神位前酒杯。事畢，立於神位之左。然後入會人也向神前四跪四拜，拜完了，立起來拿針刺手臂上血一點，也滴入岳爺爺前酒杯內。事畢，立於神位之右。然後盟證人即香堂。進跪神前，四跪四拜。立起來，炷香於神位之前，宣讀進會祭文。用黃紙寫。文云：「千載有公，繼武羲、軒，氣吞胡虜，威被八埏。覺羅不滅，公目不眠。黃、農遺冑，都四億千，憑藉公靈，逐彼腥膻。國命可復，配公配天。尚饗！」讀畢，將祭文向香燭上燒了，然後行刑。執法者進跪神前，四跪四拜。拜完了立起來，取去案下的雄鷄，立在公案前，叫一聲主盟人的姓名，主盟人答曰：「有。」又叫一聲新入會者姓名，也答曰：「有。」又叫一聲盟證人的姓名，也答曰：「有。」入會人走到神位前，跪下發誓。第一誓云：「誠心入會，不敢反悔。如有反悔，天誅地滅。」第二誓云：「入會以後，協力同心，不敢畏避。如有畏避，雷殛火燒。」第三誓云：「會中祕密，不敢漏洩。如有漏洩，身受千刀。」第四誓云：「祭旗起義，聞命必到。如有不到，命盡五殤。」第五誓云：「兄弟同心，如同手足。如生外心，身死五刑。」誓畢，執法行刑者左手持鷄，右手握刀，叫曰：「岳爺爺英靈鑒者，過往神祇鑒者，同事人的祖宗鑒者。我等協力同心，誓殺韃子，報我們祖宗的大仇，有福同享，有禍同當。若有不照這句話的，難逃天殛，如若不信，請看此鷄！」說到將完的時節，將右手的刀向左手鷄頂上一劈，鷄頭落地，急將鷄血滴入神前五個酒杯中。於是主盟人、盟證人及執法行刑人，並到神位前跪下，再行四跪四拜之禮。禮畢，將滴血的酒，四人分飲之。中間的一杯，主盟人及入會人分飲之。飲畢，將神位焚化，送神散胙，復將前執法行刑的鷄烹而共食之。行入會禮式者，主盟人、即寫願書介紹人。入會人、新進會人。盟證人、執香人做盟證者，卽香堂。執法行刑人。卽周、洪家中紅旗人。

入會規矩之次序　一，先寫入會願書一張，交介紹人。二，願書寫後，擇吉日行入會禮式。三，行入會禮式後越一日，或二日三日後，發委任狀。四，發委任狀後，知會軍政省本部或支部。五，軍政省得介紹人知會後，發圖章銅牌。六，入會的會式種種，內府的人均照此規矩，外府的人止及於大都督及左右都督。大都督、左右都督招兄弟入自己部下時，各照各會各教各黨的老規矩。如若大都督、左右都督本不是會黨或教黨中的人呢，招兄弟入自己部下時，也照本會的新規。如介士以上統制使以下的兄弟，本非會黨教黨中的人呢，來入的時候，也照本會新規。

會員，各省及西藏、蒙古、滿洲大抵皆有之，而以江蘇、安徽、江西、浙江、福建五省爲一大部，又分之爲十路，省各二路。一，江蘇有江南路、江北路。二，安徽有皖南路、皖北路。三，江西有江左路、江右路。四，浙江有浙東路、浙西路。五，福建有八閩上路、八閩下路。以上十路，凡接近之地，其都督可以互轄。

曾忠襄公國荃督兩江，有以哥老會告密者，偵之，則官中人之在會者不可勝數，而督標衞隊尤多受運動，羣情洶洶，慮釀巨患。忠襄得牘，輒寢之，人莫測也。一夕，漏下三鼓，騎而出，從二卒，踏微月，馳二十里，抵一古廟，前叩門，中有人問爲誰，卒以會中隱語應之。門啓，卒呼曰：「九帥來。」時庭中彪彪然數百人，分東西排立，一虬髯叟踞上座，攢刃於案，案陳盤盂、酒食、爐炬。既見忠襄入，皆愕眙。忠襄前揖，叟起立而避。忠襄卽登座，顧叟曰：「若非記名總兵某耶？」叟頹且悸，勉應曰：「然。」忠襄笑曰：

「若固吾舊部，大好事，乃不我告何也？」叟逡巡間，忠襄又笑曰：「是雁行者，皆頭目耶？撫此良不易，奈何以轂音向我，不慮江湖豪傑嗤耶？」忠襄左顧曰：「歃血未？」曰：「未也。」忠襄曰：「甚善。今日之事，老夫嘗執牛耳，汝嘗居其次耳。」於是叟乃歃，衆以次歃。既歸，或問忠襄以所之，卒不告也，於是事遂定。未幾而有泄其事於其猶子惠敏公紀澤者，以白文正公國藩曰：「九叔奈何與噲伍，宜誡之。」文正曰：「孺子何知，九叔所見者遠也。」其後劉忠誠公坤一督兩江，久於任，亦藉其爲湘人以鎮撫之耳。或謂忠誠歲給巨金於會，冀免蠢動者，讆言也。

義和拳欲滅洋

義和拳者，道、咸後已嚴禁之，獲者處以凌遲之罪。光緒戊戌八月，楊崇伊疏請孝欽后復聽政，康有爲以言變法獲罪，多連坐，逢迎干進者皆以攻有爲爲名，稍齟齬，則目爲新黨，罪不測。張仲炘、黃桂鋆密疏言，德宗得罪祖宗當廢，孝欽心喜之，然未敢發也。已而有爲走入英屬之香港，英人庇焉。遂以李文忠公鴻章爲兩廣總督，欲詭致之。而英兵衛之嚴，不可得，以狀聞孝欽。孝欽大怒曰：「此仇必報。」會立端郡王載漪子溥儁爲大阿哥，經元善合士民數千聯名上書。漪恐，遣人邀駐華各使入賀，各使不聽，有違言。漪慚憤，日夜謀所以報之者。

會義和拳方自山東入畿輔，衆漸盛，遂圍淶水。知縣祝芾請兵，直隸總督裕祿遣楊福同剿之，福同敗死。進攻涿州，知州龔蔭培告急，順天府府尹何乃瑩揣朝旨，格不行，蔭培坐免。孝欽使大學士剛毅、刑部尚書趙舒翹及乃瑩先後往，導之入京師，復命時猶力言其爲義民，可恃也。於是拳至者數萬人，焚鐵路，毁電線，京城設壇場幾徧，自謂能祝鎗礮令不燃，又能入空中指畫，則火起，刀槊不能傷。出則呼市人望東南而拜，人無敢不從者。揚言仇教，至斥德宗爲教主。孝欽與漪謀，欲引以廢立，故主之特堅。拳出入禁中，日夜無期度，謂必盡滅洋人，不受賜，願得一龍二虎頭。一龍謂德宗，二虎爲慶親王奕劻及文忠也。

拳禍之成，實由於張德成、曹福田，皆裕所嘗奏保者也。張爲白溝河人，以操舟爲業，往來玉河、西河間。時拳已傳至静海縣之獨流鎮，有童數輩方習拳，張過其側，見之曰：「此僞神拳也。」衆叩其術，乃取一秫稭，裹以黄紙，擲之地，令衆拾之，數壯夫不能舉，咸大驚，謂爲真神師而羅拜之，擁之入巨宅，設壇焉。遠近之拳争來附，遥受節制，自是遂居獨流，勢張甚。曹爲天津之拳魁，其門榜所揭曰「署理静津一帶義和神團曹」，蓋以本任屬德成也。德成嘗率衆周行鎮外三匝，以杖畫地曰：「一周土城，一周鐵城，一周銅城，洋人即來，亦無敢有踰越者矣。」五月，直隸有四道員結伴赴津，舟過獨流，遇拳，將手刃之，皆叩首乞命，遂牽赴神壇。張譎爲監司大員也，釋之，延上坐，自炫其術，使達諸裕，令請餉二十萬，以滅洋自任，皆受命。乃上書於裕，裕馳檄召張，不至，屢檄之，張怒曰：「吾非官吏，何得以總督威嚴凌我耶！」裕謝過，乃使以八人輿禮迎之。張至，以敵體禮見，啓中門，迎之入署。翌日，宴之，張忽若睡，呼之不應，俄欠伸起，袖出鐵礮機管數事以示裕，曰：「頃間元神出，乃得此於敵中，敵礮皆廢矣。」裕深敬之，自是恆出入督署。裕爲薦諸朝，復屢報戰功，賞頭品頂戴、花翎、黄馬褂。無何，城陷，挾鉅資行。至王家口，索鹽商王某具供張。王家口人憤甚，羣捕之，張叩頭乞饒，衆曰：「試其能避刀劍否？」共斫之，成血糜焉。餘逃至白溝河，推其弟曰三者擁之，稱曰三師父。挾至獨流鎮，仍立天下第一壇，謂三之神力過德成十倍。時八國聯軍已據天津，將剿餘拳於諸村，村人共逐三，餘拳乃竄。

拳之於洋人及教士、教民也，分別稱之曰大毛子、二毛子、三毛子，遇之，殺無赦。時撫山東者爲袁世凱，亦被二毛子之稱。五月，袁奉上諭飭保護拳教，奬爲義民，乃下排單通飭各縣曰：「凡真正拳民，均已赴京津助戰，其逗遛內地者，非真正義民，滋事者殺無赦。」又曰：「不論是否爲拳匪，但以曾否滋事爲斷。滋事者，准由各地方官訊明，立卽正法，按月彙報，庶符刑亂國用重典之意。」未幾而拳欲燬濟南高都司巷之天主教堂，袁令濟南守盧昌詒、歷城令李祖年日夕彈壓，故惡之也。八月，各國聯軍入都，有別隊入德州，見袁字旗，相戒毋相犯，遂不擾。魯人以是德袁而誦之，爲袁所聞，乃曰：「民可使由之，不可使知之，孔子之言豈欺我哉！」

舒翹、剛毅、乃瑩既奉命同往察看慰撫，洎回京，未復命，舒翹之鄉人某官刑部郎中，且爲秋審總辦，往謁，詢拳果否可恃，趙慨然曰：「無論神怪之説虛誕，斷不可信，卽吾所見數萬人者，殆無一不槁項黄馘，不異溝中之瘠。以此而與他國節制之師相當，寧有不覆没者耶！」及入對，懾於剛之威勢，乃盡反所言，以拳民義勇神術可信面奏。孝欽始尚猶豫，未敢遽與諸國啓釁，及得趙言，大計始決。趙出，乃語所親曰：「太后過聽剛相言，用此輩烏合狂徒以挑強敵，寧有全理。」因急送其眷旋里以避禍。

剛既力主以兵攻京城使館之策，歸安朱古微侍郎祖謀上疏力争。剛欲傾之，召之至內廷，故以温語相獎藉，曰：「適讀尊疏，指陳切當，深中機宜，停戰議和，實屬今日不易之策，佩服無既。惟太后於疏中要語，尚有所疑，故召入傳詢。吾署尚有要事，須先退，仲華、榮文忠公祿字。夔石、王文勤公文韶字。穎之、侍郎啓秀字。展如尚書趙舒翹字。諸公俱在樞廷，可往見之。無論慈意如何，吾出外，即先照尊疏所言辦理。已先傳諭諸將，不惟使館須竭力保護，即樊國樑處，亦飭令嚴密防護，不許妄動一草一木矣。」朱曰：「樊國樑爲何人？」剛謬作驚詫狀曰：「大法國傳教師樊老先生，現爲西堂大主教，足下乃不識其人乎？」法教堂在京師內城西安門外，故曰西堂。朱曰：「向與此輩未有往來，然樊既教士，自爲私人，非使館關繫邦交可比，保護與否似尚無關緊要。」剛且行且搖首曰：「不然，不然，應保護，應竭力保護。」遂怱怱去。剛行既遠，蘇拉語朱曰：「朱大人知剛中堂將何往乎？彼有戎衣一襲，存西華門外某飯館，既出，即不歸，即往早餐，飯畢，易戎衣，徑率親軍數百人往攻西堂，期必得國樑而手戮之。已攻一日矣，尚未得手，今早聞其自言，當竭一日之力，不攻破不歇手，是以怱怱早退，何尚言飭人保護耶。」朱既至軍機處，榮迎謂曰：「慈意於尊疏似頗許可，惟停戰不能空言，使臣將命，不知用何儀注？歐洲各國必有定例可循。頃太后以此垂詢，同人皆不知，無以覆奏，故請旨召君來，一問辦理之法，君自當熟知之。」彼輩所以爲此者，蓋深惡朱言直，而疏中語意空洞，欲加罪而無辭。且又習聞西人有豎白旗停戰之說，而白旗之用，於我國爲納降，度其意中亦必如此，故謬爲不知，請旨垂詢，俟白旗之語出自其口，即可鍛鍊周內，指爲輸款敵軍，勸降辱國，即立置重典，亦不能自白耳。朱初聞蘇拉之言，固深疑之，至是，益大悟，乃對曰：「某上疏本意，因戰事久不得手，敵軍日逼，津沽去都門僅尺咫，且慈躬頤養之餘，日聞礮火震驚，度亦難安宵旰，故冒昧奏請停戰以紓近憂，別圖長策，並非取法彼族。至停戰應用何等儀注，生平未習西籍，實屬毫無所知，不敢逞臆妄對。總署堂司各官不乏深諳公法之員，果蒙言有當聖心，應請降旨召詢，必能熟籌長策。」語畢，榮默然，沈思良久曰：「君言亦是，可即以是意辦一奏片，我等爲君覆奏，看上意若何辦理。」即令章京導之入別室。草奏既成，榮持之入對。有頃，復出曰：「尊奏，太后已覽訖，命且留中。所事已畢，君可歸。」朱始徐徐出，日已旰矣。時戚友莫不代爲危，聞其歸，乃交相慶也。

五月二十四日圍攻使館之舉，世或以禍首蔽罪於董福祥，而實非也。排外之舉，本由榮祿主持，董爲榮所卵翼，自不得不聽其發縱指示。董之譎，在其攻使館時不盡力耳。蓋自津沽既失，聶士成軍覆没，董亦明知聯軍不可力敵，而又不願下心俛首，以自表無能，乃遷延使館之外，以陰俟轉圜，此其用心雖巧，然諸國使臣竟獲無恙。其後和局開議，尚不至無可藉手，則卽此一念，而國家之蒙其廕者亦不少矣。或曰，董之遷延，亦榮陰教之，授之意，使勿力攻，而外承孝欽諭助剛。剛性頑很，日督兵攻之，然每午十二時往，惟燃鎗數排而退，若符契然，剛不察也。惟其坐城樓觀戰時，每聞礮一響，左右卽歡呼致賀曰：「洋人死若干矣，一二日間不難盡滅其種也。」或則曰：「從此四海晏安，太平無事矣。」剛亦素不善騎，一日酷熱戰散，乘騎急遁，騎墮，坐草間，氣喘欲絶。某司員道經其地，訝之，剛遽搖手云：「勿言，勿言。」時乘騎奔逸已數里矣。

六月十六日，京師西什庫教堂旅居之某西醫，爲拳所得，牽出，將殺之於市。醫仰天泣呼於觀者曰：「余雖外國人，然在貴國施醫十餘年矣。平昔所爲，亦皆有益華民之事，爲諸君所稱道。今臨殺身之難，諸君向受余惠者，忍不一援手耶？」既而曰：「我存銀行數萬金，有能救我者，當悉以爲贈。」時觀者如堵，莫敢應，須臾被害。

立山爲拳匪所戕，蓋其舊僕某之報怨也。某初給事於立之邸，以事見逐，至是，爲大師兄。一日，立方在室，忽有頭紮紅巾者數人，洶洶入，械之去。抵端王府，大師兄踞上座，叱令跪，曰：「爾曾以珍物貽某公使，以盛饌餽丁韙良，亦知罪否？」立曰：「我固從事譯署，有交際，不得執此爲罪。」大師兄怒目視之，拂袖入。詰朝，端卽面奏孝欽，謂其私通外人，請卽明正典刑，立遂死。然立當逮捕時，卽已自知必死，蓋大師兄之爲其舊僕，固識之也。

時劉忠誠公方任兩江總督，力持和約，以保東南。而欽差大臣李秉衡樹異議，忠誠竊憂之。一日，詭語李曰：「今聯軍攻天津，京師危甚，老夫受國深恩，志在勤王，願以此席畀公何如？」李憤然曰：「僕有懷久矣。微公言，亦欲以一死報國。勤王之舉，僕身任之，無煩公也。」後數日，李率師北上，忠誠語人曰：「李公此行，社稷之福也。」或問其故，笑而不答。未幾，李戰敗死綏，而東南半壁遂賴以獨全。六月二十九日李至京，猶力言拳民之可用也。

自立會

光緒庚子七月，瀏陽拔貢唐才常等謀起事於漢口，蓋結合江湖會黨，設自立會，散放富有票，議起自立軍也。事洩，被誅。當都司陳士恆往捕時，唐謂事既洩，有死而已，毋庸綑縛，當與爾偕往。時在旅館就擒者二十三人，有日本人甲斐靖，及華人改日本裝者二，一爲天津人，一爲福建人。是夜，在淮鹽督銷局旁屋獲三人。在漢正法者二人，餘二十四人皆解省。並在旅館搜出後膛槍數十支、軍火數箱，及印信、旗幟、信函、册籍多件。其印文曰「中國國會總統南部軍務之印」。又刻有檄文一道，大旨謂舊黨亂政，力扶皇上復辟，大伸民權云云。又刻有富有票多張。册籍中載有一千八百餘人，約期二十八日舉事，先奪漢陽槍礮廠，然後渡江攻武昌，並謀將統將張彪、吴元愷及督撫拘禁，惟嚴飭各人不得劫殺平民，驚動市面。二十八日，司道府縣在營務處會訊，供認不諱，羣呼速殺。二十八夜二更後，在大朝街溜陽湖畔，即明季賀文忠公殉節處行刑，延頸就戮，毫無懼色。凡殺十一人。中一人云：「今日爾等殺吾黨，吾黨同志必繼起以殺爾等也。」其往來書函，廣東、湖南、上海、日本均有，多載外號，無真姓名。其同黨之先起事於湖北之新隄、安徽之大通者，亦先後敗死，在湘黨人亦多爲湘撫俞廉三所捕斬。

自立會中有姚生范者，健者也。生范，字南滂，慈利人，原名淮茂，字小秦。庚子陷獄，慕漢范滂行事，遂易名。性豪邁，讀書爲文，具鋭力，通數學，尤喜究時務，不修小節，凡博簺、走馬諸委瑣之事皆爲之，故一邑之人無不狂生范者。甲午中日戰敗，内幕始揭，志士争言强國，湘人尤熱心，南學會、時務學堂次第成立。生范既聞其學説，驚爲未有。及當事遴高才生資遣海外，生范遂亦被録送日本。會戊戌政變，諸新政皆瓦解，學生亦不遣，則鬱鬱歸，而革命思潮遂於此胚胎。田邦璿者，時務學堂學生，與生范同稱爲慈利二狂生者也。至是，約同走日本，生范迂之，辭不往。十月，邦璿歸自東，密告革命本謀，及奪武昌、扼長江、割南圖北之大計，則躍然曰：「此丈夫有爲之時也，雖殺身所不惜。」乃曰：「財者，辦事之母，人才者，尤辦事理財母中之母。今日之事，有貝之財固乏，卽無貝之才亦幾幾不可得，然則當奈何？」邦璿曰：「前一著，唐君才常已任接濟。惟號召人才，須亟顧後一著。」生范曰：「任事忌有倚賴性，矧遠在海外，脫有緩急，敗矣。一成一旅猶可爲，安在臣里必無輕財好俠之人乎。」邦璿韙之。爰集李炳寰會商，陽假辦漢口大同分學爲名，陰集資以策實行。

當是時，知縣葛秀華、刑幕劉佐楫及富紳李德灼、朱先賜等，均允諾入黨，慈利黨專之萌芽自此始。已而生范至武陵，林圭自漢口飛電告急需，邦璿計無出，生范曰：「此責在我。」則疾馳返縣，佯啓其父曰：「頃偵武陵牛皮值廉，居之必獲重利。」父諾，如其議出金。生范以己亥除日歸，元旦又懷金首途，見者以生范常獨來獨往，亦不疑。

至長沙，邦璿、炳寰及炳寰之兄柱寰並李彬士皆會，力主進行，相與附輪而東。至洞庭，膠淺。及至漢，圭捉生范臂謝曰：「微子匯金，此局危矣。」蓋是時方聯合哥老會，其人非金錢不用命也。於是以漢報館爲機關部，館主日本宗方小太郎、篠原邦威皆與密謀，定議暫用哥老會，以利前驅。庚子二月初六日，大會於漢口，秦遯庵、生范、圭、邦璿曁哥老會首領數人皆臨歃，以傾覆政府爲誓辭。盟成，當之滬，遇日本大久保豐之彥，知爲鄂督張文襄公之洞所聘練軍教習，近以事請去，辭意之中，怨文襄甚。生范欲誘而用之，卑辭厚禮，與相款接。既抵滬，館之東文譯社。東文譯社者，才常所組織，以爲往來之機關部者也。又別設大同客館，專招待哥老會人。至是，獲交張通典。通典極言生范才大心細，才常益禮重之。旋返漢，汲汲以延攬人才爲務。一日，與邦璿周覽武漢各地扼塞，訪有陳猶龍者，才常同學友也，諷之於鸚鵡洲常德館。方留共酒，遇陳應軫，猶龍更介紹相見，均歃盟入黨。時圭去滬，留生范主漢事。漢故通商埠，五方雜處，事局繁複，而哥老會友至者又不皆有道德，羈縻絶不易，儲金不豐，時支絀，要挾齟齬，往往而有，生范惟一以誠撫之。文襄雖時亦遣員密偵，而終不得證據。後生范去，而黨局遂覆敗。

無何，圭返漢，以三合會名與孫文海上之會名同，遂改爲富有。入黨者，給票證。票如尋常錢券，上方横列二文，曰「富有」，中權單綫，下行文曰「發錢一千」，末鈐朱印曰「立大」，蓋飄布之變相，官書所稱爲富有票案者是也。

至是，圭乃區分本黨爲五軍，軍專一路。圭統中軍，黄忠浩統前軍，邦璿統後軍，猶龍統左軍，沈藎統右軍，而生范總統南路，專辦雲南、貴州、四川三省。大久保豐之彦、應軫等均隸焉。生范與大久保約，謂湖南風氣錮蔽，人民專意排外，恐有意外事，須易服裝。大久保乃更名曰豐彦，字東海，而自更名曰澧岸。及行，過沙市，大久保僞辮忽脱，見者譁詈，幾釀變，生范力辯護之。直趨慈利，爲之游説於邑人，謂大久保實以辦大同學校來，衆不之疑，乃出與各紳接洽。未幾，應軫以富有票三萬張賡續至，生范曰：「官廳關節雖已通過，而縣紳之估勢力者，不可不虚與委蛇。」既得縣紳之許可，票之發行始無礙，旬月間，散至萬餘張。康宗釗者，黠而負門地資望，生范誘其二孫曰業椓、曰業檪者，俾入黨，以箝制宗釗。徐又餂之曰：「日本人大久保來縣，公爲一方之表，當有以優待之。」宗釗諾，設劇迎致大久保。其必鋪張爾爾者，一以歡迎大久保，一以俾衆周知宗釗且黨吾，而實以冀淆亂一時之耳目耳。黨徒既衆，聲聞亦稍駭，殺生范、火生范宅之説日寖有聞。乃爲釜底抽薪之法，姑遣大久保赴漢。時爲六月，生范仍日促進行不稍懈。會吴瑑保由漢持保險證書回，保險證書者，黨人之特别證據也，生范據以分别調遣哥老會黨，遂分佈滇、黔、蜀皆徧。

八月，至武陵，與蔡鍾浩詣德山，檢驗哥老會，頭目何來保、羅大維、趙月薌及其會首陳岐山、孫漢臣諸人均會。先是，炳寰有書自漢寄生范，附銀幣千圓，促迅往舉事。持者不慎，書爲人所得，事日露。方相與旁皇，而漢之敗信聞，有電，府縣捕人，邏騎且四出。時方會飲，聞者皆色沮失措，生范獨豪飲若無事。漢臣曰：「事急矣，奈何？」仍豪飲不答。又曰：「漢敗，請即此速發。」生范笑曰：「可。」鍾浩曰：「人少，不可妄動。」則曰：「誠如君言。頃之應曰可者，藉辦一死耳，成敗實未計。第既不速發，則宜速散，徒束手待捕何益。」其日，生范出金資漢臣，俾奔蜀。明日，又往趣鍾浩及來保，亦教之奔蜀，且戒重慶日本領事館可託庇。蓋大久保慮事失敗，生范頰麻，有特徵，易捕，預介紹之，今來保面亦麻，故生范導之往。

方生范之在武陵也，同寓有巡撫密捕某語之曰：「君識姚小秦乎？獲之，可得千金犒，當與君分之。」生范佯應曰：「諾，必謀所以共分此金者。」後生范因車過，某見之，深悔交臂之失矣。

初，生范聞名捕日亟，鍾浩、來保又遷延不卽決，乃撤之回慈利。途遇羅大維，猶相勉以各努力。及歸，匿於其師吴恭亨月岩山中。怨家某投牒攻之。知縣鄧錫元，猾吏也，陽不理，陰詷宗釗與有首尾，示以首悔免罪之官文書。宗釗轉以餂生范父。會人言生范父亦入獄，生范乃決計詣官。既至家，置酒訣親友，母妻皆環泣，生范不顧，昂然出，詣宗釗，求脱其父。時聞宗釗竊語所親曰：「此人到案，吾二孫其免乎。」宗釗長子祖蕃及恭亨等聞狀，猶力戒其不可造次。生范歎曰：「二君固愛我，雖然，今日之事，死耳，何畏！亂臣賊子之名，亦姑不與辨。」遂行。及入縣庭，列校皆擎槍實彈，挺立如對敵，生范笑曰：「保紅頂花翎之奇貨，今來矣，奚而爲此態以眩駭婦稚？」遂受拳梏，繫縣獄。明日，因車就道。生范在途，繹宗釗之言，知與縣官必有特別關係，前以術賺閲其文書，略稱姚小秦勾通日本人豐東海，龍陽縣庠生陳應軫在慈利放飄，且攸助錢文，實屬甘心爲匪。及憲札飭拿，聞其在縣頗得人心，恐激他變，乃商同宗釗誘拿到縣。又宗釗之孫業槂、業櫾亦爲所誘入黨，早經宗釗查覺退悔，兹又自首，應請免究云云。乃徐忖曰：「活我者，其兹牘乎！」及抵省，撫標中軍劉俊堂接以賓禮，謂若能拿陳讜、姚澧岸，不但可免罪，且可保若官階。生范不答，遂發交長沙府。是夕，讞員龔開晉、陳濂、吴孝愘會鞫，金木交施，忍痛抗辨，扼定「在縣入黨，聞拿自首」八字，而亦時牽及宗釗及其二孫業槂、業櫾，讞員無如何。開晉命據實録供，濂及孝愘則互爲誘嚇，刑求之下，旋即暈絶。及甦，已届翼日亭午，稍聞開晉在旁小語曰：「務記此次口供。」及入長沙監，有攸縣劉伯棠者，文章士也，旋導一少年至，曰：「此爲唐才中。」相見握手流涕，謂小秦爲國受辱，雖辱不辱。才中爲才常之母弟，才常就刑，才中自武昌奔回，爲知縣陳寶樹所捕，到案即供實，猶加以桚刑，十指俱裂。明日覆訊，讞員爲毛隆章等，首訊澧岸與讜是否爲同黨，答云不知。又問爲何人拿獲，答云自首。隆章命自具供詞，對曰：「刑損指骨，何能握筆。」則怒曰：「爾何糊塗若是！縣言誘拿，營又言兵拿，據若昨日之供，確係自首，今日亦供自首，爾不自書，孰爲信讞？」生范卽書數百言。隆章曰：「閱若供詞，是嘗致力於古文者，活若之命，卽此供已。」開晉、隆章，官吏之有心人者也，欲活生范，故一云記供，一命繕供。蓋其時刑幕洪某慣與讞員揑造供詞，死黨人不知凡幾。自預此審之後，仍未定讞，或日一提審，或間日提審，或與鍾浩合供，或與來保對質。每審一次，經時逾日，凍餓交迫。而孝恪所施爲最慘虐，每讞至夜半，圈鐵練作堆，使生范膝著其上，背以木撐拒之，俾不得屈曲。生范自言天陰雨濕，時氣總至，中酒傷風，體或欠適，傷痛猝發，往往經旬涉月不省人事也。生范受鞫十八次，讞員偪供千百言，堅不吐同黨一人姓名。恭亨之逮省也，巡撫批牘曰：「提訊姚小秦。」應軫之繫嫌疑獄於江南也，讞員合謀曰：「研訊姚小秦。」而生范則一語之牽涉，一詞之游移，固始終屹屹無有焉。

一日方午，生范睡酣，或撼之曰：「將刑矣，尚高臥耶？」生范起，才中、伯棠均至，才中以言壯之曰：「君無懼，寧忍片刻痛苦，勿作兒女態。大丈夫在爭千秋，不爭一日。」生范徐曰：「前此供詞，自信無一失，玆爲讞員撰供誣我無疑。誣我卽誣黨，君當爲我洗誣。設君亦不生，伯棠當爲我任之。砍頭快事，況大義大節我豈不知。」言未訖，梆聲三起，獄卒手牌至，大呼唐才中提審。才中趨前執手，不能作一語，生范曰：「我無他言，願以君頃贈我之言轉而贈君。」才中點頭，乃昂然出。才中死，生范日困獄中，自分必爲才中之續，惟期速死而已。既定讞，長繫靖州，旋以應軫故，改繫醴陵縣獄。

與中會及同盟會

我國祕密會至多，然皆強梁不逞之徒一時嘯聚，其抱近世之政治思想以崛起者，蓋以興中會爲嚆矢。興中會之起，在光緒壬辰，倡首者爲孫逸仙、陸皓東、楊飛鴻等數人。而世人於興中會，但知孫，一若興中會獨始於孫者，故欲敍興中會之歷史，不得不先言孫也。

孫，名文，廣東香山人。十七歲在香港，入博濟醫院，從英人砢德立習醫學。業成，設醫院於澳門，專注意療治貧民，人信任之。葡萄牙醫士嫉之甚，因慫恿澳門市政廳出禁令，凡醫士無歐洲修業證書者，不得行醫。孫夙懷憂世志，於是糾合同志，鼓吹革命主義，卒棄醫業，返廣州，與陸、楊創立興中會。其會章如下。

中國積弱，至今極矣。上則因循苟且，粉飾虛張，下則蒙昧無知，鮮能遠慮。堂堂華國，不齒於列邦，濟濟衣冠，被輕於異族，有志之士，能不痛心！夫以四百兆人民之衆，數萬里土地之饒，本可發奮爲雄，無敵於天下。乃以政治不修，綱維敗壞，朝廷則鬻爵賣官，公行賄賂，官府則剥民刮地，暴過虎狼，盜賊横行，饑饉交集，哀鴻遍野，民不聊生，嗚呼慘哉！方今強鄰環列，虎視鷹瞵，久垂涎我中華五金之富，物産之繁，蠶食鯨吞，已見之於已事，瓜分豆剖，實堪慮於目前，嗚呼危哉！有心人不禁大聲疾呼，亟拯斯民於水火，切扶大廈之將傾，庶我子子孫孫，或免奴隸他族。用特集志士以興中，協賢豪而共濟，仰諸同志，盍自勉旃。謹訂章程，臚列如左。

一，會名宜正也。本會名曰興中會，總會設在中國，分會散設各地。二，本旨宜明也。本會之設，專爲聯絡中外有志華人，講求富強之學，以振興中華，維持國體起見。蓋中國今日，政治日非，綱維日壞，強鄰輕侮百姓，其原皆由衆心不一，祇圖目前之私，不顧長久大局。不思中國一旦爲人分裂，則子子孫孫世爲奴隸，身家性命且不保乎？急莫急於此，私莫私於此，而舉國憒憒，無人悟之，無人挽之，此禍豈能倖免。倘不及早維持，乘時發奮，則數千年聲名文物之邦，累世代冠裳禮義之族，從以淪亡，由茲泯滅，是誰之咎，識時賢者能無責乎？故特聯結四方賢才志士，切實講求當今富國強兵之學、化民成俗之經，力爲推廣，曉諭愚蒙，務使舉國之人皆能通曉，聯智愚爲一心，合遐邇爲一德，羣策羣力，投大遺艱，則中國雖危，無難救挽，所謂民爲邦本，本固邦寧也。三，志向宜定也。本會擬辦之事，務須利國益民者方能行之。如設報館以開風氣，立學校以育人材，興大利以厚民生，除積弊以培國脈等事，皆當惟力是視，逐漸舉行，以期上匡國家以臻隆治，下維黎庶以絶苛殘，必使吾中國四百兆生民各得其所，方爲滿志。倘有藉端舞弊，結黨行私，或畛域互分，彼此歧視，皆非本會志向，宜痛絶之，以昭大公而杜流弊。四，人員宜得也。本會按年公舉辦理人員一次，務擇品學兼優才能通達者，推一人爲總辦，一人爲幫辦，一人爲管庫，一人爲華文案，一人爲洋文案，十人爲董事，以司會中事務。凡舉辦一事，必齊集會員五人、董事十人，公議妥善，然後施行。五，交友宜擇也。本會收接會友，務要由舊會友一二人薦引，經董事察其心地光明，確具忠義，有心愛戴中國，肯爲其父母邦竭力，維持中國以臻強盛之地，然後由董事帶之入會。必要當衆自承其甘願入會，一心一德，矢信矢忠，共挽中國危局，親填名册，並即繳會底銀五元，由總會發給憑照收執，以昭信守，是爲會友。若各處支會，則由該處會員暫發收條，俟將會底銀繳報總會，取到憑照，然後换交。六，支會宜廣也。四方有志之士，皆可仿照章程，隨處自行立會，惟不能在一處地方分立兩會，無論會友多至幾何，皆須合而爲一。又凡每處新立一會，至少須有會友十五人，方算成會。其成會之初，所有繳底、領照各事，必須託附近老會代爲轉達總會，待總會給照認妥，然後該支會方能與總會互通消息。七，人材宜集也。本會需材孔亟，會友散處四方，自當隨時隨地物色賢材，無論中外各國人士，倘有心益世，肯爲中國盡力，皆得收入會中，待將來用人，各會可修書薦至總會，以資臂助。故今日廣爲搜集，乃各會之職司也。八，款項宜籌也。本會所辦各事，事體重大，需款浩繁，故特設銀會以資聚集，用濟公家之急，兼爲股友生財捷徑，一舉兩得，誠善舉也。各會友好義急公，自能惟力是視，集腋成裘，以助一臂。茲將辦法節録於後。每股科銀十圓，認一股至萬股，皆隨各便。所科股銀，由各處總辦管庫代收，發給收條爲據，將銀暫存銀行。待總會收股時，卽彙寄至總會收入，給發銀會股票，由各處總辦換交各友收存。開會之日，每股可收回本利百圓。此於公私皆有裨益，各友咸具愛國之誠，當踴躍從事，比之捐頂子買翎枝，有去無還，洵隔天壤。且十可報百，萬可圖億，利莫大焉，機不可失也。九，公所宜設也。各處支會，當設一公所，爲會員辦公之處，及便各友時到敍談，講求興中良法，討論當今時事，考究各國政治，各抒己見，互勉進益。不得在此博弈游戲，暨行一切無益之事。其經費由會友按數捐支。十，變通宜善也。以上各款，爲本會開辦之大綱，各處支會自當仿照辦理。至於詳細節目，各有所宜，各處支會可隨地變通，別立規條，務臻妥善。

當時交通機關未甚發達，各省隔閡，其會員初以廣東一省爲限。惟僑居布哇、美國及南洋羣島之漢人，以廣東、福建兩省爲多，且均係三合會會員，孫於是連絡之，派同志募捐。適光緒甲午、乙未兩年中日戰争起，因乘機密購兵器藥彈，募兵於汕頭、西河、香港。既而官軍累戰累敗，李文忠公鴻章至日媾和，締結《馬關條約》，遂潛招諸地兵入廣州，謀一舉奪粵。不幸於舉事前一夕謀洩，陸等數人就擒，孫遁澳門，因再至香港，赴日本。

孫既抵横濱，剪髮易服，經布哇以航美，轉而至倫敦。一日，偶游市，途遇一華人，問以足下爲中國人否，孫答曰：「然，我廣東人也。」其人曰：「我亦廣東人，願過我寓一談乎？」則曰：「諾。」因偕入一大廈，孰知即我國駐英公使館，其人即偵探也。孫遂被囚禁。其師碰德立適歸倫敦，聞之，竭力援救，其事遂爲中英國際之交涉。時英總理大臣薩利斯倍立屢向公使交涉，卒釋孫，於是孫爲革命黨首領之名遂盛傳於世。

孫在倫敦著一書，歷敍囚禁顛末。光緒丁酉再至日本，會日本宫崎寅藏、可兒長一、平山周等，因犬養毅之推舉，以調查民黨游我國，實則自有祕密運動，道經上海至香港，聞孫由利物浦往日本也，因急歸，訪孫於横濱逆旅，互訂祕密。時日本尚行租界制度，不許外人雜居内地，三人者以聘華語教習爲名，得引孫居租界外。復因犬養平岡之庇，孫得獨與平山居麴町，後遷早稻田。戊戌秋，宫崎、平山以欲連絡我國各省志士，再遊華，孫還寓横濱。宫崎遂道上海，以赴香港，平山航海而至京師。

平山至煙臺，曾一登陸，適畢永年自上海至，同舟至天津，遂偕入都。平山復與山田良政相結識，訂後事。會八月政變起，康有爲自京遁香港，梁啓超遁塘沽，投淀泊之某汽船，而平山、山田及小村俊三郎、野口多内亦至。時負先覺之盛名者，孫與康、梁耳，然彼此不合，動輒相争。平山欲居間調和之，偕梁至日本。後五日，宮崎亦偕康自香港至。日人因勸孫訪康、梁，而康、梁匿不見。

既而畢至東京，唐才常以欲晤康，亦遂往。時康欲設法使哥老會起事，謀恢復政權，授意於唐，使返。唐瀕行，告平山曰：「湖南哥老會有起事之狀，因接急電，故歸。」初不言其實。平山以爲革命軍欲起事，必四方同時起兵，令敵有應接不暇之勢。今各處未準備，獨舉兵於湖南一隅，必不利，因謀緩其事，遂偕畢至華。既抵上海，始悉其實，逕遡江赴湘。過漢口時，遇林述唐，三人遂偕游長沙、瀏陽、衡州，晤哥老會頭目李雲彪、楊鴻鈞、張堯卿、李堃山諸人，即爲備述孫之行事，冀孫得與哥老會相結也。

平山回日本，適菲立賓事起，孫因援助菲立賓獨立，卒無成。至己亥，畢偕湖南哥老會頭目七人抵香港，與三合會頭目及興中會領袖晤，相約組織興漢會，推孫爲首領。

畢及哥老會之徒不和，適康自美至香港，知其有隙也，贈哥老會之徒各百金，強而後納。哥老會徒之言曰：「康今富有資，意欲利用吾儕，吾儕正可利用其資以自爲謀。」畢不忍爲此，則飄然返國。其與平山書如下，惟託名爲僧矣。書曰：

平山仁兄足下。弟自得友仁兄，深佩仁兄義氣宏重，常思運雄力爲敝國拯生靈，可謂天下之至公者矣。第惜支那久成奴才世界，至愚至賤，蓋舉國之人無不欲肥身贍家以自利者。弟實不耐與斯世斯人共圖私利，故決意隱遁，歸命牟尼。昨一面倉猝，不克盡言，今將遠行，特留字告別。仁兄一片熱腸，弟決不敢妄相阻撓，願仁兄慎以圖之，勿輕信人也。弟於日內往浙江普陀山，大約華三月，由五臺、終南而入峨眉，從此萍蹤浪跡，隨遇可安，不復再預世間事矣。臨穎依依，不盡欲白。龍華會上或再有相見時乎？宮崎仁兄晤時，乞爲道意，恨此番未得敍別也，勞思如何？釋悟玄和南上啓。

畢既去，康復招平山，卒無成。庚子，康至新嘉坡，唐設東文社於上海。會義和團起事，各國聯軍入都，孫謀再起革命軍，同志日人亦竭力謀孫、唐之連合，然康獨在港。孫乃致平山以書曰：平山兄足下。前託足下到香港所辦之件，今事略變，鄭兄不能行前所擬之法矣。如足下於說合之事無成，則已矣，由他自行其是，吾行吾人之事可也。茲福本君隨後到港，第聯絡港中富商以資臂助。其行事之法，已盡授意楊兄衢雲。福本君到之日，望足下會同福本君、楊兄三人，照弟意妥策善法施行可也。此致卽候大安不一。弟孫文謹啓。

廣州劉學詢忽有書致孫，略謂兩廣總督李鴻章欲因足下謀廣東之獨立，惟所最惡者爲康有爲，足下如得壯士暗殺之，大事卽成，請速來廣東可也。孫明知其誘己，顧亦將計就計，先偕日本諸同志至香港。既至，文忠乃遣礮艦迎之。孫慮中其計，令宮崎輩至廣州，與劉議，而自赴西貢。時康在坡，劉乃先畀銀三萬圓，待宮崎及孫等至坡，更三萬。實則孫欲因以與康連合，無如橫濱之康黨知孫、劉交涉，而未究其實，以爲孫果欲殺康也，遂電康令豫防之。宮崎輩既至坡，求見康，康疑懼，匿不見，且告警察廳，謂日本至有刺客，宜防之。廳派警兵捕二日人，投之獄。獄起而孫至，出二人，而孫、康之合併亦終不成。

初，康之在廣東也，頗持共和主義，未幾，一變而組織強學會，提倡變法自強。強學會被禁，復組織保國會，志在求達官助行新政。適德宗親政，被不次之擢，一躍而參預機密。八月事敗，仍感激恩遇，於是更設保皇會，謀恢復德宗政權，以行立憲政治。孫始終反對之，專主共和主義，欲傾覆朝廷，實行革命。故兩派政見如冰炭之不相入，而兩黨人士亦遂如水火之不相容。

既而孫輩自坡至港，港警察廳預接坡電，防範嚴密，孫不得上陸，於是卽舟中議，遣鄭弼臣起事於惠州，平山及日本諸同志輔之。時畢亦在港，改名普航，則令操縱哥老會。先是，畢有書致平山，略曰：「平山仁兄足下。應白事宜，條列於左。李翦子已去肇慶、廣安水軍中，大約一二禮拜可回省城。李鴻章已出條教，大有先事預防之意，或納粵紳之請，其將允黄袍加身之舉乎？然天命未可知也。日內又查察滿洲人之流寓户口，未審有何施措？此公老手斵輪，如能一順作成，亦蒼生之福。下略。」觀此，足知當時粵紳之議論矣。孫於舟中仍不忘此，故復致請願書於港督，其書曰：

中國南方志士謹上書香港總督大人臺前：竊士等十數年來，早慮滿政府庸懦失政，既害本國，延及友邦，倘仍安厥故常，呆守小節，禍恐靡既。用是不憚勞悴，先事預籌，力謀變正，以杜後患，不期果有今日之禍。當此北方肇事，大局已揺，各省地方，勢將糜爛，受其害者，不特華人也。天下安危，匹夫有責，先知先覺，義豈容辭！士等覩此時艱，亟思挽救，竊恐勢方微弱，奏效爲難，政府冥頑，轉圜不易，疆臣重吏，觀望依違，定亂蘇民，究將誰屬？深知貴國素敦友誼，保中爲心，且商務教堂遍於內地，故士等不嫌越分，呈請助力，以襄厥成，願借殊勳，改造中國，則內無反側，外固邦交，受其利者，又不特華人已也。一害一利，相去如斯，望貴國其慎裁之。否則恐各省華人望治心切，過爲失望，勢將自謀，禍變之來，殆難逆料，此固非士等所願，當亦非貴國之所願也。時不可失，合則有成。如謂滿政府雖失政於先，或補過於後，則請將其平素之積弊，及現在之凶頑，略爲陳之。朝廷要務，決於滿臣，紊政弄權，惟以貴選，是謂任私人。文武兩途，專以賄進，能員循吏，轉在下僚，是謂屈俊傑。失勢則媚，得勢則驕，面從心違，交鄰慣技，是謂尚詐術。較量強弱，恩可爲仇，朝得新懽，夕忘舊好，是謂瀆邦交。外和內很，匿怨計嫌，釀禍伏機，屢思報復，是謂嫉外人。上下交征，縱情濫耗，民膏民血，疊剝應需，是謂虐民庶。鍛鍊黨罪，殺戮忠臣，杜絕新機，閉塞言路，是謂仇志士。嚴刑取供，獄多瘐斃，寧枉毋縱，多殺示威，是謂尚殘刑。此積弊也。至於現在之凶頑，此後尚無涯涘，而就現在之已見者記之。則如妖言惑衆，煽亂危邦，釀禍奸民，褒以忠義，是謂誨民變。東亂既起，不即剿平，又借元兇，命爲前導，是謂挑邊釁。教異理同，傳道何罪，唆聳民庶，屠戮遠心，是謂仇教士。通商有約，保護宜周，乃種禍根，蕩其物業，是謂害洋商。睦鄰遣使，國體攸關，移礮環攻，如待強敵，是謂戕使命。書未絕交，使猶滯境，圍困使署，囚禁外臣，是謂背公法。平匪全交，乃爲至理，竟因忠諫，慘殺無辜，是謂戮忠臣。啓釁貪功，覬覦大位，不加誅伐，反授兵權，是謂用僨師。裂土瓜分，羣雄眈視，暗受調護，漠不知恩，是謂忘大德。民教失歡，原易排解，偏爲挑撥，遂啓禍端，是謂修小怨。凡此，皆滿政府之的確罪狀，苟不反正，爲禍何極！我南人求治之忱，良爲此矣。士等深知今日爲中外安危之所關，滿漢存亡之所繫，是用力陳利弊，曲慰同人，南省亂萌，藉茲稍綏。事宜借力，謀戒輕心，上國遠圖，或蒙取録。茲謹擬平治章程六則呈覽，懇貴國轉商同志之國，極力贊成，除去禍根，聿昭新治，事無偏益，利溥大同。惟是局緊機危，時刻可慮，望早賜覆，以定人心，不勝翹企待命之至。

一，遷都於適中之地。如南京、漢口等處，擇而都之，以便辦理交涉，及各省往來之程。二，於都內立一中央政府，以總其成。於各省立一自治政府，以資分理。所謂中央政府者，舉民望所歸之人爲之首，統轄水陸各軍，宰理交涉事務，惟其主權仍在憲法權限之內。設立議會，由各省貢士若干名，以充議員，以駐京公使爲暫時顧問局員。所謂自治政府者，由中央政府選派駐省總督一人，以爲一省之首。設立省議會，由各縣貢士若干名，以爲議員。所有該省之一切政治、徵收、正供，皆有全權自理，不受中央政府遥制。惟於年中所入之款，按額撥解中央政府，以爲清洋債、供軍餉及宫中、府中費用。省内之民兵隊及警察部，俱歸自治政府節制。以本省人爲本省官，然必由省議會内公舉。至於會内之代議士，本由民間選定，惟新定之始，法未大備，暫由自治政府擇之，俟至若干年，始歸民間選舉。以目前各國之總領事爲暫時顧問局員。三，公權利於天下。關税等類如有增改，必先與别國妥議而行。又如鐵路、礦産、船政、工商各業，均宜分沾利權。教士旅居，一體保護。四，增添文武官俸。内外各官，廩禄從豐，自能廉潔持躬，公忠體國。其有及年致仕者，給以年俸，視在官之久暫，定恩額之多少。若爲國捐軀，則撫養其身後。五，平其政刑。大小訟務，仿歐美之法，立陪審人員，許律師代理，務爲平允。不以殘刑致死，不以拷打取供。六，變科舉爲專門之學。如文學、科學、律學等，俱分門教授。學成之後，因材器使，毋雜毋濫。

孫之上是書也，意欲因港督實行劉之前議，乃孫之友某忽傳港督意，謂：「港督曾游説李鴻章，提議兩廣獨立，任足下以行新政。李頗韙其説，大有更新之志。惟此次義和團之亂，外交糾紛，朝廷促李北上，李不得已，定於卽日啓行，港督現正擬止其行。設李竟幡然變計，或得與足下共聚一堂，未可知也。」其後李竟北上，孫卽自港再往日本。

無何，孫更至上海，居一日，適漢口事敗，容閎、容星橋等均逃至上海，此卽康、唐之所爲也。康在香港時，謀復政，以巨資授唐。唐所設之東文社，實則陰創中國獨立協會，以康、梁爲海外運動員，容任外交，沈克誠任內政，狄平任財政，林述唐任漢口事件。哥老會李和生附益之，復與黃興謀連絡湖南哥老會之馬福益，更連絡鎭江之青紅幫徐寶山，別有自港回華之哥老會李雲彪、楊鴻鈞，號令長江一帶爲策應，廣發富有票，昌言揚子江沿岸之哥老會將於漢口起事。然無實力，李、楊二人先與離異，辜鴻恩則發貴爲票，李和生則發回天票，各自爲謀。及漢口謀洩，唐、林逮捕，同時被難者有傅良弼、黎科諸人。時容有英文宣告書，其大略如下。

中國獨立協會有鑒於端王、榮祿、剛毅等之頑固守舊，煽動義和團以敗國是也，決定不認滿政府有統治中國之權，將欲更始以謀人民之樂利，因以延樂利於全世界，端在復起光緒帝，立二十世紀最文明之政治模範，以立憲自由之政治權與之人民，藉以驅除排外篡奪之妄舉。惟此事須與各國聯絡，凡租界、教堂以及外人，並教會中之生命財產等，均須力爲保護，毋或侵害，又望諸君於起事時切勿驚惶。別有軍令八條。第一條，勿侵害國民之生命財產。第二條，勿侵害外人之生命財產。第三條，勿焚燬寺院，勿驚動教堂。第四條，保護租界。第五條，嚴禁姦淫竊盜及一切不法行爲。第六條，待遇擒獲敵人，禁用慘酷極刑，須照文明交戰條規處治之。第七條，對敵時，用殘酷待遇及猛毒武器，均所不禁。

第八條，所有中國專制法律，建設文明政府後一概棄去。

及事敗，長江一帶戒嚴，孫在上海亦不能有所行動，遂再至日本，抵長崎，又折回至臺灣，而謀臺灣、惠州之連絡，以便指揮。因與平山居臺北新起街，通電惠州革命軍，令向廈門進兵。越六七日，日本政府忽下驅逐革命黨之令，孫於是離臺灣而他適。

初，鄭之起革命軍於惠州也，壯士羣集大鵬灣附近之三州田山寨，靜以待命。乃舉事之期，一再遷延，風傳至廣州，兩廣總督已派兵深圳、淡水以備之。已而官軍至沙灣，將攻三州田之山寨，於是革命軍乘夜襲擊，官軍二百潰走。會孫有電命，因取道東北向廈門，戰勝於佛子坳，擒將杜鳳梧，奪獲洋槍七百枝。是時投効者之多，幾及五千，然肩槍者僅千餘人，餘皆持竹槍戈矛以從。進至永湖，破官軍五千，提督劉萬負傷，奪獲洋槍五六百枝，子彈萬顆。復進攻白芒花，投効者益多，約萬餘人。再進至崩崗，與官軍七千隔河而陣，交戰徹夜，擊走之。方將向三多祝進攻，至梅林，孫忽自港傳電，謂形勢一變，外援難期，至廈門恐無接濟之途，軍事乞司令自決進止。於是鄭留肩槍之兵千餘人，餘則解散，隱以休軍。官軍探知之，猛加追擊，遂至全軍潰散。

方惠州革命軍之未潰散也，其同志史堅如謀牽制，潛入廣東省垣，炸粵督署，斃官吏二十餘人，爲巡捕所擒。粵督得之，大喜，欲以鞫問革命黨之內容及同志姓名。史堅不吐實，從容就戮。

惠州軍既潰，粵督購拿首謀。翌年，鄭、陳皆病死，畢入羅浮山，亦化去，惟楊在港，爲英文私塾教習。一日，方授課，忽有刺客以手槍擊之。楊將手中書籍擲刺客，終被彈死。

拳亂以後，通國大興教育，留日學生亦驟衆，孫乃乘此注入其主義於留學生。會章炳麟游日本，更鼓吹民族革命主義。秦力山亦創開支那亡國二百四十二年紀念會以激勵之，其文曰：

> 處今世而懼亡國，非狂寐，則何哉？自永曆建元，窮於辛丑，明祚既移，而炎黃姬漢之邦族，亦因以澌滅。迴望皋瀆，雲物如故，惟兹元首，不知誰氏，支那之亡，已二百四十二年矣。民今方殆，寢而占夢，非我族類，而憂其不祀，覺寤思之，寧俟歐美分割，始云郊丘乏主也歟？自頃品庶彫瘵，邦人諸友，愍然自謀，作書告哀，持之有故。有言立憲君主者矣，有言市府分治者矣，有言專制警保者矣，有言法治持護者矣。豈不以訏謨定命，國有與立，抑其秩序，無可凌躐。衡陽王而農有言，民之初生，統建維君，義以自制其倫，仁以自愛其類，彊幹善輔，所以凝黃中之絪緼也。今族之不能自固，而何他仁義之云云。悲夫！言固可以若是，故知一性化者，亦無性而不化也，貞夫觀者，非貞則無以觀也。且曼珠八部，不當數省之衆，雕弓服矢，未若鉛彈之烈，而薊丘、大同，鞠爲茂草，江都、番禺，屠割幾盡，端冕淪爲辮髮，坐論易以長跽，蕞爾犬羊，安宅是處，哀我漢民，宜臺宜隸，鞭箠之不免，而欲參與政權，小醜之不制，而期扞禦皙族，不其忸乎！夫力不制，則役我者衆矣，莫之與，則傷之者至矣。豈無駿雄，憤發其處，而視聽素移，民無同力，恬爲胡豢，相隨倒戈，故會朝清明者鮮覩，而乘馬斑如者多有也。吾屬孑遺，越在東海，忿延平之所生長，瞻梨洲之所乞師，頹然不治，永懷疇昔。蓋望神叢喬木者，則興懷土之情，覩狐裘臺笠者，亦隆思古之痛。於是無所發舒，則《春秋》思王父之義息矣。昔希臘隕宗，卒用光復，波蘭分裂，民會未弛。以吾支那方幅之廣，生齒之繁，文教之盛，曾不逮是偏國寡民乎？乃召儔侶，

集會紀念，以志亡國。凡百君子，嬋嫣相屬，同茲恫瘝。願吾蜀人，無忘李定國；願吾閩人，無忘鄭成功；願吾越人，無忘張煌言；願吾吳人，無忘瞿式耜；願吾楚人，無忘蒙正發；願吾燕人，無忘李成黎。明天演以箴大同，察種源以别蒙古，齊民德以哀同胤，鼓芳風以扇遊塵，庶幾陸沈之禍，不遠而復，王道清夷，威及無外。然則休戚之藪，悲欣之府，其在是矣。莊生云：「舊國舊都，望之悵然。」雖丘陵草木之緡，入之者十九，猶之悵然，況見見聞聞者耶？嗟乎！我生以來，華鬢未艾，上念陽九之運，去茲已遠，復逾數稔，逝者日往，焚巢餘痛，誰能撫摩？每念及此，彌以腐心流涕者也。下略。

其會卒爲我國駐日本公使蔡鈞借日警力以阻止之。時留學生提倡革命者益多，人數亦益衆，幾逾萬人，而内地革命失敗之徒，復紛然來集，各交換意見，上下議論，而湖南黄興、直隸張繼隱執牛耳。會孫由歐美遊歷至日，因開歡迎會，是爲革命黨統一之權輿。乃組織中國同盟會，舉孫爲首領，復發刊《民報》以爲革命黨之機關，揭載六大綱，盛唱革命主義。一，顛覆現今之惡劣政府。二，建設共和政黨。三，維持世界真正之平和。四，土地國有。五，主張中日兩國之國民連合。六，要求世界列國贊成中國革新事業。

乙巳，政府知革命之禍之迫，不得已命五大臣出洋考察憲政。五大臣方出京，皖人吳樾飾爲僕裝，登車，擲炸彈，未中，卒就戮。吳之意以爲革命必先以暗殺，俄國虚無黨於十九世紀下半期盛行暗殺，至二十世紀上半期乃盛行革命，吾漢族欲於他年謀革命，今日不可不實行暗殺，吾願爲先導，諸同志其繼吾後可也。

丁未五月，徐錫麟案繼出。徐，浙人，初立復古會，本會設上海，徐及秋瑾、陳伯平、馬宗漢等爲會員，其事稍爲世人所知。復立光復會，其會員以金牌爲徽章，中鏤一「復」字篆文，旁鐫真楷，其口號有「黄河源溯浙江潮，衛我中華漢族豪，莫使滿胡留片甲，軒轅神胄是天驕」四句。首領用黄字，協領用河字，分統用源字，凡十七部。别於紹興設大通學堂，專練兵式體操，以爲革命之備。徐復納資爲候補道，得會辦安徽巡警學堂，攬兵權以圖大舉。然當道訪拿革黨嚴，徐因爲先發制人計，以炸彈擊殺巡撫恩銘。陳伯平、馬宗漢、秋瑾被株連，先後就刑。達官貴人嘗言曰：「革軍不足畏，惟暗殺足畏。」自後當事者咸有戒心矣。

中國同盟會既成，各省黨員咸歸國，各自連絡運動。孫乃巡遊海外，募資本，黄則出入内地，實行革命事。丁未七月，黄起事於欽州。十月，孫起事於鎮南關。戊申二月，黄又起於馬篤山。三月，黄又起於河口。七月，熊承基起於安慶。庚戌正月，倪映典起於廣州。事皆不成。辛亥三月初十日，署廣州將軍孚琦赴南門外觀演習飛艇，有温生才者，乘其回署時以炸彈擊斃之，識者已知廣州將有事矣。温即被擒殺。二十九日，黄興、趙聲等在廣州起義，以事前洩機，督署雖被焚，而事大敗，死者七十二人，叢葬於黄花岡。八月，以鐵路國有引起武昌大革命，不旬月而四方響應，蓋藴積者久矣。

其著書立説以言革命排滿者，始於譚嗣同所著《仁學》，力闢食毛踐土之説，直言誰食誰之毛，誰踐誰之土。自此書發布，遂有鄒容之《革命軍》、章炳麟之《訄書》次第出版。而光緒癸卯，上海《蘇報》遂遭封禁，且涉訟於上海會審公廨，廨吏判鄒、章監禁罪。鄒旋斃於獄，章出，走東瀛，而革命潮流乃一發而不可遏矣。

乘時奮起者，則有關中于右任。于爲陝西三原舉人，著書排滿，大吏嫉之。癸卯春，以應會試赴汴，試畢，仍僦居旅邸。揭曉前數日，陝撫升允忽電致考官，謂陝籍舉人于某係革命黨人，請即扣除，並另電豫撫拿辦。時于卷本已取中，臨時抽出。于得耗，出走，由漢而滬。旅滬期年，與渭南陳非等組織《神州報》，旋續辦《民呼》、《民吁》、《民立》等報，銳辭攻擊政府，始終不懈，遂爲言論界革命之元功。

當革命潮流彌滿東南之際，北方健兒應時而起者曰撫順張榕，字蔭華，家計饒裕，以運動革命故，傾家資大半。夙與國子監司業世榮、道員黄中慧善，以是嘗居京。既與京朝官談革命事，多無效，乃求諸學界，於保陽得吴樾，於京師得潘智遠、顧兆熊。潘、顧皆譯學館學生，張以運動革命，特投身譯學館習俄文。甲辰，返瀋陽。日俄戰争起，乃忽聯合數十州縣之豪強，屹然獨立，無所依附，舉足左右，便有輕重，勢甚盛也。日人惎其心叵測，迫政府解散，且捕榕。榕走津沽，當事令羈留習藝所，掩飾日人耳目。

謀炸兩廣督署之役，史堅如之同學朱淇亦與其事。事洩，史被捕死，朱脱走青島，輾轉入京，辦《北京日報》，蓋將以是終老也。

黨人之以謀暗殺而著聞於時者，申言之，則自史堅如謀炸兩廣督署事外，有吴樾之炸考察各國憲政五大臣，未成而吴死；有徐錫麟之槍斃安徽巡撫恩銘；有汪兆銘之謀炸攝政王；有温生才之炸死廣州將軍孚琦；有熊成基之謀炸載洵；有陳敬嶽之謀炸廣東水師提督李準，未成而陳被捕；有周之貞之擊死廣州將軍鳳山；有彭家珍之擊死軍諮使良弼；最後又有謀炸袁世凱者。至山西巡撫吳祿貞之被刺而歿，則滿洲軍官爲之，非民黨所爲也。

史堅如，廣東番禺人。憤國政之日非，遨遊江湖間，並至日本，糾集同志，謀所以覆政府者。已而歸粵，時黨人方起兵惠州，與官軍激戰，堅如謀所以牽制之，潛運炸藥入廣州，於督署後賃一宅，穴地藏藥，轟斃官吏二十餘。署粵督德壽得不死，堅如被捕。德壽欲窮鞫革命黨之真象及同志姓名，堅如不吐實，遂見殺。惠州革命軍亦敗潰。

吳樾，字孟俠，安徽桐城人。品學頗高，恆以暗殺黨之先鋒自任，屢失敗。方考察各國憲政大臣出京至津時，易從僕裝，混入汽車，自擲炸彈，雖爆發，目的卒不達，顧達官貴人實以此而心膽俱奪矣。

徐錫麟，浙江山陰人。少有大志，膽識過人。嘗於紹興設大通學堂，專練兵式體操，以立革命之基礎。又創明道女學，與女革命黨秋瑾相聯合。旋赴德國研究警學，復至日本，與彼中士大夫交，以革命不可無憑藉也。既歸國，納資捐道員，指省安徽。初謁皖撫恩銘，縱談軍政，恩頗倚重之，委辦陸軍小學，兼巡警學堂會辦。恩常語人曰：「徐道辦事切實。」無何，謀起事，擊殺恩。被執時，承審官謂恩待爾不薄，何出此，錫麟大言曰：「恩待我乃私惠，我殺恩乃公憤。速磔我，毋株及他人。」遂見殺。

番禺汪兆銘，字精衛。以游日本，習法政，入同盟會，被舉爲議員，任《民報》撰述。旋偕孫文、黄興、胡漢民歸國，遊歷各省，爲革命運動。次往南洋羣島，組織同盟分會。先後歸國，一再起事，事洩致敗。宣統庚戌三月，乃入京，謀暗殺攝政王，孫、黄勸止不聽，謂「若再阻我者，顧蹈海死，大丈夫死則死矣，安能作尋常兒女態，一計再計耶？」於是精衛偕同志入都，於地安門小十剎海附近設同生照相館，以爲掩人耳目之計，而於其間結交攝政王府之蘇拉，於要地潛瘞炸藥。未幾，謀洩，警廳暗派微服之二區長率警往捕，得黃樹中於照相館，並搜獲實彈之七響槍一，摺一扣。精衛尋亦被獲，直供不諱，索筆而書招。問官詰以同黨幾人，所識者若干，精衛曰：「憲政編查館中人，皆吾所識，今不相認耳。」問樹中，樹中曰：「不知。」問官因以言激之曰：「汪不免，君何忍獨存？」樹中乃大哭，亦奪筆書招。旋判以死刑。然攝政王鑒於黨禍之日急也，思有以解之，肅親王善耆又言之，乃令法部以擾害治安判決，改無期徒刑，加重改爲永遠禁錮。

溫生才，廣東嘉應人。嘗遇孫文於南洋，以傾覆政府爲己任，時袖短槍狙伺官吏，思得一當。將軍孚琦於孝欽后爲内親，榮禄之從姪也，由步軍統領出爲廣州將軍。至粵未久，一日，出觀飛機，薄暮返，生才擊斃之。警卒尾而欲擒之，爲生才所仆。生才曰：「若將居吾爲奇貨乎？毋動，隨若行。」乃慷慨詣官。官訊顛末，生才痛言專制之爲厲，王室之當覆，於孚將軍無私怨也。遂見戮。

熊成基，江蘇江都人。性激烈，尚武，幼時閱有讀《揚州十日記》者，恆爲之不樂。既壯，爲安慶礮隊官，急謀革命。會德宗及孝欽后相繼崩，人心不靖，乃起事。事敗，遁走，政府懸重賞購之，久不得。嗣貝勒載洵出使歐洲，返經哈爾濱，成基謀於車站狙擊之，事洩，被捕，死於吉林。

陳敬嶽，廣東嘉應人。以讀鄒容所著《革命軍》一書，乃醉心革命。會廣東水師提督李準往順德辦清鄉，敬嶽偵知之，飾爲流丐，沿途乞食以躡之，欲待李登岸緝盜，以炸彈擲之。而李未上陸，敬嶽不得逞。旋聞李返省，又復從之，卒擊李於廣州雙門底，碎李肩輿，傷右手及腰部，未死。敬嶽被執，旋見殺。

周之貞，廣東順德人。少有俠氣，嘗經商南洋。宣統辛亥回粵，三月二十九日之役，與黄鶴鳴主輸運軍械事。粵事敗，四月二十六日回新嘉坡。時黄興居香港，屢欲爲暗殺事，偵知鳳山將任廣州將軍，鳳在滿人中以知兵著，興乃毅然以炸鳳自任。黨人以興關係者大，欲得人代之，於是電令之貞至粵，六月十二日自坡回。

先是，李應生、沛基昆弟先返。二月，沛基尚在河南南武學堂謀設機關，因高劍父、梁琦臣之介紹，賃一商店於倉前街。倉前街爲入大南門必經之地。十四夜，約之貞於河南待月橋密議。議定，之貞自稱陳八，僞爲販洋貨者，居倉前街屋，榜其門曰成記洋貨店，而別賃一宅於昌華大街，配製彈藥，預計需炸彈重十五磅者二，七磅半者四。乃令馮子雲、劉鏗飾爲店主，李暖、李湛、莊六飾爲店役，以粵俗無眷者不能賃屋，乃令女士徐忠漢、飛漢、四妹三人同居，並司偵探。當道得蘇鋭釗探報，聞之貞返，亟派第八營巡防，至興隆街陞發店圍捕，以之貞數往是店也。不獲，於是偵之貞日益嚴。之貞日中恒在昌華大街，夜九時許，子雲返，乃往倉前街以爲常。八月初五夜，至時而子雲未返，之貞大疑，以爲事洩，遣忠漢探之。還報樓無燈，之貞益疑，自往探之。既行，恐人識其面，乃脱外衣，裸上體，假僕人之薯莨褲著之，束以黑布帶，戴雨笠，如廚役之入市購菜者，徐行至大碼頭，入茶室探之。俄而子雲亦歸，詢之，乃相向失笑。無何，上海林直勉之電至，謂鳳已啓程。興在港知之，必欲自至粵。之貞不得已，乃與應生謀，令往止之，而留沛基在店。九月初四日，鳳至。鳳將上陸，之貞籌備既妥，馳告同志，使預備，蓋恐鳳之紆道也。俄轟然一聲，鳳死矣。

彭家珍，字席儒，四川成都人。光緒癸卯，入武備學堂。四載畢業，川督錫清弼制軍良派赴日本調查軍隊，遂於東京入同盟會。宣統辛亥冬，與其友入都，炸良弼。是日，著戎服，假用奉天憲兵營隊官崇恭名刺訪良，閽者以良他出辭。逡巡間，良乘馬車歸，方出車，亟出彈炸之。良之下部受重傷，旋斃；家珍亦於炸時死焉。

黄興，湖南長沙人。嘗留學日本，屢於廣東、雲南一帶謀起革命，皆未成。宣統辛亥，自攜炸彈率黨攻督署，事敗，縋城走。

趙聲，江蘇丹徒人。嘗爲標統於江寧，爲大吏所疑，解職去。之粵，爲新軍標統，又爲大吏所疑，走海外。宣統辛亥，與黨人謀起事於廣州。有女黨人由省至英屬之香港，謂黨中某某實爲政府偵探，故省垣戒備已嚴。聲知事不諧，遲不入粵。及事敗，聲憤恨成疾，尋卒。

黄蘭亭，字險雄，湖北人。幼好學，喜任俠，奉母至孝。嘗偕陳天華遊學日本，入士官學校，與吴樾善，光復會人稱其能。歸國謀起事，乃聯南洋羣島諸同志，浮海而歸。至江寧，統領楊金龍令管帶護軍前營，遂説以首建練兵學堂，復聯東部同盟會，謀起事於東南。聞載澤等出洋考察憲政，將出都，則辭管帶職，偕樾馳天津驛道擲炸彈。樾死，蘭亭乃復歸江寧，悲憤幾死。屬王漢來寧，謂金陵形勝足以有爲，乃推舉蘭亭任東部軍械。蘭亭既被舉，益思有所發舒，與光復黨徧置祕密藥庫以待用。復僞充新兵諸營器械官，潛令諸營獨立。事爲江督周馥所聞，遣兵入庫，獲炸藥二百餘囊，囊可三百斤。漢以事洩，勸令逃，無俱死，且留有用。蘭亭慨然曰：「君固義俠，然余何忍苟活，令君獨死。」遂毅然出首，不自諱。獄既具，將行刑，其二子跪持衣，不令前，蘭亭瞋目曰：「我爲國死，無憾。汝孝事而母，悲奚爲！」遂以光緒乙巳冬十二月死東市。

胡志伊，字任伯，一名孚，江西萍鄉人。家世儒者，弱冠入縣學，食廩餼，治經世學。先後與鍾震川輩創書報社，興學校，旋入上海中國公學。時黨人悉萃滬上，輒左右之。光緒丙午，萍鄉始立中學，監督者非其人，數月，學生大譁，則指學生爲革命黨，愬縣令，大發兵捕治之，舉城皇遽。志伊亟自滬馳歸，以言說之，獄始解。戊申，徵兵令下，志伊隱欲有圖，則多介其萍學社人入伍。後以父歿，奔喪積勞，哭泣致毀，越數日卒。

黃驥，字再生，亦字鋤異，江西萍鄉人。幼時穎悟過人。光緒丙午，入徵兵隊，招同志居其間，究改革事。然言論激烈，媒孽者日衆，上官羈之嚴。驥以不能有所發舒，且同志諸人或他調，或以黨禍去官，乃間行走岳、攸、瀏、醴，倡起義。宣統庚戌二月，爲邏者所悉，逮入萍獄。臨刑時，賦絕命詩數章而死。

唐煦，一名治烜，字柘莊，湖南零陵人。幼侍其父讀書湘水校經堂，習公羊家言。旋入廣益中校，復之滬，入留美預校南洋公學。宣統辛亥，遺書昆季同學，謂生無所樂，死亦非苦，義不苟生，理無虛死。遂偕唐吉箴、周岐赴燕，圖擲炸彈。事洩，死，年二十三。妻楊氏，無子，有女二。

長沙鄭先聲，字子瑞，年稍長，即南遊歐粵，北之燕，西遊咸陽。又與黃興、陳天華等首建民立中學，復聯黃漢同盟會，冀感召漢人。事洩，間行之武昌，復周流長江上下遊，以聯聲氣。值法蘭西民黨來漢，詢中國革命事，先聲與語，慷慨激昂，法人大驚服。居無何，唐才常來自長沙，與先聲謀發難。事敗，才常不屈死。先聲悲憤，必欲竟其志，乃毁家謀繼之。然吏捕黨人急，入武昌獄，先聲任搒掠，默不語，用是讞久不決，得釋。

徐錫麟之槍斃恩撫也，先聲與其事。皖城既大索，遂被逮。然其時初抵安慶，跡未昭著。旋出獄之滬，居於傅熊湘等所建報社，每酒闌道國事，意忽忽不自得。社中故皆黨人，資助之，勸令東游日本。既抵日，讀書弘文學校，與其同志結敢死黨，欲即偕劉揆一歸國起事，同志以待時尼之。

初，先聲居滬時，嘗一遊天津，邏者察其有異，知且復還滬，則電江督端忠愍公方得其迹，捕治之。忠愍命購其頭千金，不得，復購以五千金。湘人朱士奇故匪首，先聲曾説之，令助起事。至是涎重賞，以故舊故，乃往誘歸國，獻之忠愍，窮治之。未幾，士奇死，而先聲終以無獄詞不能當大辟，乃令長繫於獄。宣統辛亥秋八月，卒於江寧獄中，距入獄四年也。

光復公會

東南諸省多祕密會黨，而黔、粵尤盛。光復公會創於黔，世所稱公口者是也，在黔者凡數百處。其作始甚早，會極祕密，範圍狹，勢力小。黃澤霖者，字茀卿，會之正龍頭也。辛亥十二月，黃爲巡防隊槍斃。

會中規則及執事定名，與哥老會大同小異，或謂卽其支派也。其執事如左。一，正龍頭，或稱總正龍頭大爺。二，副龍頭，或稱副龍頭大爺。三，香長。四，盟證，或稱盟證中堂大爺。五，總鎭。六，正印。七，坐堂，或稱坐堂左相大爺。八，承堂。九，元堂。十，陪堂，或稱陪堂右相大爺。十一，理堂。十二，副印。十三，刑堂，或稱刑堂西閣大爺。十四，新附。十五，聖賢。十六，當家。十七，采堂管事。十八，執法管事。十九，紅旗管事。二十，黑旗管事。二十一，迎賓管事。二十二，內外巡風。二十三，八排。二十四，九排。二十五，執法么大。二十六，轅門么大。二十七，大老么。二十八，小老么。二十九，大老滿。三十，小老滿。

書役自承爲白蓮會

乾隆末，白蓮教徒劉之協、張正謨、聶人傑輩聚衆倡亂於枝江縣時，當陽縣令聞變，坐聽事，召集書役，語之曰：「白蓮會已反，賊踞枝江之灌灣腦，與本邑界連，邑中習教者宜先名捕，以防內訌。」書役齊聲曰：「我等卽白蓮會也，更誰捕？」令拍案怒罵曰：「汝輩反乎？」曰：「反卽反耳，何怒爲！」令拂袖起，羣役爭先拉殺之，遂嘯聚，據當陽縣城。

方榮升惑衆倡亂

嘉慶乙亥八月十八日，妖人方榮升就擒，自稱蓬萊無終老祖，朱雀星寶霞佛下降。有四十二宿、九十甲子、十八地支之説。編造《萬年時憲書》，以四十五日爲一月，十八月爲一年。金木水火土之外，增慧動二者爲七行。並指通行正字爲五行字，私以二三四字併爲一字，稱曰七行字，編造《字母》一書。所佈逆詞，及所造《破邪顯正明心録》，並所印記，皆從七行字體。又襲舊教，有五等執儀名目，復增爲九等。以花紀官，一品紅梅，二品白梅，三品牡丹，四品芍藥，五六七八九品均以雜花卉辨等威。有八品蓮臺名目，以分習教等差。又定官制，有三宫六院、大將軍、大學士、丞相、王侯公伯，下至大夫、六部諸等級。又稱能出神上天，親見天宫殿庭路徑，揑畫十圖，並造脚册，記載宫室名目。謬稱事成後，規仿營建。又以黄册揑寫星宿名，凡十萬八千七百三十有一。且每於私造書畫成時，輒向同教人自誇神奇天縱，妄自尊大。同教諸人以其幼本村童，忽能書畫也，詫爲天授，深信之。

壬申，江南北大旱，民人饑饉，榮升竊謂災黎易動，起意倡亂。八月，潛引其黨刻九龍捧印記一顆，名爲九蓮金印，謂將俟三年後，坐朝問道時啓用，實則逆詞逆書先已印用也。十月十五日，潛糾徒衆於李香林家，會合拜印，遂將僞造諸星名目諸書焚化，謂能使諸星宿降附人身，其徒衆咸敬信之。

三醮婦李玉蓮，本有氣臌病，腹便便然，自稱懷孕者乃彌勒佛，信者甚衆。又謂曾神遊天上，知其福大，應與同舉大事。而榮升亦稱玉蓮爲開創聖母，訂期起事。時百齡總制兩江，奏上其事，遂於九月十一日處榮升以極刑，其魁朱上信、上忠等二十四人俱凌遲，與知逆情之周智榮、趙順等十人皆斬。榮升濃眉大目，兩顴高峙，臨刑時猶顧謂其妻曰：「我等本在天上，原不下降，今仍回天上，惟此後斷斷不可再下降矣。」

洪秀全聯合會黨

貴州民苗雜處，盜賊孔多，輒以燒香結會爲名，黄平、天柱等寨尤著。苗人滾山越洞，曲折相通，官兵不能深入而窮搜之，猝難剿滅。湖南則貪黷之吏，抑價平糶，奸民李沅發遂揭竿而起。桂平富民韋正寶以家懸登仕郎門匾，屢遭差役訛詐，憤甚，亦倡亂，僭稱王。故永昌、新寧之間，囂然不靖。洪秀全方起事於金田村，陰與聯絡，聲勢日盛。縣令賈某知其不軌，將爲大患，誘而擒之，並搜獲逆書數卷，入教名册十九本，白狀大府，請治其黨。時桂撫鄭夢白中丞祖琛高談鎮静，自詡慈祥，每殺一人，誦佛三日，得賈禀，躊躇不能決。賈曰：「秀全耳目甚衆，公視其罪可殺卽殺之，不可則不如釋之。若久繫獄中，防不勝防，某等性命不足惜，如城池百姓何？」鄭曰：「窮治株連，人命至重，宜卽釋之。」賈歎曰：「購捕經年，釋之頃刻，此所謂縱虎入山爲患無已也。」秀全既出，自以歲值道光丁未，適應紅羊之劫，造具火器，反志益堅，始與官兵爲難矣。

粤寇至蘇，頗肆殺戮，而又誅求無藝。越三日，榜安民示於城門，紙色黄，字大盈寸，作宋體，上書太平天國某王部下某某統帶等字樣，其式略如羽士焚化之天表，四周飾以雙龍綵邊。統帶見民心漸定，遷徙者日少，遂一變其初衷，馭下以嚴，有不守紀律者，許人民馳告，訊實正法，然卒無敢往言者。

玄妙觀羽士某以觀旁多積尸，一日晨起，持鋤赴文筆塔後瘞之，爲巡邏者所見，詰之，具以告，乃嗤曰：「老蠻子，好無理。咱們體天行道，使死者歸淨土，早登極樂世界，爾乃違上帝旨，作婦女態耶。」即揮刃殺羽士，復臠割其肉，大嘯而去。

秀全恆喜以魏武帝横槊賦詩自況，嘗自撰楹聯曰：「先主本仁慈，恨茲污吏貪官，斷送六七王統緒；藐躬實慚德，望爾謀臣戰將，重新十八省江山。」其正殿聯曰：「維皇大德曰生，用夏變夷，待驅歐美非澳四洲人，歸我版圖一乃統；於文止戈爲武，撥亂反正，盡没藍白紅黄八旗籍，列諸藩服萬斯年。」其寢殿聯曰：「馬上得之，馬上治之，造億萬年太平天國於弓刀鋒鏑之間，斯誠健者；東面而征，西面而征，救廿一省無罪良民於水火倒懸之會，是曰仁人。」或曰：「寢殿聯爲李秀成所擬，正殿聯乃秀全自撰也。」時西人頗有助秀全者，洎見此聯，遂成仇敵。

咸豐戊午，翼王石達開率衆至杭，曾宣布求賢詔一篇，其文曰：「爲招集賢才興漢滅滿以伸大義事。照得胡虜二百年，豈容而污漢家之土；英雄十八省，何勿盡洗夷塵之羞。慨自朱家之大綱不振，白山之小醜無良，三桂求援以揖外盜，八旗乘釁以入中邦。遂爾竊據我土地，毀亂我冠裳，改易我制服，敗壞我倫常。薙髮薙鬚，污我堯舜禹湯之貌；賣官賣爵，屈我伊周孔孟之徒。逼堂堂大國之英雄豪傑，俯首而拜夷人爲君；合赫赫中原之子女玉帛，腆顔而惟胡虜是貢。爲恥已甚，流禍無窮。有人氣者理應切齒，懷公憤者益當密心。兹幸我真主代天除暴，翼王伐罪救民，求賢若渴，倚士爲賓。凡多才多藝之儔，乃文乃武之侣，斷不吝惜爵賞，從未埋没賢才。倘使兵卒盡力，何懼韃子難誅。江南膺有王氣，浙東豈無名賢。我國家適當戊午之年，克復杭州，爾庶士夙抱未伸之志，曷出茅廬。爲此特行曉諭，仰爾一體士民，共知拱手事夷，是吾恥也。甘心忘漢，於心安乎？文天祥決不降虜，岳武穆誓必誅金，前哲堪羨，後輩當興。從此龍起南陽，共挽紅羊之劫；定教鹿逐北虜，驚散赤狗之羣。綏我士子，驅彼旗丁。胡妖既洗夫閩浙，義師再揭夫幽燕。又況爾省素稱勝地，代産名流，三江毓秀，八川佑靈。我愧無能，未興雕龍於八斗；人當有知，盍慶司馬之三升。請抒宏願，援救蒼生。天下事苟可有爲，個中人又何疑焉？若復甘心自棄，裹足不前，試思臣事胡種，何以對我漢人？倘其恢復舊業，大丈夫共快鼎革之心；勉建新猷，小將軍敢殲咸豐之首。吴越王尚有生氣，錢塘江不屈死虜。勳業壯河山之色，豈不休哉；姓名爭史册之光，何其盛也！特此布告，咸使聞知。」

達開又有答曾文正公招降七律五章，其一云：「曾摘芹香入泮宫，更探桂蕊趁西風。少年落拓雲中鶴，陳迹飄零雪裏鴻。聲價敢云空冀北，文章今已遍江東。儒林異代應知我，衹合名山一卷終。」其二云：「不策天人在廟堂，生慚名位掩文章。清時將相無專例，末造乾坤有主張。況復仕途多幻境，幾何苦海少懽場。那如著作千秋業，宇宙長流一瓣香。」其三云：「揚鞭慷慨蒞中原，不爲仇讐不爲恩。衹覺蒼天方憒憒，莫憑赤手拯元元。三年攬轡悲羸馬，萬衆梯山似病猿。吾志未酬人已苦，東南到處有啼痕。」其四云：「若個將材同衞、霍，幾人佐命等蕭、曹？男兒欲畫麒麟閣，早夜當嫻虎豹韜。滿眼山河增曆數，到頭功業屬英豪。每看一代風雲會，濟濟從龍畢竟高。」其五云：「大帝勳華多頌美，皇王家世盡洪濛。賈人居貨移神鼎，亭長還鄉唱《大風》。起自匹夫方見異，遇非天子不爲隆。醴泉芝草無根脈，劉裕當年田舍翁。」蓋文正當時以文學名，且以名儒自負，故詩中似譏似勸也。又有題壁詩一章云：

「大盜亦有道，詩書所不屑。黄金若糞土，肝膽確如鐵。策馬渡懸巖，彎弓射明月。人頭作酒杯，飲盡仇讎血。」其他若李世賢、馮雲山、韋昌輝，亦皆能文詩。

傅善祥者，金陵女子也，容華娟冶，暢曉文詞。粵寇破金陵，傅被擄在東王府。秀清悦其色，復愛其才，大加寵任，官以女丞相。一日醉，觸秀清怒，罰荷校中庭。傅深自悔，因取秀清舊貽金條脱一雙，解自著紅羅訶黎子裹之，遣人還秀清，並附書曰「殿左女丞相臣妾傅善祥，誠惶誠恐，死罪死罪，上書東王殿下。竊以臣妾遭逢高厚，福薄災生，醉後失檢，出言無狀，冒犯於王。王賜臣妾死，妾何敢愛其死。今乃曲賜矜全，不加誅戮，僅予荷校，聊示薄罰。臣妾再生，實王所賜，犬馬有知，能無感激。惟是臣妾自獲罪以來，五中憂懼，神思惝恍，如失魂魄，藐兹孱弱，斷難久存。蒲柳之質，雖見宥於風霜；蠖蟻之命，究莫保於旦暮。在臣妾猥以女流，忝叨異數，平章巾幗，宅揆綺羅，榮幸已極，死復何憾。但念未列妃嬪之隊，而寵逾粉黛三千；特膺宰輔之權，而報乏涓埃萬一。悵對玉葭，難倚託於今世；願求環草，當銜結於來生。金條脱一雙，王所嘉賚，臨死遣使上繳，裹以紅羅訶黎子，褻服不恭，藉寓親愛。倘王異日垂念微勞，見物如見臣妾可也。伏惟起居萬福，珍攝千金，不盡欲言，祈賜省覽焉。」秀清循誦再四，摩弄二物，大不忍，急躧屣出。見傅荷校垂淚，即命脱其校。傅伏謝，掖之入，自是而優禮有加焉。

秀成工翰墨，喜親文士。既據蘇州，常於月夜泛舟虎邱，引杯覓句。有《感事》二律云：「舉觴對客且揮毫，逐鹿中原亦自豪。湖上月明青箬笠，帳中霜冷赫連刀。英雄自古披肝膽，志士何嘗惜羽毛。

我欲乘風歸去也，卿雲橫亙斗牛高。」「鼙鼓軒軒動未休，關心楚尾與吳頭。豈知劍氣升騰後，猶是胡塵擾擾秋。萬里江山多築壘，百年身世獨登樓。匹夫自有興亡責，肯把功名付水流！」

洪大全以事敗被縶，獻俘京師，途中題詞云：「寄身虎口運籌工，恨賊徒不識英雄，漫將金鎖縮飛鴻。幾時生羽翼，萬里御長風？一事無成人漸老，壯懷要問天公。六韜三略總成空。哥哥行不得，淚灑杜鵑紅。」

又有曰陳金剛者，既破廣西賀縣，以李氏宗祠爲府第，門前署聯云：「王者命自天，誰敢化蛇當道，英雄居此地，何妨捫蝨談兵。」

粤寇以内訌而敗，試觀達開《我朝傷内禍》一詩，可想見之。詩云：「我朝傷内禍，嗟哉中心悲。憶昔諸豪流，並逐秦鹿馳。三户必亡秦，秦運朝露危。相與建大策，用以張四維。日月麗中天，重光會有時。天意詎易測，人事真難知。一朝杯酒間，白刃集殿幃。老夫自何辜，誰料丁亂離。城中少人行，鷄犬無安棲。洞洞血中路，宫禁失光暉。浮雲黑慘澹，酸風向面吹。已矣復何言，去去將安歸？」

蜀中會匪

蜀中會匪，向分三級，而各以牌名别之。有所謂劉備牌者，其人皆渠魁也。次爲關帝牌，則戰士屬之。又次曰張飛牌，則盡孌童矣。

大刀會及小刀會

光緒丁酉，大刀會頭目劉士端、彭桂林、趙天吉等憤耶穌教徒之跋扈，集黨毁山東兖州府之耶穌教堂，戕德教士二人。大刀會者，亦白蓮會之分支。首謀就擒。德人藉口租膠州灣，復由政府償卹費銀二萬四千兩，賠築教堂費銀六萬六千兩，膠州灣租借期爲九十九年，兼讓以膠州至濟南之鐵道敷設權，沿鐵道之鑛山並准其開掘。

後又有小刀會者，亦白蓮會之分支也。以德占膠州爲名，藉口禦侮，希圖起事。游勇馬賊，所至嘯聚，四出劫掠。致書德軍，約期與戰。德人電京師總理衙門，政府大驚，急命山東巡撫嚴防，後亦無事。

蓋白蓮會之徒，向祇與政府抗，自耶穌教案起而反抗洋人，遂肇義和團之亂。庚子，義和團起事。義和團亦白蓮會之支流，號稱能以念誦咒語避礮彈，以傳習拳棒爲宗旨，旗幟有「扶清滅洋」等語。蔓延於山東、直隸各地，毁耶穌教堂，虐殺耶穌教徒。其在京者，則圍困使館。八國聯軍入援，事後政府賠各國兵費，至四億五千萬兩之鉅。

鍋匪

光緒時，天津土棍之多，甲於各省，市井游民同居夥食，稱鍋夥，自稱曰混混兒，又曰混星子，結黨成羣，毆不畏死。津地鬭毆，謂之打羣架，每呼朋引類，人亦樂爲之効勞，曰充光棍。甚至執持刀械，恣意逞兇，爲害閭閻，莫此爲甚。如被獲到案，頗能熬刑，數百笞楚，氣不少吁，口不求饒，面不更色，不如是則謂之摘跟兜。曾由當道奏准，嚴定條例，就地正法，乃將鍋匪羅仲義、馮春華、魏洛先後處決，又將張慶和、丁樂然立籠站斃，此風因以稍戢。

何鏡人爲祕密黨魁

何鏡人，相者也。嘗以術遊蘇杭間，奔走達官貴人之門。然好作奇語，有中有不中，以是爲人所稱，其被辱者，亦數數見也。杭州旗營有某員求補佐領，賄將軍，將軍將許之。何陰知其事，見某，某問之曰：「吾於相當得佐領否？」何曰：「不定。若能餽我如將軍之數，可必得。」某怒斥之，何大笑去。因某道謁將軍，將軍問壽，曰：「福壽兩全。雖然，近有小厄，恐致顛躓。當有人進意外財，不取可免，取之必困。」將軍自審無他，或佐領事耶，卽卻某賄。某聞而大恨，然無如何也。

撫軍某貪婪無厭，其愛姬某失金簪，何適至，乃使視盜。視家人遍，無語，問之，則曰：「不便言。」撫軍大疑，固問之，則曰：「事由大人，乃不自知耶？」問故，則曰：「大人賣某缺得若干，賣某差得若干，冥判以家財准折。此區區者，其見端，恐藏庫金銀尚有不翼而飛之日耳。」撫軍怒且駭，卽縶何，將囚之。明日，庫吏報大亡其財，賊來無聲，去無蹤，且不知何時也。撫軍大駭，疑何與盜通，或知之，召而詰焉。何曰：「此管庫者妄言耳。時未至，何急急乃爾！」卽偕撫軍往視之，果無恙。問衆人，皆云：「晨果空，頃乃復實，如幻術焉。」閱畢，撫軍出，何乘間逸去，撫軍亦不敢更窮究。閱三日，庫藏又空，撫軍親視之，信。何仍出入闤闠，撫軍欲捕之，而調任之旨下，所失皆私藏，事遂已。

何終歲居杭之城南古廟，廟有老儒，鍾姓，長年授徒其間。相處雖久，出入一點首而已，未嘗有往來也。盧龍范三，以技勇豪者也，蘇州某公子師事之。公子年少好事，一日，范他出，忽柬招赴會者，其地爲去城二十里之荒野，公子訝之。范歸，以問焉，范枝梧其辭。公子請從，范不可，固請，則曰：「會中禁外人甚嚴，若往，有不測之禍。」公子請入會，范曰：「此非有身家者所宜。且公子卽入會，亦必不能守規律，他日事發，禍僅一身，猶幸也。公子毋以一時之興而自陷。」公子乃止。及期，陰偵之，所約地，一森林也，縱廣可數里，蓊鬱陰翳。至林側，見往來者多，每一人入，輒有要者，舉手按鼻，來人則舉左手按右肩答之，因趨入。頃之，范至，公子踵其後，如式以入。范回顧，見公子，顏色陡變。公子仍無言，從以入。時林中已闢地，廣數畝，張布幕，衆圍立以待，俱相顧莫敢聲。中三座，空無人。一小時許，林外有馬蹄得得聲，有三人者趨而入，前行者爲六十餘老婦，荆素不華，從其後者，何與鍾姓老儒也。婦中座，何、鍾左右座。坐定，婦回顧，問有新入會者否，速偕介紹者自投，不爾，當以火棗奉客。於是座中起立自白者十數人，公子不覺亦起立。婦問介紹人，指范以對。范至此，亦勉應之，然心極悵恨，不覺形於色。何在左座覺之，顧老婦語，所操非中非外，殆不可解，老婦若相駁詰者。須臾，鍾亦前助何語，良久，聲至低，不可聞。老婦頤指示意，卽有人趨前，手布袋，冒公子首，卽負以去，公子不敢拒。負者曲折走林中，至一地，乃釋手。公子身首被束縛，不得自由。約一時許，忽馬蹄聲人聲喧囂，格鬭聲並起，俄而更聞槍聲十數發。已而聲止，卽有數人趨前，羣牽公子，黑暗中亦不知在何許，惟聞有人叱曰：「賊黨，速以爾姓名及爾黨魁姓名來告。今事敗，皆爲我輩擒，肯自陳，當貸爾死。」公子念范言果應矣，將如之何，乃力持不答。旋聞上座者怒曰：「賊如此，非用大刑不可。」卽聞鎖鍊擲地，聲鏗然，公子仍無言。須臾，復有人近前，手鐵器薄肩背，摩挲如欲擊者，其涼徹心，公子仍力持之。更炊許，始解縛，令就坐，則會場未散，座客猶向時人也。遥見老婦左右顧，微語曰：「斯人尚可用。」顧范，亦若有喜色然。於時新入會者十數，人給布一方，其上字體蜿蜒，有類符篆，公子受之，蓋入會證書也。授訖，中座三人皆起，迭向大衆演說，悉以安分守規爲會中盡義務爲宗旨。演說畢，衆散，范送公子歸，諄囑無漏言，公子應之，私詢范以老婦爲誰，曰：「太平天國時某王妃，今爲東南三省正龍頭，何、鍾皆其副也。」自是有會，公子輒往。

一日，范言將有大會，審訊某當被劫案於西湖某地，公子欣然偕范往。某當被劫之際，嘗報官，官不能得盜，一月前事也，公子固知之。及往，則魁格奇偉一壯士，鐵索瑯鐺，縶之以夾。初猶抗辯不承，已而示以證，遂不能遁。須臾，卽有少婦出，抱壯士大哭，殆其妻也。已而解壯士縛，仍延之上座，陳酒肴，演戲劇，衆人盡歡豪飲，如無事者，自老婦、鍾、何以及諸頭目，迭爲賓主。至第三日劇散，筵罷，衆忽宣言某兄弟吉時至矣。壯士至此，亦面慘無一言。衆指一室，壯士趨入，兩人從之。須臾，少婦衰絰而來，則棺殮已畢，不知其致死之術也。尋復曳數人至階下，笞數百，流血滂沱，問異日知儆否，應之，乃釋。

年餘，公子漸不謹於言。一日，范來索證書云：「黨魁以公子不能守祕密，命斥出會。」公子欲勿予，范曰：「黨規，不退證書者死。」乃予之，自是遂絕。

公子之夫人，何所媒也，公子姊嫁浙人，有甥嘗從鍾讀書，故識二人者，不虞皆祕密社會之魁率也。其黨員，官僚僕隸皆有之，蓋多爲偵探者。凡東南官吏，實缺自大令以上，職銜自四品以上，至少皆有一二人羼迹其間，或爲僕圉，或爲幕友，或卽其本身，以是能行其恐嚇眩惑、神出鬼没之手段，而星卜命相尤靈。然於平民，則頗有保障之功，卽富商大賈，無號令而擅侵之者，爲首死，餘皆重責。某當之案，其一例也。是皆公子事後爲人言者。自公子出會後，不數月，何、鍾皆相繼他往，莫知所向，范乃授徒於姑蘇。

王大漢爲祕密會中人

宣統庚戌三月，長沙饑民焚撫署，首禍者爲王大漢。當饑民麕集撫署時，有大漢以鋸截署前旗柱，柱折，衛兵槍擊之，避去。方尋覓間，第二柱又折矣。旋有人挾煤油兩箱，一躍登屋瓦，衆譁曰：「是卽截旗竿之大漢也。」衛兵復以槍擊之，不能中。第見大漢以手闢貯油器，以足撥屋瓦，須臾，火燄燄上騰。於是無賴乘隙而逞，喊聲大作，如鼎沸矣。方紛擾間，長沙中學火起，已而中路師範學堂又火，闢署又火，自五時至八時，城内外無非火者。事後，詢起火狀，皆曰：「有大漢挾煤油登屋爲之也。」惟至中路師範學堂時，先驅人出，曰：「吾將行事。」問若爲誰，曰：「吾王大漢也。」翌日傍午，益陽復有焚署毁學事，居民亦見有大漢挾油登屋，悉如長沙時狀。撫署及長沙中學屋簷高三丈，關署且四丈，乃能挾油一躍而登，世豈真有劍俠其人哉？益陽去省城二百里，而來往神速，出入無阻，何其神歟！

當長沙火四起時，優級某生登天然臺，品茗瞭望。俄有後至者四人，狀甚偉岸，操北音，異之，就與語，中有大漢曰：「放火者我也。吾輩應川中某聘，道經此，見饑民嗷嗷，貪吏置弗問，因不平，欲燒殺數輩以快意耳。而湘人怯且貪，多事搶劫，無足爲，行且去之。君有心人，盍偕行。天下且大亂，丈夫當有所建樹，無自囿也。」因出印布如掌，欲令署名，某愕然不知所對。大漢笑之，旋自去。大漢者，蓋亦祕密會中人也。

青帽黨

上海有青帽黨者，人家有慶弔事，必結黨勒索，不遂其欲，則設法以損害之，有放水燈、豎煙銃諸名目。強者或能倖免，弱者則忍氣吞聲，雖受其害，猶畏其報復，而噤不敢言也。

拆白黨

拆白黨，上海有之，有男黨，有女黨。蓋無業之人，結合而成團體，以詐欺取財物，男騙女，女騙男。以所騙者皆富貴之人，故無不盛妝自炫，使其不疑。其始以甘言厚幣誘之，稍不遂意，則繼之以横暴。蓋與在官人役通同一氣，始能有恃而無恐。且男黨多於女黨者，則以婦女知識恆較男子爲低下，易受欺騙，見有薰香剃面美如冠玉之少年，諂笑逢迎，初誘以卑靡之辭，繼被以內媚之術，挾其種種魔力以攝之，自無不入其轂中，而傾吐肝膽，願共生死也。

黨亦有魁。入其黨者，授以弔膀子男女相悅，眉目傳情以相挑逗之謂也。其有由於一方面之挑逗，而一方面不表贊同者，則謂之弔不上，亦曰弔弗着。之祕訣，並爲代製衣飾。既得彩，騙錢到手之謂也。合母金子金以歸償，即充黨中公款。

拆白之名，不易索解。或曰，拆者，拆梢以非法之舉動，恐嚇之手段，借端生事，勒索財物之謂也。也。白有無所有之義，如空白、曳白是也。者，不名一錢，如專以白用白喫爲事也。或曰，拆白當作擦白解，蓋若輩者雖金玉其外，而實敗絮其中，有如以藥粉施之於金屬器皿，而磨擦使白也。或曰，拆白當作拆敗解，蓋婦女既爲所愚，久之必至家破名裂，而一敗塗地不可收拾也。

莊天弔曰：拆白黨員，有老者、少者，外似誠樸者，貌類少女者，飾爲小滑頭者，形似鄉愚者。更有專任偵探之役，或通衢，或戲館，或花園，見有婦女衣服燦爛，珍飾滿頭，望而知爲大家閨秀者，及其出也，乃潛尾其後而蹤跡之。姓也，名也，其夫或父爲官爲商也，自身之有無私財也，一一偵探而筆録之，歸而報告其魁。其魁又必自往探之，俟其出而端詳再三，然後定其相當之配偶。其人而爲半老徐娘也，則引誘之者須中年。若爲二八少女，則亦以青年當其任。且必察其神色，度其性情，或喜風流，或好誠實，均須先事注意，以投其所好。探察既竟，然後遴選一色色相當之黨員，告以地址，授以機宜。此黨員既奉令，即修飾頭面，更換衣履，潛至目的地之旁近，往返偵察，相機行事。及其出也，東亦東之，西亦西之，看戲也隨其後，游園也躡其蹤，甚至爾車亦車，爾馬亦馬。是時婦女見此美而且豔、富而且貴之少年追隨左右，自必眉語目送，色授魂與，其不墜入十八劫之地獄者幾希矣。

拆白黨有部長一人，黨員則無定額。惟黨綱限制頗嚴，入黨者須具下列之資格。一，面目清秀，身無殘疾者。二，語言靈活，遇事機警者。三，世情熟習，交游廣闊，並洞悉滬地情形者。四，年在四十以下十六以上者。五，有二人以上之介紹，入黨後設誓不負黨義者。迨入黨以後，又有限制條件。一，須聽部長指揮，不得違抗命令。二，不弔寡婦。三，無錢不弔。四，不許兩人同犯一婦。五，攫取財物，須出婦女自願，不許私自偷竊。六，所得財物，須提八成歸公，以備失事後之費用，與夫黨中製辦各種衣物及各黨員初入手時之公費，其餘兩成准給本人收領。七，不准吞没所得之財物，犯者逐出黨外，並以私法懲處之。八，不得洩漏黨務。

銀婆會

廣州有銀婆會，以南海沙頭堡爲甚。堡有六鄉，鄉之老婦有夫死不嫁者，有嫁後與夫離異者，有不嫁人而嫁鬼者，乃集資設會，曰銀婆會。入會之銀，多者五十兩，次則三十兩、二十兩、十兩、五兩。凡少婦閨女，皆爲銀婆所招致。會有書記，以男子司之。月之五、十爲會期，老婦開會。人之需銀甚急者，卽向會中借用之。銀幣一圓，每期收息銀一角，以五十期收清本息，不得蒂欠。如本期十分窘迫，無法交還者，可將息作本，息上認息，展限一期。若下期再不還，則用最酷手段以勒索之。

又有一法，凡欠銀者，但將上期本息交會，隨時又可借回。且若輩設會最多，會期亦密，借甲還乙，借乙還丙，輾轉相借，騰挪亦易。有某村坊每月開會至三十餘次，而鄉里土豪輒藉言保護會場，抽收陋規，開會一次，必收費數圓。蓋若輩皆廁身於紳董衿者之列，而爲鄉里所畏服者，故能爲會中包追欠款，坐享其肥。愚民因受此會逼勒，賣妻、鬻子、服毒、投海以死者，每鄉歲以十數計，至可憫也。

著述類

列聖欽定諸書目録

列聖萬幾之暇，博覽經史，爰命儒臣選擇簡編，親爲裁定，頒行儒官，以爲士子模範。臚列其目於左。

經部，則《易經通注》四卷，《日講易經解義》十八卷，《御纂周易折中》二十二卷，《御纂周易述義》十卷，《日講書經解義》十三卷，《欽定書經傳説彙纂》二十四卷，《欽定詩經傳説彙纂》二十卷，《御纂詩義折中》二十卷，《欽定周官義疏》四十八卷，《欽定儀禮義疏》四十八卷，《欽定禮記義疏》八十二卷。《日講禮記解義》二十卷，《日講春秋解義》六十四卷，《欽定春秋傳説彙纂》三十八卷，《御纂春秋直解》十六卷，《御注孝經》一卷，《御纂孝經集注》一卷，《日講四書解義》二十六卷，《御纂律吕正義》五卷，《御纂律吕正義後編》一百二十卷，《御定康熙字典》四十二卷，《欽定西域同文志》二十四卷，《御定音韻闡微》十八卷，《欽定同文統韻》六卷，《欽定叶韻彙輯》五十八卷，《欽定音韻述微》一百有六卷。

史部，則《欽定明史》三百六十卷，《御批通鑑輯覽》一百二十卷，《御定通鑑綱目》三編四十卷，《開國方略》三十二卷，《御定三逆方略》，《親征平定朔漠方略》四十八卷，《平定金川方略》三十二卷，《平定準噶爾方略》前編五十四卷，正編八十五卷，續編三十三卷，《平定兩金川方略》一百五十二卷，《臨清犯略》十六卷，《石峯堡紀略》，《臺灣紀略》，《平定廓爾喀紀略》，《平苗紀略》，《平定三省教匪紀略》，《辛酉工賑紀略》，《太祖高皇帝聖訓》四卷，《太宗文皇帝聖訓》六卷，《世祖章皇帝聖訓》六卷，《聖祖仁皇帝聖訓》六十卷，《世宗憲皇帝聖訓》三十六卷，《高宗純皇帝聖訓》三百卷，《上諭内閣》一百五十九卷，《硃批諭旨》三百六十卷，《欽定明臣奏議》二十卷，《欽定宗室王公功績表傳》十二卷，《欽定蒙古回部王公表傳》六十卷，《欽定八旗滿洲氏族通譜》八十卷，《欽定勝朝殉節諸臣録》十二卷，《欽定月令輯要》二十四卷，《大清一統志》五百卷，《欽定熱河志》八十卷，《欽定日下舊聞考》一百三十卷，《欽定滿洲源流考》二十卷，《欽定皇輿西域圖志》五十二卷，《皇清職貢圖》九卷，《欽定盛京通志》一百卷，《詞林典故》八卷，《續詞林典故》，《欽定歷代職官表》，《欽定大清會典》一百卷，《新定大清會典》，《大清會典則例》一百八十卷，《新定大清會典則例》一百八十卷，《欽定續文獻通考》二百五十二卷，《欽定皇朝文獻通考》二百六十二卷，《欽定續通志》一百四十四卷，《欽定皇朝通志》一百卷，《欽定皇朝通典》二百卷，《幸魯盛典》四十卷，《萬壽盛典》一百二十卷，《欽定大清通禮》四十卷，《南巡盛典》一百二十卷，《皇朝禮器圖式》二十八卷，《國朝宫史》三十六卷，《續國朝宫史》□□卷，《欽定滿洲祭神祭天典禮》六卷，《八旗通志》初集二百五十卷，《八旗通志》二集□□卷，《大清律例》四十七卷，《欽定天禄琳琅》十卷，《御製詳鑑闡要》二十卷。

子部，則《御撰資政要覽》三卷，《後序》一卷，《聖諭廣訓》一卷，《庭訓格言》一卷，《御製人臣儆心録》一卷，《御製日知薈要》一卷，《御定孝經衍義》一百卷，《御定内則衍義》十六卷，《御纂性理精義》十二卷，《御纂朱子全書》六十六卷，《御定執法成憲》八卷，《欽定授時通考》七十八卷，《欽定醫宗金鑑》九十卷，《御定曆象考成》四十二卷，《御定曆象考成》後編十卷，《御定儀象考成》三十二卷，《御製數理精蘊》五十三卷，《御定星曆考源》六卷，《欽定協紀辨方》三十六卷，《欽定佩文齋書畫譜》一百卷，《祕殿珠林》二十四卷，《石渠寶笈》四十四卷，《續石渠寶笈》□□卷，《錢録》十六卷，《欽定西清古鑑》四十卷，《欽定西清硯譜》二十四卷，《御定古今圖書集成》五千二百卷，《欽定淵鑑類函》四百五十卷，《御定駢字類編》二百四十卷，《御定分類字錦》六十四卷，《御定子史精華》一百六十卷，《御定佩文韻府》四百四十二卷，《御定韻府拾遺》一百十二卷，《御注道德經》二卷。

集部，則《聖祖仁皇帝初集》四十卷，二集五十卷，三集五十卷，四集三十六卷，《世宗憲皇帝文集》三十卷，《高宗純皇帝樂善堂全集》三十卷，《御製文初集》三十卷，二集四十卷，餘集二卷，《御製詩初集》四十四卷，二集九十四卷，三集一百卷，四集一百二十卷，五集一百四十卷，餘集□□卷，《仁宗睿皇帝味餘書室集》□卷，《御製文初集》□□卷，《御製詩初集》□□卷，二集□□卷，《御定全唐文》五千卷，《御定古今淵鑑》六十四卷，《御定全唐詩》九百卷，《御定賦彙》一百四十卷，外集□□卷，補遺二十二卷，《御選四朝詩》二百九十二卷，《御定佩文齋詠物詩選》四百八十二卷，《御定歷代題畫詩類》一百二十卷，《御定全金詩》七十四卷，《御選唐詩》三十二卷，《御選唐宋文醇》五十卷，《御選唐宋詩醇》四十七卷,《皇清文穎》一百二十四卷,《續皇清文穎》□□卷,《欽定四書文》四十一卷,《欽定歷代詩餘》一百二十卷,《御定詞譜》四十卷,《御定曲譜》十三卷。

牽綴姓氏於集中

查夏重、姜西溟、唐東江、湯西崖、宮恕堂、史蕉飲在輦下爲文酒之會,嘗謂吾輩將來人各有集,傳不傳未可知,惟彼此牽綴姓氏於集中,百年以後,一人傳而皆傳矣。

劉繼莊勸萬季野著書

鄞縣萬季野與大興劉繼莊同在徐健庵邸中,萬終夕危坐觀書,或瞑目静坐,而劉好遊,日必出,或兼旬不返,歸而以其所歷告之萬,萬亦以所讀書證之,語畢復出。故都人求見此二人者,得見萬爲多,而劉以遊故罕所接。時萬與劉各以館脯所入,傭寫人鈔史館祕書,連甍接架。徐既去官,劉亦返吴,而萬爲明史館所留。劉語之曰:「不如與我歸,共成所欲著之書。」萬諾之,然不果。劉返吴,不久而卒,其書星散。及萬卒於京,書亦無存矣。劉,名獻廷,籍順天而家蘇州。

圖書集成

《圖書集成》一書,相傳獨成於陳省齋之手。省齋,名夢雷。其實非省齋一人所成也。康熙壬寅十一月上諭，有「陳夢雷原係叛附耿精忠之人，皇考寬仁免戮，發往關東。朕東巡時，以其平日稍知學問，帶回京師，交誠親王處行走。累年以來，招摇無忌，不法甚多，京師斷不可留。著將陳夢雷父子發遣邊外，或有陳夢雷之門生，平日在外生事者，亦即指名陳奏。楊文有乃耿逆僞相，一時漏網，公然潛匿京師，著書立説。今雖已服冥刑，如有子弟在京者，亦即奏明驅遣，爾等毋得稍徇私隱蔽。陳夢雷處所存《古今圖書集成》一書，皆皇考指示訓誨欽定，費數十年聖心，故能貫穿古今，彙合經史天文地理，皆有圖記，下至山川草木，百工製造、海西秘法靡不備具，洵爲典籍之大觀。此書工猶未竣，著九卿公舉一二學問淵通之人，令其編輯竣事。原稿内有訛錯未當者，即加潤色增删」等語。據此，則《圖書集成》之成帙，非省齋所能專其功，而省齋之跅弛亦可見矣。

劉南村不好著書

劉林青，字南村，雍正時之攸縣明經也。好讀書，於六經尤有心得；隨日劄記，每積寸許，輒燬之，存者無幾。嘗言古人戒好著書，不特悔其少作也，每教學者，令無忘斯語。

四庫全書

乾隆朝，御史王應綵、安徽學政朱筠先後疏請下詔求遺書，並言翰林院貯有《永樂大典》，内多古書，請開局校閲，具言搜輯之道甚備。時大學士劉文正公統勳獨以爲非爲政之要，且四處搜訪，徒滋騷擾，欲議寢之。而協揆于敏中獨善其議，固爭之，卒用應綵等説上之。癸巳，四庫全書館開，而私家著述一經疆臣輦送至京，廷臣檢閲，指出一二近似謗訕之語，於是生者陷大辟，死者戮尸，雖妻子亦從而坐死矣。館開十三年而書成，共存書三千四百六十種，計七萬五千八百五十有四卷，除須賞内外臣工外，餘悉存於翰林院。及光緒庚子拳亂，院被焚，弘編鉅册遂無片紙之留矣。凡所纂輯，得之《永樂大典》中者五百餘部，合各省遺籍殆有萬餘種，皆世所不傳者，次第刊布，别藏其副於翰林院，依全書目次四部，編排標籤，以清祕堂辦事翰林司其籍。翰林及大臣有欲觀者，許其請閲，亦可攜紙就鈔，惟不能私攜出院耳。

四庫全書提要

獻縣紀文達公昀總纂《四庫全書》，一切體例皆其手定，每進一書，倣劉向、曾鞏例作提要以冠之簡首，高宗輒覽而善之。評隲精審，識力在王仲寶、阮孝緒上。自言一生精力，全萃此書，洵古今大著作也。時陸耳山副憲與文達同主其事，耳山博聞彊記，資稟絶人，由中書入直軍機，曾奉勅編《通鑑輯覽》者也。

張阮林以著作爲己任

張阮林，名聰咸，桐城人，文端公英之五世孫也。高祖爲工部右侍郎廷瑑，祖爲貴西兵備道曾敭，皆以甲科貴。父元位，亦以副貢官巴州州判。阮林幼穎悟，爲祖父所鍾愛。家故世族，又自矜貴，未冠能文，有才氣，睥睨同輩。年十九，游於從祖菉園之門，見里人姚石甫觀察瑩，與語，大驚，悔其所作，盡焚之，曰：「世固有不朽之學，此不可羞耶？」由是博極羣書，遂以著作爲己任。

王船山有遺書

衡陽王船山著書數百種，臨殁時，囑其子孫曰：「吾所著，非二百年後不能大行。」子孫守其遺訓，不以示人。當乾隆癸巳開四庫館時，湖南巡撫某至其家求書，僅得經學書數種。至道光末，鄧湘皐求船山遺書，船山之裔以爲符二百年之説也，乃出稿付刊。船山，名夫之。

曹叔彦著述滿家

吴縣曹叔彦檢討元弼，盛歲成名，著述滿家。然雙目短視，咫尺不辨，吐屬宏深，語成文采，於故書雅訓，百不失一。

張菊生輯涉園叢刻

《涉園叢刻》者，海鹽張菊生副大臣元濟於宣統辛亥六月，以其先世著述已梓而板亡及家藏未刻者，活版印行，凡八種。曰《入告編》，其九世祖螺浮給諫惟赤之諫草也。其賦詠爲《退思軒詩集》。曰

《賦閒樓詩集》者，螺浮之子嗃亭主政皓著。曰《筼谷詩選》者，螺浮之孫葭士郎中芳湄著。曰《捫腹齋詩鈔》、《捫腹齋詩餘》者，皆螺浮曾孫青在明經宗松著。曰《藕村詞存》者，螺浮曾孫詠川上舍宗橚著。附以《涉園題詠》，則螺浮曾孫選巖上舍鶴徵所輯也。張氏食德承家，澤躬爾雅，各能以文采自襮，不墜名家令聞。施及菊生，蓋九世矣。其待梓者，曰《帶經堂詩話》，螺浮曾孫吟廬上舍宗枏著。曰《詞林紀事》，詠川上舍著。曰《初白庵詩評》，螺浮曾孫芷齋明經載華輯。曰《竺嵒詩存》，則賜釆著。凡四種。

趙撝叔輯鶴齋叢書

會稽趙撝叔大令之謙善刻畫，文詞雅飭，有《悲庵居士》文存。又嘗輯刻《鶴齋叢書》。鶴齋者，具言之，則爲仰視千七百幾十幾鶴齋。蓋以鶴喻縣令，我國都凡一千七百幾十幾縣，其時趙候缺，尚未真除，故云然也。

史臣文筆之詳慎

《明史》三百三十六卷，乾隆丙午七月二十五日書成，凡本紀二十四卷，志七十五卷，表一十三卷，列傳二百二十卷，目録四卷。康熙己未，用博學宏詞諸臣爲分纂，以葉方靄、張玉書等爲總裁，繼又以湯斌、徐乾學、王鴻緒、陳廷敬、張英爲之。諸纂修官皆博學能文，論古有識。玉書總志，廷敬總本紀，鴻緒總列傳。至甲午，鴻緒傳稿成，表上之，而本紀、志、表尚未就，鴻緒又加以纂輯。雍正癸卯，始再表上。世宗乃命張廷玉爲總裁，即就鴻緒本，令詞臣再加訂正。及書成，蓋已六十年矣。古來修史，未有如是之從事慎而爲日久者。所以編纂得當，詳簡合宜，行文爾雅，超出於遼、宋、元三史之上，而可以繼歐陽之《五代》也。

萬季野手定明史稿

有明以來，談道統者揚己陵人，卒釀門户之禍。萬季野目擊其弊，著《儒林宗派》十六卷，凡漢後、唐前傳經之儒，一一具列，除排擠之私以消朋黨，持論獨爲平允。季野少不馴，其父閉之空室中，竊視插架庋有明史料數十册及經學諸書，盡讀之。既出，其伯兄出經義試之，俄頃成千言。伯兄大驚，以告其父。其父曰：「幾失吾子！」是日始爲之新衣履，送入塾。康熙己未，開局修《明史》，徐元文延之往，則以布衣參史局，不署銜，不受俸爲請，許之。遂手定《明史稿》五百卷。時季野老矣，兩目盡廢，而胸羅全史，信口衍説，貫串成章。時錢亮工尚未達，爲徐門下士，才思捷敏，晝則徵逐朋酒，夕則晉接津要，夜半始歸静室中。季野踞高足床上坐，亮工就炕几前執筆，隨問隨答，如瓶瀉水。亮工據紙疾書，筆不停輟，十行並下，略無罅漏。史稿之成，雖經數十人手，而季野、亮工實尸之。

李天生改王鴻緒明史稿

富平李因篤，字天生，性行忼爽，一秉秦中雄直之氣。生平與李二曲交最密。天生宗朱子，二曲講良知，各尊所聞，不爲同異。康熙己未，以博學宏詞及第，授檢討，與修《明史》，精熟明代事蹟，史館無能及者。授職數月，乞歸養母。後王鴻緒史稿成，欲令正之。時老病在牀，令二人捧稿朗誦，呼曰改，即加竄易，半載而畢。鴻緒，華亭人，文恭公頊齡之次弟也，官至户部尚書，有《横雲山人集》。

史疑之審訂

歷代稱史學者，亦惟評隲舊聞，抨彈往迹，甫緢史略，即可成文，昔人所以有玩物喪志之譏，又有讀史令人心粗之慨也。至於本朝諸儒，皆實事求是，有疑必審，有誤必訂，而非前人所可及。如錢大昕之《廿二史考異》，王鳴盛之《十七史商搉》，趙翼之《廿二史劄記》，張熷之《讀史舉正》，洪頤煊之《諸史考異》，皆通校全史者也。梁玉繩之《史記志疑》，錢大昭之《兩漢書辨疑》，沈欽韓之《兩漢書疏證》，梁章鉅之《三國志旁證》，趙紹祖之《新舊唐書互證》，施國祁之《金史詳校》，皆專考一史者也。披郤導窾，莫不精深確當，讀史者宜奉爲指南矣。

王士禄擬改正史體

新城王士禄，文簡公士禛之兄弟行也。嘗病二十一史冗駁乘舛，《三國志》並列爲非，謂宜廢陳氏而用謝承《季漢書》，倣《晉書》例，列魏、吴爲世家，去宋、齊、梁、陳、魏、北齊、周七書，而用李延壽南北二史，其宋、遼、金用柯維騏《宋史新編》，合之十二史，既正史體，復省煩複。擬上書，不果。又謂坊本《子貢詩傳》、《申公詩説》並僞書，李維正序行《津逮祕書》收之，皆誤也。

趙甌北著廿二史劄記

趙翼撰《廿二史劄記》之初，自言不能研究經學，惟歷代史書事顯而義淺，便於流覽，於是取爲日課。有所得，輒記於別紙，有稗乘脞説與正史歧誤者，不敢遽記爲得間之奇。修史時此等記載，無不蒐入，史局棄而不取，必有難以徵信之處，今反據以駁正史，不免爲有識者所譏。錢大昕聞而贊之，謂爲論古特識。翼，字甌北，陽湖人。

朱昭芑於史多撰述

太倉朱昭芑茂才明鎬，以不得志於有司，發憤攻古學。每讀一書，輒手自勘讎，朱黄鉤貫，上自年經月緯，政因事革，下至方言物考，音義章句，無不通以訓故，參以稗家，攟摭補綴，穿窒疑，定紕繆，絲分縷析而後止。長身修偉，負意氣，好持論，恢奇多聞，上下千百年若指諸掌，聽者驚悚莫敢奪。於國事雖有論述，藏之篋，不示人。馬遷、班、范三史考覈未竟，魏、晉以降，貫穿詳洽，所著之《書史異同》、《新舊異同》二書先成，其餘日鈔月撮，曰《史典》，曰《史幾》，曰《史略》，曰《史風》，曰《史游》，曰《史嘉》，曰《史芸》，曰《史異》，曰《史最》，曰《史俳》，曰《史鑒》，曰《史桑》，曰《史糾》，凡十有三種。

史闕之增補

《史》、《漢》有表，而范書則無。班氏有《藝文志》，而范氏、陳氏、歐陽氏及遼、金、元三史皆缺。沈約《宋書》，紀、志、傳三體悉仿舊史，獨闕刑法、食貨二志，亦乖史裁。三國、東晉、十六國疆域最爲錯雜，而無志以別之，皆讀史者之所抱憾者也。自有錢大昭之《後漢書補表》及《補續漢書藝文志》，侯康之《補三國藝文志》，顧懷三之《補五代史藝文志》，倪燦之《補遼金元藝文志》，郝懿行之《補宋書刑法》、《食貨》二志，洪亮吉之補三國、東晉、十六國各《疆域志》，闡幽決滯，拖墜拾遺，生於數千百年以下，追及數千百年以上之事，恍如掌上螺紋，洵非淺見寡聞者所能道矣。

杭堇浦輯歷代藝文志

杭堇浦世駿曾輯歷代《藝文志》，歷數十載，成此鉅觀。其子貧甚，不能給朝夕，因以半部質於揚州馬氏玉玲瓏館，半部質於杭州孫氏壽松堂。在孫氏者，轉入徐印香舍人家，咸、同間，粵寇擾浙，遂不知流落何所。

惠定宇有後漢書訓纂

惠定宇嘗病於揚州，醫言欲餌參。定宇貧窘，不可得。時歙人汪對琴比部棣亦僑居邗上，雅重定宇品學，慨然購上品紫團參持贈，值千金。定宇病起，舉所撰《後漢書訓纂》初稿及繕本盡以貽之。比部不欲攘美，什襲珍護，屢思梓行，而絀於力。以同里陳氏喜藏書，因付以繕本，而自留原稿。後桐鄉馮氏所刻《後漢書補註》，即此本也。

舊五代史

世所流行之《舊五代史》，非薛居正纂輯之原書，蓋乾隆壬寅七月間，四庫館臣從《永樂大典》搜集而成者。據高宗御題，已云非薛史之舊，且復雜采《册府元龜》、《太平御覽》、《通鑑考異》、《五代會要》、《契丹國志》、《北夢瑣言》、《東都事略》、《五代春秋》、《九國志》、《十國春秋》及宋人說部諸書以附益之，其非薛史之舊可知矣。

劉鳳誥註五代史

劉侍郎鳳誥註《五代史》成，日嘔黑血如墨，未幾死。趙文恪公慎畛嘗見其手寫殘稿於會稽顧氏，凡六册，十二卷，稿用墨筆，塗註用丹黄筆，書爲端楷，點畫皆遵《字典》。

錢大昕著元史續編

錢大昕幼聰敏，過目成誦，凡天文、地理、經史、小學、算法，學無不精，所著《經史答問》數卷，暢發鄭、賈之奧。又習蒙古語，故考覈金、元諸史及外藩諸地名，非他儒所及。成親王言其在上齋時，質莊王嘗獲元代蒙古碑版，體製異今書，人皆不識，倩章嘉國師譯漢文。會大昕過而見之，曰：「章嘉故博學，然其譯爲漢文，字句有誤者。吾有收藏元時庫庫所譯漢文，可取而證之。」歸寓取原文，章嘉所誤處畢見。乃著《元史續編》，採擇精當。而小學諸書翻切極詳，惟講論字學，株守許氏《說文》，排斥別解，取擇頗褊窄耳。大昕，字辛楣，嘉定人。

馬宛斯著繹史

鄒平馬驌宛斯著《繹史》百六十卷，自開闢訖秦亡，事蹟略備。先著有《左傳事緯》十二卷，顧亭林見而亟稱之。時人號爲「馬三代」。

章實齋爲史學大宗

才、學、識三長，得一不易，而兼三尤難。唐劉知幾《史通》揚榷古今，褒貶傳記，爲千古不刊之書。後之繼武者，當推會稽章學誠之《文史通義》。命名仿《史通》，而《史德》、《史釋》諸篇，且爲《史通》所未及。《方志》之學，仿《春秋》、《檮杌》而成書。《校讎》之篇，非揚雄、劉向、鄭樵不能勝任。條分縷析，矩疊規重，多爲前賢所未發，世所由推之爲史學大宗也。學誠，字實齋。

章實齋得史裁

章實齋嘗修《永清縣志》，蘇州葉廷琯謂其思精體大，深得史裁。如職官、選舉有表，年經事緯，先後不紊。又有《士族表》，以澄流品而勸睦姻。輿地、水道有圖，開方計里，形勢瞭如。又有《建置圖》，但詳制度而略景物。至於《列女傳》，尤極匠心爲之，但有一節可書，片言爲則，無不描摹謦欬，刻畫儀容，欲慰飲冰茹蘖之貞，特改列名注略之陋。若夫闕訪有傳、防猥濫也，即以待參稽。前志有傳，明淵源也，即以維廢墜。其體裁皆足爲後之修志家取法。各序因志例而推論史例，更有發前人所未發者。劉子玄《史通》一編，獨擅千古，實齋可謂繼聲矣。王亮生言其所修《和州志》，體例較此又變而極精善，蓋志家固有因地制宜之道，非可以一格拘也。

張孟劬著史微

錢塘張孟劬太守爾田竺於學，嘗撰《史微》一書，蓋爲考鏡六藝諸子學術流別而作也。古今言六藝諸子者夥矣，非便詞巧説，破碎大道，即憑虛任臆，詆爲異端。蓋自漢武帝廢黜百家，而先王官守之遺衰；自鄭康成混合今古文，而孔子垂世立教之微言絕。暖暖姝姝，抱一先生之言以迄於今，雖以乾、嘉諸大儒考訂校讎之勤，苦志盡情，頭童齒豁，尚不識六藝諸子爲何物，真莊生所謂「大惑終身不解」者也。孟劬與其友孫益葊孝廉德謙同譚道廣平，即苦阮氏、王氏所彙刊之經解瑣屑飣餖，無當宏指，嗣得章實齋《通義》，服膺之，乃於周秦學術之流别，稍有所窺見。久之，讀太史公書，讀班孟堅書，無不迎刃而解，豁然貫通，一時之所創寤，殆若有天牖焉。爰悉取六藝諸子之存於世者理而董之，做劉知幾《史通》例，分爲内外篇，都十萬餘言。内篇爲古人洗冤，爲來學袪惑，本經立義，比次之學爲多。外篇發明天人之故，政教之原，越世高談，論斷之學爲多。名曰《史微》者，以六藝皆古史，而諸子又史之流裔也。

高宗御製十全記

高宗自號十全老人，有《御製十全記》。十功者，平準噶爾爲二，定回部爲一，掃金川爲二，靖臺灣爲一，降緬甸、安南各一，降廓爾喀爲二。其内地之三藩叛亂，謂爲幺麽小醜，不屑數也。

魏默深著聖武記

邵陽魏默深源之著《聖武記》也，龔定庵手書楹帖贈之，曰：「讀萬卷書，行萬里路；綜一代典，成一家言。」

孫之騄輯二曲野録

乾隆時禁燬之書，晚近稍稍出現。《二曲野録》八卷，仁和孫之騄所輯也。詳載明洪武戊申至崇禎甲申之遺聞軼事，而於災祥妖異之作，尤娓娓言之，故辭甚複雜。其以甲子編年，又若寄陶淵明之旨趣焉。惜無序跋，不克詳其本末也。

陳湖輯荆駝逸史

今世所傳《嘉定屠城》、《揚州十日》等記，皆見之於《荆駝逸史》。此書自《三朝野紀》至《平臺紀略》，凡五十種，四十八册，編輯者稱陳湖進士，蓋當日書禁例嚴，故深自隱匿其名姓。其序中詳述所由得之者，頗類怪誕。序云：「無夢園者，明宫詹陳文莊公之别墅也，其址在葑門東道橋之南。中有荷池數畝，饒有園亭之趣，竹石之佳，柳暗花明之勝，至足樂也。是時公嘗與周忠介、文文肅、姚文毅日相倡和於其間。園故爲陳氏世居，家多藏書，所刻書籍碑板多繫以無夢園者，公故有《無夢園文集》行於世。聞諸故老傳云，書板多藏於兹園之四飛閣上。迨入清朝，卉木廢，湖石圮，頹垣零落，已成荒園矣，即書籍碑板亦散失不復存。壬癸之交，予寓居於園之水閣，敝廬數椽，足蔽風雨，晝耕夜誦，人事都絶。庭陰有枯松一株，雖枝幹蜿蜒，而蕭然無復生意，命人劚而去之。不數尺，下有石板，叩之鏗然有聲，啓視之，得銅櫃一具，不敢輕褻，疑其中有異物藏焉。再拜稽首而開之，無他，乃殘書一束耳。字跡潦草，復多漫漶。讀書之暇，挑鐙細閲，俱係故國遺聞，約有數十種。不忍散棄，爰録而存之，用昭勸懲，以備正史所未逮，可與《天寶遺事》並垂不朽。裒帙既成，命之曰《荆駝逸史》，藏之巾箱，以俟世之鴻博君子採擇，庶不負予之一片苦心爾。」

王白田爲紫陽功臣

寶應王白田，名懋竑，編輯《朱子年譜》，去取精審，於年月先後尤斷斷，少壯精力專注一書，世稱爲紫陽功臣不誣也。白田性介澹，嘗謂友人曰："老屋三間，破書萬卷，平生志願於斯足焉。"

舊鈔貳臣傳

乾隆末，高宗勅廷臣撰録《貳臣傳》，其書甚祕，凡二十卷，首録諭旨五道，卷一爲甲乙表，卷二至卷二十爲列傳。表分六等，以遇難殉節者入甲編上，著有勳績者入甲編中，著有勞績者入甲編下，無功績可紀者入乙編上，曾獲罪者入乙編中，首降流賊後投誠者入乙編下，各傳即視此以編次，蓋舊鈔國史館定本，異於湖南坊刻者也。坊刻並作十二卷，漏載諭旨曁甲乙表，各傳先後雜糅，無復甲乙次序。又如乙編上之馬光遠、左夢康、謝陞、金之俊、房可壯、王永吉、王鐸、梁雲構，乙編中之馮詮、謝啓光，乙編下之衞周祚、龔鼎孳、劉昌、高爾儼、張端、孫可望，共十六人，乾隆壬子奉特旨削謚，此本分繫各傳末，而坊刻亦均遺之。

王壬秋著湘軍志

湖南王壬秋檢討闓運著《湘軍志》，敍湘軍之緣起與瑣事，雖表揚功績，而劣迹曾不少諱，於曾文正且有微詞，皆直筆也。湘軍將帥惡之，購其板，燬焉。乃羣屬王定安別撰《湘軍記》，則皆諛頌之辭矣。

劉薌林欲作淮軍志

貴池劉薌林觀察含芳嘗謂淮軍非始於李文忠，其官登萊青兵備道時，爲人述淮軍之原委，欲作淮軍志，未果而卒。

世宗有硃批諭旨

世宗勤於吏治，硃批諭旨，自雍正辛亥發刊至乾隆戊午蕆事者，雖有三百卷之多，然雍正十三年中，無日不自握丹毫，疇咨庶政，故硃批諭旨甚多，所發刊者不過十之三四。其餘以事關軍國大計，當時未便發刊，均藏保和殿東西兩廡。

國朝史事，以康、雍、乾三朝爲中堅。而雍正時之振刷，尤爲一代特色，故世宗手批，實爲史材中最要之物也。

朱東觀編明崇禎諸臣奏疏

朱東觀編《明崇禎時諸臣奏疏》一卷，高宗以爲忠於所事，不足爲罪，惟令改去「虜」「胡」「韃」

等字。

國初諸曹章奏

光緒庚子，甘肅燉煌石室寫經初見於世之時，法人伯希和取古代寶物。是室湮没於唐代，所藏皆唐以前物，學部令甘撫送京，遂由部設京師圖書館庋藏之，復購置書籍以益其不足，並奏請酌撥内府書籍，於是内府書稍稍傳布，然多殘缺重複之物。中有諸曹章奏鈔本五册，皆係順治甲申九月章奏也，而僅有吏、户、禮三曹。計禮曹章奏分上下兩册，其上册首頁署纂修官編修朱之錫、檢討李中白。户曹章奏一册，署纂修官編修陳爌、李昌垣。吏曹章奏上下兩册，首不署名，知爲吏曹者，亦就文義定之耳。

何子貞著史漢地理合證

道、咸間，道州何子貞紹基以書名著於世，然其生平學問，專肆力《史》、《漢》。罷官後，恆爲各省大吏聘修通志，體例精嚴，撰述贍洽。詩宗昌黎、東坡，有蒼莽横逸之氣。所著有《史漢地理合證》、《東洲草堂詩文集》、《玄女室雜記》、《春陵倦憶録》。

宫史

内廷奉詔編纂《宫史》一書，不授剞劂。其宫苑一門，備載宫中現行則例。首一門爲聖訓，有聖祖御旨。

顧亭林有肇域志手藁

顧亭林《肇域志》手藁，德清許周生藏。咸豐庚申浙亂後，爲揚州黄古蟠所得，於同治丁卯爲黠賈市去。黄先世多藏書，任子田侍御曾假十餘種至京師，有經周書昌、丁小雅勘定者，俱爲黄之後人以賤價售之。

顧祖禹著方輿紀要

顧祖禹所著《讀史方輿紀要》，博聞宏辨，囊括古今，寧都魏叔子禧稱爲數千百年絶無僅有之業。江夏劉湘煃者，嘗校顧書十餘年，愛其精博而微訾其縱横，著《讀史方輿紀要訂》若干卷。禧弟子梁份嘗著《秦邊紀略》，有書無圖。湘煃得圖以校份書，宛合，乃知爲份舊本。然與祖禹書頗齟齬，湘煃因合訂爲《秦邊紀略異同攷》。份傳禧學，不仕，爲西邊大帥上客，其書僅存。湘煃受業於梅文鼎，以諸生終。

李堯棟言地理

李中丞堯棟，乾、嘉間賢大吏也。任館職時，讎校精覈，爲高宗所知。一日，代人撰《日下舊聞攷》表文，高宗亟稱善。嘗爲《雲南山川地理圖》二卷、《夷人圖》二卷，圖後各系以説。又嘗搬修《四川通志》，詳實不蕪。又嘗購書以惠湖南嶽麓書院之弟子，又於江寧建長干橋，繕莫愁湖，而誌以詩文，築補梅亭於湖南節署，以誌嗣美梁文定之名蹟。

楊守敬治舊地理

同、光以來，精目録版本之學者，有桐城蕭穆、江陰繆荃孫。精金石攷證之學者，有義州李葆恂。而宜都楊守敬則兼之，地理之學，尤爲獨擅。蓋守敬治舊地理，早著《歷代地理沿革圖》、《隋書地理志攷證》行世。晚成《禹貢本義》、《水經注要刪》、《水經注圖》、《晦明軒稿》。以爲自來治《禹貢》者，若胡渭、徐文靖、程瑶田、焦循、成蓉鏡、丁晏諸家，於黑水、三危、九江、三江之類，往往強爲牽合，莫得要歸。實則兩黑水、兩三危、兩九江、四三江、三沮水、兩洛水、兩漳水等，皆異地同名，並不相涉，必溝而通之，致南北混淆，古今雜糅矣。至若碑帖及宋、元版古書，攷訂題跋，景摹上石付梓者，不可勝數。所成有《叢書舉要》、《日本訪書志》、《續補寰宇訪碑録》、《寰宇貞石圖》、《留真譜錢録》。守敬，字惺吾。

朱竹垞編日下舊聞

《日下舊聞》爲朱竹垞所編，而于敏中綜其成。乾隆癸巳，高宗令福隆安、英廉、蔣賜棨、劉純煒等逐一確覈，凡方隅不符，記載失實，及承襲謌舛，遺漏未登者，悉行分類臚載，並載入《四庫全書》，以垂久遠。

吳爲相修桂陽州志

吳爲相，桂陽州人，少有穎才，性簡略。順治庚子舉於鄉，不樂仕進。會試不第，歸隱。州牧董之輔甚重之，屬修州志，諸纂次盡付之。時諸生集者百數，議論盡出爲相下。已而諸生皆散去，爲相一人屬稿，日數十紙，五月書成，人咸歎爲莫及。

白下志

有以《白下志》就正於袁子才者，袁置案頭，塵壒積矣。作者索之數四，即完璧歸之。其人卽梓以問世，而頗怪袁之惜墨如金也。袁曰：「此志命名，已不足寓目矣。」或問其故，袁曰：「白下者，江寧之別名也。《白下志》爲江寧府志乎，抑江寧縣志、上元縣志乎？抑志白下山水乎，抑志白下人物乎？作文必先有題，既無題，安有文，是不必觀也。」其人聞之，匿其板不復問世。

徐星伯著新疆賦新疆識略

大興徐星伯繼朱竹君學士筠、文正公珪、翁覃谿閣學方綱而起，招徠後進，天性敦摯似竹君，胸次寬博較覃谿爲勝，四方宿學之士客京師者，以是皆歸之。官湖南學政，爲武陵趙文恪公慎畛劾罷，戍伊犂，且籍其家。其得罪之原因，蓋隨棚廚夫賣茶點與諸生斂錢，事涉徐之封翁，趙摭以入奏。然不經此，星伯之《新疆賦》及《新疆識略》不成。天山南北路冰涯雪窖，皆天畀之以著書材也。賜環後，仍官中書，門下往來者有烏程沈垚、平定張穆、泰興陳潮、甘泉楊亮、陽湖董祐誠，皆談地學之友也。

林利著太平天國外紀

《太平天國外紀》著者名林利，爲英國海軍官員，仕於粤寇僞忠王李秀成部下，曾爲之組織忠義軍，以對抗戈登之長勝軍。

李秀成著天國鑑略實録

粤寇李秀成死後，其子徵祥尚幼，錢塘某富室收養之。當出險時，一切金玉寶物俱不取，惟懷秀成手著《天國鑑略實録》一册而出。

董韞卿著述等身

甘泉董醖卿司農恂，自幼至老，手不釋卷，汗牛充棟，著述等身，輿地一科，尤爲精闢。所著有《江北運程記》、《楚漕江程記》，爲生平心力所注，尤稗國計。

徐延旭輯越南紀略

徐延旭之撫廣西也，擢自湖北襄鄖荊道，不二年，遷擢之速，震耀一時。蓋徐嘗輯《越南紀略》一書，張文襄公於奏保人才時，並以進呈，朝廷奬之。然其書體例雜糅，於越南地勢、民風、政教、禁令，率皆摭拾大略，於今昔沿革損益利害，均未之攷。惟中、越邊界各隘，歷粤抵滇，計有千八百里，詳載無遺，尚足備覽，然《廣西通志》固有之矣。徐自言守太平時，款結貢使，出關抵一人家，因雨留數日，得鈔册，紀載越事，攜歸，併采案牘，彙爲是書，不意緣此致福也。

周燕生諳朝鮮掌故

海門周燕生家禄隨吴武壯公長慶駐師朝鮮。燕生居朝鮮久，熟諳朝鮮掌故，著《朝鮮世表》、《朝鮮載記》、《朝鮮樂府》三種，皆精覈。

曾文正輯五百家姓

《百家姓》一書，爲宋初人著，故首趙姓，尊其時之皇系也。然有韻無文，識者病之。國初費九煙重編之，成文矣而不傳。湘鄉曾文正公乃又作《五百家姓》，凡單姓、雙姓共五百家，而字則二千餘，蓋每句首冠以姓，其下即引一先賢事實以註之。

徐錫輯熙朝新語

《熙朝新語》殘本，題曰古歙余金德水輯。及攷《周莊鎮志》，云前輩傳聞，謂是鎮人徐錫所作，藏名爲余金者，以當日法網綦嚴，故不敢直書其名也。書凡十六卷。嘉慶戊寅，翁子敬付之梓而序之，以爲得之武昌市肆中，且稱其多採前人著述，無一臆撰訛傳之語，又旁蒐軼事，發潛闡幽，凡登臨耳目所經，巷議街談所及，自國初至嘉慶二百年中，有關於政事、文章、人心、風俗者，靡不具載。

湯海秋著浮邱子

道光朝，士無不知湖南有湯海秋者。海秋二十成進士，三十補御史，意氣蹈厲，勇言事。未踰月，三上章，最後以言宗室尚書叱辱滿司官事，在已奉旨處分後，罷御史回原官户部。時英人擾海疆，求通市，海秋憤不得言事，猶條上尚書轉奏，策夷務善後三十事。嗣西人求改關市約，有其摺中不可許者數條，人以是服其精。浮湛部曹不得志，退而著《浮邱子》一書，大抵言軍國利病、吏治要最、人事情僞、開設形勢、尋撦要眇，凡九十篇，四十餘萬言。每遇人，輒曰：「能過我一讀《浮邱子》乎？」卒年僅四十餘。海秋，名鵬，湖南益陽人。

葉調笙著吹網録

葉調笙著《吹網録》成，或謂之曰：「子既以儒家著書，而以釋家之語名之，毋乃見譏於識者歟？」調笙曰：「是誠然。然宋儒講學之書，已襲取唐時釋子語録之名，下此則小説家有宋人《鐵圍山叢談》，近世如紀文達之《如是我聞》，彭甘亭之《懺摩録》，亦皆以釋家語命名，拙著亦竊援其例耳。」調笙，名廷琯，咸豐時之蘇州人。

求闕齋日記

湘鄉曾氏藏有《求闕齋日記》真蹟，裝以册頁，得數十巨册，皆文正所手書。宣統紀元，攜至上海，將赴石印。中頗有譏刺朝政、抑陽人物處，或見之喜曰：「此信史也。」意欲摘録，以卷帙浩繁而罷。及印本出，重覽一過，則譏刺朝政、抑揚人物之處皆删除淨盡矣。

小説之盛行

好小説家言者，首推紀文達公昀詼諧善談，今所傳《灤陽消夏録》、《續録桐陰雜記》、《如是我聞》、《姑妄聽之》是也。袁枚嘗作《子不語》，然不及其雅飭。蒲松齡之《聊齋志異》，尤爲卓絶，其敍事簡古，人比之司馬遷《史記》。餘如金人瑞之《西城風俗記》，湯傳楹之《閒餘筆話》，余懷之《板橋雜記》，吴翊鳳之《秋燈叢録》，均能巧言切狀，如印之印泥，不加雕削而曲寫毫芥。至章回小記，自達海以滿字譜譯《三國演義》以教旗人，而忠毅公額勒登保直視同古兵法，破川楚教匪，爲一朝名將，此亦可見小説之有裨實用矣。若吕撫之《二十四史通俗衍義》，蔡奡之《東周列國志》，胡爲而之《東漢演義》，褚人穫之改正《隋唐演義》，雖較之《三國演義》文質殊體，雅俗異態，而貞百慮於一致，驅萬途於同歸，亦能使紛煩衆理，無倒置之乖，殽雜羣言，無棼絲之亂，譬如葑菲，節取焉可也。言情之作，則莫如曹寅之《紅樓夢》，譏世之書，則莫如吴敬梓之《儒林外史》。曹以婉轉纏綿勝，思理爲妙，神與物遊，有將軍欲以巧勝人，盤馬彎弓故不發之致；吴以精刻廉悍勝，窮形盡相，惟妙惟肖，有箭在弦上不得不發之勢，所謂各造其極也。至善評小説者，則推金人瑞，筆端有刺，舌底瀾翻，亦爽快，亦敏妙，鍾惺、李卓吾之徒望塵莫及矣。文章游戲，繆艮所作，近代則之，厥風大暢，東方謫諫，淳于滑稽，其於世道人心蓋亦有功不少矣。

水滸傳西廂記

吴縣金聖歎，名人瑞，原爲張采，字若采，文倜儻不羣。少補長洲博士弟子員，後以歲試文怪誕黜革。及科試，頂金人瑞名就試，即拔第一，補郡庠生。聖歎於施耐庵《水滸傳》、王實甫《西廂記》皆有批本。順治丁亥戊子之交，方從事杜詩，詳加評點，未卒業而被難，士林惜之。

聊齋志異

淄川蒲松齡，字留仙，號柳泉，康熙辛卯歲貢，以文章風節著一時。弱冠應童子試，受知於學使施愚山侍講閏章，文名籍甚。顧以不得志於有司，乃決然舍去，一肆力於古文辭，悲憤感慨，自成一家言。

留仙研精訓典，究心古學，老宿名流時加刮目，因亦私心自喜，不敢妄自菲薄。又因目擊國初亂離時事，官玩民偷，風漓俗靡，思欲假借狐鬼，纂成一書，以抒孤憤而謚識者，則詞章、經濟、志節皆與之俱傳矣。每當授徒鄉間，長晝多暇，獨舒蒲席於大樹下，左茗右煙，手握葵扇，偃蹇終日。遇行客漁樵，必遮邀煙茗，談諧間作，雖牀笫鄙褻之語，市井荒傖之言，亦傾聽無倦容。人以其易親，故樂近之。初嘗效東坡強人妄言，其後不必用強，甚有搆空造作奇聞以來取悦者矣。晚歸篝燈，組織所聞，或合數人之話言爲一事，或合數事之曲折爲一傳，但冀首尾完具，以悦觀聽。其文非一朝所猝辦，其事亦非一日所網羅，歷二十年，稿三數易，始得此高不盈寸之著作。其行文驅遣成語，運用典籍，全化襞襲痕迹，殊得唐人小説三昧。留仙之孫立德序《聊齋》云十六卷，與今之傳本合。或云尚有餘卷，當日其家以所傳多明亡逸事，懼觸文網，爲删之矣。

或曰，《聊齋志異》初成，就正於王文簡，文簡欲市其稿，留仙不與，因加評騭而還之，並書後一絶云："「姑妄言之姑聽之，豆棚瓜架雨如絲。料應厭作人間語，愛聽秋墳鬼唱時。」《聊齋志異》之不爲《四庫全書》説部所收者，蓋以《羅刹海市》一則，含有譏諷滿人、非刺時政之意，如云女子效男兒裝，乃言旗俗，遂與美不見容醜乃愈貴諸事，同遭擯斥也。

客舍偶聞

淮南彭孫貽《客舍偶聞》一帙，順德李芍農侍郎文田注之，所記康熙初年滿人互相擠軋之狀，歷歷如繪。其自敍曰："「客長安，見貴遊接席，必屏人趣膝良久，人不聞，須臾廣坐寒暄而已。徵以道上所聞，唯唯謝弗知。廷有大事，卿寺臺省集禁門，其中自有主者，羣公畫尺一而退，咸諾諾。議更寘大吏，冢宰不得聞，有所調發，司馬不知，羣公優遊無事，日置酒從容。諸小臣相聚博弈，連晨夕，或達旦，失朝會，始以病告，當事亦不問，以是聞見甚希。然時時遊於酒人豪士間，抵掌談世事，無所諱，突梯者又姑妄言之，足以新人聽。雖多耳食，徵其實，亦十得五六，更益以所見，隨筆記之。」

野叟曝言

《野叟曝言》爲康熙時江陰繆某所撰。繆有才學，頗自負，而終身不得志，晚乃爲此書以抒憤。書成，適聖祖南巡，繆乃繕寫一部，裝潢精美，外加以袱，將於迎鑾時進呈，冀博宸賞。其女亦通文墨，且明慧曉世事，知此書進呈，必釀禍。又度其父性堅執，不可勸止，乃與父之徒某議，乘夜用白紙裝釘一部，其精美與原書無殊，卽置袱中而匿原書於他處。次日，繆將迎駕，姑啓袱出書，重加什襲，則見書猶是，而已無一字矣。繆大哭，以爲是殆爲造物所忌，故一夕之間書遽羽化也。女乃徐勸之曰：「既爲造物所忌，似不進呈亦佳，免召殺身之禍。」繆無如何，始罷進呈之意，由是鬱鬱而死。死後，女乃將其書重加潤飾，凡猥褻之語，删除略盡，始付刊，卽世間流傳之本也。繆湛深理學，又長於兵、詩、醫、算，乃以秦臣自居，而以理學歸之母氏，以兵、詩、醫、算分之四妾，舉所心得，宣洩無遺。書凡一百五十四回，其中講道學，闢邪說，敍俠義，紀武力，描春態，縱諧謔，述神怪，無一不臻絶頂。昔人評高則誠之《琵琶記》，謂用力太猛，是書亦然。書託言明弘治年事，按之正史，事實間有相合，而時代不能兩符也。

紀文達謂古今著述大備

紀文達爲人作序、記、碑、表之屬，隨卽棄擲，未嘗存稿。或以爲言，紀曰：「吾自校理祕書，縱觀古今著述，知作者固已大備，後之人竭其心思才力，要不出古人之範圍，其自謂過之者，皆不自量之甚者也。」

閱微草堂筆記

紀文達學究天人，胸羅萬象，所謂無書不窺，無技不絶。加以天性曠達，不斬斬然賴雕蟲小技見稱後世，其精義微言，皆隱見於《閱微草堂筆記》五種。

灤陽續録誤收金人詩爲近人詩

葉調笙所著《吹網録》云：紀文達公昀《灤陽續録》，載其座師介野園宗伯乾隆丁丑年所作恩榮宴詩曰：「鸜鵒新班宴御園，摧頹老鶴也乘軒。龍津橋上黄金榜，四見門生作狀元。」文達自言「鸜鵒新班」不知出典，當時擬以詢野園，而因循忘之。郭頻伽《靈芬館詩話》則謂元遺山《探花詞》五首，中有句云「殿前鸜鵒喚新班」，野園殆即本於是歟？然去一「喚」字，於理未協。此以喚字屬鸜鵒，故謂去之未協。余嘗閱《中州集》第八卷，則見此詩乃知爲金吏部尚書張大節所作，題爲《同新進士吕子成輩宴集狀元樓》。所異者，「御園」爲「杏園」，「摧頹」爲「不妨」，「四見」爲「三見」，「作狀元」爲「是狀元」耳。野園殆見此詩事頗類己，偶書之而略改數字，見者遂誤謂以爲野園所作也。至「鸜鵒新班」，當是金源故事，尚須博考。頻伽亦以此詩爲野園作，故謂遺山句是其所本。若就金人而言，據《中州集》小傳，張大節於明昌初已請老，計在遺山之前數十年，應是遺山詩本之張句，「喚」字之可去與否，亦難以臆定也。

著書自述身世

小説家多好以自身所經過之歷史爲著述之資料，如《儒林外史》中之杜少卿，即著者吴敬梓徵君之自寓也。《兒女英雄傳》著者文鐵仙，曾簡駐藏大臣，以事不果往，故書中安龍媒將有烏里雅蘇臺之役而卒不成行，殆亦以泚筆之時感觸身世，因而自爲描寫耳。

儒林外史

《儒林外史》五十卷，窮極文士情態，全椒吴敬梓所著也。吴，字敏軒，一字文木，乾隆時人，嘗以博學宏詞薦，不赴。襲祖業甚富，而素不習治生，性復豪，遇貧即施，與文士往還，飲酒歌呼，窮日夜不休，未數年，産盡。醉中輒誦樊川「人生直合揚州死」之句，後竟如所言。

是書將雍、乾時代之怪現狀，描寫盡致。蓋此時代之名士，最高者亦至於詩辭文字、箋注考訂而止。汪容甫於當時最負盛名，而《儒林外史》中之匡超人，或謂即指容甫。世傳其有出妻之事，與小説所載微異，然即此，亦足見人言嘖嘖之有自來矣。容甫初娶孫氏，工吟詠，嘗有句云：「人意好如秋後葉，回相見一回疏。」最爲容甫所不懌。一日晨出，忽潛回房，時孫方梳頭，容甫出不意，自其後抱之。孫駭問曰：「是何人，敢爾相戲？」容甫遽怒曰：「豈尚有他人敢如此乎？」即以此爲罪，出之，自是遂爲時論所薄。後擬劉孝標《自序》，乃有「蹀躞東西，終成溝水」之語。文士出妻，固亦常事，如容甫者，則太不近人情矣。

紅樓夢

《紅樓夢》一書，所載皆納蘭太傅明珠家之瑣事。妙玉，姜宸英也。寶釵爲某太史。太史嘗遣其妻侍太傅，冬日輒取朝珠置胸際，恐冰項也。或謂紅樓夢爲全書標目，寄託遥深。容若詞云：「此夜紅樓，天上人間一樣愁。」賈探春爲高士奇，與妙玉之爲宸英同一命義。容若，名成德，後改性德，太傅子也。

或曰，是書所指，皆雍、乾以前事，寧國、榮國者，卽赫赫有名之六王、七王第也。二王於開國有大功，賜第宏敞，本相聯屬。金陵十二釵，悉二王南下用兵時所得吴越佳麗，列之寵姬者也。作是書者，乃江南一士子，爲二王上賓，才氣縱横，不可一世。二王倚之如左右手，時出其愛姬使執經問難，從學文字，以才投才，如磁引石，久之遂不能自持也。事機不密，終爲二王偵悉，遂斥士子，不予深究。士子落拓京師，窮無聊賴，乃成是書以志感。京師後城之西北，有大觀園舊址，樹石池水猶隱約可辨也。

或曰，是書實國初文人抱民族之痛，無可發洩，遂以極哀豔極繁華之筆爲之，欲導滿人奢侈而覆其國祚者。其説誠非無稽，試讀第一回之詩曰「滿紙荒唐言，一把辛酸淚。都云作者癡，誰解其中意」，其言何等凄楚痛絶，則知其中有絶大原因，非游戲筆墨之自道身世者可比也。

或曰，《紅樓夢》可謂之政治小説，於其敍元妃歸省也，則曰「當初既把我送到那不得見人的去處」，於其敍元妃之疾也，則曰「反不如尋常貧賤人家，娘兒兄妹們常在一塊兒」，絶不及皇家一語，而隱然有一專制君主之威在其言外，使人讀之而自喻，此其關系於政治上者也。

京師有陳某者，設書肆於琉璃廠。光緒庚子，避難他徙，比歸，則家産蕩然，懊喪欲死。一日，訪友於鄉，友言：「亂離之中，不知何人遺書籍兩箱於吾室，君固業此，趣視之，或可貨耳。」陳檢視其書，乃精楷鈔本《紅樓夢》全部，每頁十三行，三十字，鈔之者各註姓名於中縫，則陸潤庠等數十人也，乃知爲禁中物。急攜之歸，而不敢示人。閱半載，由同業某介紹，售於某國公使館祕書某，陳遂獲巨資，不復憂衣食矣。其書每頁之上，均有細字朱批，知出於孝欽后之手，蓋孝欽最喜閱《紅樓夢》也。

不寐録

武進東南境太湖中，有山曰馬跡，古夫椒也，山水清幽，素爲名儒碩彦之淵藪。乾隆時，有孝廉許亦魯字省輿者，例得截取知縣，而雅不願，翩然歸隱，歷主各書院講席，崇實黜華，力矯時弊，以造就真才。所著《領雲全集》，詩古文十六卷，已風行海内。又有《不寐録》小説二十四卷，記載社會之現象，上自宫禁，下至閭閻，形形色色，無奇不有，而於明季軼事，搜録尤詳，因犯禁忌，故藏之名山，迄未付梓。後某於許姓書簏中得稿本，幾爲鼠蝕蟲傷，乃遂録版公之於世。

品花寶鑑

《品花寶鑑》出於道光中葉，著者挾貴人書，以稿本謁江浙大吏，所至獲金無算。其書中人，有見之者，華公子爲崇華巖，父名玉某，兩任户部銀庫郎中，積資百餘萬，有園林在京師平則門外。公子死，貧無以殮。或曰，華爲成親王。徐子雲者爲錫某，有六枝指，園在南下窪，名怡園。田春航爲畢秋帆，侯石翁爲袁子才，史南湘爲蔣苕生，屈道翁爲張船山，孫亮功爲穆揚阿，即慈安后之父，嗣徽、嗣元即其二子四山、五山也。魏聘才爲常州朱宣初，即江浙時文八名家中朱雪滕之父也。蕭静宜爲江慎修，梅學士爲鐵保，奚十一爲孫爾準之子，爾準時官粤督。潘其觀爲京師内城内興隆靴肆主人蘇姓也。高品爲陳森書，即著書之人也。伶人袁寶珠則仍其姓名，雲南甘太史爲之自盡者也。蘇蕙蘭爲李桂官，其餘諸伶亦皆原姓名。宏濟寺即興勝寺。金粟即桂竹蓀，曾權常州守，遭吏議。餘如王恂、顔仲清，亦皆隱指當時之名人也。

花月痕

《花月痕》書中姓名，皆實有人在，韓荷生乃左宗棠，李謖如乃郭松林，梅小岑乃李鴻章，包起乃鮑超，劉梧仙乃李元度。元度字次青，一生伊鬱，百感蒼茫，其境遇實大同而小異。

李伯元著小説

武進李寶嘉，字伯元，自號南亭亭長，創《游戲報》，爲我國報界闢一别裁，踵起而效顰者無慮十數家，均望塵不及也。繼又别爲一格，創《繁華報》。光緒辛丑，朝廷開特科，徵經濟之士，曾慕陶侍郎廣漢以李薦。會臺諫中有忌之者，遂列彈章。李笑曰：「是真能知我者矣。」自是肆力於小説，而以譎諫當路、啓人智慧爲宗旨，撰爲《庚子國變彈詞》、《官場現形記》、《中國現在記》及《文明小史》、《活地獄》等書。每一稿脱，輒紙貴洛陽，坊賈且以他人所撰小説假其名以出版，則其見重於社會可知矣。光緒丙午三月卒，時年僅四十也。

孽海花

近人所著小説，以東亞病夫《孽海花》爲最著。全書以名妓賽金花爲主。金花初名彩雲，不僅爲近世名妓，其一生歷史，即求之於古籍中，以一勾闌女關係國家存亡，除陳圓圓外，殆不多見也。是書網羅同、光以來三十年之遺聞軼事，可爲近世之歷史小説。其間描寫名士氣習，如禹鼎鑄奸，如温犀照渚，尤爲淋漓盡致。出版以後，重印至六七次，已達二萬部左右，在我國新小説中，可謂銷行最多者矣。其中人物，皆影射同、光時人姓名，如金雯青即洪文卿，龔和甫即翁同龢，潘八瀛即潘伯寅，黎石農即李芍農，李純克治民即李蒓客慈銘，莊小燕即張樵野，莊崙樵佑培即張佩綸幼樵，陸華如仁祥即陸鳳石潤庠，錢塘卿端敏即汪柳門鳴鑾，何珏齋太真即吴清卿大澂，唐常肅即康長素，王子度恭即黄公度，過肇延即顧緝庭，吕辛芳即李經芳，匡次芳即汪芝房，謝山芝即謝綏之，許鏡澂即許景澄，雲仁甫即容純甫，貝效亭即費幼亭，李台霞即李丹崖，潘勝芝曾奇即潘曾琦，徐忠華即徐仲虎，莊壽香芝棟即張香濤之洞，馬美叔即馬眉叔，吕順齋即藜蒓齋，薛淑雲即薛叔耘，李任叔即李壬叔，米筱亭即費屺懷，姜劍雲即江建霞，王憶莪仙屺即王益吾先謙，祝寶廷溥即寶竹坡，黄叔蘭禮方即黄漱蘭體芳，黄仲濤即黄仲弢，袁尚秋即袁爽秋，繆寄坪即廖季平，連沅荇仙即聯元，成伯怡即盛伯羲，段扈橋即端午橋，聞韻高即文芸閣，荀子佩即沈子培，汪蓮孫即王廉生，馮昇亭即馮桂芳也。其後半部爲他人所續，則毫無精采矣。

靈魂學

康熙朝，掌欽天監事西人南懷仁上所著《靈魂學》一書，其言以靈魂爲性，一切知識記憶不在於心，而在頭腦之内。聖祖閲之大怒，斥其語爲不經，尤剌謬，立命焚之。

三字經補

《三字經》一書，所包甚廣，其中各科學無不完備，惟歷史所敍國初諸語爲曲筆。或做近行歷史教科書改訂補緝之例，爲作《三字經補》，此段文字直接原文「至李闖，神器焚」之下，而原文清太祖四句則删之。

日報月報旬報星期報之始

報章，通稱爲新聞紙，或排日出版，所以報告社會及政治上之事項者。趙升《朝野類要》：「朝報每日門下後省編定，請給事判報，方行下都進奏院，報行天下。其有所謂内探、省探、衙探之類，皆衷私小報，率有漏洩之禁，故隱而號之曰新聞。」則宋時已有此稱也。

日報所載事項，由各地訪事員日記其所見聞而報之，常者報以書，要者報以電，得之外國者，則展轉而譯述之。於是中外要事無不歸類排比，詳細分列，可一目了然矣。報紙所載事項極多，一時不能得其要旨，故有主筆著爲社論，以明大勢之所趨，或於一事一人著有時評，俾利害分明，閱者無待於稽考。不出一室而能周知世界者，實以此也。月報、旬報、星期報體例亦略同。

京師報房、宫門抄、諭摺彙存，謂之京報，軍機密件仍多缺略。林文忠公則徐撫粤時，會同江督飭江海關道譯英國藍皮書，送之總署及通商大臣、各督撫，藉以略通洋情，然人民多不得見，曰《西國近事彙編》，月出一册。此我國報章之最古者，是爲月報之始。

《申報》創行於同治時，是爲日報之始。蓋英人美查、耶松二人相友善，來華貿易，美查創辦《申報》，延山陰何桂笙、上海黄夢畹主筆政，特所載猥瑣，每逢鄉試年，必載解元闈藝，與外報之能開通智識、昌明學術者，相去霄壤。時天南遯叟王紫荃布衣韜頗有時名，間撰時務論説，弁之報首，銷數遂以漸推廣，獲利亦不貲。耶松設一船廠，開創之始，連年折閲。美查遂以《申報》所獲，補助耶松船廠，得以維持永久，而申報館因之大受影響矣。光緒中葉改組，添招商股，由吳縣席裕福經理之。旋由江海關道蔡乃煌出資收買，後又展轉售與滬人。是報爲吾國之首創者，至於今，滬市賣報人於所賣各報，必大聲呼曰「賣申報」，是「申報」二字，在滬已成爲新聞紙之普通名詞。繼《申報》而起者，在南洋叻埠曰《叻報》，在上海曰《字林滬報》。癸巳冬，電報滬局總辦上虞經蓮珊太守元善，糾股設一報館，曰《新聞報》，往往用二等官電傳遞緊要新聞，消息較靈捷。甲午之役，痛詆當局失計，直言不諱，一時洛陽紙貴，海内風行。滬商以其銷數之多，廣告雲集，至今商家廣告仍以《新聞報》爲最也。

文。若夫預聞政事之報，當以《時務日報》爲首。是報爲光緒戊戌汪康年、梁啓超所經營者，旋改爲《中外日報》，始終有官費補助，所謂半官報者是也。

《中外日報》紀載中外大事，評論時事得失，凡政治、學術、風俗、人心之應匡正、應輔翼者，無不據理直陳，頗爲士大夫所重視。是年，居上海之法人有強奪四明公所之案，甬人起而抗拒，始則指導之，繼則節制之，一於報紙發表其意見。以是甬人雖全體一致與法人相抗，而始終無暴動之事，法人亦曲意讓步焉。庚子拳亂之役，中外騷然，康年著論力斥拳匪之釀患，政府之誤國，然仍推本於人民信拳之心理，排外之緣由，以見其咎不盡在吾國。西人轉相譯述，復證以聞見，於是公論始稍出。辛丑議和之時，俄人不允將在東三省之兵撤退，中外皆知其不利於吾國，然無肯起而争者。康年乃糾集同志，開會演説，力陳俄人之無理，東三省之俄兵不可不撤，外人永久駐兵之不可開其端，激昂慷慨，聞者動容。既已騰電中外，苦口相争，復於報紙中暢陳其義。西報轉載之，深歎吾國之尚有人也。戊申，《中外日報》以論江蘇政局之腐敗，大觸江督端忠敏公方之忌，而江海關道蔡乃煌復迎合端意，没收之。

至於反對政府鼓吹革命者，前惟《蘇報》，後惟《民呼》、《民吁》二報矣。宣統辛亥秋，則各報一律排滿，而《民立報》聲價尤高，販賣居奇，較原價昂至十倍。

戊戌。《廣仁報》刱於桂林，七日一册，名雖不著，然溯星期報之始，實首屈一指焉。

光緒丙申，康年設《時務報》於上海，是爲旬報之始。其意以爲甲午中日之戰大敗於日本，非變法不足以圖存，非將教育、政治一切大經大法改絃更張，不足以言變法，乃糾集貲本，設報館於上海。時啓超方居京師，因招之至，令主編輯事，而以籌款事自任，間亦時有所撰述也。某月，康年著《中國自強策三篇》，冠之報端，力言我國宜復民權，重公理，宜尚創作而賤安閒，尚改變而賤守常，以能開利源爲能，以能創新學爲優，民性必求其宣達，士氣必求其振奮，昔之不使民與國事者，今必與之共治，昔之使民安於愚弱者，今必使之極其明強，是爲宗旨所在。其辦法則以立議院舉議員爲首。彼時變法之說雖漸興，然不敢昌言民權，康年大聲疾呼不稍諱，朋輩動色相戒，或貽書箴之，不顧也。後復爲《中國參用民權之利益論》，以解内外之惑。其言曰：「民無權，則不知國爲民所共有，而與上相暌。民有權，則民知以國爲事，而與上相親。蓋人所以相親者，事相謀，情相接，志相通也。若夫君隆然若天人，民藐然如草芥，民以爲天下四海皆君之物，我輩但爲君之奴僕而已，平日政事舉措，漠不相聞，一旦變故起，相率委而去之，但知咎君之不能保護己，而不知纖毫盡心力於君。惟與民共治之國，民之與君，聲氣相接，親愛之心，油然自生。故西國之民，見君則免冠爲禮，每飲酒，必爲君祝福，國有大事，則羣起而謀其故。蓋必與民共樂，民然後樂其樂，與民共憂，民然後憂其憂，必然之理也。」

清議報

光緒戊戌之變，康有爲、梁啓超既出走，乃設《清議報》於日本之横濱，詆毁孝欽后黨不遺餘力。是時唐才常亦設《亞東時報》於上海，以翼《清議》。庚子，唐死，梁之同志復捌辦《新民叢報》，以言論自效。當是時，京朝士夫及草野志士咸思變法圖強，喜得《新民叢報》之爲指導也，故其銷數乃達十萬以上。蓋我國自有報紙以來，未有若斯之盛者也。

出洋留學生刊行雜誌

光緒戊戌以後，内地革命思潮既已流轉各地，而東瀛留學界更爲狂熱，乃各集鄉人刊行雜誌。於是湖北有《湖北學生界》，浙江有《浙江潮》，湖南有《湖南》以及《游學譯編》、《民報》之類，殆皆以鼓吹革命爲宗旨。政府知勢之難遏也，思以利禄羈縻之，乃廷試留日畢業學生曹汝霖、金邦平等十餘人，分别賞以翰林、進士出身，而留學界革命之熱潮乃愈熾矣。

芻言報

宣統庚戌十月，汪康年設立《芻言報》於京師，不以登載時事爲職志，而以匡救政府、警醒社會、糾正輿論爲主要。月出六紙，編輯、核對、發行皆一人任之。時患膈疾已久，或勸其不必爲是以自苦，輒笑謝之曰：「吾即以是爲療疾之藥耳。」辛亥，以病卒於京，時年五十一也。

性理類

諸儒學派之總綱

國初講學諸家，容城孫奇逢、餘姚黄宗羲號稱南北大師。奇逢交定興鹿忠節公繼善爲講友，宗羲奉山陰劉忠正公宗周爲本師，皆受王守仁姚江之傳。盩厔李顒起自布衣，安貧樂道，以理學倡導關中，與奇逢、宗羲相鼎足，其學亦出於姚江。嘉定陸世儀、桐鄉張履祥皆蕺山弟子，獨無門户之見。南豐謝文洊亦先姚江而後程、朱。睢州湯文正公斌源出夏峯，而能持新安、金谿之平。安溪李文貞公光地、平湖陸清獻公隴其、江陰楊文定公名時、無錫高愈顧樞、寶應王懋竑及關中、廣東、山左、山右諸學派，則一以程、朱爲宗。至八旗儒臣之以理學稱者，則簡儀親王德沛其最著也。

夏峯學派

孫奇逢，字啓泰，號鍾元。少倜儻，好奇節。明萬曆庚子舉人。順治乙酉，以國子祭酒徵，蓋祭酒薛所蘊謂其學行可比元之許衡、吴澄而薦之也。有司敦趣，固辭。移居新鄉之夏峯村，潛心濂洛之學，家庭雍睦。慕蘇門百泉之勝，爲宋邵康節、元姚樞、許衡諸人講學之所，遂渡河家焉。水部郎馬光裕奉以夏峯田廬，乃率子弟躬耕，四方來學之願留者，亦授田使耕，所居成聚矣。

奇逢幼當梁溪、吉水講學都門之日，與鹿忠節公交脩默證，以聖賢相期許。忠節既殉難，獨任斯運者四十餘年。兩朝徵聘十一次，堅卧不起，居夏峯二十五年而卒，年九十有二。天下咸稱爲孫徵君，又稱爲夏峯先生，或曰蘇門先生。其學宗明之王陽明，而歸本於慎獨，人無賢愚，莫不導之爲善，蓋孟子所謂天民也。嘗言喜怒哀樂中節，視聽言動合禮，子臣弟友合分，此終身行之不盡者。弟子甚衆，而新安魏一鼇、清苑高鐈、范陽耿極、登封耿介、雎州湯文正公斌爲尤著。奇逢命一鼇輯《北學編》，文正輯《洛學編》，自著《理學宗傳表》，以周、程、張、邵、朱、陸、薛、王及羅念庵、顧涇陽爲十一子，別爲《諸儒考》附之，蓋獨出己見，非依榜舊聞者比也。弟子中有漆士昌者，江陵人，嘗補《理學宗傳》，列奇逢於顧憲成後，爲古今第十二人。雖儒者不以其説爲然，而蘇門教澤入人之深，門弟子信從之篤，亦可見矣。

梨洲學派

黄宗羲，字太沖，明御史忠端公尊素長子。山陰劉忠正公宗周倡道蕺山，奉忠端遺命，從之遊。是時越中承海門周氏之緒餘，援儒入釋，石梁陶奭齡爲之魁，姚江之緒大壞，宗羲力摧其説，學者稱梨洲先生。明亡，養母不仕。嘗謂明代講學，襲語録之糟粕，不以《六經》爲根柢。又謂問學者必先窮經，經術所以經世，必兼讀史，史學明而後不爲迂儒。又謂讀書不多，無以證理之變化，多而不求於心，則爲俗學。生徒甚盛，鄞陳赤衷、董允蹈、慈谿鄭性、山陽楊開沅以及陳錫嘏、仇兆鼇、萬斯大、斯同昆季，皆出其門。所著《明儒學案》六十二卷，三百年儒林之藪也。又嘗論文，以爲唐以前句短，唐以後句長，唐以前字華，唐以後字質，唐以前如高山深谷，唐以後如平原曠野，故自唐以後爲一大變，然而文之美惡不與焉，其所變者辭，所不變者千古如一日也。生平爲文，不名一家，晚年愛謝臯羽文，則以所處之地同耳。

二曲學派

李顒，字中孚。不求仕進，於山中築一土室居之，自署二曲土室病夫，以水曲曰盩，山曲曰厔，取所籍縣名之義也。學者稱二曲先生。嘗讀横渠、藍田之書，慨然有修明關學意，勤於誨誘，從遊者日多。論學以自新改過爲極則，又謂《大學》明德與良知無分，學者當先觀象山、慈湖、白沙之書，闡明心性，然後取二程、朱子以及康齋、敬軒、涇陽、整菴之書以身踐履之，則其趣頗近乎姚江。與富平李因篤、郿李柏稱「關中三李」。後鄠縣王心敬作《關學編》以傳之。

柏，字雪木，自號太白山人。初爲諸生，及母卒，遂棄冠服，人太白山，率家人力耕，刻苦爲學。家故貧，歷兵盜水旱，滋益困。自富平李子德被徵至京師，數稱柏賢，人始有知之者。或欲周之，而柏雖難爲衣食，嘗一日兩粥，半月食無鹽，時時忍餓默坐，間臨水把釣，夷然不屑也。自誦曰：「貧賤在我，實有其門。出我門死，入我門存。」又曰：「牛被繡，鸞刀就。」又曰：「古之人有七日不火食者，有三旬九餐者，有食木子、橡栗者，有屑榆者，有一日長坐者，有餐氈齧雪十九年者，蓋有主於中，不動於外，抱節死義，不忘溝壑也。」

關學倡於明馮從吾，國初，華州白煥彩、同州黨湛、蒲城王化泰諸人相與切礲，或步訪二曲於盩厔，或迎二曲主其家，執弟子禮。煥彩有關中文獻之目，湛與化泰亦有名於時。武功有馮雲程、康賜吕、張承烈，同州有李士璸、張珥，朝邑有王建常、閻獨可，咸寧有羅魁，韓城有程良受，蒲城有寧維垣，郃州有王吉相，淳化有宋振麟，皆篤志勵學，得知行合一之旨。至乾隆時，則有武功孫景烈，亦能接關中學者之傳。

桴亭學派

陸世儀，字道威。明亡，鑿池十畝，築亭其中，不通賓客，自號桴亭。少從蕺山講學，與同里陳瑚、盛敬、江士韶相約爲遷善改過之學。慮驚世駭俗，深自韜晦，於近代講學家最爲篤實，人稱爲「嘉定四先生」。世儀嘗曰：「天下無講學之人，此世道之衰；天下皆講學之人，亦世道之衰。嘉、隆間書院偏天下，呼朋引類，動輒千人，附影逐聲，廢時失事，甚有借以行其私者，此所謂處士横議也。」其於薛敬宣、吴康齋、胡敬齋、陳白沙、王陽明諸儒，皆有評論，後儒以爲允，大旨以不立門户爲主。全祖望謂孫夏峯、黄梨洲、李二曲皆以儒名，而桴亭少知者，及讀其書，而始歎其學之粹也。著有《思辨録輯要》三十五卷。詩才甚清，惜全藁不傳。

楊園學派

張履祥，字考夫。居桐鄉之楊園，學者稱楊園先生。幼孤，母口受四子書，曰：「孔孟只兩家無父兒也。」後受業於蕺山，聞慎獨之説，晚乃肆力紫陽。當時東南文社各立門户，履祥退然如不勝，惟與同里顔統、錢寅以文行相砥礪，繼與海鹽何汝霖、凌克貞切磋講習，益務躬行。嘗謂人多讀書則識進，且能自見瑕疵，故終身都無足處。又曰：「稼穡者，治生之大端也。務稼穡，則無求於人，而廉恥立。不妄取於人，而禮讓興。廉恥立，禮讓興，然後風俗淳懿，而古道可復。」因著《補農書》以勸其子弟。朱竹垞曰：「考夫講學，一以鹿洞爲宗，仁宅義根，言規行矩，間作詩，不沿安樂窩頭巾語也。」著有《楊園備忘録》三十四卷。

程山學派

謝文洊，字約齋，號秋水，明諸生。先讀龍溪王氏書，復讀陽明書，自信益篤。年四十，會講於新城之神童峯。有王聖瑞者，力攻陽明，文洊與爭辯累日，爲所動，取羅欽順《因知記》讀之，始一意程、朱。闢程山學舍於城西，名其堂曰尊洛。著《大學中庸切己録》，發明張子主敬之旨。其《程山十則》，亦以躬行實踐爲主。時寧都魏祥等稱「易堂九子」，節行文章爲當時所重。星子宋之盛等稱「髻山七子」，亦以節概名。而文洊獨反己闇修，務求自得。之盛過訪，文洊遂邀魏禧、彭任會於程山，講學旬餘。於是皆推文洊，謂其篤躬行，識道本。及門甘京、封濬危、龍光、曾日都、湯其仁、黄熙，時號「程山六君子」，故西江言理學者，必首推文洊。康熙辛酉卒，門人黄熙等傳其所著焉。

睢州學派

湯斌，字孔伯，號潛庵。少讀宋儒書，喜陸子，以清苦勵學。順治壬辰進士，授翰林院編修，出爲陝西潼關道副使。時朝邑雷子霖以理學顯，治事之暇，時時造其廬以誌景慕。丁父憂，授徒自給，旋受業於孫夏峯。其生平論學，頗宗陽明，然能持朱、陸之平，以刻勵講求實用爲主，無陽明杳冥放蕩之弊。康熙己未，召試博學宏詞，授侍講，與修《明史》，疏請順治甲申、乙酉以前抗拒本朝臨危致命諸臣，皆據事直書，聖祖嘉與，頒之史館爲成命，由是明季諸義烈皆得表彰。後官至工部尚書。臨終，戒其子溥曰：「孟子言乍見孺子，皆有怵惕惻隱之心，爾等當養此真心，稟至性，求實理，否則習爲鄉愿，無益也。」又曰：「吾數月來，心無一綫放逸，得力深於平時。」可想見其克己之功矣。乾隆丙辰，追謚文正。同時登封耿介、上蔡張沐並有志操，學者稱爲「中州三大儒」。

安溪學派

理學有相業者，魏文毅公裔介外，推安溪李文貞公光地、高安朱文端公軾。文貞，字晉卿，一字厚庵，官至文淵閣大學士，篤信程、朱之説。其注解《正蒙》二卷，疏通證明，多所闡發，於先儒異同之處，尤能別白是非。《性理大全》一書，明胡廣等所採宋儒之説，凡一百二十家，其中擷録原書，自爲部帙者九種，捃摭羣言，分門編纂者十三類，大抵襞積成書，未能於道學源流真有鑒別，聖祖特詔儒臣删爲《性理精義》，皆文貞承旨纂修。門下士江陰楊文定公名時、漳浦蔡文勤公世遠，並以理學著名，文端最稱美之，蓋同調也。儀封張清恪公伯行講明正學，爲天下第一清官。爲江蘇巡撫時，與兩江總督噶禮訟，禍幾不測。聖祖忽罷禮，復清恪官，文貞實陰贊之，亦可見其沆瀣一氣矣。

平湖學派

陸隴其，字稼書。少即有志聖賢，不肯碌碌。既長，博觀先儒語録，尤斥陽明致良知之説。且曰：「白沙、陽明之病，今世學者知之。至於涇陽前還，偏於主静，雖本宗朱紫陽，終近禪學，亦弗足尚。」於是專以朱子爲宗，異於朱子即謂爲異端，判別區畛，不敢出入也。康熙庚戌，成進士，釋褐爲嘉定知縣，將赴官，爲銘以自警曰：「生者待汝養，死者待汝葬，天下後世待汝治，爾毋或輕爾身，以殉無窮之慾，而喪厥志。」旋因盜案落職。工部主事吴元起舉應己未博學宏詞科，其薦牘中有云：「理學深醇，久入程、朱之室；文章宏博，復登韓、柳之堂。」當時謂非虚譽。未及試，奔父喪歸。後官監察御史。壬申卒。著有《四書大全》、《三魚堂文集》、《問學録》等書十餘種。乾隆初元，追謚清獻。

江陰學派

楊名時，字賓實，一字凝齋。官至禮部尚書，卒謚文定。少有志聖學，爲文章原本經訓。康熙辛未，成進士，出李文貞公光地門。及入翰林，遂朝夕相從問學。方望溪侍郎苞與文貞辨析經義，常自日昃至夜中。文定端坐如植，言不及，終無言。及同直南書房，侍郎久與居，乃知其於文貞所講授者，篤信力行，而凡古聖賢相傳性命之旨要，皆能探其所以然，故能忠誠耿著，夷險一節，爲世完人。其督雲貴時，以受人誣奏落職，部議擬斬監候，而文定篝火治《詩》、《禮》，坦然如平時。獄詞上，世宗特旨寬免。留滇七年，講學不少倦。乾隆初元，以禮部尚書入教皇子，兼國子監祭酒，薦寧化雷翠亭副憲鋐、安谿官獻瑶、南靖莊亨陽、無錫蔡德音等七人爲助教，都下號爲「四賢五君子」。未幾卒。所著有《楊氏全書》。侍郎在都時，嘗與蔡文勤公世遠太息人才之難，計數朋輩，如楊賓實、陳滄洲，後生中尚未見堅然可信其幾及者，況在古人。文勤曰：「吾門雷生，即鋐七助教之一。乃後起之賓實也。」又歙縣程晉芳《正學論》曰：「國朝以來有三大儒，曰湯文正公斌，陸清獻公隴其，楊文定公名時。清獻之立朝治人，可以無憾，所微惜者，攻陸、王太過，猶有講學習氣。若濬庵、賓實，則昭昭與日月並行，玉粹金堅，吾無間然矣。」

江陰有徐世沐者，字爾瀚，號青牧。篤信朱子，切己反求，務有益於身心，虚懷抑志，不敢自是，至耄年如一日。少年猶及交太倉陸桴亭、無錫高彙旃、武進馬一庵，往來論學無虚日。關中李二曲南遊，世沐與深談久之。一曲曰：「子學篤而行未廣。」答曰：「先生行高而學未醇。」其不苟同多類此。晚年，隨子入都，閉户讀書，日有記注。仇滄柱見而驚歎，颺言於衆，由是文貞、清獻亟與訂交。所著書曰《惜陰録》，大旨以爲聖賢之學即知即行，若知而不行，雖讀盡《十三經》、《二十一史》，徒敝精神，其光陰可惜也。卒年八十有三。疾革，召老友陳克艱與訣，遺命勿作佛事，息心端坐而逝。克艱與世沐同里同學。繼之者，文定也。

無錫學派

明萬曆時，無錫顧端文公憲成、高忠憲公攀龍講學東南，修宋楊時東林書院，恪遵程朱教法，力闢姚江無善無惡之説，有功於世，别爲東林學派。一時名人先被權閹魏忠賢之難，後爲馬士英、阮大鋮所排，困苦亦最甚。忠憲從子世泰，字彙旃，篤守家學，葺道南祠、麗澤堂於梁溪，與從子愈等講習其中。祁州刁包聞聲謁之，往返論學，尤莫逆，學者有「南梁北祁」之稱。歙人汪學聖所學近禪，兩至東林，乃大悟前失。其鄉人汪知默、陳二典、胡淵、朱宏、吴慎、施璜、汪燧輩，方講朱子之學於紫陽書院，因學聖以問業東林，志相得，乃作《紫陽通志録》。陸清獻、張清恪皆與友善，若孝感熊文端公賜履，則世泰之徒所成就者矣。

愈，字紫超。十歲，讀忠憲遺書，即知向學，謹言行，植身艱苦。嘗言士求自立，當自不忘溝壑始。平居體安氣和，雖子弟未嘗訶責。終日危坐不欠伸，盛暑不裸跣，與人食，不越篚下箸。有忿争者，至其前，輒愧悔。顧棟高從之遊，説經娓娓忘倦。所撰《朱子小學注》，乾隆時，侍郎尹會一督學江蘇，以小學取士，頒行其書。

顧樞，字所止，一字庸庵，端文公之孫也。明天啟中舉人。少從忠憲學，明亡，韜形遁跡，不入城市，不赴講會，惟心體力行而已。於明儒服膺薛、胡，而謂陳、王不免差失。又謂端文主無欲，忠憲主格物，並直接宋儒。同縣顧培、張夏、嚴瑴、宜興湯之錡亦皆能傳東林之學。

白田學派

王懋竑，字與中。少從叔父式丹學，即自刻厲。後與方望溪侍郎交，篤志經史，恥爲標榜之習。康熙戊子舉鄉試，戊戌成進士，官安慶府教授，重建培元書院，以學行造士。語學者曰："人一號名士，無足取矣。"嘗作詩，書諸座右，曰："長隄潰蟻穴，君子慎其微。生平操持力，不敵一念非。波浪浮天闊，渀渀決四圍。内省增歎息，已往安可追。奔馬不可馭，磐石不可斡。是非反掌間，鉛刀貴一割。我心似寒灰，百念俱利劖。顧更塞其端，絶之在由枿。"此可以見其藴蓄矣。晚年，校定《朱子年譜》，於文集、語類考訂尤詳，大旨在辨爲學次序，以攻陽明之説。著有《白田草堂集》二十四卷。

朱澤澐，字湘陶，號止泉。切磋講貫，宗朱子，以爲孔子以來相傳的緒，窮即窮其所存之心，存即存其所窮之理，止是一事。喟然歎曰："尊德性者，莫如朱子，道問學者，亦莫如朱子矣。"没後，學者以其嘗講道錫山，祀之於東林道南祠。

閩中學派

閩中學派，李氏最盛。文貞公之弟光坡，字耜卿，與文貞相與講貫，著《性論》三篇，辨論理氣先後動静，以訂近儒之誤。又著《三禮述注》六十九卷，以授兄子鍾倫。從弟光塽，字廣卿；光型，字儀卿，同撰《二李經説》。鍾倫子清植有《儀禮纂輯録》。世謂李氏一門能傳禮學也。蔡文勤公聞道於文貞，而傳道於雷鋐。鋐之學，以仁爲歸，以敬義爲門户，以人情物理爲權衡，以《六經》爲食餌，以文藝爲紳佩，以奬引天下之士爲藩牆，而邪正之界，流漸之潰，析之尤精，防之尤密。生平出處，按之於道，蓋無一不合者。他如連城李夢箕精進學業，崇尚朱子。子圖南能世其學，與文勤講明修身窮理之要，文勤深重之。而邑人張鵬翼、童能靈皆以學行稱。鋐曾言閩江學者，當以鵬翼爲冠，孟超然輩行稍後，然讀書有識，不爲俗學所牽，則後先一揆也。

廣東學派

廣東學派，守陳白沙之舊者，爲新會胡方。方，字大靈，所居曰金竹岡，學者稱爲金竹先生。立志清苦，潛心理學。總督吴興祚聞其名，招之不出。知州何西池註其《梅花》詩，謂皆寓言講學，如白沙子之以詩爲教也。弟子偶冒不韙，願就鞭扑，不願聞其事於胡先生。里中語曰：「可被他人笞，勿使胡君知。他人笞尚可，胡君愧殺我。」其誠之感人如此。督學惠士奇親往受教，亦不見，乃索所著書與明季梁朝鍾文并刻之，名曰《嶺南文選》。集中《謁白沙祠》及《白沙子論》，具見淵源所自。後粤中篤學行者，有南海馮成修、勞潼。

山左學派

山左學派，自安邱劉原渌篤信朱子之學，集朱子書作《續近思録》，後數十年，昌樂閻循觀、濰縣姜國霖、劉以貴、韓夢周、德州梁鴻翥、膠州法坤宏猶能守原渌之學。夢周任安徽來安縣知縣，與山陽任瑷友。夢周與人書曰：「任君體用俱備，有明以來，無此鉅儒。」及夢周將北歸，瑷語之曰：「山左人多質直，君當接引後進，以續正學。」因作《反經説》以示之。

博野顔元，字易直，一字渾然。其學貫古今，兼體用。嘗言堯舜之道在六府三事，周公教士以三物，孔子以四教，非主静專誦讀流爲禪宗俗學者所可託。於是著《存學》、《存性》、《存治》、《存人》四編以立教，名其居曰習齋，學者因稱爲習齋先生。肥鄉有漳南書院，邑人郝文燦延元往教，三聘始往，爲立規制，有文事、武備、經史、藝能等科，從遊者數十人。會天大雨，漳水溢，牆垣堂舍悉没，人迹殆絶，元歎曰：「天不欲行吾道也！」乃辭歸。又謂張文升曰：「如天不廢予，當以七字富天下：墾荒、均田、興水利。以六字強天下：人皆兵，官皆將。以九字安天下：舉人才，正大經，興禮樂。」

元論學宗陽明，而清尅潔慤，自爲一家之説。嘗謂孟子性善，與孔子性相近習相遠意同而語異。時人追味以爲知言，又矯後儒心學放恣之弊。徽州姚際恆作《庸言録》，謂周、程、張、朱皆出於禪，其説本於元。又謂聖人無心學而有其學，乃自立爲學次第，雜取《少儀》、《内則》諸篇，定幼學之準，而以古文《禹謨》、李氏《周官經》所云六府、三事、三物爲節目，與陽明限年責功之説大畧相似，所闕者惟心學耳。

元有弟子數百人，而蠡縣李塨最有名，與大興王源、上元程廷祚日討論天地陰陽之變、伯王大略、兵法文章、古今典制、方域要害、近代人才邪正，所學必可見之於民事。廷祚推之曰：「爲顔氏者，其勢難於孟子，其功亦優於孟子。」去今逾二百年，法語學規直與泰西闇合，奇哉！德清戴望撰《顔氏學記》以儔之，猶惜其偏於空言心性也。

李明性，字晦夫，學者私謚爲孝慤先生，塨之父也。家素饒，明亡後，田被圈入旗，食指且蕃，絀於用，然與人言，絶口不道貧字，守志益定，持節益嚴，視天下不義之富貴若將浼焉。彌留之際，屏婦女勿近，顧謂塨行屬纊禮，其亦一息尚存不肯少懈者歟？

山右學派

山右學派，傳絳州辛全之學者，有洪洞范鄗鼎、絳州黨成、李生光、陶世徵諸人。鄗鼎，字位西，究心《濂洛遺書》，養母不仕，河汾人士多從之受經。康熙己未，舉博學宏詞，以母老辭。家居，立希賢書院，置田以贍學者。陸清獻嘗與以書曰：「夙聞山右辛復元之名，而未見其書。承乏恆陽，幸與山右接壤，則又聞先生出處不苟，守禮謹嚴，蓋今之辛復元也。且盡刊行辛書，大有功於世道。辱以見示，不敢私於篋衍，將攜以南歸，偏告鄉後進，俾知太行之西，龍門之東，復有大儒出其間，王仲淹、薛敬軒之遺風未墜，相與討論而傳習之，爲惠不亦多乎！一成，字憲公，號冰壑。以明理去私爲本，生平不求人知。鄗鼎嘗譽之於人，意不懌。生光，字闇章，明諸生，至孝，以程、朱微言訓子弟。明亡，北向痛哭，焚其青衿，自號汾曲逸民。世徵，字視庵。平生願學孔子，嘗言一部《論語》，皆孔子精神所流露也。至無行不與之語，乃諸弟子極意摹擬贊揚之辭，較之尋常答問尤爲親切，從此想像其精神命脈之所存。久之，覺夫子之真面目躍然欲出，恍若親承提命者然。

兩湖學派

曾國藩，字伯涵，號滌生，湘鄉人。道光戊戌進士，官至大學士，封一等毅勇侯，卒謚文正。性理之學，上接朱紫陽；經世之略，更過王陽明。在都既與倭文端公仁、吴侍郎廷棟爲講學之友，在家亦引益陽胡文忠公林翼、同邑羅忠節公澤南爲同志。文忠撫湖北，正值粤寇猖獗之時，治軍理民，均能省身克己，並禮與國處士萬斛泉以資表率。而忠節訓諸生以道德，相率投袂討寇，馳名天下。又善化唐鑑推崇平湖之學，博聞而約守，矜嚴而樂易，漢陽劉傳瑩内志外體，一準於法，均爲文正所重。惟鑑著《學案小識》，擯夏峯不録，復深致鄙夷，則亦有門户之見存矣。

八旗學派

八旗儒臣中，以理學稱者，首推簡儀親王德沛。王爲太祖弟濟爾哈齊四世孫，早歲，應襲父爵爲鎮國公，讓與從子，入西山讀書。怡賢親王薦之於朝，世宗召見，問所欲，曰：「願側身孔廟，分特豚之饗。」世宗大器之，授兵部侍郎。王益折節嚮學，立志希聖，一言一動，必由仁義。乾隆初，兼祭酒。每入學，摩挲俎豆，不忍決舍。嘗集太學諸生講《大學》首章，圜橋聽者凡千餘人，靡不悦服。獨助教王之鋭以爲未盡，復陳己意。王欣然下階三揖，其虛衷多類此。後督閩浙，駐節杭州時，於敷文書院繪河洛、方圓、義文諸圖揭於屏間，王手執松枝，佇立指點，講解移時，聽者忘倦，僉謂天潢節鉞中古今一人。嘗曰：「人心爲風俗之本，未有人心澆漓而風俗樸厚者。今世不患乏才，患人心不古耳，非講學無以明之。果使風化日移，勝咿唔呫畢多矣。」在閩時，有《鼇峯書院講學録》行世。所著又有《易圖解》、《實踐録》二書。乾隆己巳，簡親王神保住削爵，詔以王襲封。

王後歷封疆，以廉能著。然與河督高斌議不合，高欲歲減革沙船，力持不得，語人曰：「古人制度安可輕易改革。吾老不及見，汝異日當思吾語。」乾隆癸酉，張家路頭秋水漫漲，果如王所料，時王薨二年矣。及河患日增，至竭國帑民財以治之，猶無補，於以服王之先見矣。講學家尊之曰德濟齋夫子。

王同時有徐元夢者，字善長，一字蝶園，滿洲正白旗人，姓舒穆禄氏。舒與徐，滿音略同，而字義亦近，故天下稱蝶園徐公。康熙癸丑進士，官至協辦大學士，充《明史》總裁。中年後精研理學，言貌温温，若惟恐傷人者，而中持黑白，卒無所依違。與人敬以和，貴賤老少如一。老而篤學，與方望溪侍郎共事蒙養齋，暇即就問經義，事望溪如師。卒謚文定。

道、咸間，繼起者爲文端公倭仁，字艮峯，姓烏齊格里氏，隸蒙古正紅旗，爲河南駐防。道光己丑進士，官至文華殿大學士。與曾文正公、吴侍郎廷棟相與講學，兼講經濟，皆實求朱子之志而力踐之。又擬喫糠會以厲侈靡之俗，爲朝野所推重。其學以九容入手，見過自訟，言動無妄，行己接物，絶無偏私。《敬陳治本》一疏，亟亟以講明正學爲先。嘗曰：「志始於思，辨於學，發端甚微，爲效甚鉅。」真卓然儒者之言也。

同、光間，蒙古崇綺，字文山，某科狀元，三等承恩公，孝哲后之父也，亦以精研性理聞於時。杜門謝客，列几之書籍，皆學案、語録類也。穆宗崩，孝哲請命於崇，崇命以死，即此可見矣。

漢軍徐蔭軒相國桐，亦以講理學名於時，然不可與簡儀親王、文定、文端、文山所可同日而語也，其徒黨乃至擬之爲程、朱。嘗召門人講陰陽動静之學，徐曰：「譬如小几，几面，陽也，几底，陰也，去几曰動，安几曰静。」文芸閣學士聞之大笑曰：「此爲大儒之講學乎？雖車夫亦能之也。」

王船山神契正蒙之説

王夫之，衡陽人，明舉人，世人以其居石船山，故稱之爲船山先生，杜門著書，神契張載《正蒙》之説，演爲《思問録》内外二篇。康熙時，以吴三桂叛，兵至湘，乃又逃之深山。

湯默齋勸黄九烟講學

明亡，户部主事黄九烟隱居不仕，從湯默齋游。默齋勸之講學，九烟曰：「吾負不忠不孝名，何學之講耶！」

王寒荷晚好性理

寧陵王當世，號寒荷，晚好性理，得洛、閩諸儒之書，伏而讀之。間於體佳時，邀良友坐講牀頭，卒能融徹大義。雖孤行其意，少與人周旋，然一與晉接，則藹藹無亢厲色。閭里之間，骨肉之好，卒不能名之，然亦皆知之。

顧在瞻戒空談

顧在瞻，名諟，與楊禹江同爲黄梨洲之弟子。少時著《陸學傳習録》，頗謗陸、王。及自甬上歸，語門人云：「吾向日一知半解，心粗膽大，妄議先儒。今從黄先生遊，乃知半生全在夢中。」遍索所鈔《傳習録》焚之。與禹江訂讀經史法，求實學，戒空談，後生翕然從之。楊，名開沅。

張巽仲自儒而禪

張五權，字中生，一字巽仲。棄舉子業，從汪有源崑一問學，尋且延致於其家，反復克復歸仁之指，凝思終夜。粥田得資，以饌賓客，不倦。久之，瞿然曰：「朝聞道，夕死可矣，仲尼豈欺我哉！」益搜先儒語録，澂心默坐，日以爲常。間與浮屠往來質問，欣然有得，乃斷葷酒，著《復初論》，集古婦人得道者二卷，授妻沈氏，異室而處。人嘗爲自儒而禪，不恤也。順治辛卯，疾革，卻醫藥，端坐，曰：「死生，旦暮耳。」服深衣幅巾，作詩而逝，有「悟後修持二十年，儒功梵行兩能堅」之句。學者私謚爲懿靖先生。

聖祖崇理學

聖祖篤信程、朱，所著《幾暇餘編》，其窮理盡性處，雖宿儒耆學如李文貞公、湯文正公等，皆莫能測。嘗出《理學真僞論》題以試詞林，又刊定《性理大全》、《朱子全書》等書，特命朱子升祀十哲之列，自是而四配之下遂有十二哲矣。

丁覺民體驗身心

康熙戊申秋，長與丁覺民進士玥北游天雄，留燕薊間四載，閉户卻掃，體驗身心，與聖賢之旨相證合。或披衣達旦，隱几終日，仰天而嘘，浩然其有得也。嘗自謂戊戌以來，十餘年苦心一無所得，皆好異之心誤之，今日始知極平淡處是極神奇處，凡一涉奇怪，便非也。

王子方志於聖道

翼城王子方，名端。生八歲而習句讀，十二而求文藝，十六而志於聖道，獨行獨勉，二十四而粗得其大略。不幸卧病二載，兩目失明，不敢復言學道矣。康熙庚午，病瘥身強，雖目不見字，耳聞而口誦，日有稍進，乃復自奮，每讀書有得，輒命子録之，名曰《學思録》。

邵季魯習王氏學

康熙辛巳，黄岡令韋鍾藻建姚江書院於縣南，博訪有紹王陽明之學者。聞邵季魯習王氏學，乃以禮幣致之，使主院事。先一日，戒衆，厥明，諸生畢至，韋偕教諭、訓導往，博士弟子迎於門外，揖至階。邵出蒞階，韋升階，揖邵，並揖教諭、訓導，次及諸弟子，皆揖而入，釋菜於先賢如禮。出即講堂揖坐，邵南向，韋西向，教諭、訓導東向，弟子侍於階。童子歌詩闋，邵爲講《易》之艮卦。韋顧諸生曰：「先生哉！先生哉！」禮成，縣之父老喜曰：「數十年今見此也。」

勞麟書勉人爲聖賢

餘姚勞麟書，名史，好引接後學，委曲盡誠，傭工下隸，皆教之使向道，曰：「盡汝職分，務實做去，終身不懈，聖賢矣，勿自薄也。」聞者莫不爽然。里中販物者近麟書居，不忍貨僞物。芻兒牧童或折棄繪繳，毀機穽，有鬭爭者，就質於麟書，往往置酒求解。

李恒齋欲不枉一生

李文炤，字朗軒，號恒齋，善化之鄉人。母孕十六月而生，幼讀書，寓目成誦。十歲，適郡城，父攜之謁先師孔子廟，循行殿廡，告以配享從祀之典，文炤曰：「如此庶不枉一生。」

李簡庵反躬切體

連城李圖南，號簡庵，諸生也。性端敏，甫四齡，而《四子書》已成誦。能謹容節，就傅習舉業，兼攻詩古文。既而歎曰：「吾學自有身心性命之所急者，顧可以虛名自鶩乎？」於是究心濂、洛、關、閩之書，以反躬切體爲務。居蓮峯、點石諸山者久之。嘗曰：「學者惟名利之念爲害最大，越此庶可與言學。」

湯介亭師聖賢

睢州湯準，字稚平，號介亭，文正公斌之四子也。少岐嶷，有遠志。年十三，書「聖賢自可師」五字於紙，文正喜而勗之以正學。遂體究儒先，默識貫穿，悉本於身心踐履，不務講學名。嘗曰：「爲學不在多言。」

朱湘濤做聖賢功夫

朱湘濤，名澤澐，寶應人。晚歲得脾疾，每五更起，盥沐，觀書，至夜分乃息。謂其子曰：「聖賢功夫正於困苦時驗之，若稍稍放倒，便至墮落，可不懼哉！」疾甚，吟宋邵康節詩曰：「任經生死心無異，雖隔江湖路不迷。」命家人治後事，别親友，怡然而逝，時年六十七。

王灃川爲關中儒者

王心敬，字灃川，鄠縣人。幼學於李容，爲邑諸生。雍正庚戌，其子某爲令，陛見，例陳摺，世宗見而嘉之，曰：「名儒子故不凡。」令上疏者以爲式。乾隆丙辰，蒲城某進士赴廷試，大學士鄂文端公爾泰問灃川安否，進士素不知灃川也，不能應，文端笑曰：「若不識關中儒者，何太俗耶！」

姜雲一味論語

昌樂閻懷庭與濰縣姜雲一善，一日，問雲一喜讀何書，曰：「《論語》，終身味之不盡也。」雲一嘗自述其生平學力，謂年四十，始能不以貧富攖其心，五十，始能不以生死動其心。

王勿齋作克復格

王立楷，號勿齋，乾隆初之湘陰諸生也。性方正，勤於自治，甚刻苦。嘗作克復格，每月言動必謹記之。

汪紱初精研性理

汪紱初，名烜，安徽婺源人。家貧困，傭於江西景德鎮之瓷器製造所，爲畫盤之役。博極儒書，精研性理，以宋五子之學爲歸。

勞莪野讀書有得

勞莪野嘗言讀孔子書，得一言曰務民之義，讀孟子書，得一言曰强爲善而已矣，讀朱子書，得一言曰切己體察。勞，名潼，乾隆時南海舉人也。

戴東原爲本朝儒者

德清戴子高明經望，嘗與仁和譚復堂大令獻評隲戴東原，謂爲本朝儒者第一。譚不答，蓋目之爲第二流也。東原，名震，休寧人，乾隆時翰林院庶吉士也。

陳仁五研究性理

攸縣陳仁五茂才惠，研究性理之學，有猶子敍齋，嘗攜之入家塾。一日，講《中庸·天命》章，自卯達日午，娓娓不倦，敍齋亦恍然悟。其教人也，以小學爲先。每慨然曰：「士生斯世，不能俎豆馨香，樹士林坊表，徒執筆咿唔，習舉子業以弋取榮名，誇耀閭里，有道恥之也。」

鄧元昌悔爲朱子罪人

雩都宋昌圖嘗以通家子禮謁贛縣鄧元昌，器之，館之於家，昕夕論學，爲日程疏記，言動交相摘。一日，昌圖讀朱子《大學·或問》首章，元昌適過窗外，立聽之，不覺淚下而拜，感動不能起，謂昌圖曰：「子勉之，無蹈吾所悔，永爲朱子罪人，偷息天壤間也。」

孫玉山潛心理學

孫占鼇，字玉山，零陵歲貢生。嘗役於府署，輒懷書而往，郡守奇之，令改業爲儒。不數年，文譽大起。旋入庠，食餼，貢成均。晚年潛心理學，終日默坐，與性道相契，世味泊如也。所著有《周易疑參》、《四書質疑》。

夏錫疇篤志勵行

河内夏錫疇，字用九。篤志勵行，治經通大義，不爲章句之學。嘗自言曰：「今之講學者，吾知之矣。摹倣其口吻，比附其文字，以較量於錙銖黽蠢、依稀輕重之間，若是者，俗學也，吾弗爲也。悟空習静，妙歸本體，掃除見聞，屏絶思慮，以程、朱爲支離，若是者，異學也，吾弗爲也。耽嗜泉石，厭鄙世故，甘心枯槁而無聞者，畸民也，吾弗爲也。趨時若鶩，逐利如繩，巧宦通神，前有阱而不見，後有賊而不知者，戮民也，吾竊矜而悲之。其或志切功名，挾策干主，布衣上書，以此博名而顯天下，吾力弗及焉，而又不爲也。」

朱紫桂讀先哲書

同、光間，湘鄉有朱紫桂者，以貿茶致巨富。少固未嘗讀書也，至是而悔之，嚮學彌篤。嘗課子延師，於帷後静聽之，課罷，則就經中之字請解其義。客有讀書者，入門，輒挾卷以質疑，數十年如一日。其所常觀之書，爲《四子書》及陸象山、王陽明集。有過不自諱。有見其與李筱秋書，謂「自聆雅教以來，及讀各先哲書，亦知利不可專，而於利字關頭總打不破，不解何故」云云。所寄友人尺牘，不假他手，雖有訛字，文筆固明暢。曾卜壽藏於五腦梅花山，自作一聯曰：「一點靈光還造化，百年骸骨葬梅花。」

王曙軒服膺朱子

湘潭王曙軒徵君生平服膺朱子之學，嘗主講河南明道、洛學兩書院，刻布約言，頒示諸生。光緒辛亥，湘藩胡某聘主長沙求實書院講席，時年已七十餘矣，白髮蕭然。其持論頗不與袁淑瑜合。淑瑜少出曙軒門下，曙軒猶以學生待之，辭氣之間，不少假借，淑瑜頗不能堪，謂其挾長。

清稗類鈔

經術類

羣經精義之發明

經學之分漢、宋，猶理學之分朱、陸也。其專宗漢學以抵程、朱之隙者，爲毛奇齡、惠棟、戴震諸人。其義理宗程、朱，仍博稽漢、唐注疏者，爲李光地、方苞、姚鼐諸人。自有明中葉，人皆敝精力於帖括，而根柢之學闕焉。國初，樸學之士始出，顧炎武、閻若璩開風氣之先，其後鉅儒踵接，元和惠氏、武進莊氏、高郵王氏、嘉定錢氏盛於吳中，婺源江氏、休寧戴氏繼起於宣、歙。由是漢學昌明，遠紹微言，兼通大義，千載沈霾，一朝復旦。極盛於乾隆，益精於嘉慶，遺經端緒，皆有條理。然江藩作《漢學師承記》，凡稍近宋學者皆擯之。阮元刻《皇清經解》千四百餘卷，而光地與苞之著述一字不收，蓋幾於分茅設蕝矣。一時風氣所趨，遂以搜殘舉碎爲功，詆宋儒爲空疏，肆力掊擊，抑又過矣。要知漢儒之訓詁，宋儒之義理，相須而行，闕一不可，其激而互有勝負者，皆末流之失也。

經學有北南二派

長沙有校經堂，創自湘撫吳榮光。光緒初，學使餘姚朱肯夫少詹逌然籌款擴之，人才號爲極盛。湘潭葉奂彬主政德輝，其魁碩也，有論經之言，今節録之。

其論經學北派也，則曰博野有顔元，蠡縣有李塨。塨所著曰《周易傳注》、《詩經傳注》、《李氏樂學録》。元之學，一傳而爲李塨，塨又受學於毛奇齡，此南學合北學之始。再傳而爲程廷祚，則又以南人而爲北學。然如所著《晚書訂疑》、《禘祫辨誤》二書，絶不附和毛氏《古文尚書寃詞》及《郊社禘祫問》之説，是則冰寒青勝，派同而學不同。至所著《春秋識小録》，已入乾嘉考據一派，其殆學成之日乎？元之學，初不行於南方，厥後二百餘年，德清戴望本其先世家學，著《顔氏學記》一書表揚之。望晚年又從陳奂受《毛詩》，從宋翔鳳受《公羊》，所注《論語》，即發明《公羊》之義，是又轉入南學今文派矣。

曲阜有孔廣森，所著曰《顨軒所著書》，孔廣林所著曰《孔叢伯遺書》。廣森受學於戴震，震爲江永高弟，是當列於婺源派之再傳。然北方爲漢學者，紀文達公昀無傳書，獨孔氏一家爲之，至馬國翰而極盛，故特列爲一派，以張漢幟。

其論經學南派也，則曰崑山派有顧炎武，所著曰《亭林遺書》、《音學五書》、《日知録》。徐乾學爲炎武甥，所著爲《讀禮通考》。潘耒爲炎武弟子，刻《亭林遺書》。炎武之學，出於朱子，而實事求是，遂開東南漢學之先，論一代儒宗，當以炎武與元和惠周惕爲不祧之祖。江藩《漢學師承記》退炎武與黄宗羲居於卷末，是誠所謂蚍蜉撼大樹者矣。

元和派有惠周惕，所著曰《詩説》。士奇爲周惕子，所著爲《易説》、《禮説》、《春秋説》。棟爲士奇子，所著爲《易例》、《周易述》、《易漢學》、《易大義》、《易微言》、《周易本義辨證》、《古文尚書考》、《明堂大道録》、《禘説》、《左傳補注》、《九經古義》。惠氏三世治經，至棟而益盛，吴中漢學，實惠氏一家開之。故周惕與炎武，不獨化被三吴，澤及桑梓，卽天下後世，亦當推爲兩巨師焉。棟之弟子，一爲江藩，著《周易述》、《補爾雅小箋》。一爲余蕭客，著《古經解鉤沈》，皆於漢學一派有功後學者也。

婺源派有江永，所著曰《周禮疑義舉要》、《儀禮釋例》、《儀禮釋宫增注》、《禮記訓義擇言》、《深衣考誤》、《禮書綱目》、《律吕新義》、《律吕闡微》、《春秋地理考實》、《鄉黨圖考》、《羣經補義》。戴震爲永弟子，所著曰《戴氏遺書》。段玉裁爲震弟子，所著曰《經韻樓全書》、《説文解字注》。龔自珍爲玉裁外孫，所著曰《尚書泰誓答問》、《春秋決事比》。龔橙爲自珍子，所著曰《詩本誼》。永之學出於朱子，震乃操入室之戈，再傳而爲玉裁，猶是古文學一派。三傳而爲自珍，又轉入今文學一派。此無他，師承之嚴重不如漢京，故學者但隨風氣爲轉移，遂不惜背師而馳，自亂統系。

常州派，一曰陽湖派，有莊存與，所著曰《周官記》、《周官説》、《周官説補》、《春秋正辭》四種。述祖爲存與從子，所著曰《尚書校逸》、《尚書説》、《毛詩考證》、《周頌口義》、《夏小正考釋》、《五經小學述》、《説文古籀疏證》。劉逢禄爲述祖弟子，所著曰《尚書今古文集解》、《公羊何氏釋例》、《公羊何氏解詁箋》、《論語述何》、《發墨守評》、《箴膏肓評》、《廢疾申何》。龔自珍爲逢禄弟子，所著曰《婺源三傳書》。魏源亦逢禄弟子，所著曰《書古微》、《詩古微》。孫星衍所著曰《周堂集解》、《尚書今古文馬鄭注》、《尚書今古文注疏》、《明堂考》、《魏三體石經考》、《孔子集語》。張惠言所著曰《茗柯全書》、《儀禮圖》。成孫爲惠言子，所著曰《説文諧聲譜》。常州之學，本分二派，一爲今文學派，莊氏一家開之，傳至龔、魏，横流極矣。然其學通天人之故，接西京之傳，蓋得董、賈之精微，而非如龔、魏之流於狂易。江藩《漢學師承記》不列其名與書，殆有彼哉之意乎？一爲古文學派，孫星衍卓然名師，爲古學之勁旅，當時與洪亮吉齊名鄉里。亮吉所著《左傳詁》，遠不如孫之精深。蓋洪後以史學地理名家，精神别有專用也。惠言精研《易》、《禮》，實惠氏之旁支。崑山元和以外，其學派未有過於常州者也。

儀徵派有阮元，所著曰《皇清經解》、《詩書古訓》、《車制圖解》、《儀禮石經校勘記》、《曾子注釋》、《十三經注疏校勘記》、《經籍纂詁》。元主持漢學，全在《經解》一書。節鉞所至之處，於廣州則創學海堂，於浙江則建詁經書院，兩省承學之士，百年以來，猶沿其餘風。湘省漢學，興起最遲，然創湘水校經堂者，則其弟子巡撫吴榮光也。瞽宗之祀，其爲先河乎？長沙王先謙續編《經解》一書，推衍宗風，網羅散佚，其嫡派終在湖湘。新學既興，南風不競矣。

高郵派有王念孫，所著曰《讀書雜志》、《廣雅疏證》。引之爲念孫子，所著曰《經義述聞》、《經傳釋詞》。高郵自創一派，專以形聲訓詁校勘古書，於是千古沈晦不可解之文詞，循其例，無不涣然冰釋。俞樾踵其後，爲《羣經平議》，爲《諸子平議》，爲《古書疑義舉例》，而後四部書之譌文脱簡，重門洞開，可謂周、孔之埽夫，劉、班之嫡子。曾文正《聖哲畫像記》推爲集小學之大成，蓋猶等夷之見矣。

南雷派有黄宗羲，所著曰《易學象數論》、《深衣考》、《孟子師説》。南雷得蕺山之傳，其理學爲陽明一派，然爲全祖望所私淑，又爲萬斯大兄弟受業之師，浙中經學之風，故當以宗羲爲鼻祖。

四明派有萬斯大，所著曰《萬氏經學五書》。斯同爲斯大弟，有《石經考》。四明之學，爲浙中漢學之先聲，非毛奇齡逞其口辯一味叫囂之比也。少時兄弟師事南雷，得聞蕺山之緒論，平日持論，以爲非通諸經，不能通一經；非悟傳注之失，則不能通經；非以經釋經，則亦無由悟傳注之失。至理名言，誠實事求是之義。當時並無漢學名幟，而治經之法，遂爲一代宗風，不可謂非豪傑之士也。

桐城派有方苞，所著曰《望溪全集》。劉大櫆爲苞弟子，不傳經。姚鼐爲大櫆弟子，有《左傳補注》、《公羊補注》、《穀梁補注》、《國語補注》、《九經説》。桐城方氏説經諸書，源出北宋，再傳爲鼐，以參合義理、考據、詞章爲宗，桐城之學，至此一變，曾文正師之。東塾派有陳澧，所著曰《東塾讀書記》、《漢儒通義》。澧爲阮元再傳弟子，然近世所謂漢、宋兼采一派者，至澧而始定其名，故别爲派以殿於後。

經有六證

葉奂彬深於經學，嘗謂經有六證，可以經證經，以史證經，以子證經，以漢人文賦證經，以《説文解字》證經，以漢碑證經。今録其證經之言如下。

一以經證經 如以《禮》證《易》，則有張惠言《虞氏易禮》。以《春秋》證《易》，則有毛奇齡《春秋占筮書》。以《春秋》證《禮》，則有宋張大亨《春秋五禮例宗》。以《公羊》證《禮》，則有凌曙《公羊禮疏》、

《公羊禮説》，陳奂《公羊逸禮考徵》。以《穀梁》證《禮》，則有侯康《穀梁禮徵》。以《禮》證《詩》，則有包世榮《毛詩禮徵》。以《公羊》證《論語》，則有劉逢禄《論語述何》。昔人云，不通羣經，不能治一經，此解經第一要義也。

一以史證經　司馬遷受經於孔安國，故言漢學者，推爲古文家，不盡然也。《史記》一書，《五帝本紀》、《夏本紀》、《殷本紀》、《周本紀》可以證《尚書》，春秋列國《世家》可以證《尚書》，亦可證《左傳》，《孔子世家》、《仲尼弟子列傳》可以證《論語》，《荀孟列傳》可以證《孟子》。自餘前漢諸人，其列傳中引用經文，多與今本殊異，繆佑孫有《兩漢書引經考》，最爲詳洽，可以參觀。《史》、《漢》以外，則《三國志》、《南北史》，不獨經師遺説時有異同，即其授受源流，亦足以資考索。至《國語》、《國策》、《逸周書》，本屬經類，或與《春秋》相表裏，或與《尚書》相貫通，雖純駁不同，而參考必備，《四庫全書》均入於史部雜史，非知三書源流者也。

一以子證經　諸子皆六藝之支流，其學多出於七十子。周、秦、兩漢九流分馳，諸儒往往摭其書之遺言，以發明諸經之古學，今試舉其書論之。如京氏《易傳》《隋書經籍志·五行家》京《易占》即此書也。爲孟喜《易》義，焦贛《易林》翟云升考定爲崔篆撰。爲京房《易》義，《韓詩外傳》爲《韓詩》義，班固《列女傳》爲《魯詩》義，《韓非子》、《淮南子》爲《春秋左氏》義，《白虎通德論》爲《春秋》禮義，《荀子》、蔡邕《獨斷》爲《禮》義，此其彰明較著者。至《墨子》有《古尚書》，有《百國春秋》，《管子》有《周禮》遺法，《淮南子》有九師《易》義，是又在讀者之善爲溝通，而無用其比較已。

一以漢人文賦證經　王逸《離騷注》、《蔡中郎集》有《魯詩》義，阮元輯《三家詩》，陳壽祺《三家詩遺説考》，已詳舉靡遺。其他《兩漢書》中諸人封事、文賦，或釋經有異義，或引經有異文，大抵諸儒各治一經，無不貫徹源流，搜採遺佚。其書見於前續兩《經解》中者，可以按目求之。即小有出入異同，亦無損其全書之例。乾、嘉兩朝，江、浙間諸經師，不得不推爲經苑之功臣矣。

一以《説文解字》證經　許爲古文學而兼采衆家之言，故其書同一引經，往往先後異字，解義亦不相同。陳瑑《説文引經考證》、吴玉搢《説文引經考》、柳榮宗《説文引經考異》，皆有專書，可取而細繹之也。

一以漢碑證經　漢儒治經，最重師説，凡流傳碑本，其引經與他本異者，家法皆各殊。皮錫瑞有《漢碑引經考》一書，疏證詳明，真偉作也。

顧亭林春夏温經

顧亭林少時，每年以春夏温經，延請士子之聲音宏暢者四人，設左右坐，置注疏於前，自居中央，其前亦置經，使一人讀而已聽之。遇其中字句不同或偶忘者，詳問而辨論之。凡讀二十紙，再易一人，四人周而復始，計一日温書二百紙。

陸紫宸於六經有撰述

陸楣，字紫宸，無錫人。幼孤露，讀書於雞棲豚柵旁，志意慷慨，喜爲古文辭。同邑有朱旂者，見楣所作，爲之延譽於秦宫諭松齡，乃得縱觀秦氏藏書。自是北走燕趙，南踰閩嶠，其學益進。楣於《六經》皆有撰述。垂老，作《古今官制考》，未成而歿。其狀巨肩蝎鼻，不知者以爲河朔傖父也。

陳念兹疏注五經

陳明瑄，號念兹，諸生也。好與人尚論千古，每及忠臣義士，則意氣激昂，揚眉抵掌。至言及不平事，則目瞪口噤，氣填胸薄喉，半晌不出聲。耽嗜書史，朝夕科跣，坐卧一小齋，劌心鉥腎，研窮聖賢義藴。嘗疏注《五經》，沿流討源，深造自得。

顧復初發明五經

顧復初，名棟高。以經學授國子監司業，年逾七十，不復出山。康熙丁丑春，聖祖南巡，迎鑾，獻所著《詩書兩義》，蒙恩加祭酒銜，又數年而終。復初爲辛丑進士，性倨慢，不合時。官中書時，與堂上官齟齬，僅三載，即歸田。生平以窮經著書爲事，自幼至老，未嘗一日不讀書，於《五經》皆有所發明。掌教淮陰，從遊者甚衆。夏日不見客，閉重門，解衣脱襪履，至寸絲不掛，匿帷後，手一卷不輟。辛未經學，惟復初無愧色耳。

李恒齋治經有聲

善化李恆齋究心正學，治經有聲，與同邑熊超、寧鄉張鳴珂、邵陽車無咎、王元復爲友，各守一編，相與切劘。嘗釋《易》卦象，訂《禮》正《詩》《樂》，解《春秋》，論纂宋五子書。爲嶽麓院長，著《學庸講義》，其他子史百家、輿地象緯莫不淹貫。湖南自王夫之以學術聞天下，文炤繼起，名與之埒。

徐文定精研經學

滿洲徐文定公元夢精研經學，老而彌篤，暇卽就方望溪侍郎苞考問經義。諸王侍衞中有年逾三十始讀《大學》，而請業於方者，講至《秦誓》，方作而言曰：「所謂一個臣，吾觀徐公良然。」

高宗重經學

高宗特詔大臣保薦經術之士，課其學之醇疵，特拜顧棟高爲祭酒，陳祖范、吴鼎、梁錫璵等皆授司業。又特刊《十三經註疏》，頒布學官，命方苞、任啓運等裒集三禮，自是漢學大著。

乾隆乙酉，諭曰：「儒林亦史傳所必及，果經明學粹，不論韋布，豈以品位拘。如近日顧棟高輩，終使淹没無聞邪？」嗣是史館始立儒林傳。

梁鴻翥月必誦經

梁鴻翥，字志南，安邱人。窮老篤學，月必誦《九經》一過，鄉里目爲癡人。大益都李司馬文藻一見奇之，爲之延譽，遂知名於世。每治一經，几案不列他書，有疑義，思之累日夜，必得而後已。

戴東原通十三經

戴東原生十歲始能言，就傅讀詩，過目成誦。塾師授以《大學章句·右經一章》，問其師曰：「此何以知爲孔子之言而曾子述之？又何以知爲曾子之意而門人記之？」師曰：「此朱子云爾。」又問朱子何時人，曰：「南宋。」曾子何時人，曰：「東周。」周去宋幾何時，曰：「幾二千年。」曰：「然則朱子何以知其然？」師不能答。後讀他經書，一字必求其義，塾師略舉傳注訓解之，意不釋，師乃取許氏《説文解字》，令自檢閱。學之三年，通其義，於是《十三經》盡通矣。

錢籜石不服戴東原經述

錢籜石侍郎載，襟情蕭曠，豪飲健談，每偕朱竹君、王石臞諸人過法梧門祭酒，冬夜消寒，卷波浮白，必至街鼓三四下。竹君盛推戴東原經術，籜石獨有違言。論至學問得失處，觀發赤，聚訟紛拏，酒罷出門，猶嚣嚣不已，上車復下者數四。月苦霜悽，風沙蓬勃，餘客拱手以竢，無不掩口笑。

臧在東拜經

武進臧鏞堂在東，經師玉林孫也。受業於盧抱經，經史小學精審不苟，殆過其師。每歲除夕，陳所讀書，肅衣冠而拜之，故又字曰拜經，蓋慕其遠祖榮緒庚子陳經之故事也。其弟禮堂，學亦深邃，持父喪，白衣冠而處，不與人見。

焦李凌皆邃於經

江都焦里堂循，吴縣李尚之鋭，歙縣凌次仲廷堪，皆邃於經義，尤精天文步算之學，交相契愛，爲談天三友。焦里堂既免生母殷太孺人喪，小有足疾，遂託疾居江都黄珏橋村舍，閉户著書。葺其老屋，曰半九書塾，復構一樓，曰雕菰樓，有湖光山色之勝，讀書著述，恆樓居，足不入城市者十餘年。

劉文清勗焦里堂習經學

劉文清公墉按試揚州，焦里堂時年十七，應童子試，取入學。覆試日，文清問詩中用「馧馨」字者誰也，里堂起應之。問何所本，以《文藪·桃花賦》對，且述其音義。文清喜曰：「學經乎？」對曰：「未也。」文清曰：「不學經，何以足用，爾盍以學賦者學經。」明日復謁，復呼里堂至前，曰：「識之，不學經，無以爲生員也。」里堂歸，乃屏他學而學經，卒成經師。

汪紱初囈語説經

乾隆某歲，婺源大饑，無米，汪紱初市豆屑，炊之作食，而未嘗告人，曰：「士人輒語人貧，人縱憐我，我可受邪？」尋遘疫，作囈語，侍疾者聽之，皆説經也。紱初，名烜。

陳祖范著經咫

陳祖范，字亦韓，亦字見復，常熟人。雍正癸卯舉人，未及殿試。乾隆辛未，薦舉經學，特賜國子監司業銜。著有《經咫》一卷，皆其説經之文。名「經咫」者，用《國語》「晉文公咫聞」語也。祖范膺薦時，曾録呈御覽，此其門人歸宣光等所刊，凡《易》七條，《書》十二條，《詩》七條，《春秋》十三條，《禮》六條，《論語》十三條，《中庸》二條，《孟子》十條，而以雜文之有關禮義者八篇，列於《禮》後。其論《書》不取梅賾，論《詩》不廢小序，論《春秋》不取義例，論《禮》不以古制違人情，皆通達之論。原序稱「文不離乎《六經》、《四書》，説不參乎支離怪僻」，視蕭山毛奇齡之專攻前人者，同一説經，而純駁顯然。試觀其書，如駁《公羊傳》弟爲兄後之説，而取其母以子貴之文，駁婚禮不告廟之非，《論語》無所取材，主鄭康成桴材之説，謂寧武子不及仕衛文公，謂瓜祭非必祭，及政逮大夫四世之類，取奇齡説者不一而足，惟《古文尚書》顯然立異耳。祖范學問篤實，必非剽取人書者，或奇齡之書盛氣叫囂，肆行詆訕，爲祖范所不欲觀，故不知先有是説，偶然闇合耶？然如奇齡經説以諸賢配享爲多事，而謂學宮祀文昌、魁星爲有理，則祖范終無是也。

龔元玠説經鑿空

南昌龔元玠以舉人舉乾隆丙辰博學宏詞，辛未又舉經學，皆不第。甲戌始成進士，以縣令終。著書甚多，經學有《十三經客難》一書，鑿空夢囈，至可噴飯。最可笑者，謂孔子晚年設教杏壇，乃爲司成教學之官，非私設講席也。以「使漆雕開仕」一章斷之，謂非論才薦士之職，不能使人仕也。又徵諸「三年學不志於穀」章，謂夫子既有薦士之職，故諸弟子皆求其論薦，當時魯國學制，以三年爲畢業之限，諸弟子有未滿三年而汲汲求仕者，欲孔子破例薦舉，故孔子發此歎。又云：「夫子删述《六經》，必稟命周天子。蓋六藝皆掌於官，非夫子所得自擅。當時周天子必命夫子先修魯史，作《春秋》，以觀其史才。《春秋》既成，方欲令修周史，而不意其遽没也。」

越中經學

越中經學，自黄梨洲權輿於前，毛西河起而和之，已有廓清宋學之功。若邵二雲、盧抱經者，則皆爲漢學之大宗。范蘅州名輩次於盧、邵，雖著述未富，成就卓然。茹三樵、王汾原名不甚著，其書皆足不朽。而王方川、胡稚威皆博學有盛名，所業竟無傳者，可惜也。

張忍齋默理經解

張忍齋貫通經學，爲兩浙儒宗。官京師時，别無所嗜，暇則手一册，默理經解。凡經書一節一句中之有數説者，輒書數姓氏於側，循姓氏而遞憶其説焉。

徐退山有五經讀法

古今談經者，無慮數百家，其中立言不朽者固多，而剽竊老生常談以自文其淺陋者，亦指不勝屈，黄茅白葦，塵目螫口，嗜奇愛古之士，每望望然去之。徐退山曾著《經史辨體》一書，評點皆别出手眼。經部前各載讀法數十則，半取材於京山郝氏，竪義雖不無偏執，而岸然自異，羞語雷同，令覽者如撥雲霧而見青天，洵經義中所創見也。退山，名與喬，崑山人。

吴山夫經術

山陽吴山夫，名玉搢，著有《金石存别雅》、《説文引經考》、《山陽志遺》等書。國史四《儒林傳》、秦文恭公《五禮通考》多其校字，其輩行在東原、潛研之前。

汪容甫解經

汪容甫，名中，江都人，解經有神識。病古人之疑《周官》、《左傳》也，爲《周官徵文》及《左氏春秋釋疑》，皆依據經證，箴砭俗學。又病後人疑經「中春會男女」之文，中讀會若司會，以謂霜降逆女冰泮殺止，至中春則過時，媒氏書男女年月日名於是時計之，故亦言聘則爲妻，奔則爲妾。經言奔者謂不及禮聘，非淫奔也。又病未嫁女爲壻守貞之不合禮，以謂婦人不二斬，故爲夫斬，則爲父母期，未有夫婦之恩而重爲之服以降其父母，於壻爲無因，於父母爲不存，失禮之中又失禮焉。

沈冠雲精研六經

吴江沈彤，字冠雲，乾隆宏博科之表表者。少醇篤，精研《六經》，尤善理學。與修三《禮》及《一統志》，書成，授官不就而歸。顧家計貧甚，家無竈，以行竈炊爨，有《行竈記》存集中。嘗絶糧，其母采羊眼豆以供晚食。寒齋絮衣，纂述不勸。所著《周官禄田考》諸書，皆有功經學也。

段懋堂有二十一經之説

昔人以六經而廣爲九經，又廣爲十三經，其意善矣。金壇段懋堂則言當廣爲二十一經。取《禮》益以《大戴》，《春秋》益以《國語》、《史記》、《漢書》、《資治通鑑》。又謂《周禮》六藝之書，《爾雅》未足以當之，當取《説文解字》、《九章算經》、《周髀算經》三種以益之，庶學者誦習佩服，於訓詁、名物、制度之昭顯，民情物理之隱微，無不瞭如指掌，無道學之名，有讀書之實也。

惠定宇論近代經學

惠定宇嘗謂近代經學，北平孫退谷於《五經》皆有著述，而其書不足傳。崑山顧寧人博極羣書，獨不通《易》，蕭山毛大可《仲氏易》，南海屈介子《易外》，非漢非宋，皆思而不學者也。定宇，名棟。

余仲林著古經解鉤沈

惠定宇之弟子，最知名者爲江聲叔澐、余蕭客仲林。仲林撰《古經解鉤沈》三十卷，書將成，適嬰疾，無暇校正，遂有疵闕，然不能不謂之精博也。病愈，損其目，生徒求教，但以口授，時人稱爲盲先生。

朱竹君教人讀注疏

朱竹君學士筠督學八閩，嘗教人以讀《十三經注疏》，謂法言注疏惟《葩經》最博，先閱此經以爲綱領，如其中徵引何經，即檢原經注疏對勘，讀竟此經，諸經之大概已得。後讀别經，仍用此法，愈勘愈熟，不費記憶，可期貫通之效矣。又言讀書人即事忙，能每日看得二三頁注疏，自大有益。

王九溪教人讀注疏

余存吾成進士，欲貫串經義，苦無畔岸。時王九溪主講嶽麓書院，存吾詣之。九溪性素吝，卽學業，亦吝不告人。三四請之，乃告以《十三經注疏》必熟讀，乃可究其義理。臨別時，仍諄囑云：「此法不必爲外人道也。」

江叔澐集經之大成

疑僞古文者，始於宋之吴才老。朱子以後，吴草廬、郝京山、梅鷟皆不能得其要領。至閻百詩、惠定宇兩徵君所著之書，乃能發其作僞之跡，勦竊之原。若刊正經文，疏明古注，則皆未之及也。江叔澐乃出而集大成。

江叔澐書四易稿

江叔澐病唐貞觀時之爲諸經正義者，自《詩》、《禮》、《公羊》外，皆取晉人後出之經，而漢儒專家師説反不傳。惠定宇既作《周易述》，搜討古學，叔澐亦撰《尚書集註音疏》，以存今文二十九篇，以別梅氏所上二十八篇之僞造。取《書傳》所引《湯征》、《泰誓》諸篇逸文，案《書》序人録，又採《説文》、經子所引書古文本字，更正秦人隸書，及開元中改易古字之謬，輯鄭康成註及漢儒逸説，附以己見，爲之疏，凡四易稿，積十餘年而後成，書凡十二卷。時王光禄鳴盛撰《尚書後案》，延叔澐於家，商訂疑義。嘉慶丙辰，應孝廉方正徵。己未九月卒，年七十有九。

阮文達推重經學

蕭山毛西河、德清胡朏明所著書，初時鮮過問者。自阮文達督學浙江，爲作序推重之，坊間遂多流傳。時蘇州書賈語人曰：「許氏《説文》販脱，皆向浙江去矣。」文達聞之，謂幕中友人曰：「此好消息也。」

看經有手記簿

看經要有手記簿，此法始於元之許魯齋，余存吾、張忍齋皆踵行之。每日分五起，從某處讀起，至某處止，卽記明某句有幾説。他日重温，卽依所記默想之，偶或遺忘，則重繙原書記之，久之自熟習矣。

徐雲甫治經

包慎伯在揚州時，與徐雲甫爲道義交，嘗手書所撰楹聯贈之云：「高才袁彦伯，碩學鄭司農。」時雲甫以治經負重望，故伯山傾倒如此。

乾嘉間考據之學極盛

乾、嘉間，考據之學極盛，士大夫無不讀書。若南昌彭文勤公、南昌吴白華總憲、稷堂侍郎、萍鄉劉金門宫保、平湖朱茮堂漕帥、歙程春海侍郎、山陽汪文端公、莫寶齋侍郎諸人，於應制之學皆能探討本原，故雖不能赫赫以經術名，而被服儒雅，維持樸學，此道實賴以不墮。

龔闇齋三世經學

仁和龔闇齋觀察麗正爲金壇段懋堂壻，傳其小學，其子定庵儀部自珍益拓而精之。定庵又受常州莊氏之學於劉禮部逢禄，改習《公羊》，專騖羣經之微言大義。定庵之子孝拱所學亦如此。

嚴九能承父命治經

嚴元照，字九能，歸安人。父樹萼，喜聚書，書至數萬卷。課九能，不使應試，謂之曰：「讀書不精，非學也。士必通經，通經必通訓詁，而文字聲音則訓詁所由出，舍古訓而以意説經，破碎大道，必始此矣。」

陳煒卿授子女以經

嘉興錢新梧給諫儀吉官京師，無力延師教子，乃與其室人餘杭陳煒卿女史爾士親自督課。女史嘗於講貫之暇，推闡經旨，著《授經偶筆》以訓子女。

鍾保其書多説經

甘泉鍾保其優貢懷既卒，其子負二囊以謁焦里堂，保其所著草稿也，乞焦爲之理董焉。啓囊，得十三種：曰《春秋考異》，論三傳也。曰《説書》，解《尚書》也。曰《區别録》，考訂《毛詩》之草木蟲魚也。曰，《論語考古》，發《魯論》之疑滯也。曰《祭法解》，覈古祀典也。曰《周官識小》，經緯諸職而類釋之也。曰《讀選雜述》，補《文選》注之不及也。曰《與藝塾問答》，與子弟門人輩講説之所録也。曰《漢儒考》，表兩漢經師也。曰《與藝塾筆記》，曰《考古録》，雜論經籍之所叢也。曰《覺庵日記》，記日所行之事也。曰《筠心館集》，詩古文詞也。

莊大久抱遺經

莊獻可，後改名有可，字大久，武進諸生。幼而沈粹内朗，喜讀書，無歧好。父自昭邃於學，恪守庭訓，而所進輒過所期。迨長，益取諸經傳精研義理，參考禮制，句櫛字比，求其異同損益之故，使如軌轍之合，浩然無滯於心。然後核諸儒之書，正其是非，而自爲之説。首撰《周官指掌》一書，其族祖養恬侍郎見之，大加嗟賞。自言諸經中《春秋》功力最摯，嘗語左仲甫中丞輔曰：「頻年究心《春秋》，讀二千餘遍，精義日出。近於字數得定歲差法。」爲論甚奇，惜未究其説也。

大久淡於名利，世故無一切攖心，惟抱遺經，寢食與共。當其凝精冥求，耳目俱廢，塊然不復知有形骸，數十年如一日。兩游京師，爲當道延校中祕書，考核精審，並簽原書沿流傳習之誤，見者服其精博，而猶自以爲學問中贏迹也。

大久功力猛進，中年精氣遂耗，心灼灼如焚，每嚼黄連噉之，餐則冷淘鹽腐而已。後更患便血，左苦口進規。越數日，笑謂左曰：「感子言切，獨坐自休，覺手足耳目全無頓置處，奈何？」嘉慶壬申，子詵男迎養於南召縣署，得家人子孫之樂，意稍稍適。然晨夕一編，卒未嘗廢。旬日卒，年七十有九。所著有《春秋注解》十六卷、《春秋字數義》百有四卷、《春秋天道義》九十四卷、《春秋人倫義》五十六卷、《春秋地理義》十五卷、《春秋物類義》六卷、《春秋字義》四卷、《春秋小學》一卷、《春秋異》一卷、《春秋地名考》二卷、《春秋人名考》二卷、《周易集說》七卷、《周易條析》六卷、《周易卦序數臆》四卷、《周易異文》一卷、《毛詩說》五卷、《毛詩說蘊》上下四卷、《毛詩字義》五卷、《毛詩異文字義》一卷、《毛詩序說》一卷、《毛詩異聞》二卷、《尚書今文集注》六卷、《尚書序說》二卷、《周官集說》十二卷、《周官指掌》四卷、《儀禮喪服經傳分釋圖表》二卷、《禮記集說》四十九卷、《考工記集說》一卷、《各經傳記小學》十四卷、《傳記不載說文餘字》三卷。

毘陵莊氏之族望，爲海内所宗仰，代有聞人，湛深經術。自大久外，起蒙字鶴瀾，廷臣字凝宇，淳凝字容軒，存與字方耕，逢原字匯川，關和字有鈞，述祖字珍藝，鎮方字秋寓，綬甲字卿珊，方耕之孫。宇逵字達甫，皆於羣經有所撰述。而以方耕、珍藝、卿珊、大久爲尤著。蓋自康熙以迄同治，凡得十一人。

嘉道間漢學家流别

包慎伯作《甘泉薛傳均子韻墓碑》，敍述交游，多嘉、道間漢學之儒。碑云：「子韻少與儀徵劉文淇、孟瞻，涇包慎言孟開，旌德姚配中仲虞及予弟季懷名世榮。五人者相結爲本原之學。孟瞻、孟開、季懷治《詩》，攻毛、鄭氏，治《易》，攻虞氏，子韻治小學，攻許氏，皆旁通羣籍，而據所業爲本，砥礪以有成。近世昌許氏者，推嘉定錢氏，金壇段氏，子韻究其得失而右錢氏。」又云：「予弱冠展側江淮間，物色樸學，得陽湖黄乙生小仲通鄭氏《禮》，行不違其言。武進劉逢禄申受通何氏《春秋》、虞氏《易》，雖情鍾勢曜，而讀書如有嗜好。江都凌曙曉樓治何氏《春秋》、鄭氏《禮》，困學而不厭。涇人胡世琦玉樵墨守鄭氏，有綴殘補缺之勤。嘉定潘鴻誥望之能錯綜許、鄭，以適大義。丹徒柳興宗賓叔治《詩》、《禮》、《史》、《漢》，能依雅訓以捍俗説。寶應劉寶楠楚楨，上世故崇漢學，能不墜其家法。儀徵汪穀小城覃精許、鄭，尤長於地理。黟俞正燮理初通鄭氏《禮》、杜氏《春秋》。烏程凌堃厚堂，綜漢義説《易》、《禮》、《春秋》數十萬言，與理初並長推步算術。吴越英儁，略備於斯，然必守許氏以推原賈、馬、鄭、服訓詁者，卒莫如子韻之善。」

常州二申通經

常州學派，導源於新安，嘉、道之間，其流浸廣，而所發揮之微言大義，固由江永、戴震啓之。蓋金輔之榜治《禮》之薪火，既傳於常州，適其時山東孔巽軒廣森之《公羊》學派，自其壻朱見庵文翰傳至江淮，日與常州人士相接，而宋、莊、劉之緒乃因兹而光大也。當時常人推爲通經宜用之學者，競言二申，海内亦胥重之。二申者，劉申受、李申耆也。若由二申之學而再推演，則如後之魏默深、龔定庵，亦皆與常州學派有關。《劉申受禮部集》首有魏默深序，亦推本常州學派源於新安江戴、金、程之意。程，名易疇。

劉在禮曹十二年，遇有疑事，輒以經義決之。道光甲申，河南學政某奏請以睢州湯文正公從祀文廟，議者以文正嘗於康熙朝輔導理密親王獲譴，乾隆朝嘗奉駁難之。劉援筆書曰：「后夔典樂，猶有朱、均；吕望陳書，難匡管、蔡。」汪文端公廷珍方爲尚書，善其言而用之，遂奉諭旨。又越南貢使爲其國王之母妃乞賞人葠，得旨賞給。貢使以諭中有「外夷貢道」之語，欲請改爲外藩，部以詔書不可更易，而難卻其請，囑劉草牒復之。牒中有曰：「《周禮》職方氏，王畿之外分九服，夷服去王國七千里，藩服去王國九千里，是夷近而藩遠。《説文》羌、苗、蠻、貊字皆從物旁，惟夷字從大從弓，東方大人之國。夷俗仁，仁者壽，故東方有不死之國，而孔子欲居之。且乾隆中嘗奉上諭申斥四庫館臣，不得改書籍中夷字作彝、裔字，孟子謂『舜東夷之人，文王西夷之人』。我朝六合一家，盡去漢、唐以來拘忌嫌疑之陋，使者無得以此爲疑。」

吳南屏治經融會漢宋

吳南屏，名敏樹，巴陵人，爲湘楚古文大家。其治經也，融會漢、宋，兼通性理典章之學，不愧晚近之巨儒。乃觀其《柈湖文集》，中有詆《西銘》「乾稱父，坤稱母」之說，以爲似天主教。是不知稱父稱母之本於《易》，惟天地萬物父母之本於《書》，亦智者之一失矣。

孫芝房詆漢學

孫芝房嘗作《畚塘芻論》，痛詆漢學，謂其致粤寇之亂，曾文正非之。其後左文襄作《吾學録序》，持論亦與芝房相同。蓋文襄固亦由理學養成之人物，於漢學素少研求，故爲此不持平之論也。平心論之，漢學諸人，如戴東原、王念孫，其人品亦無可議。然如毛西河之猖狂恣肆，王鳴盛之貪得無厭，則殊爲人心風俗之憂耳。

譚復堂治羣經

同治癸亥，仁和譚復堂大令獻在閩中，雜治羣經，時誦諸老説經之文，自謂筆端胸次若有滯窒，不知爲進爲退也。

李蒓客論經學

光緒辛巳四月初二日，會稽李蒓客侍御慈銘閱《古微堂外集》而言曰：「自道光以來，經學之書充棟，諸儒考訂之密，無以復加。於是一二心思才智之士，苦其繁富，又自知必不能過之，乃別爲西漢之説。謂微言大義汩於東京以後，張皇幽眇，恣臆妄言，攻擊康成，土苴沖遠，力詆乾隆諸大儒，以爲章句餖飣，名物繁碎，敝精神於無用，甚至謂海夷之禍，粤寇之亂，釀成於漢學。實則自便空疏，景附一二古書，寱語醉譫，欺誑愚俗。其所尊者，《逸周書》、《竹書紀年》、《春秋繁露》、《尚書大傳》，或斷爛叢殘，或悠謬無徵，以爲此七十子之真傳，三代先秦之古誼。復搜求乾、嘉諸儒所輯之《古易注》、《今文尚書説》、《三家詩考》，擴而秘之，以爲此微言大義所在也。又本武進莊存與之説，力尊公羊，扶翼解詁，卑《穀梁》爲輿皁，比《左氏》於盜賊。蓋幾於非聖無法，病狂喪心。而所看之書不過十餘部，所治之經不過三四種，較之爲宋學者，尚須守五子之語録，辨朱、陸之異同，其用力尤簡，得名尤易，此人心學術之大憂，至今未已也。魏默深才粗而氣浮，心傲而神狠，於學無所得，乃遁而附於常州莊氏，其臆決竅談，固無待駁辨也。」

張文襄説經

南皮張文襄公之洞説經鏗鏗，頗多妙解。嘗謂《大易繫詞》「金曰從革」，「從革」當作「縱横」。蓋書契歷千百餘年，蟫蠹叢殘，脱落偏旁，穿漏筆畫，意中事也。後人未遑深考，遂致沿從革之訛。又謂「孤篷聽雨」，在詩中則爲妙境，若身歷其地，便覺難堪。其妙想隨在表示，不獨説經也。

張文襄論通經之法

張文襄嘗言士子宜通經，而條舉其法，其言如下。

一，讀經宜讀全本也。《周禮》、《禮記》、《左傳》斷不可删，卽魯鈍者亦須買全本，就其上鉤乙選讀，日後尚可尋檢寓目，不然，終身不知此經有幾卷矣。

一，解經宜先識字字書、韻書之學，經學家謂之小學。也。字有形，形不一。一古文，二籀文，三小篆，四八分，五隸書，六真書，相因遞變。字有聲，聲不一。有三代之音，有漢、魏之音，有六朝至唐之音。字有義，義不一。有本義，有引申義，有通借義。形聲不審，訓詁不明，豈知經典爲何語耶。如何而後能審定音義？必須識小篆，通《説文》，熟《爾雅》。五《雅》、《玉篇》、《廣韻》並宜參究。俗師知其一，不知其二，知其末，不知其源，騁其臆説，止如寱語。此事甚不易，非繙檢字書便能通曉者也。《説文》字部難於尋檢。毛謨《説文檢字》、黎永椿《説文通檢》頗便初學，黎書較勝。《方言》、《釋名》、《小爾雅》、《廣雅》、《埤雅》爲五《雅》。或以明方以智《通雅》易《埤雅》。《説文》初看無味，稍解一二，便覺趣妙無窮。國朝講《説文》之書甚多，段玉裁《説文解字注》最善。段注繁博，可先看徐鉉注《説文解字》。俗稱《許氏説文》，其書較簡約。

一，讀經宜正音讀也。古時九州語言不同，而誦詩讀書，同歸正讀。故太史公曰：「言不雅馴，薦紳難言。」班孟堅曰：「讀應《爾雅》，古語可知。」雅者，正也。近世一淆於方音，一誤於俗師。至於句讀離合，文義所繫，尤宜講明音讀。雅正可據者，有唐陸德明《經典釋文》一書，其中皆采集魏、晉、南北朝諸家音釋不同者並存之，各本經文不同者標出之，此可聽學者自視家法，擇善而從，總不出此書之外，即可爲有本之學。

經傳中語，同此一字，而區分平仄，音讀多門，以致韻書數部並收，異同之辨，相去杪忽，此皆六朝時學究不達本原、不詳通變者所爲，本原者形聲，通變者轉注、假借。揆之六書之義，實多難通。故《顔氏家訓》已發其端，《經典釋文敍録》直攻其失，近代通儒糾摘尤備。特初學諷誦，不示區分，將各騁方言，無從畫一。且義隨音別，解記也。釋爲易，律體詩賦一出，更難通融，此乃因時制宜之道。又同此一字，或小有形變而解詁遂殊，點畫無差而訓釋各別，訓因師異，事隨訓改，各尊所受，歧說滋多。然正賴此經本，異文、異讀、異義參差抵牾，得以鉤考古義。學者博通以後，於音義兩端窺見本原，自曉通借，先知其分而後知其合，不可躐等。此二條雖是約說，頗有深談，小學家字書、韻書大指略具，通材詳焉。

一，宜講漢學也。漢學者何？漢人注經講經之說是也。經是漢人所傳，注是漢人創作，義有師承，語有根據，去古最近，多見古書，能識古字，通古語，故必須以漢學爲本而推闡之，乃能有合。以後諸儒傳注，其義理精粹，足以補正漢人者不少。要之，宋人皆熟讀注疏之人，故能推闡發明。朱子論貢舉治經，謂宜討論諸家之說，各立家法，而皆以注疏爲主云云。即如南宋理學家如魏鶴山、詞章家如葉石林，皆爛熟注疏，其他可知。儻不知本源，即讀宋儒書，亦不解也。方今學官所須《十三經注疏》，雖不皆爲漢人所作，然注疏所言，即漢學也。國朝江藩有《漢學師承記》當看。阮元《經籍纂詁》爲訓詁最要之書。

漢學所要者二：一音讀訓詁，一考據事實。音訓明，方知此字爲何語；考據確，方知此物爲何物，此事爲何事，此人爲何人，然後知聖賢此言是何意義。不然，空談臆説，望文生義，即或有理，亦所謂郢書燕説耳，於經旨無與也。譬如晉人與楚人語，不通其方言，不問其姓氏里居，豈能知其意中事；豈能斷其人之行誼何如耶？漢人説豈無謬漏。漢學者，用漢人之法，得漢人之意之謂也。

《十三經注疏》及相臺岳氏本《五經》，皆古注，《易》王弼、韓康伯注，《書》孔安國傳，《詩》鄭康成注，《春秋左傳》杜預集解，《禮記》鄭康成注。沿明制通行之《五經》，皆宋元注，《易》朱子本義、程傳，《書》蔡沈傳，《詩》朱子集傳，《春秋》舊用胡傳，今廢，仍用《左傳》杜注；《禮記》陳澔集説。此爲正經正注。《御纂七經》，乃薈萃歷代傳説以裁定者也。

一，宜讀國朝人經學書也。經語，惟漢人能解。漢儒語，惟國朝通儒能偏解。何也？諸大儒讀書多，記書真，校書細，好看古書，不敢輕改古本，不肯輕駁古説，善思善悟，善參校，善比例，善分別真僞，故經學爲千古之冠。書多矣，以《皇清經解》爲大宗，雖未全録，已得大概。此書一千餘卷，當從何種看起？先看郝疏《爾雅》、段注《説文》、王氏《經義述聞》三種。此書書精價廉，一舉而得數十百種書，計無便於此矣。乍看注疏，人所不耐，故必以國朝人經説先之。學海堂輯刻《皇清經解》，成書後，續出者尚多，先出而未見未收者亦不少，以此例之，即得通志堂刻《經解》，卷軸雖富，菁華無多。其中上駟多有別刻本，李衡《周易義海撮要》、敖繼公《儀禮集説》、衛湜《禮記集説》無別刻本。當徐健庵初刻時，即爲何義門所譏，所與學海堂刻《經解》相去遠甚。若治經從此下手，窮年莫殫，所得有限，不惟徒勞，且茫無師法，轉致迷罔矣。若於此道源流派別既已秩然，再取讀之，未爲晚也。

一，宜專治一經也。十三經豈能盡通，專精其一，即已不易。歷代經師大儒，大約以一經名家者多，兼通羣經者，古今止有數人。今且先治其一，再及其他。但仍須參考諸經，博綜羣籍，方能通此一經。不然，此一經亦不能通也。

一，治經宜有次第也。先師旌德呂文節公賢基嘗教不佞曰：「欲用注疏工夫，先看《毛詩》，次及三《禮》，再及他經。」其説至精，請申其義。蓋《詩》、《禮》兩端，最切人事，義理較他經爲顯，訓詁較他經爲詳，其中言名物學者，能達與否，較然易見。且四經皆是鄭玄注，完全無闕。《詩》則毛傳，粹然爲西漢經師遺文，更不易得。欲通古訓，尤在於玆。古人訓詁，乍讀似覺不情，非於此冰釋理順，解經終是隔膜。《禮》之條目頗多，卷帙亦鉅，初學畏難。《詩》義賅比興，兼得開發性靈，鄭箋多及禮制。此經既通，其於禮學尋途探求，自不能已。《詩》、《禮》兼明，他經方可著手。《書》道政事，《春秋》道名分，典禮既行，然後政事、名分可得而言也。《尚書》家伏生，《左傳》家賈生，《公羊》家董膠西、何劭公，皆精於禮學，案其書可知。《易》道深微，語簡文古，訓詁禮制，在他經爲精，在《易》爲粗。所謂至精，乃在陰陽變化消息，然非得其粗，無由遇其精。此姚姬傳論學古文法，援之以爲治《易》法，精者可遇不可鑿，鑿則妄矣。三《禮》之中，先《儀禮》、《禮記》，次《周禮》。《儀禮》句碎字實，難讀能解，難記易曉，注家最少，異説無多，好在《禮記》一書，即是外傳。《禮記》難於《儀禮》，《儀禮》止十七件事，《禮記》之事多矣，特其文條達耳。《周禮》門類較多，事理更爲博大，漢人説者亦少，晚出之故。故較難。然鄭注及國朝人零星解説，亦已明白。《尚書》辭義既古，隸古傳寫，通借譌誤，自漢初即有今古文兩家，異文歧讀。此謂真古文，非蔡傳所云今文無，古文有之古文也。至西晉梅氏古文晚出，唐初僞孔傳專行，六朝江左即盛行，未定一尊耳。而漢代今古文兩家之經傳一時俱絶，故尤難通。《春秋》乃聖人治世大權，微文隱義，本非同家人言語。《史記》明言之。三傳並立，旨趣各異。《公羊》家師説雖多，末流頗涉傅會，何注又復奥樸。《左傳》立學最晚，漢人師説寥寥，惟杜注行世，世人以其事博辭富，求傳而不求經。故《公羊》家理密而事疏，《左傳》家事詳而理略。非謂左氏，謂治左氏者耳。《穀梁》師説久微，見《隋書·經籍志》。國朝人治之者亦少。學者於《春秋》若謂事事能得聖心，談何容易。至於《周易》，統貫天人，成於四聖，理須後聖，方能洞曉。京、孟、虞、鄭諸大師以及後代諸家，皆止各道所得，見仁見知，從無一人能爲的解定論，勢使然也。且陰陽無形，即使謬稱妄説，無人能質其非，所以通者雖少而注者最多，演圖比象，任意紛紜，所謂畫狗馬難於畫鬼神之比也。總之，《詩》、《禮》可解，《尚書》之文、《春秋》之義不能盡解，《周易》則通儒畢生探索，終是解者少而不解者多。故治經次第，自近及遠，由顯通微，如此爲便，較有實獲。尹吉甫之詩曰：「古訓是式，威儀是力。」古訓，《詩》學也；威儀，《禮》學也。此古人爲學之方也。春秋時幾無人不誦《詩》學《禮》，稱道《尚書》者已較少，至於《周易》，除卜筮外，談者無多，意亦可知三代時《易》不以教學僮，惟太史掌之。今賴有《繫辭》，或可窺見一斑耳。非謂此經精通，方讀彼經，謂淺顯者未明，則深奥者不必妄加穿鑿，横生臆見。津梁既得，則各視性之所近，深造致精可也。治《詩》、《禮》，可不兼三經，治三經，必涉《詩》、《禮》。

一，治經貴通大義也。每一經中，皆有大義數十百條，宜研究詳明，會通貫串，方爲有益。若僅隨文訓解，一無心得，仍不得爲通也。

考據自是要義，但關繫義理者，必應博考詳辨，弗明弗措。若細碎事體，猝不能定，姑仍舊説，不必徒耗日力。

廖季平闕通羣經

廖平，字季平，井研人，博聞人也，爲湘潭王壬秋檢討闓運主講蜀中時之高弟子。初明《公羊》，漸闕通羣經，至老不倦。凡素王之道，昭遭於心，嶷然而不滯，炳然而大成。嘗謂春秋以前，字若繩紐，孔子正名，乃制六書譒經，爲孔氏古文，而舊之史文便從闕廢。又謂人服禮化，各有倫等，爲設六位，以別禽獸，肇乎野人，終於聖域，因其成德而爲之分。故瀛土之士，未離質野，當廣孔氏之教，有以正之。又謂《大學》修身爲本，以喻裒聖臨世，天下既平，一日克己，四海歸仁，精感神明，乃能止定静慮，行先知後，始終之道，蓋與舊説复乎異焉。又謂諸子九流，皆出經術，有各明其一方，實非立乎二術。又謂六藝各有彊畛，與時偕行，不徒爲我國取效朝夕。名物之號，異實同居，在善分别，乃無不貫。又謂《春秋》王制，所以治中國，《尚書》、《周禮》，所以治天下，六合之内，於茲備焉。又謂六合以外，《詩》、《易》主之，游神變化，不可方物。道釋之流，茲其由枿。又謂六緯所傳，天地成毁，來往變異，萬族之故，殊域遠鄙，播爲教學。此雖獨邕微言，撟乎恆誼，亦可謂博雅廣大，近世所無者矣。

易寅村服膺王氏

長沙易培基寅村究心問學，結廬於黃道門外白沙泉畔，閉户讀書。於高郵王氏之學，蓋篤好之，少時肄業兩湖書院，著書糾正王氏《公羊箋》之誤。楊惺吾奇賞之，賦詩相贈，有「大著搥碎湘綺樓」之句。其服膺高郵王氏之學，乃過信湘鄉曾文正之説。本朝考據家精博者甚多，王氏率意改字，開咸、同以來單文孤證之病，其不以「俔天之妹」爲《山海經》「刑天」之妹也者，幾希矣。

易經之精義

《易》自明儒求知德舍義理而談象數，先脱宋儒窠臼，元和惠氏三世傳經，成《易》漢學，又自爲解釋曰《周易述》，大旨遵虞翻，補以鄭、荀，學者多以未能專一少之。武進張惠言以爲漢人之《易》，孟、費諸家勢不能合，孟氏無傳；具於虞氏，虞氏逸文斷句，猶可考見大略，爲《虞氏易》九卷，又表其大旨爲《消息》二卷，又撰《虞氏易禮》、《易候》、《易事》、《易言》，孤絶經學，藉此大明。姚配中通消息於先天，焦循證王、韓非空説，皆《易》學之金桴也。

汪默庵深於易

休寧汪璲，字文儀，號默庵，深於《易》，置象數而專言理，嘗云：「今説《易》之家謂《易》以道陰陽，務以圓妙幽渺籠罩影響，如捕風，如捉影，無當實用。故愚以爲學《易》，當就平實切近處用功。」

蕭洪治精於易

蕭洪治，字自本，常寧諸生。博學多才藝，尤精於《易》。康熙癸丑吴三桂之叛，遣僞將訪洪治，至夜，洪治指乾象示之曰：「天意有在，若等徒自辱耳。」晚築精廬，覃思撰著，以《易》之道雖萬有一千五百二十，而皆本於一五一十，乃作《五十學易圖》等書。

李恆齋精於易

李恆齋以窮經爲學，尤精於《易》，嘗謂《易》本爲卜筮而作，必先明象數而後其辭占可決。於是玩味《繫辭》諸傳之旨，參之楓林朱氏、瞿塘來氏之説，作《本義拾遺》。雖取象指數，若與朱子不相侔者，然其卦變卦互卦之則，本程子反覆往來上下之言，與《繫辭》所謂雜物撰德，非其中爻不備之云而闡明之，以補《本義》之所未備者，非臆説也。

胡文良治易

光山胡文良公煦，康熙朝侍郎也，爲道學名臣。治《易》，究圖書之藴，著《函書》數十萬言。聖祖屢召見之，問爻象疑義，命畫圖講説，歎曰：「真苦心讀書人也。」其所著《周易函微》，推闡精微，窮搜象數，與洛、閩頗有異同，經河南撫臣於采書之役，續呈御覽。胡本無謚，因是書收入《四庫》，始追賜焉。紀文達公有句云：「四代經神四胡氏，原注：宋胡瑗有《周易口義》，元胡一桂有《易本義附録纂疏》、《易學啓蒙翼傳》。明胡居仁有《易象鈔》。兩朝耆宿兩文良。」原注：雍正中，高公其倬先謚文良。

程緜莊治易

程廷祚，字緜莊，以經學名。其治《易》，乃專主義理而力排象數。然治《易》當以象爲先，如以理而已，則卦爻中曷爲多方設象，且言狐言鬼，而狐何以言三狐，鬼何以言一車乎？蓋理處於隱，聖人設象以顯之；理處於虛，聖人設象以實之。虛者實之，即祭祀爲尸之意也；隱者顯之，即鑄鼎象物之意也。故曰《易》者象也，象者像也，使衆人觀象玩辭，而理見焉，此牖民覺世之苦心也。緜莊又曰：「墨守宋學已非，墨守漢學尤非。袁子才謂爲君子深造之以道，欲其自得之也，其知言乎！」

秦震宇枯坐玩易

秦鳴雷，字震宇，無錫諸生。少以孝稱，私淑其外大父王繩曾，得儒先一脈。弱冠遘疾，枯坐玩《易》，以己意參爻象。經年，學大進，嘗言以心持心則不可，以心持志則可；以心督心則不可，以心督意則可；以心攝心則不可，以心攝情則可，吾儒存養宗旨如此。其治經，不偏主漢宋諸儒傳注也。

焦里堂專治易

焦里堂善讀書，博聞强記，識力精卓，於學無所不通。著書數百卷，尤邃於經。於經無所不治，而於《周易》、《孟子》，則專勒成書。且自曾祖、祖、父三世均爲《周易》之學。嘗疑一號咷也，何以既見於《旅》，又見於《同人》；一拯馬壯也，何以既見於《復》，又見於《明夷》；密雲不雨之象，何以《小畜》與《小過》同辭；甲庚三日之占，何以《蠱》象與《巽》象相例。丁父憂後，乃徧求説《易》之書閲之，撰述成帙。嘉慶甲子後，復精研舊稿，悟洞淵九容之術，實通於《易》，乃以數之比例求《易》之比例，於是擬撰通釋一書。丁卯，疾危，以《易》未成爲憾。病瘳，誓於先聖先師，盡屏他務，專治此經，乃遂成《易通釋》二十卷。

書經之精義

《尚書》今古文並傳，而攻古文者始自吴棫，朱子繼之，明梅鷟大發其覆。而閻若璩之疏證，惠棟之《古文尚書考》，宋鑒之考辨，衆證確鑿，無可諱言。至江聲之集注，孫星衍之注疏，彙羣儒之大成，示後學之良矩，固已至精至粹也。陳壽祺《大傳輯説》，較盧見曾爲優，朱右尊《逸書校釋》，較盧文弨爲精。莊述祖心精力果，以古義古音疏通精確，惜止刻行九篇，全書未能徧傳也。

胡朏明之禹貢錐指

聖祖南巡，德清胡朏明渭撰《平成頌》並所著《禹貢錐指》獻諸行在。有詔嘉奬，召至南書房直廬賜饌，御書「耆年篤學」四大字賜之，儒者皆以爲榮。後閻若璩垂老入都，諄諄以求御書爲言，蓋深羨朏明之遇也。

江賓谷精於書

江都江昱，字賓谷，廩膳生。下帷研經，尤精於《書》，著《尚書私學》若干卷，析疑發覆，爲一時治經諸儒所折服。嘗在秣陵，與程緜莊辨論《尚書》古文，至日晡忘食，袁子才目之爲經癡。

王述庵引書論水利

王昶，號述庵，嘉定人。嘗以從征北至興安，南逾蠻暮，有句云：「昔依北斗今南斗。」又從征金川句云：「我今更度大漠西，已踰江源一千里。」壯哉！又有詩自注云：「虞夏時，黄河循太行自北而東，至洚水，分九河以殺其勢，復爲逆河，歸于海，其餘衍沃，皆資種食。魏、晉、六朝以至遼、金，皆精水利，未有運南方粟米供給北方者。自明開會通河運濟，而北方水利久廢，昔日九河，今變爲三十六淀、七十二沽，千里内外，沮洳淤澱。海門又復狹隘，不能迅速歸墟，是以往昔膏腴，悉歸蕪没。」其論黄河今昔利病，頗爲簡括。年五十八，乞歸修墓，還京，以病乞休。高宗鑒其老，允之，諭以歲暮寒，俟春融歸。明年歸，名其堂曰春融堂。嘉慶己未，分賠滇銅，鬻田宅以入官。居於廟廡，朋舊贈遺，盡以刻書。卒年八十三。提倡風雅，士藉品藻以成名致通顯者甚衆。生平重倫紀，尚名節。在軍中時，和平簡易，自科爾沁親王以下皆重之。

曾太君命孫爲禹貢山川圖

新化鄒景山明經文蘇，性至孝，事其母曾太君，盡色養。課子漢紀嚴，不及程，輒怒。怒時聞太君言，卽解。一日，怒甚，太君使漢紀聚灰爲《禹貢》山川圖，自臨上坐視，而命其婦吳氏侍焉，卽景山之婦也。

詩經之精義

西漢遺經，惟《毛詩》最稱完整，孔穎達作疏，亦精博勝於他經。明吳江諸生朱鶴齡於明亡後，屏居著述，作《毛詩通義》二十卷。其邑人陳啓源爲參正之，因撰《毛詩稽古編》三十卷。曰《毛詩》者，明所宗也。曰《稽古編》者，爲唐以前專門之學也。於歐陽修《本義》、朱子《集傳》、吳祖謙《詩紀》，頗爲釋其疑誤，學者以爲勝於鶴齡。自後段玉裁、焦循、馬瑞辰、胡承珙諸人拾遺補闕，各盡能事。其兼治三家者，蘇則阮元，閩則陳喬樅。元有《三家詩補遺》三卷，喬樅有《三家詩遺說考》四十二卷。

趙損之撰毛詩辨論

趙文哲，字損之，上海人。少有盛名於吳會間，嘗撰《毛詩辨論》數十篇，博而能精，多東萊、華谷、貴與諸家所未發者，誠爲經術湛深之士。

任太君以經教子孫

顧九苞，字文子，興化人。博聞強記，長於《毛詩》、三《禮》。母任太君，爲子田之祖姑，通經達史，文子之學，母教之也。文子於乾隆辛丑成進士，未幾，卒。子鳳毛，字超宗，號小謝，亦受經於祖母，年十一，通《五經》。

勞莪野受毛詩於母

勞潼，字莪野，南海人。幼聰穎，母談太孺人常於榻上口授《毛詩》，輒能成誦。爲諸生，以《毛詩》應試，兩薦不售。或勸其改經，莪野曰：「吾不敢忘母教也。」乾隆乙酉鄉試，以第二人冠其經。

于竹初深於毛詩

宜興于竹初上舍震，以婦家錢塘，遂僑居於杭。嘉慶戊辰十月某日，其友吳德旋過訪之，則竹初適之，爲我削其不合者，序而存之。」蓋竹初治經尤深於《毛詩》也。

於是日還自吴，見吴，狂喜曰：「惟子知我，我望子久矣。」乃出其所著《詩經酌注》示之，曰：「子歸而閲

程春海精於詩禮

程春海侍郎爲阮文達公再傳弟子，文達入相，與侍郎結鄰，嘗以暇相講習。文達校《毛詩》「有椒其馨」，「椒」字訛「馥」字，其訛久在六朝，罕可相語者，持示侍郎。侍郎謂《詩》「苾芬孝祀」，《韓詩》作「馥芬孝祀」，「馥」字《毛》、《韓》兩見，形聲不謬，於六書爲加一證。侍郎又謂近人治算，由九章通四元，可謂發明絶學，而儀器罕有傳者，乃與鄭君復光有修復古儀器之約。又嘗深究《開元占經》，謂道光丁亥木火同度，當有火災，果驗。吉地案發，因水之故，曹文正問古有之乎，侍郎對水齧王季墓，見棺之前和，見《吕覽》。所撰《國策地名考》，謂孟津在河北，非今孟津縣，亦非古河陽縣。蒲反非舜都，乃衛蒲邑，以嘗入秦，仍歸，故曰蒲反。文達甚韙之。

三禮之精義

三《禮》之學，張爾岐於《儀禮》首正鄭注句讀，廓清之功，比於武事。專考譌脱者，則有盧文弨、金曰追諸人。專習漢讀者，則有段玉裁、胡承珙諸人。分類專考者，則有任啓運、程瑶田諸人。若胡培翬者，博聞篤志，閲數十年，上推周公、孔子垂教之旨，發明鄭康成、賈疏之得失，旁逮鴻儒經生之議，成

《正義》四十卷，唐宋以來，罕有其匹。《周禮》則戴震考工，熟精名物；段玉裁漢讀，博通訓詁；阮元校勘，廣列異同。似此諸家，咸宜甄録。《禮記》則通校全書，不遺細微者，元與張敦仁是也。疏證明通，篤守師法者，李富孫、陳喬樅是也。若夫衣服宫室之度，冠昏喪祭之儀，軍賦官禄之制，天文地理之説，能考求古義，集禮家之大成者，則莫如秦蕙田之《五禮通考》。而綜貫羣經，博采衆論，實事求是，惟善是從，不墨守一家之學者，江永之《禮書綱目》，黄以周之《禮書通故》，亦其選也。

湯文起致疑於月令

湯文起，名愈，常熟人，乾隆進士。座主秦文恭公蕙田著《五禮通考》，欲延之參纂，以親老辭歸，歸二年而卒。文起生具慧相，舌端有川字文，好學深思，於經傳古書皆有論説，而其論夏正爲最善。以爲《夏小正》文雖古雅，而雕琢過甚，不類三代以上之書。且《孟子》「夏后氏五十而貢」，無公田，而經曰「正月初服於公田」，其疑一；《月令》孟春，「昏參中」，而經亦曰「昏參中」，以歲差法推之，中星安得相同，其疑二；《月令》「二月桃始華，五月木堇榮」，而經「五月桃華，二月堇榮」，時物違異，其疑三；《虞書》「仲夏火中」，則六月而流，七月而伏矣，經「五月大火中」，與《虞書》合，而又曰「九月内火」，《大戴禮》以火爲大火，則火豈至是始伏，其疑四；疑《月令》而信《小正》，吾未見彼失而此得也。文起卒時，年四十有六。

江慎修治禮

江慎修爲諸生數十年，博通古今，專攻《十三經注疏》，而於三《禮》尤深。以朱子晚年治《禮》爲《儀禮經傳通解》，書未就，黄氏、楊氏相繼纂續，亦非完書，乃廣摭博討，大綱細目，一從吉凶軍賓嘉五禮舊次，題曰《禮經綱目》，凡八十八卷。引據諸書，釐正發明，實足終朱子未竟之緒也。

陳凝齋遵古禮

乾隆壬申，新城陳凝齋大令道奉父命有事於北，歸途聞父訃，匍匐奔喪歸。治喪葬，悉遵古禮，不用浮屠、鼓樂，弔客至，不飲燕。於是鄉里之間皆知喪葬用浮屠者固非，卽鼓樂燕客亦非所宜矣。既終葬事，本父遺意，立義田。以爲范文正之義田，自高祖以下族之食者百口，故千畝之入，足以均其食。然力能自食者無所需此，不如斟酌其法，變而通之，由始祖以下，以待夫力不能自食者，庶幾君子周急不繼富之義。於是以二千畝爲父祭田，自歲供祭祀而外，權其所入以贍族，立爲規條。鰥寡孤獨廢疾者有養，力不能婚喪者有贈，有志向學力不能從師者有助，應試乏資斧者行李有資。於是鄉里之間又知贍族有義田之制矣。其諸子復先後增設學田、祭田、小宗義田至七千石。

當凝齋持喪時，祝人齋赴弔，既與之諮諏喪禮，因歎議禮家言人人殊，欲薈萃先儒簡要精義爲一書，俾學者童而習之，稍有以窺古聖制禮之意，屬其事於人齋。以人齋曾自任注《禮》，且以其年近五十，未舉子，欲俾以著書家居，因資以膏火費，止其客遊也。而自任《春秋》，以爲左、公、穀三傳傳經，或誣或誕，不但彼此多牴牾，其於經意亦違悖，即後來胡氏傳義理，正矣，而多以己意解經，非聖人本旨，至《國語》與《左傳》互見，亦頗可采，故欲於其中擇是去非以成一書。

華子宏習儀禮

華孳亨，字子宏，無錫人。與顧棟高並習《儀禮》，嘗畫宮室制度於棋枰，以棋子記賓主升降之節，器物陳設之序，若以身揖讓進退其間。

徐舫亭作朱子釋宮圖證

徐焕，字舫亭，嘉慶時進士，官禮部主事。少治《儀禮》，嘗作《朱子釋宮圖證》，闢堂前方丈地，導諸生，令進退揖讓於其間。王公子弟多執經門下，朱文正公珪題其楹曰：「先生畫堵同綿蕞，弟子傳經半繡衣。」

曾文正服習五禮通考

秦文恭博學多識，官禮部尚書時，即其幼年所窮禮制，參閱石室金匱諸書，所撰成之《五禮通考》。湘鄉曾文正謂是書舉天下古今幽明萬事，而一繩之以禮，可謂體大思精。蓋文正中年以後，即服習是書，至老不倦。其在江南大營平亂也，治官書，上封事，指陳屬官一切，有所施行，率多取諸《五禮通考》，而於後生小子，亦兢兢以是書爲言。文恭之爲是書也，精博宏雅，成一代大著述，洵屬前無古人，後無來者也。

春秋三傳之精義

《春秋》三傳，自唐孔穎達作《左氏疏》，徐彦作《公羊疏》，楊士勛作《穀梁疏》以後，注《左》者代不乏人，惟宋之張洽、元之趙汸最爲明晳，大抵詳書法而略紀載。近行林堯叟本，又泰半勦襲，絶少會心。當代鉅儒綜覽諸家，旁采衆籍，以廣杜預之所未備者，如顧炎武之《左傳杜解補正》，洪亮吉之《左傳詁》，梁履繩之《左通補釋》，其精確遠過於前人。至《公羊》、《穀梁》二書，研究者寡，幾成絶學。自孔廣森、劉逢禄、陳立諸人出，而後《公羊》有《通義》、《釋例》、《義疏》之作，自柳興恩、鍾文烝諸人出，而後《穀梁》有《大義述》、《補注》之作。二傳大義，昭如日星，皆諸人之功也。

華時亨著春秋法鑑録

順治甲申，世祖定鼎燕京而明亡，華時亨大悲，乃惟以杜門著述爲事。日坐所謂劍光閣者，聚生徒，講學其中。目雖失明，輒命一童子旁誦《春秋左氏傳》，意有所發，復命一童子旁書之。所著有《春秋法鑑録》，蓋自託於左氏也。

顧棟高篤好左氏春秋

顧棟高少治《春秋》，篤好《左氏》學，晝夜研誦，輒未暫輟。偶有忿懥，家人以《左傳》一卷置於其几，怡然誦之，不問他事。自壯至老，懃懃訂述，常若不及。夏月閉户，不見一客，卸衣解襪，據案玩索，膝搖動不止，每仰視屋梁而笑，人知其一通畢矣。

左傳非姓左者所作

武陵趙文恪公慎畛嘗聞人言，《左傳》非姓左者所作，以傳在經左，故名《左傳》，昔之論左邱明者，均無確據也。

劉張侯世傳左氏學

儀徵劉張侯師蒼之曾祖文淇，祖毓崧，父壽曾，俱見國史《儒林傳》。張侯世傳《左氏》學，故師漢許相，而字其姓焉。中光緒丁酉拔貢，旋中本科舉人。嘗試經古覆試，諸人皆攜書籍滿竹籠，若負畚者，至力不能勝，張侯惟提一小籃，載筆硯數事。試題爲《穀梁》大義，劉振筆直書，或與之語，口答手寫，幾於五官並用。其青谿舊屋，門署一聯爲「紅豆三傳，儒林趾美；青藜四照，寶樹聯芳。」或曰：「君家四傳矣。」張侯亟對曰：「不敢，不敢。」其實惠氏亦四傳也。從弟師培應秋試，張侯來江寧省其弟，在鎮江怡和蔥船，失足墮水死。蓋其目短視，軀幹龐碩，褦襶無比，黑夜登舟，故及於難也。

廖季平章太炎之左氏學

廖季平初爲王闓運入室弟子，其後學術頗與之異。廖初治《左氏春秋》，後變而治《穀梁》，成《穀梁春秋古義疏》十一卷，其説以《穀梁》與《王制》相出入。嘗自謂與張文襄公之洞論《左氏》，爲成條例若干事，其後章太炎絳謁文襄，文襄出所爲條例示之。錢恂謂文襄之識絳，實先見絳所爲《左氏》，故謂有大才可治事，因屬其羅致之。時恂在文襄幕，求諸四方，得之於上海，與往湖北偕見文襄。時絳已稍稍有主張革命名，不敢盡見，匿之於恂室中，午夜屏人見之，談達曙，大服之。月致百金，留匿署中而無所事。會文襄赴覲，後任爲譚繼洵，不敢留，送二百金，辭之去。絳大怒，頗詈文襄矣。絳，字太炎，後改名炳麟，餘杭人。

孝經之精義

《孝經》止存唐玄宗注、宋邢昺疏，鄭注不傳。嚴可均輯本一卷，過於零落。僞孔注、僞鄭注出於日本，殊不足觀。爲之疏者，前則阮福，後則潘任而已。福著《孝經義疏補》九卷，任著《孝經鄭注疏》十卷。

讀書眼推勘深細

《抱桐讀書眼》一帙，款署鎮洋顧陳垿玉停著。抱桐，殆別字也。書凡百餘條，皆《四書》中別解，其精確處，實較集注之推勘爲深細，而於古義有未安處，亦不爲調停曲徇之説，擇而存之，足備參考。陳垿爲康熙甲午舉人，後官行人。沈文慤公德潛嘗謂婁東詩人，皆宗仰吴梅村，玉停獨能自闢町畦，宜其讀書能自具隻眼也。

論孟之精義

《論語》存於今者，有魏何晏注及梁皇侃、宋邢昺兩疏，又有毛奇齡之《論語稽求篇》，錢坫之《論語後録》，劉台拱之《論語駢枝》，焦循之《論語補疏》。惟劉寶楠之《論語正義》二十四卷，體大思精，閎通淹雅，非他人之小小補苴者所可及也。

《孟子》存趙岐注，宋孫奭爲之《音義》。未詳何人僞他經爲《正義》，於注義多所未解，而妄説之處，全鈔《音義》，略加數語，署曰孫奭疏，即朱子所云邵武一士人爲之者也。自明以來，學官所貯者止此。爰及國朝，戴震出，得舊校本，付曲阜孔繼涵、安邱韓岱雲鋟板，於是經注之譌可正，闕可補。又撰《孟子字義疏證》，真有功於《孟子》者。循復著《正義》三十卷，遂得一洗僞疏之陋。

孟子有逸文

《孟子》逸文，散見於經史者，「舜生五十，不失其赤子之心」，見康成《坊記》註。「堯舜之道，非遠人也，而人不思之耳」，見桓寬《論》。「人皆知糞其田，而不知糞其心」，見《説苑》。「三見齊王而不言事」，見《荀子》。「堯舜不勝其美，桀紂不勝其惡」，見《史記》。又《後漢書·郅惲傳》，惲曰：「孟軻以『彊其君之所不能爲忠，量其君之所不能爲賊』」，今《孟子》無此語，亦逸文也。

小學之精義

魁儒之説經鏗鏗者，莫不由《説文》以辨形聲，由《爾雅》以通訓詁，故其撰著，皆卓然名家。《爾雅》則邵晉涵之《正義》，特出邢疏之右，郝懿行之《義疏》，訓詁精確，草木歸諸實驗。《小爾雅》則有胡承珙之《義證》，宋翔鳳之《訓纂》。《廣雅》則有王念孫之《疏證》，旁搜博考，足與經訓互相發明。精《説文》者，始於惠棟之《讀説文記》，其後則推段玉裁、王筠、朱駿聲三家。駿聲之《説文通訓定聲》，發明轉注假借，其書似因而實創。筠之《釋例》，多引鐘鼎古籀，以證《説文》字，而又爲之句讀，故皆服其精審。玉裁《説文注》，實爲叔重功臣，而不免武斷。以《玉篇》校《説文》者，始於鈕樹玉，玉裁采其説，不著其名，樹玉憾之，作《段注訂》八卷。徐承慶又爲《段注匡謬》，亦以玉裁名太重耳。至姚文田、嚴可均同撰《説文校議》，分條考訂，人亦稱爲精確也。

省文爲説文之本字

今人作字之省文甚多，如以「禮」爲「礼」，以「處」爲「処」，以「與」為「舁」是也。凡章奏程文，則不敢用，其實皆《説文》本字也。《説文》於《礼》字，云爲古文；於「処」字，云「止也，或從處」；於「舁」字，云「賜予也，與與同」。今乃避本字而不用，轉以之爲俗字，蓋不知本字之訓詁也。

卒字之訓詁

「卒」字讀若六，即作六十解，見高宗御製詩，金聽濤用之，可與廿卅卌等並行。

工部造字以譯俗語

工部於工役器物檔案，每造字以譯俗語，爲字書所未見。如天地壇大祀壁上挂燈，名尜尜燈，祀天用青色紙。其式兩頭尖，中大如橄欖形，亦會意象形之意也。聞此等字尚多，皆入公牘，且見之於奏疏。

俗字之訓詁

各地通行之俗字頗多，今略舉之。京師人所用者如下：「ㄊ」，音近砌，陋也。「您」，音近凝，義似爾汝，施之於較己爲尊者也。衡州人所用者如下：「閦」，音鑽，閦林，地名，産茶葉。蘇州人所用者如下：

「覅」，勿要切，不要也。「朆」，弗曾切，勿曾也。廣東人所用者如下：「亞」，音阿，阿俱寫作亞。「奀」，音茫，弱也。「嵩」，音矮，人不長也。「閃」，音或，隱身忽出也。「砍」，音勘，巖洞也。「泵」，音聘，水中磯也。「氹」，音泔，蓄水爲池也。「圳」，音浸，通水之道也。「迺」，音囊，水之曲折也。「𣎴」，音墩，截木作墊也。「冇」，音磨，無也。「蛶」，銀去聲，牽扯不斷也。「𠀤」，去聲，拙也。廣西人所用者如下：「𡚸」、「𨳊」，俱音穩，穩也。「嵩」，音矮，矮也。「嵩」，音呆，矮也。「奀」，音動，弱也，與廣東異。「𡥧」，音臘，足不能舉也。「歪」，音終，人死也。「砍」，音義俱與廣東同。「𡛷」，音近某，假父也。「仦」，音嫋，小兒也。「𡛛」，音大，女大爲姊也。「𡉕」，音近陳，舊產也。「𦏸」，音近產，假子也。「𡥱」，音近滿，謂最少也。「亞」，音阿，阿字俱寫作亞，與廣東同。

名詞

字之用以名一切事物者，謂之名詞，如天地人物等是。一作名字，亦作名物字。凡一事一物專有之名詞，曰固有名詞，通同類事物而用之者，曰普通名詞。

術語

學術上所用之名詞，謂之術語，蓋每句加以訓詁也。

黄晦木論奇字

餘姚黄宗炎，字晦木，世稱鷓鴣先生，明明經，爲忠端公尊素之子，梨洲之弟也。好奇字，其論小學，謂揚雄但知識奇字，不知識常字，不知常字乃奇字所自出，三致意於六書會通，乃歎其奇而不詭於法也。

康熙字典

《康熙字典》爲康熙丙申聖祖所御定，大學士陳廷敬等奉敕撰。全書仍梅膺祚《字彙》、張自烈《正字通》兩書舊目，以十二辰紀十二集，而每集分三子卷，凡一百一十九部，冠以《總目》、《檢字》、《辨似》、《等韻》各一卷，殿以《補遺》、《備考》各一卷，合四十二卷。所録之字，凡四萬七千三十五字，又古文一千九百九十五字。引用之書，多至三百餘，並旁及金石、梵字。前此字書，未有若是之博者也。然當日曾自謂古今形體之辨，方言聲氣之殊，部分班列，開卷了然，無一義之不詳，無一音之不備，而紀文達公昀等至稱之爲六書淵海，七音準繩。道光時，曾令王引之等重加校勘，爲改正二千六百條，皆就引書字句奪誤者更定之，然猶未悉也。引之殆以奉行詔書，未敢盡其詞耳。然其最誤者，一爲虚造故實；二爲按語離奇；三爲鈔襲《正字通》而轉謬；四爲增改原書；五爲書名舛誤；六爲引書脱誤；七爲以他字之訓闌入此字；八爲同引一書前後違異，使閲者迷罔也；九爲云同之字有實不同者，有實同而不云同者，有不註音義，但云同某，而所指爲同者，編中乃無其字；十爲字畫算數無一定也。此外有本一字而誤分爲兩字者，又有義證引用之字，而正文不收，令閱者無由得其音義者。蓋其時小學本未大明，又以一二顯宦率數十冗官領其職務，而字典之爲事，又本視其所爲《淵鑑類函》等書獨難，宜其乖遠譌舛，莫可究詰也。

顧氏精通小學説文

馬文毅公雄鎮，字錫蕃，總督鳴佩子也，漢軍鑲紅旗人。嘗官廣西巡撫，以禦吴世琮兵，遇害。有姬顧氏，本吴中閨秀，精通小學《説文》。文毅撰《彙草辨疑》十二帙，姬皆手爲旁訓。

徐咸清精小學

康熙己未開博學宏詞科，令京外官吏各舉郡縣有才學而堪與試者，道府争以徐咸清薦，辭不獲，遂入都。

先是，閣中判詞頭，照前代典例，多用「查議」「查覆」諸字，而某相精字學，謂字書無「查」字，縱有之，不作「察」解，此必原判是「察」字，而北無入聲，呼「察」聲如「查」，故譌「查」耳。譌字不可用，因啓奏御前，凡判詞，「查」字俱改「察」字。然終不解「查」與「察」沿譌之始。

及應制科者先後至，每至，必合數十人謁某相，某相詢於衆曰：「『察』聲譌『查』，有始乎？」在坐無對者。徐逡巡曰：「《漢書·貨殖傳》有之。顧『查』爲『在』聲之譌，非『察』聲譌也。」某相矍然曰：「何言之？」曰：「古『在』本『察』字。《爾雅》曰：『在，察也。』《堯典》『在璿璣玉衡以齊七政』是也。第三聲呼『在』爲『查』，以『查』與『槎』同，《漢書·貨殖傳》『山不茬櫱』，即槎櫱也，而字乃從草而諧以『在』聲，故『在』聲爲『槎』，『槎』轉爲『查』，則是『查』者，『在』聲之轉也。猶『之在』『之叉』轉而爲『裁』爲『財』也。若曰『察』之轉，則是『叉』也，『差』也，『察』豈能轉『查』乎？」某相遽色變，乃復進曰：「『察』聲不轉『查』，然而『在』即『察』也，改『查』爲『察』可乎？」徐曰：「不可。《老子》曰：『其政察察。』亦惟『察』名不可居，故以『在』字隱『察』名而轉聲爲『查』，若改『察』，仍『察察』也。」某相曰：「然則『查』可乎？」徐曰：「可。」某相曰：「此則僕之所未聞也。夫字必有義，『查』字無『察』義而有『在』聲，使徒以聲同之故而不顧其義，則『道』可『盜』也。」徐曰：「『道』固不可『盜』，而『在』則可『查』，不觀『在』又爲『裁』乎？『在』之爲『裁』『察』，義同也，然而『纔』之又爲『財』，則無義矣。『財』可『纔』，則『查』可『察』矣。」某相憪然謝而起。其後三相録試卷糊名，然終不用。馮文毅公溥爲薦於廷，聖祖曰：「有著述乎？」曰：「有。」曰：「爲何？」曰：「《資治文字》。」曰：「《資治文字》何謂耶？」曰：「字書也。」旁一相曰：「字書，小學耳。」遂罷。既而文毅擬再薦之，不得，曰：「小屯吉，君向不爲大而爲小，此屯也，然而吉矣，吾幸得歸矣。」

初，徐至京時，文毅欲館之於邸。會邸客將滿，中有一客，鄉人也，作《字補》一書，内有「⿰角肅」字，註曰：「水雲角⿰角肅。」遂音妻而入角部。或以問徐，徐曰：「《呂覽》曰：『水雲魚鱗。』未聞角⿰角肅也。」客大恨，遂沮之。至是，欲再薦，則同舍者再沮之，乃歸。咸清，字仲山，會稽人。

阮文達解蕉字

阮文達精於小學，嘗解芭蕉「蕉」字，謂見《上林賦》，於古無聞。《説文》「蕉」字，則樵採之樵，《列子》「以蕉覆鹿」，即所樵之草，非芭蕉也。

江叔澐欲撰經史子字準繩

江叔澐愛古成癖，平生不肯爲俗字，尺牘書疏，皆依《説文》。其寫《尚書》「滙水」依《淮南》作「塵」，「汝乃是不蘉」依《爾雅》義作「孟」，人頗怪之，遂不改也。内行甚修，對家屬如賓客，交友不妄取。孫淵如以一縑贈之，累書千言，卻而後受。嘉慶紀元，舉孝廉方正，不仕，卒於家。常欲舉經史子緇以《説文》，去其俗字，命曰《經史子字準繩》，惜未成也。

禮親王治説文

禮親王號嘯亭外史，生而好學，雖造次顛沛，必手一編，尤深於許慎之學。十三齡得《説文解字》，篝燈夜讀，時值嚴寒，圍爐竟夕。火發，延及牀帳，幾兆焚如。包衣輩瞭見紅光，咸攜水具集寢宮，王猶未釋卷也。

張東甫通許鄭之學

道光時，錢塘有張東甫刺史之杲者，夙承祖訓，與賢士大夫游，遂通許、鄭之學。嘗著《說文集解》百餘卷。以爲《說文》自許氏後，若宋張有之《復古編》、元周伯琦之《六書正僞》、明焦竑之《俗書刊誤》，至乾、嘉間段氏、桂氏、王氏、錢氏、鈕氏、席氏輩出，而小學益顯，乃考形聲，辨俗體，通假借，異字同音、同音異字及諸家得失，各有所宗，均箋註於下，名曰《集解》，藉知古人以字解經、以經解字之義。因卷帙繁富，官事覊紲，未卒業。病危時，猶語人曰：「吾死不足惜，獨恨《集解》一書未及告成，不得就正於有道君子耳。」子上龢，字沚薌，孫爾田，字孟劬，亦以文章政治有聲於時。

蕭道管治說文

光緒丁丑、戊寅間，侯官陳石遺學部衍方從事考訂之學，治《說文》，取坊肆重刻孫氏本，屬其婦蕭道管以每字剪爲紙片，小注屬焉，分重文、闕訓、指事、象形、會意、形聲、叚借各類，黏貼紙本，采別部居，使不相雜厠。蕭獨取所謂重文者一册，反覆諦究，別購孫氏本，自一至亥，圜點一遍，不解，則翻閱段氏注本，而語陳曰：「君治篆文，吾治古籀，何如？第治古籀，有待篆文者百之一二；治篆文，有待古籀者十且二三也。」

蕭讀古書，時有神解，善蹈瑕隙，字書之形聲義，辨識毫釐，宋人所略，往往洞貫疐硋，會人乖睹。然情韻高遠，雅好奇服，不願爲人人之所爲。推究哲理，於人天死生，妙悟深澈，以身後名易其自適之趣，非其志也。日常把卷，意有所得，時弄筆札記之，旋棄擲不愛惜。遂成《説文管見》，凡二百一十有餘解，多蘦落糠粃，然一條之中，首尾畢具，無未完之義理，而叙列之不難也。蕭嘗語陳曰：「近人治許學，有所撰箸，惟段氏偁《説文解字注》，其它《説文義證》、《説文句讀》之類，命名率省『解字』二字，非正詞也。吾此本專釋重文，宜可單稱『説文』。又吾名管，即以管見名其書，在他人爲謙詞，在吾直質言而已。」道管，字君珮，一字道安，亦侯官人。

算學之精義

經學家必通天算，良以《尚書》開卷，即言治曆，《内則》幼學，亦重習計，而其法亦益臻邃密。自聖祖御製《數理精藴》，契合道源，範圍乾象，以故天下勤學之士，烝烝向化。若梅文鼎、梅瑴成、江永、戴震、程瑶田等，闡揚推衍，各有撰述。後則董佑誠、羅士琳，最近則南匯張文虎、金山顧尚之、海寧李善蘭，尤爲傑出。阮文達作《疇人傳》四十六卷，羅士琳作《續疇人傳》六卷。

王錫闡潛心測算

王錫闡，吴江人，博覽羣書，兼通中西天學。生於明末，當徐光啓等修新曆法時，聚訟盈庭，錫闡獨閉户著書，潛心測算。天色澄霽，輒登屋，卧鴟吻間，仰觀景象，竟夕不寐，務求精符天象，不屑屑於門户之别也。

天文算法

自明中葉泰西人至，而天文算法精於中土。華人以大統法爲元代許魯齋所定，故終扼其説不行。聖祖乃命靈臺皆用西法，惟置閏用中法，以合《堯典》。

聖祖親驗算法

康熙壬申，聖祖御乾清門，召大學士、九卿等至御座前，取太極圖及五聲八音八風圖，指示羣臣。復推言算法，用方圓諸圖，逐一驗算，無不吻合。至樂律隔八相生，其説不同。是日，召樂人以笛和瑟，次第審音，至第八聲還本音。因言聲音高下，循環相生，復還本音，必須第八，此乃一定之理。又命取測日晷表，以筆畫示曰：「此正午日影所至處。」令置乾清門正中。諸臣候之，至午，日影與御筆書處恰合，不爽銖黍。

聖祖留心曆算

康熙壬午，李文貞公光地隨扈南巡，駐蹕德州。有旨，取梅文鼎書。文貞以《天學疑問》上呈。奉旨：「朕留心曆算多年，此事朕能決其是非。」將書留覽。後二日，召見，聖祖云：「昨所呈書，甚細心，且議論亦公平，此人用力深矣。朕帶回宫中細閲。」文貞因求親加御筆，批駁改定，聖祖允之。明年，駕復南巡，於行在發回原書，中間圈點塗抹及籤貼排語，皆御筆也。文貞復請此書疵謬所在。諭曰：「無疵謬，但算法未備。」未幾，西巡，問隱淪之士，文貞以關中李顒、河南張沐及文鼎三人對。上亦素知顒及文鼎。乙酉南巡，文貞以巡撫扈從，上問：「宣城處士梅文鼎今爲在？」文貞以尚在臣署對。上曰：「朕歸時，汝與偕來，朕將面見。」文貞尋與文鼎伏迎河干。越晨，俱召對御舟，從容垂問，凡三日。上謂文貞曰：「天象算法，朕最留心，此學今鮮知者，文鼎實僅見也。其人亦雅士，惜老矣。」賜御書扇幅，頒賚珍饌。臨辭，特賜「績學參微」四大字。

梅氏世通算學

梅文鼎，字勿庵，歲貢生。子以燕，舉人。兩世俱通算學。以燕子文穆公瑴成始大其宗。而勿庵父子兆域，聖祖特命江南織造曹頫爲之監工。

聖祖指授陳厚耀算法

泰州陳諭德厚耀與梅文穆同直内廷，蒙聖祖指授算法。當文穆初入見，上嘗語之曰：「汝知陳厚耀否？他算法近日精進。向曾受教於汝祖，今汝祖若在，尚將就正於彼矣。」厚耀侍從多年，蒙賜書籍、文具、錦綺、瓜果之類，尚爲近臣所恆有，其頒賜儀器，疇人家詫爲未見。一日，又賜熱河光木，供之几案，光皎如月。諭曰：「以助汝鈎稽布算之勤也。」厚耀有《奉敕賦夜亮木》詩。

當厚耀與文穆同正定算學諸書時，聖祖又嘗召之於便殿，問測景使何法。厚耀不知。上寫西人定位法、開方法、虛擬法示之。又命至御座旁，隨意作兩點，上自用規尺畫圖，即得相去幾何之法。文穆直蒙養齋，上亦授以借根方法，諭之曰：「西洋人名此書爲阿爾熱八達，譯言東來法也。」幾餘召對，時有指授。自後二人之學，彌益精邃。文穆由進士官至總憲，厚耀以教授超授編修，官至左諭。

李子金精算數

李子金增生之鉉精算數，心有權度，不用丈尺。嘗遊京師，與客聚飲，客指鄰家樓，問以高幾許，四方幾許。李熟視良久曰：「得之矣。」客令人加量，悉如所言。

李文成研算術

滑縣李文成，少孤，爲木工傭保，人呼之爲李四木匠。恥之，棄去，從塾師習書算，粗解意義。有疑難，輒辯駁，塾師厭之，遂請絶焉。於是專研算術，旁涉星家象緯，推測頗驗。見人，必誇其術，人有聞者，共非笑之，文成自若也。

華若汀悟算數捷法

金匱華若汀太守蘅芳精於算，嘗乘夜航，雜遝儔人中，閉目危坐而搆思。忽悟一算數捷法，爲生平所未得。自謂此時也，不覺黑闇界倏現大光明，心地開朗，快如登仙。

蔣岳莊知曲綫新術

武進蔣維鍾，字岳莊，維喬之兄也。幼穎悟而嗜讀，以是得咯血症。父少穎命輟讀佐商政，然肄事偶暇，輒手一卷，與其弟竹莊茂才維喬賞奇析疑，自相師友也。光緒癸巳春，偶見疇人書，畧一披閱，即朗悟。不數月，盡通其義。甲午，中日失和，我師敗，岳莊以爲當尚西法，變新政，雪國恥，一切科學，皆以數學爲宗，乃益閉户潛迹，午夜不輟。丙申，從學於金匱華若溪明經世芳，所學大進，而肺疾亦日劇，遂不起，時己亥正月也。所著有《曲綫新説》。

清稗類鈔

文學類

文學最盛之原因

愛新覺羅氏自太祖肇基東土，至世祖入主中夏，傳十帝，歷二百六十八年，一朝文學之盛，所以能軼明超元，上駕宋唐，追蹤兩漢者，蓋有六大原因焉。一，由於開國之初，創制滿洲文字，譯述漢人典籍，而滿人之文化開。二，由於信任漢人，用范文程之議，特選士於盛京，而漢人之文教行。三，由於入關以後，一時文學大家，不特改仕新朝者多明之遺老，即世祖、聖祖兩朝正科所取士，及康熙丙午年博學宏詞科諸人，其人以理學、經學、史學、詩詞、駢散文名家者，亦率爲明代所遺，而孫奇逢、顧炎武諸儒隱匿山林，又復勤於撰著，模範後學。四，由於列祖列宗之稽古右文，而聖祖尤聰明天亶，著述宏富，足以丕振儒風。五，由於詔天下設立書院，作育人才。六，由於祕府廣儲書籍，並建七閣分貯，嘉惠士林。有此六原因，是以前古所有之文學，至是而遂極其盛也。

七閣者：文淵在大內，文源在圓明園，文津在熱河，文溯在奉天，文匯在揚州大觀堂，文宗在鎮江金山寺，文瀾在杭州西湖之行宮。

高宗天語典雅

高宗稽古右文，天語典雅。乾隆庚戌四月東巡，遣官祭周尹吉甫墓，並垂問吉甫子孫。途次適南薰徐來，上語侍臣曰：「此卽《詩》所謂『穆如清風』也。」

宗潢多嗜文學

宗潢頗多嗜文學者，自紅蘭主人岳端首倡風雅，而問亭將軍博爾都、紫幢居士文昭、曉亭侍郎塞爾赫、臞仙將軍永忠、樗仙將軍書誠、嵩山將軍永㥣，遂相繼而起。紫幢從王文簡公士禎游，辭爵讀書，爲士林所重。查編修慎行序其集，稱之曰「宗室高人」。雍正時卒。

八旗文士之開山

賽圖字麟閣，崇德辛巳科目解元。幼貧，嘗爇馬通以讀書，尤好爲詩，滿洲文學之開，實自賽始。其同榜舉人鄂貌圖，後官參政，有《北海集》；漢軍卞三元，後官雲貴總督，有《公餘詩草》，皆八旗文字之最先者。至阿什坦，題名碑作「何錫談」。爲完顏氏苗裔，順治壬辰進士，翻譯《大學》、《中庸》、《孝經》、《通鑑總論》諸書，聖祖嘗召問經義，稱爲我朝大儒。又侍郎布泰階平褎不由科目出身，克敦實學。侍講德格勒，有學行，與徐文定公元夢同爲李文貞公光地所荐。納蘭成文絅齋爲文貞高足，與修《周易折中》。

遼陽寧完我，天聰初官參將，後閒廢，順治初，起爲學士，擢内宏文院大學士，爲《明史》副總裁，康熙乙巳卒，謚文毅。三元有《祭少司馬范公》文、《重修盤江鐵橋碑記》，一則規仿昌黎，一則力摹子厚，皆能得其氣息。什坦有《重經史以養人才疏》，沖夷恬淡，簡要不煩，文品尤高。完我有《請立言官疏》，立範運衡，洞明體要。所有均采録於《八旗文經》也。

蒙古儒士通文藝

敖漢部落，爲元太祖第四弟某王裔，其台吉額駙彭楚克林沁，尚簡親王郡主，通文藝，熟習遼、金元事。嘗與裘文達公曰修談三史，裘爲瞠目。高宗呼之曰「敖漢先生」。彭既習漢俗，不樂居本土，典宿衛數十年，卒於京邸。

嚴又陵之文學

海通以來，輸入泰西學説。同、光間，游學歐美之人，日有增益，於是吾國士林，始知今世界所稱文學有廣狹二義，不僅如舊稱文學爲孔門四科之一，專就文章博學而言也。廣義賅哲學、倫理學、政治學等言之，亦謂之文的科學，侯官嚴又陵觀察復足以當之，即如京師大學所設文科，學科分哲學、文學、歷史學、地理學亦可見之。狹義則與哲學、科學相對峙，專以散文、韻文言之。

楊古醞文學

婁縣楊古醞大令葆光幼承母教，工詩古文辭。同治癸酉，客保定，居蓮池書院，與修《畿輔通志》。光緒時，以縣丞次浙江，旋擢知縣。上官倒屣，僚友折節，皆以其文學也。所著有《蘇盦文詩詞集》，類皆湛然以清，夷然以和，曹子建所謂「儼乎若泰山，勃乎若浮雲」者，其庶幾焉。

石綺湘工文學

粵寇石達開有女，名綺湘，年十九，聰慧工文學，姿態軼塵俗。嘗至綺紅院觀樂，諸女皆失色。院爲楊秀清輩蓄妓之所也。洪秀全嘗求爲太子妃，達開以福瑱非令主，不允。或曰，達開初有一子二女，二天死，存者祇次女筠照耳。金陵下後，年才十七，飄然若仙。達開引兵獨出，筠照日侍秀全，甚愛憐之。及官兵壓城，筠照變服遁走，至錫山爲丐婦，人無知其爲石氏女者，後竟以寒餓死。好事者葬之於斗門，筠照殆卽綺湘也。

文字

漢文之源，始於契書，如八卦畫。指事而已。稍後乃有象形。或同時並起。不足，繼之以會意、諧聲。猶不足，終之以轉注、叚借，而六書備矣。指事、象形最單純，謂之文。會意以下四類，乃孳乳相生，謂之字。在於竹帛,謂之書。六書有古文、大小篆之别,然删除重複,約僅九千餘字。至秦,始變隸書。至漢,又有章草。蓋文化愈進,事物日繁,篆籀書寫,太費日力,不適於用,漸趨簡易,自然之勢也。自是歷代通俗杜撰,輾轉附益,字書乃多至四萬餘字。然尋常日用,率不過三四千字而已。

唐初,佛經入中土,我國文字遂受小挫。猶幸佛經名詞,終未通用,故漢文得以保留至今。自是歷光、宣之交,譯學大昌。好學之士,於漢文之外,分習英、法、德、俄、日諸國之今文,更進而兼習希伯來、希臘、辣丁之古文,以推闡中外古今之物理,而觀其會通。其譯自日本文者,連篇累牘,雖有我國之可替者,亦舍而不用矣。

中外文字之比較

文字孳乳,以西洋爲最速,我國爲最遲。或卽據文字之增加,以考一國文化之進步,似未可據爲典要也。我國文字,自蒼頡造字至漢許氏《説文》,其數爲九千五百五十三字。此後則歷代皆有增加,至《康熙字典》,僅得四萬二千一百七十四字。以年代計之,則平均所增,歲僅二三字而已。持是以考泰西各國文字,其孳乳之遲速,有不可同日而語者。兹卽以英國考之,在十七世紀之末,通用字典僅五千餘字,今則已達四十五萬有奇。其文字孳乳之速,真有令人不可思議者。然謂其爲多字之國則可,謂其文字之增加,卽爲一國文化進步之特徵,似尚有説焉。試卽中外文字增加遲速之故而詳考之,知文字多寡,未可與一國之文化爲比例也。

夫我國文字，今不過四萬有奇，識者以爲少，固矣。然此四萬餘字中，人所習用者，亦惟三四千字。以此三四千字作爲文章，意無不達，言無不足，而無周轉缺乏之患，此其故何哉？蓋以我國文字與泰西異，其妙用在能累而成文，及六書之變化，故字少而周於用，與夫泰西之一字一義、一物一名者有間矣。泰西雖亦有一字數義者，然多見於動字，其他名詞爲數甚少。姑舉一二例以比較之，如一二三四等之數目字，我國由一以至萬，所用之字，去其同者，僅十三字足以代之。若英文則需二十九字，法文則需二十三字，其他各國或倍之，或數倍之，要未如我國字之簡而顯者也。蓋數目字以我國爲最簡，尤以我國爲最明瞭。法雖少於英，較英尤拉雜累贅。如曰九十，彼不直曰九十，而曰四二十十。蓋四個二十合爲八十，再加十則爲九十也。此等文義，在他國人聞之，非精於數學者不能遽辨。此其一也。又泰西文字，凡一物，則多錫以專名。夫天下萬物本無窮盡，若一一錫以專名，雖數千萬字，亦有時而窮，殊不若我國之累而成文，用字少而名物多也。茲任舉一字以爲喻，如皮毛之「皮」字，在我國則可用作書皮、樹皮、地皮、象皮、羊皮等。即以一「皮」字爲名詞，而以「書」、「樹」等字爲形容詞，字少而義賅。在西洋則皮字爲一名詞，書、樹、地、象、羊各爲一名詞，而書皮、樹皮、地皮、象皮等又各爲一名詞。即以上數詞計之，在我國僅用六字，即皮、書、樹、地、羊、象六字而已。在泰西則需十一字矣。即皮、書、樹、地、象、羊、書皮、樹皮、地皮、象皮、羊皮。英、法、德皆然。此又其一也。

匪特此也，英國之形容詞、動詞，或以形容程度之不同，或以動作時候之不同，每字皆有三變體。動字有時則有四變體、五變體者。既因時候之不同，復因發言之人及雙單數而各異。如是非之「是」字，在我國，固無論時候之遷移，發言人爲誰何，及是否爲雙數、單數，概用一「是」字而已。英國一「是」字，則有八體。如be, is, am, was, were, been, are. art。譯義同爲一「是」字，乃因時候異，數目異，言者異，於是字之形體，亦因之而異矣。我國雖亦間有此例，如《爾雅》「初哉首基」十六字，皆訓爲「始」。然其用則甚寬廣，不以時間數目限制之也。且加以假借、引伸，復不能以一「始」義縛束之也。其他歐西各國，與英國略同，字雖一義，而其因時候、數目、陰陽及發言人種種關係，字形即有若干之變體，德、法較英爲尤甚。此雖爲泰西各國文字之妙用，然其字數之多，亦其一大原因也。

且我國文人好用古字，故每爲文，常搜羅古書中之僻字而用之，以爲矜奇。而其所用之字，自皆有本原，人於是皆以爲博，曾未敢有以杜撰之字爲文者也。泰西則不然，凡一代文豪，一國文章事業即任其操縱，文法、字體，凡出於文豪之改變者，舉國莫不遵之，其他皆非所問，此與我國適成反比例。文字增加遲速之故，與此亦有密切之關係者也。輓近泰西科學昌明，即科學名詞一項，已達二十餘萬字。而此二十餘萬字，譯爲我國字，以最通習之數十字，即足以賅之，此人之所習知也。雖曰於譯義容有未盡，然較諸泰西僅錫專名多無意義可尋者，猶有間焉。綜此數例，知泰西文字所以多於我國者，在不知累而成文也。不知累而成文，字數雖多，徒增其煩擾而已。且我國文字之妙用，尤不止此。其精粹盡在六書，六書之體備，文字之用亦備，雖歷百世而不增，亦自無缺乏之患，可斷言也。

滿文

滿洲舊無文字，其始普通用蒙古字爲書信，最不便者，即本國之語言，亦必翻譯爲蒙古語。太祖雖解蒙古文，通漢文，而部民蒙昧不解。明萬曆己亥二月，太祖因命額爾德尼榜式，榜式，一作傍什，又作幫實。龐大亨云，能書者之稱也。有侮慢之者，罰馬一。天聰辛未七月始停止，但稱筆帖式。惟達海、庫爾纏等，仍得稱榜式。國初，內三院滿洲大學士謂之榜式，漢軍大學士亦稱榜式。及噶蓋札爾克齊製國語，創立滿文。額爾德尼以爲難，太祖因諭之曰：「集蒙古字爲之，其事不難。例如『阿』下合一『麻』字，非『阿麻』乎？滿洲語，阿麻，父之義。『額』字下合一『墨』字，非『額墨』乎？滿洲語，額墨，母之義。以蒙古字合滿洲之語音，聯絡成句，卽可因文見義矣，吾籌此已悉，汝等試書之，有何不可？」於是遂制國書。

太宗朝，達海榜式達海所譯有《刑部會典》、《素書》、《三略》、《萬寶全書》，未竟者，《通鑑》、《六韜》、《孟子》、《三國志》、《大乘經》等。立字母十二，名曰十二兀柱頭，一曰十二字頭。所載與漢文反切相類。如「墨」爲「不黑」，「空」爲「涇通」之類。或一語爲一字，或數語爲一字，意盡，則以兩點節之。其書左行，與漢反。文移書疏之制，滿文則自後而前，漢文則自前而後，凡宮殿榜書，率用滿、漢、蒙三體字。波撇略似漢隸，蓋蒙古字本從隸書變出，而滿書又從蒙古變出，旁加以點，是以仍近漢隸也。太祖朝之滿文，稱曰無圈點檔案。太宗朝之滿文，稱曰有圈點檔案。自是音義益詳，亦如籀變小篆，隸變八分，踵事而增，日趨精密矣。

達海，姓覺爾察，九歲通滿、漢文義，弱冠草太祖詔令，奉命翻譯《大明會典》及《素書》與《三略》，太祖稱善。天聰壬申病卒，謚文成。後祭酒阿理瑚請從祀兩廡，韓文懿公菼曰：「海造國書，一藝耳，未合從祀之例。」事遂止。

康熙癸丑四月，諭學士傅達禮：「滿、漢文義照字翻譯，可通用者甚多，後生子弟漸致差謬。爾可將滿語照漢文字彙，發明某字應如何用，某字當某處用，集成一書，使有益於後學。」

聖祖命纂清文鑑

聖祖慮滿文之口傳筆授，或有異同也，乃命別類分門，一一排纂，勒爲《清文鑑》一書，以昭法守。

高宗增定清文鑑

高宗以《清文鑑》一書雖已詳審，而惟未及音譯。乃復指授館臣，詳加增定，爲部三十有五，子目二百九十有二。每條皆左爲清書，右爲漢語。清書之左，譯以漢音，用三合切韻。滿洲、蒙古、漢字爲三合。漢書之右，譯以清書，惟取對音。以清書之聲，多漢字所無，故三合以取之。漢字之聲，則清書所具，故惟用直音也。如開章六字，則用直音，如阿、額、伊、鄂、烏、諤，餘用二字合音，如納訥、阿額、伊鄂、呢儺、努懦、烏諤。餘十二字頭，音六字，用二字合音，如⿰衤阿、⿰衤額、⿰衤伊、⿰衤鄂、⿰衤烏、⿰衤諤，以下俱用三字合音，爲納阿衣、訥額衣、呢伊衣、努烏衣、懦諤衣，而輕重緩急，由是分矣。

蒙文

元初施用文字，用漢楷及畏吾字。畏吾，元時西北部名，或作畏吾兒，亦作畏兀兒，亦有作衛兀者，今定爲輝和爾，見《元史·博囉哈雅》及《釋老傳》。博囉哈雅，原作布魯海牙。卽唐之回紇也。簡稱之，直回字耳。故元於國子監學外，有回回國學。世祖卽位，命國師吐蕃帕克思巴原作八思巴。製蒙古新字，字僅千餘，其母凡四十有一，曰察漢脱魯格，其相關紐而成字者，則有韻關之法，其以二合、三合、四合而成字者，則有語韻之法，而大要則以諧聲爲宗也。至元己巳，詔頒行於天下。其詔曰：「朕惟字以書言，言以紀事，此古今之通制。我國家肇基朔方，俗尚簡古，未遑制作，凡施用文字，因用漢楷及輝和爾字，以達本朝之言。考諸遼、金及遐方諸國，例各有字。今文治寖興，而字書有闕，於制爲未備，故特命國師帕克思巴創爲蒙古新字，譯寫一切文字，期於順言達事而已。今後凡有璽書頒降者，並用蒙古新字，仍各以其國字副之。」嗣又於州縣各設蒙古字學教授以教習之。

四十一字母中，計元音七，諧音十七，雙音七。其字略如結繩形，書寫之式，與滿文同，皆自上而下，自左而右也。駐防各省之蒙族，百人中鮮有一二三諳此者，惟通行於内外蒙古耳。

青海蒙文不常見

蒙文字母四十一中，亦有别，一爲蒙古字，一爲託忒字。蒙古字通行於漠南北及青海。託忒字則盛行於西域，而亦輸被於青海。故青海蒙文性質，亦非純粹。或言準噶爾字書名「託忒」，唐古忒本作託忒，是蒙古文字與唐古忒本同派異流也。青海盛行唐古忒文，若蒙文，則不常見。蒙人之識本文者蓋寡，惟公牘猶沿用蒙文。二十九旗之内，如和碩特北左翼旗、西右翼中旗等，自旗主以至百姓，竟有目不識丁者。遇有公務，公文由本管盟長處文牘官兼辦，或由青海辦事大臣之繙譯官代辦，文義乖謬，仍藉言語通之。咨部之件，用漢文函達理藩部，飭檔房代辦，一紙文牘，聊以存案。蓋唐古忒文，無論蒙古、番族，人人能通其音，以文字與言語連結爲用。通行番語，不能離番文，學習梵經，更不能不偏重番文，其勢然也。蒙民幼時，本文字母尚未熟讀，便授以梵經讀法，久而日用數目等字，亦利用番文而不可改，蒙文荒廢，遂不可問矣。

禁止蒙古行用漢文

內外札薩克、汗王、貝勒、貝子、公、台吉、塔布囊以及蒙古官員閒散人等，遇有稟牘呈詞等件，不得擅用漢文，違者照違制例科罪。其代書之人，交地方官遞解回籍，嚴加管束。若事涉詞訟，代寫漢字者，無論有無串通唆教情事，均按訟棍律治罪。同、光以來，此例漸弛。光緒丙午丁未間，科爾沁親王自赴日本游學，歸而設立學校，且兼課蒙人以漢文矣。

回文

回文與土耳其文同，橫衍右行，有字頭二十八，分古字母及今字母兩種，西域行之。徙居內地之回族，間亦有解此者。

藏文

藏文，一曰唐古忒文，出於希伯來，與畏兀兒文同。繕寫之法，由左行右。以煙爲墨，以竹木削鏃爲筆。其字母音韻與漢文同，因漢文字母亦釋神珙所傳也。惟漢文音韻，如《字彙》所載爲三十二字，中有兩句係五言，藏文全係四言，故字母僅三十字。而漢文三十二字，大半有音無字，假借亦多。藏文皆有音有字，亦無假借。其母音二，父音二十有八。藏人以佛教爲文學，而佛經多用藏文，學喇嘛者必先習之。

西康文

西康番人概習藏文，其傳世之書，佛經之外，醫卜星相及記事、歌唱等書皆有之。惟與漢文不同，語言亦異，語文不通，故政治隔閡，所以難於用夏變夷也。光緒丙午，邊務大臣趙爾豐以裏塘、巴塘之改流也，文告宣布，語言諮詢，必用舌人，舌人不良，行政大有窒礙。遂於丁未春，奏撥經費，委吳嘉謨充學務總辦，選聘川中文士張卜翀出關設立學校，擇番中幼年子女，教以漢語漢文，說禮樂而敦《詩》《書》。初於巴塘、裏塘、河口、鹽井、定鄉、稻城、貢覺嶺興辦。宣統庚戌，推廣於江卡、乍了、察木多、德格、白玉。辛亥，三岩、貢覺、甘孜、絨壩、登科均設學校焉。甫屆三年，巴塘之男女學生已能作數百言之漢文矣。

苗文

苗族種類繁多，亦有文字。間有斫取樹枝，部其修短鉅細，標準一事，以識遺忘者，亦猶漢族上古之結繩紀事也。

貴州永寧州有紅巖，千仞壁立，上有字數十，人名之曰紅巖之碑。或謂爲殷高宗克鬼方時，勒石以紀功者，於是強爲之音義而成一銘。然其文似蝌蚪文而非，博古家以爲古無是等文字，蓋苗字也。

倮儸在諸苗族中文明程度最高，未被漢族征服時，已有組織政府之能力。其文字自上而下，自左而右。一字一音，有千數百異形之字。書以左手，發音頗類日本語。先名詞，次動詞。不知印刷，書籍皆牛皮謄寫，後亦用紙。所載者則婚嫁、喪祭之禮儀，及占吉凶之法。能讀此書者稱爲鬼師，人叩以禍福，但披書三四即爲決之。婚喪祭祀，多用鬼師以主其事。用鬼師處漸少，讀書者亦漸減。鬼師常謂人曰：「昔年讀書者多被國王寵用，今無所用，誰復爲此！」蓋彼謂讀書遭造物忌，必致絕嗣，殆以讀書爲冒險事業也。

瑶人圓印篆文

瑶人在貴定，勤耕種，暇則採藥，沿村行醫。有書名曰《榜簿》，珍爲祕笈，書皆圓印篆文。

韙書

雲南曲靖府山中有爨人，垢夷之後也，另習一種文字，以字母連合之，謂之韙書。

儸夷字

儸夷字，大約襲爨字而爲之。漢時有納垢酋之後阿呵者，爲馬龍州人，棄職隱山谷，撰爨字，字如蝌蚪，三年始成。字母一千八百四十有奇，夷人號爲書祖。

麽些文

雲南麽些種人有字，專象形，人則圖人，物則圖物，以爲書契。

錢牧齋讀書法

錢牧齋極淹貫經史之能，其讀書法，每種各有副本，凡遇字句新奇者，即從副本抉取，粘於正本上格，以便尋覽，供采擷。蓋以正本或宋元精刻，不欲輕用丹黃也。

聖祖好學不倦

聖祖英姿天縱，於書無所不窺，衡石自程，卽秦始皇亦無其勤敏，雖老而好學不倦。當時所灑宸翰，未必皆屬己出，其捉刀者爲高江邨士奇，故高於當時最承恩眷。高復物色二人，養於宮中，終其身弗令出外，其後竟殺之以滅口。

閻百詩多讀書

徐健菴尚書嘗直起居注，聖祖問曰：「古人有言，使功不如使過，此語出何處？」徐不能對，歸以問閻百詩，以百詩多讀書也。百詩謂宋陳良時論有「使功不如使過」題，通篇俱就秦穆公用孟明發揮，應是昔人論此事者，第不知出何書耳。

讀書強記法

張稷若嘗云：強記之法，每讀一書，遇意所好，卽劄録之。録訖，乃朗誦十餘遍，黏之壁間。每日必三十餘段，少亦六七段。掩卷，輒就壁間觀所黏録，日三五次以爲常，務期精熟，一字不遺。黏壁既滿，乃取第一日所黏者投笥中，俟再讀有所録，補黏其處，隨收隨補，歲無曠日。一年之内，約得千段，數年之後，腹笥自富。

邢懋循讀書用連號法

邢懋循嘗言：其師教之讀書，用連號法。初日誦一紙，次日又誦一紙，并初日所誦誦之。三日，又并初日所誦誦之。如是漸增，至十一日，乃除去初日所誦，每日皆連誦十號，誦至一週，遂成十週。資稟即中下，已無不爛熟矣。又擬目若干道，書之簽，貯之筒。每日食後，黏十簽，講説思維，令有條貫。逮作文時，遂可不勞餘力矣。

徐華隱讀書法

錢文端公陳羣少嘗請益於徐華隱曰：「何以博耶？」華隱曰：「讀古人文，就其篇中最勝處記之，久乃會通。」後述於朱竹垞，朱曰：「華隱言是也，世安有過目一字不遺者耶？」文端嘗舉以爲讀書法。

盧抱經讀書

盧抱經學士文弨勤讀書，未嘗一日廢輟。官中書十年，及在上書房，與歸田後主講四方書院，凡二十餘年，雖耄，孳孳無怠。昧爽而起，繙閱點勘，朱墨並作。几間闌闠，無置茗盌處。日且冥，甫散步庭中，俄而篝燈如故，至夜半而後即安，祁寒酷暑不稍間。生平食禄賣文，不治生產，僅以蓄書。聞有善本，必借鈔之，一策之間，分别迻寫諸本之乖異，字細而必工。家藏數萬卷，無不手勘。

閔象南手不釋卷

閔世璋，字象南，歙人。晚歲好觀書，每夜漏下三二十籌，猶手不釋卷。嘗謂人曰：「吾生平不博弈，不美食炫服，不游倡優，無他嗜好也。」居室卑狹，無園亭之娱，坐卧一小室，人每勸其撤材新之。象南曰：「視吾不蔽風雨時何如？且久與之習，如故人，不忍棄也。」

孔某讀圖書集成七遍

康、雍、乾間，翰苑諸人，恃文傲物。袁子才雖雍容風雅，亦卒不能免此。一日，有客不告姓名，力請見，袁令閽人三拒之。已而大疑，因語閽者曰：「客如明日至，可詰其故，并請其書之於紙。」閽者諾。明日，果又至。閽者詰之，不答，曰：「非汝輩所知也。」奉以筆，請書示。客從容袖出一册，授僕曰：「盡於是矣，希達汝主，予三日後來取。」袁急視之，不覺悚然。蓋册上分詢百二十事，盡僻典，十之八九皆生平所未寓目者。徘徊堦下，苦思良久，僅得二十條。乃奔告座師尹文端，尹亦不能增一字。因折柬盡招詞林諸子，會於督署，萃衆人所得，尚僅五十條。分檢《圖書集成》，得百條。餘二十條，無覓處矣。屆期，客至，索卷閱之，笑曰：「袞袞諸公技亦止此耳！」索筆按條補之，須臾而就。字法蒼勁秀古，不類時家。袁大駭，以呈文端。文端歎賞。因向閽人究客之情狀，閽具對，並曰：「聆其言，乃操山左語者。」遂遍訪山左同僚，始悉爲孔林遺脈，《圖書集成》寓目七遍矣。一時翰苑鋒稜，爲之大斂。

袁子才看書強記

袁子才自謂幼時記性不佳，故看書必加摘録，分門别類，以補健忘。閲時既久，積成卷帙，自備作詩文時之獺祭，或談論時作中郎枕祕以欺人。然晚年於幼時事，輒能津津道之，蓋凡有聞見，無不筆之於册，披書握管，寒暑無間也。

胡文忠在軍讀書

胡文忠公林翼在軍時，治經史有常課，仿顧亭林讀書法，使人雒誦，己聽之。日講《通鑑》二十葉，《四子書》十葉，事繁則半之，而於《論語》尤十反不厭。又嘗敦請耆儒與之上下其議論，旁徵列史，兼及時務。迨病至廢食，猶於風雪中講肄不少休。

曾文正勸人讀七部書

曾文正嘗教後學云：《六經》以外，有不可不熟讀者，凡七部書，曰《史記》、《漢書》、《莊子》、《説文》、《文選》、《通鑑》、韓文也。蓋《史記》、《漢書》，史學之權輿也；《莊子》，諸子之英華也；《説文》，小學之津梁也；《文選》，辭章之淵藪也。《史》、《漢》時代所限，恐史事尚未全，故以《通鑑》廣之。《文選》駢偶較多，恐真氣或漸漓，故以韓文振之。

吳子登讀西書

吳子登勤於學，時與泰西初通，而喜研究西人算理。見西士，輒詢問，猶自恨未通貫。又年長不及學拼音，因取西書，每字詢得其解，乃取西字而識以華音，積久竟能讀西書。西人謂不識別國之字而能讀其書者，地球之上，惟吳一人而已。吳，南豐人。

汪柳門精熟史漢

汪柳門侍郎鳴鑾自謂於書無所不窺，而《史》、《漢》尤精熟。某學使思有以難之。一日，叩之曰：「《龔定盦集》有『九月猶開窈窕花』之句，窈窕花何物？」汪不能答。學使轉告之曰：「桂也。班書具在，君殆偶爾遺忘耶？」汪大窘。

于晦若博極羣書

賀縣于晦若侍郎式枚，爲陳蘭甫京卿澧入室弟子。其提督廣東學政時，督部爲岑春煊，頗相得。光緒丁未，改學政爲提學使，岑卽密奏式枚任之。侍郎博極羣書，弱冠卽爲宿儒所畏。是年廣東師範學校校試，樂清高心博廩生時主講是校，出西北輿地題，頗本《新民叢報》之說。侍郎閱之，卽曰：「梁卓如言雖如此，然考某書某書尚有異論。」所舉原原本本，略無遺滯。岑既內陞郵尚，卽奏侍郎內用。岑旋出，侍郎亦不容於内，乃拜考察憲政之命。及慈禧太后崩，謚爲孝欽，侍郎疏言「欽」非后謚，歷舉往事爲證，詞旨斐雅可喜也。

回人讀阿里卜

《阿里卜》，回書名，回人之讀書者，必始於此。

徐宗項集赤壁賦爲詩文詞

華亭徐基，字宗項，以貢生官訓導。所著有詩文詞，皆集前、後《赤壁賦》，洋洋灑灑數千言，伸之縮之，不出四百餘字之外。卷首有陳文簡公元龍序，集《聖教序》中字，亦如己出。

朱竹垞毛西河之詩文

經師之善詩文者，每以國初朱竹垞、毛西河爲言。其實西河非竹垞可比。竹垞文有骨力，卓爾大雅，西河惟善於馳騁耳。竹垞詩淵雅堅厚，取材典則，西河已傷猥雜，氣亦未醇。昔韓昌黎以《孟子》爲大醇，《荀子》乃大醇而小疵。邱菽園主政煒萲於竹垞、西河，亦如是云。

葉文敏詩文兼長

葉方藹，字子吉，號訒菴，崑山人，官至尚書，謚文敏。嘗評詩云：「無論大篇短章，每首當具有二十分力量，所謂獅子搏象兔，皆用全力也。」王文簡公少時有句云：「螢火出深碧，池荷聞暗香。」文敏極喜之，取入《獨賞集》。文敏夙著清操，家無餘財，以斯文爲己任。詩宗蘇、陸，文宗眉山，生平服膺文簡詩及汪鈍翁文，蓋實兼有二家之長也。

吴改堂工詩文

吴改堂，名燮，吴江人。幼稟奇質，負氣，性耿直，好讀書，能騎射。年十四，從其父半松大令遊京師，所與交多藏書家，改堂從借歸，目識手鈔，窮日不休。嘗製雙袋，佩於左右腰間，讀書有所得，輒移寫之以投於袋。所爲詩文，往往爲前輩所驚賞。

孫淵如工詩文

孫淵如，名星衍，能誦全部《文選》，而所撰駢文，絶不撦拾《文選》字句。詩有奇氣。三十以後，一意研經。袁子才謂淵如逃入考據，蓋不欲以文人自囿也。

黄詩王文

張維屏嘗曰：「漢有建安七子，唐有王、楊、盧、駱四家，余欲選黄仲則詩、王仲瞿文合刻之，題曰乾隆二仲。

六詩三筆

建寧朱仕玠，仕琇兄弟，皆官教諭。仕琇工古文，師事朱笥河學士筠；仕玠工詩，爲沈文慤公德潛所稱賞，閩人譽之爲「六詩三筆」。

李氏兄弟之詩文

乾、嘉間，江左之操制舉業，授子弟以衣鉢，取青紫如拾芥者，莫如太倉李氏。李氏兄弟凡五人，曰錫瓚、錫晉、錫鬯、錫珪、錫康，皆登顯第，擬高魁。刊有《映雪齋試牘》，其文皆揣摩風尚，清華流利，漸開道光以後靡靡之風。錫瓚，字秬香，所選《能與集》，與晚年自號蘅塘退士所選之《唐詩三百首》，尤爲膾炙人口。其於《三百首》，則自署曰「蘅塘退士」，蓋晚年所輯也。二書皆制舉家之圭臬。《能與集》爲小試利器，《唐詩三百首》則試帖雖廢，而學者猶吟諷之。然見地故不高，以視沈文慤《古詩源》、阮亭《古今詩選》、曾文正《十八家詩鈔》，覺卑之無高論矣。然《三百首》一書，至今不廢，得毋取徑不高，便於俗學耶？

張黄黎吕之詩文

嶺南詩文學，推張錦芳、黄丹書、黎簡、吕堅四家。吕最後殁。黄、黎兼工書畫，吕遜之。吕爲古文，張、黄、黎亦不能及。堅，字介卿，號石騆，番禺人。爲諸生時，李南澗見其詩，奇之，由是得名。性兀岸自異，少所許可。豪於飲，高談雄辯，四座皆驚。家貧甚，然胸次落落，無所介，雖簞瓢屢空，笑傲自若也。大興朱文正公珪蒞粤，粤之名士咸被延接，而石騆與二樵尤見稱許。顧蹭蹬名場，老而不遇，抑塞磊落之氣，時發之於詩文，幽豔陸離，奇情鬱勃，不肯作一常語。所著《遲删集》六卷，文亦附焉。世稱二樵生平所至，求詩書畫者日填於門。硯田所入，足以自給。既殁，人得其手蹟，珍逾球璧。以石騆視二樵，境遇之豐嗇，又或異之，豈造物之忌名特甚耶？二樵，簡字也。

張亨甫詩文甚富

建甯張亨甫孝廉際亮詩文甚富，其自刻者，爲《松寥山人初集》、《南來詩録》、《婁光堂》數種。雲垂濤湧，不可方物。以選拔入都，報罷後，讀書西山，斂才蓄氣，務爲函深峻潔之語，體頗近王、孟。一日，攜歌者飲酒樓，或謂曰：「君尚能作豪宕語否？」亨甫大笑，即席爲《王郎曲》一章。翼日，又爲《眉仙》《秋芙》等行。

朱伯韓工詩文

臨桂朱伯韓觀察琦，嘗從倭文端、唐確慎、李文清諸公游，與聞道學之統。其經術考據，則與曾文正、何子貞、張石洲相切劘。其工詩古文，則與梅伯言、邵位西、張端甫、吴子序、余小頗、陳藝叔、劉椒雲、馮魯川及其鄉人龍翰臣、王少鶴同時各成一家。蓋道光朝魁偉振奇人也。

左文襄不廢詩文

左文襄久在軍中，不廢詩文。章奏文劄緘牘，或友朋酬答，皆取辦於一己。所用書記，供鈔録而已。晚歲，輯其所作詩文，都爲一卷，而署檢曰《盾鼻餘瀋》。

高伯平善詩文

高伯平廩貢均儒，先世爲閩人，其祖積爲貴州按察使，卒，葬嘉興，遂家焉。六歲而孤，母車孺人教之成立。治經，精聲音訓詁之學，而謹守宋儒家法，不爲苟異。文章師桐城方苞，服膺山陽潘四農。訂其文集、詩話若干卷，又手寫姚鼐尺牘刻之。漕督吴文惠公棠欲刻其詩文集，伯平曰：「此不足以辱梨棗也。」

散體文家之分派

國初，散體文以宋犖所選侯方域、魏禧、汪琬三家爲最著。方域，字朝宗，號雪苑。禧，字冰叔，號裕齋。琬，字苕文，號鈍庵。琬原本經術，瓣香廬陵，於明，則推重歸太僕。禧與兄祥、弟禮時稱「三魏」，文有理致，而禧筆勢尤雄放，其論事敍事之作，多得史遷遺意。方域初好六朝文，既而步趨史遷，矯變不測，如健鶻摩空，如鯨魚赴壑，雖享年不永，根柢遜於琬、禧，而識解特超，其高才自不可及。同時布衣以文名者，有邵青門長蘅，枕葄經史，力追歸唐，可與雪苑、冰叔抗衡。至遺民之以文名者，則推顧炎武、黄宗羲、陳宏緒、彭士望、王猷定諸人。士大夫以文名者，則推李光地、潘耒、孫枝蔚、朱彝尊、嚴虞惇、姜宸英諸人。中惟虞惇文陶鑄羣言，體近廬陵、南豐，彝尊、宸英文善學北宋，餘多不入格。自方苞、劉大櫆繼起，而古文之道乃大明。桐城、陽湖兩派，亦由此起矣。

苞嘗與宸英論行身祈嚮，曰：「學行繼程、朱之後，文章介韓、歐之間。」故其論文嚴於義法。今約舉其大恉如下：一，非闡道翼教，有關人倫風化，不苟作。二，凡所涉筆，皆有六籍之精華。三，不可入語錄中語、魏晉六朝藻麗俳語、漢賦中板重字法、詩歌中雋語、《南北史》佻巧語。

桐城文派

方苞，字靈皋，世稱望溪先生，以古文專家之學提倡後進。其論文之言曰：「自南宋以來，古文義法不解久矣。吳越間遺老尤放恣，無一雅潔者。」又曰：「言有序，言有物。有序，要矣，有物，尤要，非讀書而明於事理不能也。」一傳爲劉大櫆，再傳爲姚鼐。

大櫆，字海峰。鼐，字姬傳，世稱惜抱先生。惜抱稟其師傳，覃心冥進，益以所自得，推究閫奧，開闢戶牖，天下翕然推爲正宗，世幾有青藍冰水之喻。求學之士，如蓬從風，如川赴壑。百餘年來，轉相傳述，徧於東南。由其道而名於文苑者，以數十計，可謂盛矣。論者謂望溪之文質，恆以理勝。海峰以才勝，學或不及。惜抱則理與文兼至。三人皆籍桐城，故世稱爲桐城派。歷城周書昌爲之語曰：「天下之文章，其在桐城乎？」然惜抱之學，師法家法，殆兼有之。惜抱之世父薑塢編修範，博聞強識，誦法先儒，與大櫆友善。諸子中尤愛惜抱，每談文，必令侍側。惜抱幼時，即喜親大櫆。客退，輒肖其衣冠談笑爲戲。故範授以經學，而復使受古文法於大櫆。瑞金羅有高，新城魯仕驥，均受業於建寧朱仕琇，後乃更事惜抱。惜抱主江寧書院，前後二十年。門下著籍者，以上元梅曾亮、管同、婁縣姚椿、寶山毛嶽生及同邑劉開爲著。範之曾孫瑩、同邑方東樹、戴鈞衡皆能傳桐城之學，最近則有蕭穆、吳汝綸。

開年十四，以書謁惜抱，大奇之，因受業於門，得其學。世咸稱其古文，謂望溪、海峰之傳，藉以不隕也。初，開游浙，過某邑，有人候於門，卒然問曰：「君得非桐城劉先生耶？」要至其家，具盛饌。酒半，告以有母，孀且老，守志數十年，欲乞能文者爲壽。前夕，夢其父語之曰：「三日，有桐城劉先生過吾門，非其文不能傳爾母，當固請之。」既復與游山，至一古墓所，有碑曰「宋處士劉開墓」，因目之爲處士後身。而開亦憮然自失，知己終不能貴顯也。

新城魯氏，傳之其甥陳用光。用光亦受業於惜抱。鄉人化之，多好文章。用光羣從，有曰學受，曰溥者。而南豐又有吳嘉賓，皆承魯氏風，私淑於望溪、惜抱，由是江西有桐城之學。

廣西永福呂璜與吳德旋處，璜之鄉人有臨桂朱琦、龍啓瑞、馬平、王拯，皆步趨吳氏、呂氏，而益求廣其術於梅曾亮，由是廣西有桐城之學。

桐城之文，末流仿效，不免以空疏相尚。湘鄉曾文正、巴陵吳敏樹同起而振之。敏樹不屑奉一先生之言以自隘，卒其所得，與姚氏無一不合。文正自言粗解文章，由姚先生啓之。然尋其聲貌，略不相襲。道不可不一，而學不必盡同。斯言諒哉！

文正古文，熟於陽剛陰柔之旨，極其伸縮變化，鏗訇隱轔，自成清越。劉彥和《文心雕龍·風骨》一篇，固文正所心摹手追者。文正門下有武陵楊彝珍、東湖王定安、武昌張裕釗、桐城吳汝綸、遵義黎庶昌。彝珍、定安肉多於骨，長於用複，而短於使單。裕釗善敍事，而規模不免狹小。汝綸習於間架，其銘詞陶鑄《詩》、《騷》，頗堪繼武。庶昌讀書較多，不囿於法，而範圍較廣。此五人者，雖未能各自樹立，然皆文正入室弟子也。龔、魏之學興，偏霸之才，易飾耳目，求其優游揖讓，不詭於正者，海內不過十數人。推原其故，知於古文中求古文，而於古人爲文所從事之書，未嘗肄業及之。況古人與不可傳者俱死，其存者糟粕而已。文正一派，久之或當漸絶矣。

庶昌之言曰：「本朝文體之正，自方始，洎姚而辭始雅潔，傳至文正，乃變化以臻於大。」非阿好之言也。奉賢訓導周懋曾嘗問南匯張文虎曰：「先生與文正相處久，其論文何以盛推惜抱？」文虎曰：「文正晚年於惜抱文亦不十分滿意矣。」彝珍及善化孫鼎臣、湘陰郭嵩燾、溆浦舒燾、湘潭歐陽勳，亦以姚氏爲文家正軌也。

陽湖文派

桐城、陽湖，名爲兩派，其實一源。武進錢伯坰受業於劉大櫆，歸而以其師説，誦於友人張惠言、惲敬。二子者，遂棄其聲韻駢儷之學而學古文，號曰「陽湖派」。惠言精研經傳，其學從流而溯源。敬泛濫百家，其學由博以返約。致力不同，而文之澹然而清，秩然有序，質之古人，如一轍也。繼之者有無錫秦瀛、陽湖陸繼輅、宜興吴德旋，德旋又受業於姚鼐。惠言弟子有同邑董士錫，後起者有陽湖吴鋌、謝詠芝。

别裁之文派

國初，天門胡承諾著《繹志》一書。「繹志」者，繹己所著也。根柢於諸經，博稽於諸史，旁羅百家，而又折衷於周、程、張、朱之學，自儗其書爲徐幹《中論》、顔之推《家訓》。然其精粹奥衍，非二書所及。山陰胡天游鋭志學韓，語意奇倔，拔出同時諸人之上。道光時，仁和龔自珍、邵陽魏源縱横學《國策》，廉悍學《韓非》，頗足補桐城之所未逮。自珍勝於源，而僞體頗多。大抵不由唐、宋，專摹秦、漢者，弊每坐此。故詞勝不如意勝，意勝不如理勝也。至漢學家文，則以戴震、汪中、莊述祖爲最善。

駢體文家之正宗

古人之文，本不分駢散。東漢以後，駢文之體格始成，博大昌明，至唐而極。自宋至明，日趨卑靡。國初諸家漸次復古，史學如顧炎武，經學如毛奇齡，皆能爲駢儷文。吴江吴兆騫以復社主盟，更善斯體。吴偉業稱兆騫與華亭彭古晉、宜興陳維崧爲「江左三鳳凰」。然維崧文導源庾信，才力富健，更在兆騫、古晉之上。又江都吴綺、錢塘章藻功，亦與維崧齊名。而綺才稍弱，藻功欲以新巧勝二家，又遁爲别調，故亦遜維崧一籌。惟錢塘吴農祥、益都馮溥，以爲與維崧相並。其後繼起者，山陰胡天游爲最。天游以博綜之才，出以淵茂，横絶海内，袁枚師事之。而所造不同，獨其才氣足以聳動一時，故上自公卿，下至市井負販皆重之。所惜俗調僞體，汰除未盡，不免爲後人訾議耳。

昭文邵齊燾規橅魏晉，風骨高騫，於綺藻豐縟之中，存簡質清剛之制，一時風氣爲之大變。如王太岳之簡潔蒼老，劉星煒之清轉華妙，吴錫麒之委婉澂潔，洪亮吉之寓奇氣於淳樸，孳新意於古音，孫星衍之風骨遒上，思至理合，孔廣森之力追初唐，藻采映麗，曾燠之味雋聲永，别具會心，是皆遵循軌範，敷暢厥旨，堪爲一代駢文之正宗。故全椒吴鼒嘗合袁、邵、劉、孔、吴、曾、孫、洪爲駢文八大家。鼒之駢文，蓋亦以沈博絶麗稱者。

八家之外，儀徵有阮元，陽湖有劉嗣綰、董基誠、董佑誠，臨川有樂鈞，鎮洋有彭兆蓀，金匱有楊芳燦、楊揆，仁和有查初揆，桐城有劉開，上元有梅曾亮，大興有方履籛，其文皆閎中肆外，典麗肅穆，足以並駕齊鶩。武進李兆洛志在通駢散之界，一心復古，所選最精。其自製文，亦多上法東京，力争崔、蔡，文境尤高。而泗州之傅桐，長沙之周壽昌，秀水之趙銘，湘潭之王闓運，會稽之李慈銘，則皆其後起者也。長沙王先謙因又合孟塗、伯言、二董、彦聞、味琴、荇農、桐孫、壬秋、悉伯爲十大家，以繼前八家。十家之文，大率皆氣清體潔，宗尚不出兩漢、六朝、初唐。而悉伯尤詞旨淵雅，體格純淨，直欲近掩洪、孫，遠跨徐、庾。悉伯後，孫同康之精雅，皮錫瑞之疏邕，王先謙之簡潔，亦不愧爲一朝之後勁。蓋自乾、嘉以還，駢文體格始正，作者亦始極其盛，若陽湖劉可毅之研《都》鍊《京》，熟精《選》理，亦能樹一幟於諸人之後矣。

黄梨洲論文

黄梨洲撰《明文海》，所閲明人集，幾至二千餘家。如集中首篇桑悦《北都》、《南都》二賦，朱竹垞著《日下舊聞》時，搜討未見，論者稱爲一代文章淵藪。其論文有曰：「唐以前句短，唐以後句長；唐以前字華，唐以後字質；唐以前如高山深谷，唐以後如平原曠野。故自唐以後爲一大變，然而文之美惡不與焉。其所變者，詞而已矣。其所不可變者，雖千古如一日也。」此足以掃近人規橅字句之陋矣。

傅青主不喜宋後文

傅青主不喜宋後之文，嘗曰：「此所謂江南之文也。」於歐陽永叔亦力詆之。嘗書《集古録》後曰：

「此老真不讀書。」

侯朝宗一夕補文

侯朝宗豪邁不羈，以明經累舉於鄉，輒報罷。明亡不仕，益放意於聲伎。已而悔之，發憤爲詩古文，倡韓、歐學於舉世不爲之日。嘗遊吳下，將刻集，集中文未脱稿者，一夕補綴立就，人益奇之。

吳慶百草露布

錢塘吳慶百徵君農祥，嘗應李文襄公之芳聘。時文襄以蕩寇功督兩浙，建牙於衢，以扼閩衝。羽葆棨幢，吏從帶弓韇，夾階立，上謁者或不敢仰視。吳至，長揖之。明日，宴於射堂，軍中以鳴鏑射戟枝侑酒。酒半，文襄離席起，酌金叵羅壽吳，請草露布。吳且飲且口占，授書吏，一坐盡傾。久之辭去，爲畫便宜數事，文襄再拜曰：「感君良箴，吾曩者知君不盡，乃以爲文士也。」

王崑繩評訂文章練要

大興王崑繩，世稱或庵先生。晚年與李剛主師事顏習齋學禮，終日正衣冠，對僕隸，必肅恭。慕漢諸葛武侯、明王文成，而目程、朱爲迂闊。常自負有經世學，雅事箸作。其《評訂文章練要》一書，時爲潁州寧世簪、桐城戴名世所同閱，歙縣程城參正之。蓋以評文之法，評經書及史子集，雖不脱明人積習，然語中肯綮，津逮後學，厥功甚偉。

書分六宗百家。六宗曰《左傳》，曰《孟子》，曰《莊子》，曰《楚辭》曰《戰國策》，曰《史記》。百家之類三：公、穀、管、韓諸家一也，《漢書》以下諸史二也，漢、魏諸名家集三也，六朝而下不與焉。簡練精要，以爲規矩準繩，詳而説之，以盡乎文之變。嘗曰：「《六經》者，文之祖。六宗别子爲祖，而各立門户以爲宗。百家不能出六宗範圍，六宗不能出《六經》範圍。究之，惟以道爲歸而已。」城序其書曰：「每聽先生論文，如淮陰侯登壇，蕭、曹爲之屏息。如吴札觀周樂，見微而知清濁。如宣尼贊《易》，盡三極之道，高明廣大而不外乎中庸。」其所評訂文章，遠勝鹿門、月峯諸家矣。

吴山尊選八家四六文鈔

全椒吴山尊鼒選《國朝八家四六文鈔》，八家云者：錢塘袁簡齋枚、昭文邵荀慈齊燾、武進劉圃三星煒、曲阜孔顨軒廣森、錢塘吴穀人錫麒、南城曾賓谷燠、陽湖孫淵如星衍、陽湖洪稚存亮吉也。山尊爲吴穀人弟子，恪守師説，不敢越雷池一步。其選駢文，藉闡宗風，故去取較隘，人比之爲桐城派古文是也。國朝駢文，以山陰胡稚威天游爲第一，而江都汪容甫中亦表表者，皆在吴穀人之前，而山尊選本，寧缺不録，又何疎耶？

穆慶能爲駢體文

吴門蔣氏，有小奚奴名穆慶，能爲駢體文。一日，許穆堂侍御過其宅，聞鸚鵡吟云：「春日晴和，新鶯百囀。秋風蕭瑟，病蝶孤飛。」絶妙好辭也，穆堂大異之。及詢主人，始知爲慶所撰以教鸚鵡者，爲之歎賞不置。

姚梅伯擅駢儷文

姚梅伯，名燮，與魏默深、龔定菴、蔣劍人同時。才氣學術，足以凌轢魏、龔，蔣非其敵也。著書數十萬言，《駢儷文榷》爲最高。死後名不甚彰，當世崇拜魏、龔，而無人知有姚，名位限之耳。

學師誤改御製文

有黠士不禮於學師者，屢戒飭之，佯作驚懼悦服狀。具呈文，請批閲，學師信其誠，爲月旦焉，多所竄易，不意所呈皆御製文。士以擅改御撰首告，幾罹不測，乃重賂而寢其事。

李次青好四六文

粤寇亂時，李次青方伯元度接統徽州防軍，以代張文毅公芾。甫三日，軍潰，徽郡失守。曾文正恚甚，奏請擬正軍法，奉旨從寬戍邊。其實文正深愛其才，非果欲殺之也。李謝罪稟有云：「君子原愛人以德，覆之而又培之；宰相有造物之權，知我何殊生我。」文正援筆批其後云：「好四六，好文章，好才情。」

德宗幽思賦

有周易者，嘗隨王文勤公文韶於京邸。文勤嘗言，德宗文詞斐然可觀，好用成句，操觚弄翰，頗似翰苑中人，蓋得於翁叔平相國之教爲多。光緒庚子秋，兩宮西狩，某國駐兵瀛臺，有小册流落市中，周獲之，中有《幽思賦》一首。後半草稿，幾不可辨。皇甫鵬九爲尋繹之，不可思擬處，輒從蓋闕。自序有云：「閔予小子，遭家不造，天夭是椓，國步艱難。念荓蜂之辛螫，思負贏之恩勤。讒口囂囂，憂心惙惙。母氏聖善，我無令人。鴞毀室兮堪憐，烏瞻屋以誰止？懲前毖後，蹐厚跼高。爰爲此賦，聊以寫憂。」其辭曰：「獻歲兮發春，羲序兮寅賓。感韶華之易逝兮，倏千門萬户兮迎新。天既付予有家兮，乃遺大投艱於朕身。憫四海之奡逆兮，悲世難之方屯。追孔聖之立德兮，永念予兮沖人。呼昊天以罔極兮，傷我生之不辰。伊余情之信芳兮，椒酒進兮將飲。念椒專佞以慢諂兮，夫安知其不爲鴆。既干進以務入兮，宜浸潤以爲譖。余以蘭爲可恃兮，乃佩之以施紟。羌無言而寡實兮，如寒蟬之口噤。覽椒蘭其若兹兮，矧蕭艾之可任。哀衆芳之蕪穢兮，懲羣小之齞類。人之度量相越兮，固各分乎淺深。且夫天地爲鑪兮，造化爲工。陰陽爲炭兮，萬物爲銅。鴻鈞鼓盪而布化兮，歷四時而成功。惟陽和之煦物兮，喜春光之融融。聖人體天而爲治兮，乃陶鑄夫羣蒙。萬物除舊而布新兮，窮則因時而變通。伊列聖之在天兮，陟降在吾左右。薦時物之芬芳兮，奠椒槳兮桂酒。神恍惚其詔語兮，巫咸占之而无咎。躋堯舜而抗行兮，勿步趨夫桀紂。奉先功以照下兮，此句原本不可辨，細玩之，用《楚辭》成語也。賴疏附兮先後。苟屈心而抑志兮，奚忍尤而攘詬。伏清白以死直兮，固前王之所厚。荃不察余之中情兮，乃信讒而齊怒。固時俗之工巧兮，余終不改乎此度。時溷俗而嫉賢兮，好賢而蔽惡。孤子吟而抆淚兮，介子忠而立枯。鳳皇在笯兮，雞鶩翔舞。深宮既邃遠而莫叩兮，渺九閽之孰籲。豈余身之憚殃兮，念民彝之攸斁。吾不能變心而從俗兮，又焉能忍而與之終古。亂曰：心不同兮媒勞，恩不甚兮輕絶。交不忠兮怨長，期不信兮改節。衆口兮鑠金，積毁兮銷骨。命不可説兮，孰知其極？□□□□□□□□□天地爲囚兮，詩書梏桎。心菀結而不解兮，思蹇蹇而不釋。」全篇幽怨哀豔，變《雅》《離騷》之遺，惟其中有借用《楚辭》原句者。然有此才而遭孝欽后之壓抑，君子悲之矣！

張文襄惡六朝文字

張文襄公最惡六朝文字，謂南北朝乃兵戈分裂道喪文敝之世，效之何爲？凡文章無根柢，而號稱六朝駢體，以纖仄拗澀字句強凑成篇者，必黜之。書法不諳筆勢結字，而隸楷雜糅假託包派者，亦然。謂此輩詭異險怪，欺世亂俗，習爲愁慘之象，舉世無寧宇矣。果不數年，而大亂迭起，文襄之言遂驗。

譚樊壽張文襄文

張文襄開府兩湖，值六十壽辰，時仁和譚復堂大令獻，主武昌經心書院講席，譔壽文逾二千言，竟體不用「之」字，以避文襄名上一字也。文襄亟稱賞之。又文襄七十壽辰，壽文以恩施樊雲門方伯增祥所譔駢文爲最長，亦二千餘言，由電報局分日拍發，中有四句云：「不嘉其謀事之智，而責其成事之遲；不諒其生財之難，而責其用財之易。」意謂文襄外任四十餘年，凡所興作，輒遭部臣齮齕故也。文襄以其抉出一生心事，激賞之，擊案大呼曰：「雲門誠可人哉！」雲門又以文襄禁止學界沿用日本名詞，亦敍入，有句云：「如有佳語，不舍鷄舌而亦香；盡去新詞，不食馬肝爲知味。」即指此也。

陳石遺自定文

侯官陳石遺學部衍嘗曰：「生平無韻之文，無慮二三千首。教授京師、武昌各學校，説經之文數百首，論史之文數百首，論文之文百十首。佐幕臺北、武昌，草奏書札數百首。賣文上海十年，壽言數百首，雜報論説各數百首。而少時里居，課經義、治事、詞章於書院者，不數焉。尚有數百首，屬於記載、告語各類。不於吾身尚存，擇其稍雅馴者，都爲一集，則前所云二三千首中，流落人間，必復不少。異日有攈拓旁逑，謬附知言而代梓之者，則多非吾心所願存。死者雖未有知，而隱隱不甘之情，鬱於天壤，亦何惜不預爲之所也。」

制義至本朝而極盛

制義始於宋而昌於明，自洪、永以逮天、崇，三百年中，體凡數變，至本朝而極盛。開國之初，屏除天、崇險詭之習，而出以深雄博大。如熊伯龍、劉克猷，其最著於時者也。康熙後，益軌於正。韓文懿公菼爲之宗，桐城一方以古文爲時文，允稱極則。外若金壇王氏、宜興儲氏，並堪驂靳焉。雍、乾間之墨藝，則尚排偶，而魄力雄厚，頗難猝辨。擇其醇者，卽獨出冠時。若夫嘉慶，則當路諸臣，研覃典籍，士子競援僻簡以希弋獲矣。

制藝之興廢

順治開科，沿明舊制，首場《四書》藝三篇，經藝四篇。次場論一篇，表一道，判五條，試《五經》者並作詔誥。後場策五道。時龔鼎孳方爲給事中，請用詩，去策，改用奏疏。不許。定勘試卷例，首嚴弊倖，次篇瑕疵，前場以明理會心不愧先儒者爲合式，後場以出入經史條對詳明者爲合式，於是得雋之卷，謂之中式。康熙癸卯，停止八股文，減試一場。首場以策，二場以論、表、判。尋以禮部侍郎黄璣疏言不用經書爲文，則人將置聖賢之學於不講，恐非朝廷設科取士之深意，請復舊制。許之。乾隆癸酉，高宗命方苞選録《四書》文以爲程式。丙子，移經文於第二場，會試作表一道，鄉試並論去之。尋易表以五言八韻唐律，又於首場增作性理論。論題初專用《孝經》，後兼以性理、《太極圖説》、《正蒙》命題，而統名之曰「性理論」。屢頒諭旨，釐正文體，以清真雅正爲宗。至壬寅而移八韻唐律於第一場，移性理於後場。癸丑，裁性理，而於次場以《五經》並試。其制行之百數十年，固未易也。降至光緒戊戌，德宗詔廢八股文、八韻詩。旋復之。辛丑，改定首場論五篇，二場策五篇，三場經義三篇。乙巳，下詔停科舉，而八股文遂廢。

應試之文，功令所關，精益求精，作者林立，二百數十年來，不勝枚舉。其文體最正者，順治時，熊伯龍、劉克猷雄渾雅健，開風氣之先。康熙時，韓菼精潔古雅，上結主知，天下奉爲舉業正軌。桐城方舟，字百川，苞之兄也，亦以文名。菼見其所著，歎曰：「此於三百年作者外，自成一家者也。」後人以其昆季之文，與淳安方棨如文合刊，謂之《三方合稿》。錢塘陳兆崙年十二，爲制藝卽工，棨如等見之，大加賞異，後果爲文章宗匠。桐鄉俞長城論古有識，《四書》文獨闢町畦，所著《可儀堂稿》，句法短峭，削盡膚辭。嘗選古今制藝百二十家，始宋王荆公，訖國初諸老，每家各有小序，尤爲大觀。至若尤侗、王廣心之作，薰香摘豔，文有賦心，當時稱爲「尤王體」者，則稍雜矣。大抵制藝正宗，不外清奇濃淡。淡極則變濃，濃極則變淡，過清則思奇，過奇則思清。消長乘除，亦如漢、宋兩學之互相起伏，要以駁而不醇爲戒。蓋醇則天下治，駁則天下亂，世運文運，息息相通。觀於國初與晚近之制藝，益信而有徵。自停科舉，與學校，改良教育，搜輯教材，於是有教科書及教授書之發現。吾國之文字，又煥然一新，是亦今人所謂進化也。

郭寧玉父子工制義

郭寧玉，廣濟諸生也，爲陳敬中之徒，其制藝有聲於時。嘗東游吴門，吴人得其文，輒傳示家塾，爲童子楷本。歸而授徒江上，嘗大會里中兒作文，評甲乙，輒豫決其貴賤壽夭，一時號爲「冰鑑」。既久次諸生，稍稍厭苦之，於是謝冠服，以鬻所聞諸師者課厥子。子存會，亦爲諸生，又有聲，乃大喜。爲里人作慶弔文字，求者無虚日。至，輒濡毫脱稿，無倦容。存會鮮兄弟，而體羸弱善病，課之肅，不中程，輒譙讓，雖親故微諷之，不少貸也。

吴卜臣發憤作制藝

吴之枚，字卜臣，無錫人，世居邑之閭江。少喪父，家貧，年十八，未知書，樵採以養母。會以逋賦爲縣吏所辱，或云爲諸生則可免，乃發憤讀書。孫祁雍教之作制藝，之枚晝夜苦讀，食止粥一盂，虀數莖。秦道然聞而餽之食，之枚笑而卻之。

王仲瞿制藝險怪

秀水王仲瞿孝廉曇博學能文，屢入禮闈，皆以制藝涉險怪被黜。嘉慶壬戌會試，次題爲「道之以德」一節，文有云「恥者爲七情中所不可見之人情，格者爲六官中所不能奏之考績」二語，是可知其怪僻矣。

詩學名家之類聚

國初，詩家有聲者，如錢謙益、吳偉業、龔鼎孳爲江左三大家，皆承明季之舊。而曹溶詩名亦與鼎孳相驂靳，大抵皆步武何、李也。新城王士禎枕葄唐音，獨嗜神韻，含蓄不盡，意有餘於詩，海内推爲正宗，與秀水朱彝尊、宣城施閏章、海寧查慎行、萊陽宋琬所彙刻者，曰《六家詩》。彝尊學富才高，初宗王、孟，其後風骨愈壯，明麗博雅，遂與士禎齊名，時人稱爲「朱貪多」、「王愛好」。又有「南施北宋」之目，蓋閏章以温柔敦厚勝，琬以雄健磊落勝也。至商邱宋犖與顏光敏、田雯、王又旦、曹禾、曹貞吉、謝重輝、葉封、汪懋麟，稱「詩中十子」。犖撫吳時，又選江左十五子詩，以提倡風雅。自以爲與士禎齊名，而時人未之許也。光敏詩蒼鬱雄高，出入於工部、昌黎之間，於十子中爲雅音。雯才力既高，取才復富，其詩別開一徑。自益都趙執信著《談龍録》，首闢士禎，而山左之詩一變。當是時，詩家著名者，又有申涵光、孫枝蔚之學杜，陳維崧之學韓、蘇，邵長蘅之學杜、蘇，杜詔之學温、李，查慎行之學蘇、陸，諸錦之學蘇、黃，厲鶚之學陶、謝、王、孟、韋、柳，歧途紛出。慎行之魄力風韻，自足爲士禎繼人，固不必惟朱、王之是學也。

厲鶚專摹宋派，而兩浙之詩一變。錢塘袁枚、鉛山蔣士銓、陽湖趙翼號「三大家」。而大江南北之詩，亦無一不變矣。

乾、嘉之際，海内詩人相望，其標宗旨，樹壇坫，争雄於一時者，有沈德潛、袁枚、翁方綱三家。枚詩主性靈，新奇軼蕩，不守前人矩矱，得名最盛，而其品最下。與之齊名者，爲蔣士銓、趙翼。二家詩真率，枚雖卑視之，論者以爲氣體尚在其上也。方綱病士禎一派之流爲空調，特拈肌理二字，欲以實救虚。然言言徵實，亦非詩家正軌，故其時大宗，不能不推德潛。

當康熙時，吴縣有葉横山名燮者，病詩家之喜摹范、陸，作《原詩》内外篇，以杜爲歸，以情境理爲宗旨。德潛少從受詩法，故其詩古體宗漢魏，近體宗盛唐，尤所服膺者爲杜。選《古詩源》及三朝《詩别裁集》以標示宗旨，吴下詩人翕然從之。受業者，其初以盛錦、周準、陳樾、顧詒禄爲最著。其後則有王鳴盛、王昶、錢大昕、曹仁虎、黄文運、趙文哲、吴泰來之「吴中七子」。七子詩名藉甚，詩傳至日本，日本國相高棅爲七律以贈之，人各一章，寄估舶以達，人艷稱之。文哲、泰來後復與法式善同宗士禎，而德潛門下又有褚廷璋、張熙純、畢沅等之繼起。再傳弟子則有武進黄景仁，私淑弟子則有仁和朱彭。乾、嘉以來之詩家，師傳之廣，未有如德潛者。德潛，字確士，長洲人，「歸愚」其自號也。

踵其後而以詩鳴者，大興有舒位，秀水有王曇，昭文有孫原湘，世稱三君。四川有張問陶，常州則黄景仁外，有洪亮吉、楊芳燦、楊揆，江西有曾燠樂鈞，浙中有王又曾、吴錫麒、許宗彦、郭麐，嶺南則有馮敏昌、胡亦常、張錦芳三子，而錦芳又與黄丹書、黎簡、吕堅爲嶺南四家，大率皆唐人之是學，未嘗及德潛門。而實受其影響者，其中以位、原湘、簡三家尤爲特出。位與原湘皆自昌黎、山谷入杜，而簡則學杜而得其神髓者也。

道光以後之詩派

自道光以至光、宣，詩學又略分兩派。其一派清蒼幽峭，自《古詩十九首》、蘇、李、陶、謝、王、孟、韋、柳以逮賈島、姚合，及宋之陳師道、陳與義、陳傅良、趙師秀、徐照、徐璣、翁卷、嚴羽，元之范梈、揭傒斯，明之鍾惺、譚元春之倫，洗鍊而鎔鑄之。體會淵微，出以精思健筆。蘄水陳太初《簡學齋詩存》四卷，《白石山館手稿》一卷，字皆人人能識之字，句皆人人能造之句，及積字成句，積句成韻，積韻成章，遂無前人已言之意，已寫之景，又皆後人欲言之意，欲寫之景。當時嗣響，頗乏其人。魏默深源之《清夜齋稿》，稍足羽翼。而才氣所溢，時出入於他派。此一派以鄭孝胥爲魁壘，其源合也。而五言佐以東野，七言佐以宛陵、荆公、遺山，斯其異矣。後來之秀，效孝胥者，皆效其似太初者也。

其一派生澀奥衍，自《急就章》、鼓吹詞、鐃歌十八曲以下，逮韓愈、孟郊、樊宗師、盧仝、李賀、梅堯臣、黄庭堅、謝翺、楊維楨、倪元璐、黄道周之倫，皆所取法。語必驚人，字忌習見。鄭珍之《巢經巢詩鈔》，爲其弁冕，莫子偲足羽翼之。後則沈曾植、陳三立實其流派。而三立奇字，曾植益以僻典，又少異焉，其全詩亦不盡然也。至䴉及自珍兩派，䴉幽秀，本在太初之前，自珍瑰奇，不落珍之後。然一則喜用冷僻故實，而出筆不廣，惟寫經齋、漸西村舍近焉。一則麗而不質，諧而不澀，才多意廣者時樂爲之，人境廬、樊山、琴志諸人，由此其選也。

名家詩評

陽湖洪稚存編修亮吉嘗仿鍾嶸《詩品》，評騭同時名家之詩，頗爲允當。今摘録於下：錢宗伯載詩，如樂廣清言，自然入理；紀尚書昀詩，如泛舟苕霅，風日清華；王方伯太岳詩，如白頭宮監，時説開元；陳方伯奉兹詩，如壓雪老梅，愈形倔強；張上舍鳳翔詩，如倀鬼哭虎，酸風助哀；馮文肅公英廉詩，如申、韓著書，刻深自喜；蔣編修士銓詩，如劍俠入道，猶餘殺機；朱學士筠詩，如激電怒雷，雲霧四合；翁閣學方綱詩，如博士解經，苦無心得；袁大令枚詩，如通天神狐，醉即露尾；錢文敏公維城詩，如名流入座，意態自殊；畢宮保沅詩，如飛瀑萬仞，不擇地流；蔣侍御和寧詩，如宛洛少年，風流自賞；吴舍人泰來詩，如便服輕裘，僅堪適體；錢少詹大昕詩，如漢儒傳經，酷守師法；王光禄鳴盛詩，如霽日初出，晴雲滿空；趙光禄文哲詩，如宮人入道，未洗鉛華；王司寇昶詩，如盛服趨朝，自矜風度；嚴侍讀長明詩，如觸目琳瑯，率非己有；王侍讀文治詩，如太常法曲，究係正聲；施太僕朝幹詩，如甘讒鼎銘，發人深省；任侍御大椿詩，如灞橋銅狄，冷眼看春；鮑郎中之鍾詩，如崑崙琵琶，未除舊習；張舍人壎詩，如廣筵招客，間雜屠沽；程吏部晉芳詩，如白傅作詩，老嫗都解；曹學士仁虎詩，如珍饌滿前，不能隔宿；張大令鶴詩，如繩樞甕牖，時發奇花；湯大令大奎詩，如故侯門第，樽俎尚存；張宮保百齡詩，如逸客遊春，衫裳倜儻；蔣檢討蘅詩，如長孺戇直，至老益堅；汪明經中詩，如病馬振鬣，時鳴不平；錢通副灃詩，如淺詁桑麻，亦關治術；李主事鼎元詩，如海山出雲，時有可采；姚郎中鼐詩，如山房秋曉，清氣流行；吴祭酒錫麒詩，如青緑溪山，漸趨蒼古；黄二尹景仁詩，如咽露秋蟲，舞風病鶴；顧進士敏恆詩，如半空鶴唳，清響四流；瞿主簿華詩，如危樓斷簫，醒人殘夢；高孝廉文照詩，如碎裁古錦，花樣尚存；方山人薫詩，如獨行空谷，時逗幽香；趙兵備翼詩，如東方正諫，時雜詼諧；阮侍郎元詩，如金莖殘露，色晃朝陽；淩教授廷堪詩，如畫壁蝸涎，篆碑蘚蝕；李兵備廷敬詩，如三齊服官，組織輕巧；林上舍鎬詩，如狂飆入座；花葉四飛；曾都轉燠詩，如鷹隼脱韝，精彩溢目；王典籍芑孫詩，如中朝大官，老於世事；秦方伯瀛詩，如久旱名山，尚流空翠；錢大令維喬詩，如逸客餐霞，惜難輕舉；屠州守紳詩，如裁盆紅藥，蓄沼文魚；劉侍讀錫五詩，如匡鼎説《詩》，能傾一坐；管侍御世銘詩，如朝正岳瀆，鹵簿森嚴；方上舍正樹詩，如另闢池臺，廣饒佳麗；法祭酒式善詩，如巧匠琢玉，瑜能掩瑕；梁侍講同書詩，如山半鐘魚，響參天籟；潘侍御庭筠詩，如枯禪學佛，情刼未忘；史文學善長詩，如春雲出岫，舒卷自如；黎明經簡詩，如怒猊飲澗，激電搜林；馮户部敏昌詩，如老鶴行庭，舉止生硬；趙郡丞懷玉詩，如鮑家驄馬，骨瘦步工；汪助教端光詩，如新月入簾，明花照鏡；楊大令倫詩，如臨摹畫幅，稍覺失真；楊户部芳燦詩，如金碧池臺，炫人心目；楊布政揆詩，如滄溟泛舟，忽得奇寶；孫兵部星衍少日詩，如飛天仙人，足不履地；吕司訓星垣詩，如宿霧埋山，斷虹飲渚；張檢討問陶詩，如麒驥就道，顧視不凡；何工部道生詩，如王謝家兒，自饒繩檢；劉刺史大觀詩，如極邊春色，仍帶荒寒；吴禮部蔚光詩，如百草作花，豔奪桃李；徐大令書受詩，如范睢晏客，草具雜陳；趙大令希璜詩，如麋鹿駕車，終難就範；施上舍晉詩，如湖海元龍，未除豪氣；伊太守秉綬詩，如貞元朝士，時務關心；方太守體詩，如松風竹韻，爽客心脾；張司馬鉉詩，如鑿險縋幽，時逢異境；張上舍崟詩，如倪迂短幅，神韻悠然；劉孝廉嗣綰詩，如荷露烹茶，甘香四徹；金秀才學蓮詩，如殘蟾照海，病燕依樓；吴孝廉嵩梁詩，如仙子拈花，自饒風格；徐刺史嵩詩，如神女散髮，時時弄珠；吴司訓照詩，如風入竹中，自饒清韻；姚文學椿詩，如洛陽少年，頗通治術；孫吉士原湘詩，如玉樹浮花，金莖滴露；唐刺史仲冕詩，如出峽樓船，帆檣乍整；張大令吉安詩，如青子入筵，味別百果；陳博士石麟詩，如晴雲舒紅，媚此幽谷；項州倅墉詩，如春草乍緑，尚存冬心；邵進士葆祺詩，如香車寶馬，照耀通衢；郭文學麐詩，如大堤遊女，顧影自憐；張上舍問簪詩，如秋棠作花，凄豔欲絶；胡孝廉世琦詩，如陟險驊騮，攫空鷹隼；羅山人聘詩，如仙人奴隸，曾入蓬萊；僧慧超詩，如松花作飯，不飽獼猴；僧巨超詩，如荇葉製羹，藉清牢醴；僧小顛詩，如張顛作草，時覺神來；僧果仲詩，如郭象注《莊》，偶露才語；僧寒石詩，如老衲升壇，不礙真率；閨秀歸懋昭詩，如白藕作花，不香而韻；崔恭人錢孟鈿詩，如沙彌升座，靈警異常；孫恭人王采薇詩，如斷緑零紅，凄豔欲絶；吴安人謝淑英詩，如出林勁草，先受驚風；張宜人鮑茝香詩，如栽花隙地，增種桑麻。余所知近時詩人如此，內惟黎明經未及識面。或曰：「君詩何如？」曰：「僕詩如激湍峻嶺，殊少回旋。」

稚存箋經補史，撰著裒然，若《卷葹閣文》、《更生齋集》以及乾隆府廳州縣志等書，均刊行。獨詩話未出，後華亭張祥河方爲鐫布。張跋此書云：「激湍峻嶺八字，蓋先生之謙詞。先生詩惟妙於回旋，乃益見激峻之不可及也。」此可謂稚存之知己矣。

鄭成功爲能詩儒將

鄭成功勳業著海南，世鮮知其能詩。如《七月登峴山》云：「黃葉古祠裏，秋風寒殿開。沈沈松蔭老，瞑瞑鳥飛回。碑碣空埋地，階砌盡雜苔。此間人到少，塵世轉堪哀。」又佚題詩云：「破屋荒畦趁水灣，行人漸少鳥聲閒。偶迷沙路曾來處，始踏苔巖常望山。樵户秋深知露冷，僧扉晝靜任雲關。霜林猶愛新紅好，更入風泉亂壑間。」深微淡遠，殊不似武人吐屬。

吴葉仙賦詩送夫

管於嘉從洪承疇軍，其妻吴葉仙送之，賦詩一絶云：「萬里從軍急，孤身一劍愁。家園落日裏，莫上最高樓。」管卒，吴設帳授女徒，終於尼。

吴梅村講聲韻之學

太倉吴梅村祭酒偉業登第時，尚不知詩，而求贈者多，因轉乞其師西銘。西銘一日漫題云：「半夜挑燈夢伏羲。」異而問之，西銘曰：「爾不知詩，何用索？」因退而講聲韻之學，名遂大振。

邵青門論詩

武進邵青門布衣長蘅曰：「詩之佳惡，視吾自得何如爾。吾之學既成，無論其爲漢魏六朝，爲李、杜，爲三唐，爲宋、元、明人之詩，皆可使之就吾之罏冶，而不能爲吾病。吾之學未成，無論其學漢、魏、六朝，學李、杜、三唐及宋、元、明，皆足以爲吾病也。」

唐懋載詩似李長吉

唐懋載，字袖石，邵陽人，著有《緑聲亭集》。順治朝貢生，幼警敏，博學工詩，奇情幽豔，似李長吉。同縣車以遵、寧鄉陶汝鼐皆以詩雄長湖湘，而推服懋載無異詞。

吴黄絹性喜吟詠

國初有威略將軍吴英者，莆田人也，性喜吟詠。有愛女名絲，字黄絹，將軍親課之。《閨秀正始集》及《閩川閨秀詩話》，均載其詩。

廣寒遷客投詩

順治乙酉，明遺老楊維斗廷樞，隱居蘇州之光福，詠梅花十二韻，和者甚衆。有女子自稱廣寒遷客，乘肩輿過門，亦投和章。急出詢之，已遠逝矣。其詩云：「栽遍山中不記年，卻於松竹有深緣。寒香和月來窗外，疎影因風到水邊。細雨微濛珠有淚，斜陽黯淡玉生煙。初無緑葉侵書幌，亦有紅英入硯田。曾向羅浮尋舊約，會從姑射見餘妍。千秋高潔凌瑤島，一片空明漾碧川。玉貌瘦來骨更冷，冰魂斷處夢初圓。心期澹静孤婺節，標格清癯處士禪。醉後漫將茶共嗅，吟餘可與雪同咽。廣寒桂樹差堪侣，閬苑瓊枝未是仙。樓上午驚吹笛韻，囊中猶剩買花錢。呼僮折向幽房去，紙帳三更照獨眠。」

丁少姜與夫晨夕唱和

丁仙窈，字少姜，爲閻百詩徵君若璩之母，與其夫牛叟茂才修齡皆能詩，晨夕唱和。少姜嘗自題讀書處曰「兑閣」。以兑爲少女，己於女兄弟中行最少也。牛叟撰《兑閣遺徽》，有曰：「妻屢勸予參訪耆宿，向上一著，而以鈍根未果。近慙龐媪，遠負萊妻。」

黃皆令賣詩自活

嘉興名媛黃皆令詩名噪甚，恆以輕航載筆墨游吴、越間。嘗僦居西湖段橋一小閣，賣詩自活。稍給，便不肯作，有時亦作畫。

朱愚庵箋注杜李詩

朱鶴齡，吴江人，明諸生。穎敏嗜學，嘗箋注杜甫、李商隱詩，盛行於世。故所作韻語，頗出入二家。入國朝，屏居著述，晨夕一編。行不識途徑，坐不知寒暑，人或謂之愚，遂自號愚庵。嘗自謂疾惡如仇，嗜古若渴，不妄受人一錢，不虚詆人一語。

聖祖御製詩

聖祖詩氣魄博大，出語精深。嘗南巡至浙，賜督臣王隲御書御製詩一首，詩云：「錦纜無勞列畫艘，輕橈自愛倚船窗。勤民不憚周行遠，早又觀風向浙江。」又親征額魯特，御製前後出塞詩數篇，體爲五律，饒有唐音。《彈琴峽》云：「琮琤流水意，彷彿似鳴琴。曲度泉歸壑，聲兼峽泛吟。空山傳逸響，終古奏清音。不御金徽久，泠泠會素心。」《瀚海》云：「四月天山路，今朝瀚海行。積沙流絶塞，落日度連營。戰伐因聲罪，馳驅爲息兵。敢云黃屋重，辛苦事親征。」《賜將士食》云：「萬騎擁鵰弓，長鳴向北風。龍荒彌曠遠，虎旅正驍雄。戰鼓黃雲外，旌門紫氣中。朕躬方蓐食，與爾六軍同。」《勦平噶爾丹大捷》云：「殘寇疲宵遁，横衝節制兵。我師乘鋭氣，誰許丐餘生。貔虎三軍合，鯨鯢一戰平。愧稱謀畫定，討罪荷天成。」是固可與唐貞觀、開元御製諸篇輝曜千古也。

詩家有三王

自昌黎以名次三王爲榮幸，而三王二字，遂爲雅典。國朝亦有之，王文簡公士禎與其兄西樵司勳士禄、東亭進士士祐連牀唱和，人各有集，世稱「濟南三王」，此詩家之三王也。

安王選宗室王公詩

安節郡王瑪爾渾少好學，毛西河、尤西堂諸人皆游讌邸中，著有《敦和堂集》。又選諸宗室王公詩，爲《宸襟集》行世。

王玉映詩用典恰合

山陰王思任女端淑，字玉映，長於史學。翁嘗撫而語之曰：「身有八男，不及一女。」著《吟紅集》。蕭山毛西河選浙江閨秀詩，獨遺之。王寄詩云：「王嬙未必無顔色，其奈毛君筆下何！」用典恰合。

潘力田有杜詩博議

潘檉章，字力田，以莊廷鑨史案被禍。著述甚富，悉於被繫時遺亡。有留於友家者，因其罹法甚酷，輒廢匿之。如《杜詩博議》一書，引據考證，糾譌闢舛，可謂少陵功臣。朱長孺箋詩，多所採取，然竟諱之而不著其姓氏矣。

崔黄葉王黄葉

崔不雕，王文簡充房考時識拔之士也。居太倉直塘，性孤潔寡合，吴梅村祭酒目爲「直塘一崔」。其詩清異出塵，有句云：「丹楓江冷人初去，黄葉聲多酒不辭。」人目爲「崔黄葉」。又歷城王進士苹能詩，嘗有句云：「亂泉聲裏才通屐，黄葉林間自著書。」又云：「黄葉下時牛背晚，青山缺處酒人行。」文簡亦目之爲「王黃葉」。

方爾止詩學白樂天

桐城布衣方爾止，名文，號嵞山，居金陵。晚歲爲詩，學白樂天。以己壬子生，命畫師作《四壬子圖》，中爲陶淵明，次杜子美，次白樂天，皆高坐，而己傴僂於前，呈其詩卷焉。性坦率，每見人誦詩者，輒爲竄改，以是忤人意。及退，未嘗不稱其長而掩其短也。

吴野人長於五言詩

吴嘉紀，字野人，泰州布衣。家安豐鹽場之東淘，地濱海，無交遊，自名所居曰「陋軒」。貧甚，雖豐歲，亦乏食。獨喜吟詩，晨夕嘯詠自適。汪楫、孫枝蔚與友善，時稱道之。遂爲王文簡公所知，尤賞其五言，謂其清泠古淡，雪夜酌酒爲之序，馳使三百里致之。野人因買舟至揚州，謁謝定交，時文簡方爲揚州司理也，由是四方知名士争與之倡和矣。

華子山吟小詩

無錫華坡，字子山，少與顧貞觀、杜詔等結詩社，亦善畫。晚年隱居坊前之鄒莊，流水孤村，柴門一曲，興至，則吟小詩，或解衣盤礴。終歲閒甚，除夜，獨孑孑有事，或問之，曰：「古人祭詩，吾兼祭畫。」則取一歲所作詩稿晝本，享以乾脯，酬以苦酒，聚而焚之。

白浣月旅店題詩

任邱旅店嘗有女子題壁云：「妾白浣月，號蓮舫，家住半塘。幼失雙親，寄養他姓，姿容略異，慧業不同。非敢擅秀閨中，願效清風林下。豈意我生不辰，所適非偶，日彈琴之相對，百恨纏綿；時捲幔以言征，一時哽咽。余爰題之驛亭，人共憐之黄土可耳。」其詩曰：「吴宫春深怨别離，風塵慘憺雙蛾眉。鵑啼月落寸腸斷，香消芍藥空垂垂。流黄未工機上織，生小殷勤弄文筆。新詩和淚寫郵亭，珍重寒宵誰面壁。」康熙丙辰三月，宋牧仲尚書犖北上過此，挑燈細讀，因隱括原詩，爲詞云：「面壁淚痕溼，想見含毫燈下立。風鬟雨鬢吴宫隔，芍藥香消堪惜。明妃遠嫁歸何日，一曲琵琶悽惻。」河朔間人皆傳唱之。

徐珠淵有寄北詩

施愚山有妾曰徐珠淵，江都人也。先是，其母欲以之嫁貴人，則泣曰：「願得侍文人，爲東坡之朝雲足矣，不願富貴也。」愚山聞而納之，其《寄北》詩云：「雨滴梧桐秋不堪，憶君誰共接清談。老天如識妾心苦，北地風霜盡入南。」

方㲻宗以酒令爲詩題句

方㲻宗嘗與陳元孝、梁藥亭夜飲嚴藕漁舟中，時泊端州閲江樓下，以箸巡酒，以酒署官，元孝主酒令，以「夕夕多良會」屬偶。蓋夕夕相成多字也。㲻宗對以「人人从夜游」，座客稱善。遂用二語作起句爲詩，得五十韻。

沈山子以梅花春草句得名

沈進，字山子，秀水人，諸生。平居不憂貧，性狷狹，一介不取。有《詠燕》詩，詩云：「細雨春江泛白沙，東風雙燕啄飛花。金窗繡户知何限，不是王家是謝家。」嘗遊京師，爲譚左羽侍御之客。錢塘陸麗京過朱竹垞書屋，遇山子，問何人，竹垞告之。麗京大聲曰：「得非『梅花高館發，春草斷垣生』之沈山子耶？」乃命酌，盡歡而散。晚適桐鄉，館汪氏。方飲酒，杯入手，一笑而逝。

毛季蓮據柳牀自吟

吴慶百農祥應薦入京，止竹林寺。毛季蓮嘗偕其叔西河訪之，季蓮輒據柳牀，自吟所爲宴集及登臨諸作，大聲撼四壁。慶百顧西河曰：「君家阿咸，正復不減，將不使卿單行。」

毛稚黄評西泠十子詩

康熙時，陸圻景宣、毛先舒稚黄、吴百朋錦雯、陳廷會際叔、張綱孫祖望、孫治宇台、沈謙去矜、丁澎飛濤、虞黄昊景明、柴紹炳虎臣稱「西泠十子」。所作詩文，淹通藻密，符采爛然，世謂之「西泠派」。稚黄嘗作詩評云：「陸景宣如濯龍甲第，宛洛康馗，流水游龍，軒蓋聯映。柴虎臣如連雲夏屋，無論楹棟，卽欂櫨支撑，都無細幹。吴錦雯如淺草平原，朔兒試馬，展巧作劇，便有馳突塞垣之氣。陳際叔如孟公入座，宕邁絶倫。孫宇台如春江一消，波路壯闊。張祖望如酈生謁軍門，外取唐突見奇，而中具簡練。沈去矜如秦川織女，巧弄機杼，心手既調，花鳥欲活。丁飛濤如黼帳初寒，銀筝未闋，月光通曙，與燈競輝。虞景明如叢篁解苞，新蓮含粉。」虎臣見之，謂稚黄曰：「君詩如伶倫調管，氣至音成，比竹之能，欲近天籟。」

趙恆夫好作疊韻詩

休寧趙恆夫吉士中順治辛卯舉人，官至給事中，好作疊韻詩。康熙戊辰罷官，居宣武門西寄園。金壇于漢翔眙詩四首，後疊其韻，得詩千首，命曰《疊韻千律》。又續得五百首，命曰《千疊餘波》。

塞曉亭作儒生詠

塞曉亭侍郎詩鈔有四卷：一《春雲集》，二《三餘集》，三《懷音集》，四《秋塞集》。曉亭於康熙戊寅授奉國將軍，累官倉場總督，晨夕佔畢，作儒生詠。乾隆甲子，駕幸翰林院，簡詞臣三十八人侍晏賦詩，非甲科，雖公孤不得與，特命塞以宗臣侍。明年宴瀛臺，如前命。其詩氣格清曠，風度諧婉。沈文慤言於北地得晤三詩人，首數曉亭，次爲英夢堂與薩魯望。

查氏兄弟能詩

海寧查慎行夏重、嗣瑮查浦昆季皆負儁才，康熙庚辰、癸未，後先成進士，入詞苑，同館十年。夏重年六十四，告歸。又二年，查浦從順天學使因病辭職，年適與同。夏重七十外刻詩，查浦繼之，兄弟互相爲序。

袁古香賦新婚詩

康熙中葉，金陵詩人有三布衣：一馬秋田，一袁古香，一芮瀛客。古香最老，夙館京師康親王府。芮年少，後至，意頗輕之，常短袁於王前。一日，王命宦者出一紙付客，乃賀新婚詩，韻限「階」「乖」「骸」「埋」四字。外銀二封，輕重各一，能者，取重封留邸，不能者，持輕封作路費歸。芮辭不能。袁獨詠云:「裴航得踐游仙約,簇擁紅燈上緑階。此夕雙星成好會,百年偕老莫相乖。芝蘭氣吐香爲骨,冰雪心清玉作骸。更喜來宵明月滿,團圓不爲白雲埋。」王大稱賞。芮慚沮,即日辭歸。

納爾樸工詩

一等男訥爾樸,字拙庵,工詩,滿洲人。康熙時,以事戍黑龍江,適鄂勒特犯哈密,時朝廷徵索倫兵進勦,訥請行,不果。賦詩云:「沙磧雙丸駛,丹心一劍橫。空存擊越志,誰爲請長纓。」詩名《畫沙集》。拙庵居窮髮之地十三年,吟誦弗輟。時策蹇衛曳短車,荷鋤出郭,移野卉數種蒔階下。

汪白岸倡詩社

汪後來,字白岸,號鹿岡,廣東人,康熙朝武舉人,官千總,著有《鹿岡集》。性高介,晚年倡詩社於汾江,遠近名士多宗仰之。有木居士詩云:「覡巫多巧借,魑魅輒依併。拜跪苦擠挨,忽羞競鮮粲。」

李芥軒夫婦唱和

江陰李芥軒,名崧,隱居不仕,與其婦薛素儀更唱迭和,有明趙凡夫、陸卿子之風。一日,夫婦對酌,偶以瓜子仁排作數行,芥軒云:「細剥瓜仁排雁陣。」素儀應聲云:「輕移盃底印連環。」

李丐詩似高衲

李丐，江西人，往來江漢三十餘年。遇紙筆，卽書，字如符籙，皆不知其爲詩，遂安毛鶴舫推官際可始物色得之。其詩似深山高衲，不與佯狂玩世者比。詩云：「瀑泉今古說廬台，頃向雲居絕頂來。潭逼五龍時怒吼，勢摧三峽更喧豗。橫奔月窟千堆雪，倒瀉銀河萬道雷。鎖斷鷗峯懸白練，遥看珠網挂層臺。瀲灩湖光數頃浮，誰知曲湧萬峯頭。豁開古殿當前月，散作空山不盡流。金壁影摇冰鏡裏，魚龍深在廣寒秋。一輪直接曹溪路，白浪家風遍大洲。何年鞭月架長虹，碧落無門御許通。曾是御風人去後，故留鳥道礙虛空。山色溪光明祖意，鳥啼花笑語機緣。有時獨坐臺盤上，午夜無雲月一天。」

蔣氏婦憤焚詩稿

康熙時，有某閨秀適蔣氏子者。一日，曉妝甫畢，積雪初晴，壻方拈筆登家計簿，女曰：「適得一詩，代爲録之，題爲『雪霽』二字。」蔣書之，誤「霽」爲「祭」。女止之曰：「詩且緩録，尚待推敲。」俟其出，盡以生平所作焚棄之。

汪文桂輯海内詩風

桐鄉汪文桂，字周士，與黃梨洲、毛西河雅善。性耽山水，喜吟詠，所爲詩爲一時采風家所載。又嘗與吴江徐子松之崧及弟晉賢有《海内詩風》之輯，其於風雅之途，尤若饑渴。

查蕙纕驛壁題詩

海寧查嗣庭以文字身罹國法，其女蕙纕亦徙邊塞。女故工詩，題驛壁云：「薄命飛花水上游，翠蛾雙鎖對沙鷗。塞垣草没三韓路，野戍風凄六月秋。渤海頻潮思母淚，連山不斷背鄉愁。傷心漫譜琵琶怨，羅袖香消土滿頭。」汪西京沈琇次其韻云：「弱息憐教絶域游，魂飛何祇似驚鷗。覆巢卵在漂流際，薄命人丁瑣尾秋。綺閣低迷空昔夢，邊笳凄切咽新愁。伶仃歷盡崎嶇苦，儘爾青春也白頭。」

趙雪庭嫻吟詠

趙秋谷有幼女名慈，字雪庭，賦性幽淑，復嫻吟詠，適濟南朱子垣方伯子崇善。式微後，貧無以居，故其詩多哀怨之音。《夜深》云：「夜深庭院寂無聲，花底微聞蟋蟀鳴。倒卧玉牀清夢覺，風吹行影上簾旌。」《雜興》云：「極目銀河漾素暉，滿庭秋影露霏微。西廊月轉無人到，自折荷花帶露歸。」「露滿香階夜欲分，半牀秋月一簾雲。不知何處砧聲起，斷續隨風枕上聞。」

康熙庚辰前天潢之詩

紫幢王孫所録天潢之詩爲《宸萼集》，分上中下三卷，共二十八家，計詩三百七十六首，各著小傳自序一篇，撰於康熙庚辰。第一卷中，世宗與焉，蓋在潛邸之作也。

翁儒安多游覽詩

常熟女士翁儒安，字静和，幼卽以詩著聲，長而意不自得，爲《漚子》十六篇以見志。生平閒居好潔，几案無塵。時或明月在天，人定街寂，跨駿騎，令女侍囊筆硯以從。詩成，卽據鞍寫之。春秋佳日，或以扁舟自放於緑波紅蓼間，吴越山川悉在篇什中矣。

張南華喝韻吟詩

張南華詹事，天才敏捷，詩具宿慧，興到成篇，脱口而出，妥帖停勻。嘗試保和殿，未亭午，衆方執筆搆思，聞有投卷者，衆曰：「必南華也。」嘗偕涇南司寇奏事乾清宫門下，涇南携一漢製玉羊。南華曰：「詠此可乎？」卽口吟四十字。語未畢，殿角潗然聲震，衆驚顧，乃四奄舉一大冰，繩斷，冰墮地，碎且迸。南華曰：「詠此可乎？」復吟四十字，衆驚歎叫絶。一日，午門送駕，館閣諸人各喝一韻，應聲立就，頃刻成數十首。喝韻詩，古人所未有也。南郊視壇，講官侍班於齋宫鋪棕處候駕，南華指棕字爲韻，銜口吟數十韻，至「鳳邸凝雲物，霓幬屬苑虹。山河扶棟宇，日月倚簾櫳。天闕常依北，招摇漸指東」，尤警絶。羽林、期門之士環繞聳聽，詫爲異人。會駕將至，始悚惕輟吟。南華少時作迴文賦八首，自然清麗，亦前人所無也。

貴公子詩值五千金

江南有貴公子，年少登科。乃翁故膴仕家居者，於其公車北上，以五千金遺之。公子賦性不羈，楚館秦樓，一路揮霍，比至京師，已囊空若洗矣。兼以抱病不得入場，嗒焉若喪，稱貸而歸。翁初怒其不肖，欲訶責之。及還家，首搜行篋，見詩藁，中有二句云：「比來一病輕於燕，扶上雕鞍馬不知。」翁且憐且喜曰：「得此二句詩，則五千金亦不爲虚擲也。」旋於次科中式，入詞館。

高宗御製詩十萬餘首

高宗御製詩五集，至十萬餘首。每一詩出，令儒臣註釋，不得原委者，許歸家涉獵，然多有翻擷萬卷莫能解者。嘗於《塞中雨獵》詩内用「製」字，衆皆莫曉。上笑曰：「卿等一代鉅儒，尚未盡讀《左傳》耶？」蓋用陳成子杖製以行也。又出《汗卮賦》試詞臣，衆皆誤爲竊。上徐檢出，乃擬傅咸《汗卮賦》也。彭文勤嘗進呈百韻排律，上讀之，曰某某出韻。後考之，信然。

高宗仁宗有全韻詩

高宗嘗賦全韻詩，其序云：「上下平聲，書我朝發祥東土及列聖創業垂統繼志述事之宏規。去上入三聲，則舉唐虞以迄勝朝，歷代帝王之得失烱鑑。據事直書，不以私意爲美刺。而終於敬天命，守神器，三致意焉。」後仁宗亦製全韻詩，則專詠高宗功德也。

高宗命删定國朝别裁集

沈文慤公以所選《國朝詩别裁集》進呈御覽。高宗謂其去取紕繆，凡指斥朝廷之語，命内廷詞臣更爲删訂行世。然其中猶有未及改者，如閨秀畢著紀事詩，乃崇德癸未饒餘親王伐明，自薊州入邊，其父戰死，故詩有薊邱語，非死流寇難也。

周静植詩爲人借刻

周静植，名玉立，丹徒人，著作甚富，困於場屋，有詩名，其《詠梅》一律極佳。乾隆時，有人選詩，列方元醴《梅花》一首，卽周作也。周詩隨作隨散，其壻鄉爲江寧，故流布江寧者尤多。一時名下士或借刻之，蓋不止《梅花》一詩矣。

胡稚威刻燭成詩

山陰胡天游，字稚威，以才學受知於任香谷尚書啓運，薦試乾隆丙辰博學宏詞。既入都，邀館其家，情禮優篤，猶唐時令狐楚之於李義山也。會仲秋，葡萄新熟，紫珠翠葉，翳綴庭前。任顧胡曰：「彼實垂垂矣，若能以『儕』『淮』險韻刻劃其狀，當令某伶進酒。」胡乃刻燭二寸，成詩四十韻。其儕韻曰：

「葡萄生北地，甘果未容儕。」淮韻曰：「豈知根入塞，不比橘踰淮。」

陳逸仙自謂拙於詩

陳三者，事于待園太史於都中，年五十餘矣。衆但呼之曰「陳三」，不問其名字。乾隆丙辰春正月，史震林與待園之兄曰南沙者入都，見閽人恭謹類文士，問其字，踧踖曰：「陳三。」不敢言字也，實字逸仙。當雍正乙卯秋，待園主陝試，次年，門生入都，謁待園。陳不索金，即爲通，有無多寡皆不計，衆笑之。旬餘，夜讀史所撰之《西青散記》，聞其歎曰：「傷哉！不爲女子身也。賀雙卿命嗇而才豐，德幽而名顯，歌之哭之者，以其女子特甚耳。吾爲女子，即不如雙卿賢，何至如蟣蠓蚍蜉之不爲人所見聞哉！」史問之曰：「若何能？」陳踧踖曰：「拙於詩。」乃出其《城南懷古》詩曰：「黃雲漠漠風蕭蕭，城南白鳥雜鳴梟。少時不見舊時人，焉識衛霍意氣驕。衛霍意氣吞河漢，哀絲脆管傾簫韶。行樂只愁雲日升，築室每防風雨漂。傳之千秋與百世，三槐五桂爭茂喬。泰山不礪河不帶，舊時意氣倏忽凋。野火吹入蘅蕪宮，荒霾滿目芻與蕘。旋馬僅容古所尚，衡葦環堵何囂囂？司閽老人無可言，和之者誰歌且謡。」又《野老》詩云：「灼灼芙蕖花，可玩不可久。猗猗原上竹，歲寒常不朽。竹下有流泉，竹中聞春臼。老翁脱帽迎，親爲煑泥藕。大兒能力作，今出種豆南山右。小兒學析薪，强欲代父時傷手。植桑可治蠶，植葵可充口。耄期復何言，杖藜每沽酒。昔時歌舞地，惟見牧馬牛。惡草雜芳葩，蜂蝶奚所投？高低鳩舌鳴，鶗鴂言足羞。吁嗟道旁李，雖苦人亦求。我思空谷蘭，惻惻誰與儔？惻惻誰與儔，山僧野客適其幽。」

又有擬陶之《聽琴》、《聞歌》、《八駿圖》、《織婦歎》、《明妃怨》、《玉階怨》諸作，皆古。其《詠魚》句云：「淺深咸自得，涇渭又何争。」則自況也。

儒官韻事之詩

王文簡方三十九歲時，以户部福建司郎官出典四川鄉試。及乾隆戊午，錢裴山楷亦三十九歲，以户部福建司郎官奉是使。文簡《蜀道集》用坡公密州詩三十九歲事，裴山亦追和其韻，可謂儒官韻事。

陳楞山詩有逸才

錢塘陳楞山布撰儀居儀徵，詩有逸才，天然高澹。讀書不多，室無儲籍，卒然語及，能條其出處，亦未嘗有見其挾一册咿唔之時也。

諸竹莊博學能詩

諸竹莊，名世器，博學能詩。嘗受業於太倉沈起元、長洲沈文慤，故於詩尤有根柢。高宗南巡，獻賦行在，召試擬進呈，以小誤罷。及畢秋帆撫陝西，以書招之往，與幕中諸名士晨夕唱和，詩益精進。嘗從畢巡邊，出入於長城内外，以詩紀之。其中佳句，如「撑谷石皆獰如齒，潑崖風更利於刀」，「幾回入塞復出塞，剛欲下坡還上坡」，「雲影遮山猶崒嵂，沙聲學水亦潺湲」，「屋背擊撞風有塊，山頭蕩漾月無芒」，「男非木魅顴皆聳，女是山魈鼻盡低」，均能描出絶徼風景。又嘗應盧雅雨運使之聘，與諸名流修禊紅橋，賦詩紀事。盧歿，寄金以卹其孤。

詩有十個一字

高宗南巡，過江時，見有一漁船蕩槳而來，命紀文達詠詩，限十個一字。文達立成七絶，詩云：「一篙一櫓一漁舟，一個梢頭一釣鈎。一拍一呼還一笑，一人獨占一江秋。」

吴岱芝詩學杜陵

石門吴岱芝明經宗元嘗遊杭州，時天台齊次風宗伯召南方主敷文書院，乃執經從之。院在萬松嶺，其巔有一樓，榻其上，日讀經書雜文，日加午，則屏去，取杜詩全集朗誦之，聲徹遠近，每首必百過，加以丹鉛，至夜分始止，次日復然。

先是，吴熟於《明詩綜》，所作詩，酷肖高青邱、李崆峒諸家，嘗録以就正於齊。評點訖，謂曰：「詩佳矣，可進步乎？李、杜、韓、蘇四大家外，勿寓目可也。」自是遂專學少陵。性奇偉不羈，不好與凡人伍。嘗與朱笠亭、沈雲樹、蔡漫叟相唱和，餘弗顧也。

鄂文端聯句限死字

鄂文端公爾泰以舉人充侍衛，四十初度時有句云：「四十猶如此，百年待若何？」及年至七十，以大學士充翰林掌院學士。招諸老輩宴飲，乞聯句，限「死」字。有某呈一聯云：「丹心已向軍前死，白髮猶從戰後生。」

試帖詩之遺聞

五言八韻唐律一首，初惟行於進士朝考、翰林散館等試。洎乾隆朝，御史張霽奏請鄉會科場及歲科兩試，一律通行。歲試六韻，科試八韻。丁丑，遂頒爲定例。初設之始，蓋因科場表判，每多雷同勦竊陋習，是以改試排律，使士子各出心裁。自後研究日精，專心造極。紀文達公撰《我法集》，神明規矩，開示學者法門。吴穀人祭酒以沈博絶麗之才，與王鐵夫諸人結社相唱和，於是九家詩出焉。峨眉張熙宇又有七家詩之選，七家者：王廷紹之澹香齋也，那清安之修竹齋也，劉嗣綰之尚絅堂也，路德之檉花館也，楊庚之桐雲閣也，李惺之西漚也，陳沆之簡學齋也。各具典型，一歸莊雅，根柢於唐人之五言，慘澹經營，以臻其妙。名爲試帖，實具唐音，故學者宗尚焉。其餘諸刻，則等諸自檜以下矣。

洪稚存詩有驚人句

陽湖洪稚存太史亮吉詩才奇險，好作驚人之句。有人仿其體調之云：「黄狗隨風飛上天，白狗一去三千年。」聞者絶倒。

洪稚存黄仲則效漢魏樂府

乾隆丙戌，洪稚存就童子試，至江陰，遇武進黄仲則主簿景仁於逆旅。洪攜母孺人所授《漢魏樂府》鋟本以自隨，暇輒朱墨其上，間有擬作。黄見而嗜之，約共效其體，日數篇。

黄仲則頃刻數百言

乾隆辛卯，大興朱竹君學士筠督學安徽，延洪稚存、黄仲則於幕，使襄校。學士賓客甚盛，越歲上巳，爲會於采石磯之太白樓，賦詩者十數人。黄年最少，著白袷，立日影中，頃刻數百言。徧視坐客，咸輟筆。時全皖士子以詞賦就試當塗，聞學使高會，畢集樓下。至是，咸從奚童乞白袷少年詩競寫，一日紙貴焉。

黄於日中閲試卷，夜爲詩，漏盡不止。每得一篇，輒就榻呼洪起，誇視之，以是洪亦一夕數起，或達曉不寐，而黄不倦也。居半歲，與同事者議不合，徑出署。質衣買輕舟，訪秀水鄭虎文於徽州。越日追之，不及矣。

厲樊榭詩爲浙派領袖

錢塘厲樊榭大令鶚著有《樊榭山房詩》，爲浙派領袖。然其參會唐宋，於王文簡、朱竹垞外，自樹一幟。雖以沈文慤之主張漢魏盛唐，亦盛稱之。實則五言古、七言律、七言絶句佳者甚多，七言古才力薄弱，局勢平常，五言律殊少神味，非其所長耳。

金冬心詩爲南屏詩社派

錢塘金冬心布衣農頗以詩名，然工者亦不多。《午亭山村》云：「溪上青山接太行，午亭便是午橋莊。能消裴令生前恨，繡尾魚今尺二長。」此種詩偶作亦有趣。裴令臨終，恨繡尾魚未長，見《雲仙雜記》。浙派詩喜用新僻小典，妝點極工緻，其貽譏飣餖即在此，厲樊樹亦然，冬心尤以此自喜。此杭州南屏詩社一派也，嘉興、寧波又不盡然。冬心名句，如「消受白蓮花世界，風來四面卧當中」，「水明於月宜同夢，樹老如人又十年」，「孤竹瘦於尊者相，野雲白似道人衣」，「佛煙聚處疑成塔，林雨吹來半雜花」，卻從林和靖「春水浄於僧眼碧，晚山濃似佛頭青」等句來也。若「故人笑比庭中樹，一日秋風一日疎」，《晉陽遇同鄉李叟》云：「明朝殘樹殘山外，一弔離宫賀六渾」，《春砦》云：「多雨偏三月，無人又一年」，則較渾成矣。

王夢樓詩爲書名所掩

丹徒王文治，字夢樓，與袁子才同時負盛名，以工書名海內。其詩超拔不羣，特爲書名所掩耳。故世之談王者，皆傾倒其書畢肖趙吳興，而未究其詩實高出於趙也。

袁趙蔣詩之齊名

袁子才大令、趙雲松觀察、蔣苕生太史三人之詩齊名於一時，桐鄉程春廬同文心儀之。蔣以未見而没，因繪《拜袁揖趙哭蔣圖》，以誌景仰。昭文孫子瀟太史原湘則專推袁、蔣，其詩云：「平生服膺止有兩，江左袁公江右蔣。廬山瀑布鍾山雲，一日胸中百來往。」錢唐張仲雅大令雲璈又瓣香袁、趙，顔所居曰「簡松草堂」。後卽以名其詩集。蓋性情之地，各有沆瀣也。

袁子才愛和尚詩

金陵水月庵僧鏡澄能詩，然每成，輒焚其藁。檇李吳澹川録其數首呈袁子才，激賞之。澹川謂鏡澄宜往謁，鏡澄曰：「和尚自作詩，不求先生知也，先生自愛和尚詩，非愛和尚也。」卒不往。其《留澹川度歲》詩云：「留君且住豈無因，比較僧貧君更貧。香積尚餘三斛米，算來喫得到新春。新栽梅樹傍簷斜，待到春來便著花。老衲不妨陪一醉，爲君沽酒典袈裟。」

沈瓊如有閨中唱和詩

定窰觀音者，吴門女子也。膚色潔白，因以得名。知書工楷法，有賈胡挾重價篡之，女矢志不從。後嫁吴縣蔣盤漪孝廉。蔣書法冠一時，與袁子才爲文字交。袁至蘇州，訪蔣。蔣引女出，盈盈下拜。時已兒女成列，而丰姿嬌好，猶可想見當年，袁艷羨不置。蔣止袁而觴之，女亦同席。蔣出閨中唱和詩册索題，方知女沈姓瑶名，瓊如爲字，母家在蘇州之白蓮橋也。

沈子慕湯蕉雲夫婦能詩

沈子慕，名無咎，長興人。失愛於後母，譖之父，將加罪焉，避而至宜興之漁莊。所居一畝之宫，流水周於屋外，隙地皆種梅。又善藝菊，多佳種。子慕自痛處天倫之變，無用世意，其幽噫悲憤嵚崎歷落之志，悉發之於詩。年五十不娶。金壇有貧女湯蕉雲，亦能詩，奉母依宜興吕氏。兩人故相慕，吕因爲之作伐，而蕉雲遂適子慕，時蕉雲年四十矣。其後十年，蕉雲卒，子慕爲築埋詩亭於墓側。又其後十四年，子慕卒，返葬長興。長興令鮑鈔重其詩，爲立碣曰「故詩人沈無咎之墓」。子慕所著詩曰《夢華集》，與其婦蕉雲合刻曰《笙磬同音》。

黄唐堂詩用花字

吉。新安黄之雋㾐堂，著《香屑集》，八寶樓臺，炫耀人目。其《生日對菊述懷》，創爲一韻體，凡生平官位及所更歷事，俱藉一「花」字傳出，共得六十四韻。

黄丹書詩有香色味

順德黄丹書，字虚舟。天姿秀穎，讀書過目不忘。李雨村學使調元見其詩，歎曰：「抗風軒之不墜，其在丹書輩乎！」貢優行。廷試歸，築聽雨樓，隱居養親。乾隆乙卯，舉於鄉；下第，朝貴延致，辭不就。語人曰：「貧與富交，則損名；賤與貴交，則損節。」大與朱文正公珪方撫粤，尤器重之。丹書工書善畫，與其詩並稱三絶。詩出入唐宋諸家，於蘇尤近，著有《鴻雪齋詩文鈔》。有《題馮魚山畫蘭》二首，其次章云：「筆妙曾窺籜石翁，畫書詩悟一源同。與君相對忘言處，緑意滿庭生澹風。」凌譽釗《嶺海詩鈔》選此詩，歎爲香色味俱絶也。

朱竹君游覽留題

朱竹君視閩學時，振拔單寒，如恐不及。每試一郡畢，輒游覽山水，留題而去。且其性愛蕉，每至一處，必手植數本。

翁覃谿論王文簡之選詩

翁覃谿學士瓣香坡公，每歲十二月二十五日，輒集四方名士於蘇齋，爲作生朝。後得王文簡像，亦如祭坡公例。惟每祭文簡，必徧詢坐客，謂漁洋品古今五言詩，以盛唐爲宗，盛唐五言，又以《三昧集》王、孟諸家爲宗，而先生選五言詩，於唐止取五家，有韋、柳而無王、孟諸家，何也？請下一轉語，有答，方許其拜跪。

翁覃谿不服王文簡秋柳詩

王文簡公以《秋柳》詩得名，時文簡年二十四歲，游歷下，集諸名士於明湖，賦詩四章，成秋柳詩社，四方和者數百人，可謂文采風流照耀一時矣。其詩固以神韻勝，運用典故，讀者恆不解其用意所在。金榮嘗爲作箋，謂無一字無來歷。其注《秋柳》詩「浦裏青荷中婦鏡，江干黄竹女兒箱」二句云：「何良俊《世説補》：江從簡少時有文情，作《采荷諷》以刺何敬容曰：『欲持荷作柱，荷弱不勝梁；欲持荷作鏡，荷暗本無光。』」又引陳後主《三婦豔》詩云：「中婦臨妝臺，小婦蕩蓮舟。」又引古樂府《黄竹子歌》云：「江干黄竹子，堪作女兒箱。一船使兩槳，得孃還故鄉。」翁覃谿學士固崇拜文簡，然於此詩則不謂然，曰：「詩固匪夷所思，注者又不知從那裏想到這些典故去附會他，然總與秋柳有何關係？詩以數典神韻欺人者，其弊竟若此！文簡以盛名之下，顛倒一世豪傑，吾終不爲之屈服也。」又評「不見琅琊大道王」句云：

「去題萬里，虧他扭捏出來。是句有自注云：『借用樂府語。桓宣武曾爲琅琊令。』金氏注云：『《世説》：桓温自江陵北征，經金城，見少爲琅琊令時所種柳，皆已十圍，慨然歎曰：「木猶如此，人何以堪？」攀枝扶條，泫然流涕。』又引古樂府《琅琊王歌》云：『琅琊復琅琊，琅琊大道王。』蓋此句雖有柳字在内，然琅琊王三字，實屬湊合而得。似此用典，可謂堆垛甚矣，有何神韻可言乎？」

關中觀詩多俚語

關中觀，嘉定錢竹汀宫詹大昕之僕也。隨侍數十年，亦能拈韻。顧平日不識一丁，故所作多俚語，然皆自出機杼。如《詠鐘樓》云：「遥望鐘樓一座方，當中顛倒掛銅缸。東邊撞起西邊響，隱另喤琅隱另喤。」末句蓋狀其聲也。又斷句，如「兩隻糞船停石埠，一竿屎布出樓窗。」又《過江》云：「所以當年關夫子，開船先唱大江東。」至暮年，裒然成集，宫詹爲編次之。

慶似村抱膝孤吟

慶似村，名蘭尹，爲文端公尹繼善之子。家世簪纓，三代宰輔。以其才學，稍有志於功名，當取顯秩如拾芥。而乃棄之如敝屣，棲身僻巷，搆老屋數楹，環種以竹。性喜詩，每風清月白，抱膝孤吟，覺詩韻書香，與竹聲相應答。總角時，隨文端江督任所，以詩見許於袁子才，數十年詩筒往來無虚日。詩以風韻勝，近白香山、陸放翁。

阿娘做詩

長洲蔣容齋、辛齋兄弟績學工文，尤擅吟詠。容齋家有雇嫗，每值容齋作詩，輒從屏隙竊聽。嫗固不識字，遇詩中辭義易解者，輒記不忘。久之，亦自通音韻。如《中秋無月》云：「最怕中秋風雨來，人家佇月尚徘徊。七齡小姐癡憨甚，拜祝天門兩扇開。」又有句云：「讀書盼望爲官早，畢竟爲官遜讀書。」以不識字之人，初學作詩，固佳。後值辛齋病困無聊，知嫗能詩，召而試之，指榻前佛手柑命吟。嫗應聲曰：「十指拳拳不肯開，掌中定捧寸珠來。何緣得近詩人榻，香氣還應問臘梅。」時婢女臘梅侍側，故戲之。辛齋驚歎不置，厚賞之，並語容齋曰：「此何如康成婢？」自是家中婢僕，皆呼嫗爲「做詩阿娘」。

隨園詩話眉批

如皋冒鈍宧藏有《隨園詩話》一部，眉批甚夥，嘉慶時覺羅某所批也，不著名字，據其自述身世，知爲閩督伍拉納之子。蓋伍得罪後，某以贓吏子孫，發遣塞外，窮愁無俚中，僅攜《詩話》自遣，所載軼聞遺事，多關繫乾隆時之朝章國故也。

汪允莊選明三十家詩

閨秀汪允莊，少學詩於梁楚生女史。嘗讀沈歸愚《明詩選》，心勿善也。既歸陳小雲，取明人詩集盡讀之，留高青邱、吴梅村二家，既而又去吴留高。人問其故，則曰：「吴詩穠而無骨，不如高詩之淡而有品。」因檢《明史·高啓傳》閲之，見明祖之殺害無辜也，大惡之。又以歸愚諸選，於青邱有微詞，遂欲盡翻五百年詩壇寃案，於是有《明三十家詩》之選。各有小傳，遍列前人評語，而以己意論斷之，斟酌盡善。如顧亭林、陸桴亭諸作，亦入選中，可謂得古人守節不阿之心，不僅在詞章間也。所著《自然好學齋詩》，諸老盛加推許。若石琢堂、潘裕皋輩，且不以女子目之也。

朝鮮人稱吴蘭雪爲詩佛

西江吴蘭雪中翰嵩梁工詩，朝鮮使臣得其所著詩，稱爲「詩佛」，築一龕以供之，並種梅花萬樹於其左右。

金雲門工詩

山陰金雲門女士，秀水王仲瞿繼室也。工詩，著有《秋紅丈室詩稿》。丈室在杭州武林門外西馬塍，即宋姜白石所居舊址。仲瞿才氣縱横，而急功近名，困阨以終。雲門居丈室參禪，其詩有「梅子酸心樹，桃花短命枝。可憐馬塍月，孤負我來時。」蓋嫠居時作也。又《禮觀音大士》詩云：「同感楊枝洗孽塵，心香一瓣共朝真。神仙墮落爲名士，菩薩慈悲念女身。前度姻緣成小刼，下方夫婦是凡人。望娘灘遠潮音近，唯有閨思是至親。」「白檀香裹再和南，重獻天花脱一簪。來世玉郎如處女，現身瓔骨化童男。生天福命無須好，作佛功名且不貪。只乞愛蓮三尺水，妙蓮花下總同參。」

謝南岡苦吟

瑞金謝南岡茂才枝崙善吟詩，所居爲老屋數間，土垣皆頹，時閉門，過者聞苦吟聲而已。陽湖惲子居令瑞金，見南岡詩，絶愛之。詢其居，近在城南，欲訪之，而南岡已於前一日死矣。子居曰：「南岡境遇之窮不待言。顧以余之好事，爲卑官於南岡所籍，已二年，南岡不能自通以死，必死後而始知之，何以責居廟堂擁節麾者不知天下士耶！」

和珅在獄吟詩

和珅著《嘉樂堂集》，其子額駙豐昇殷德爲刊行之。嘉慶己未正月十一日，被詔逮問，就繫於獄，作詩六韻云：「夜色明如水，嗟余困不伸。百年原是夢，卅載枉勞神。室闇難挨算，牆高不見春。星辰環冷月，縲紲泣孤臣。對景傷前事，懷才誤此身。餘生料無幾，孤負九重仁。」賜盡後，又於衣帶間得一絶云：「五十年前幻夢真，今朝撒手撇紅塵。他時睢口安瀾日，記取香煙是後身。」事後，刑部奏聞，御批云：「小有才，未聞君子之大道也。」又當其貴盛時，嘗作七古一首，凡數十句，而實無一句押韻，用典紕繆處亦甚多。攜之直廬，以示富陽董文恭公誥，屬爲改定。文恭不敢改也，乃以委王芑孫。又汲縣林溥，乾隆己酉會試，捷南宮，復試詩中出句，有「從心應莫踰」，爲閱卷大臣所貼，批云：「踰字入七虞，從無仄用。」和適見此卷，遂將批條揭去，仍以進呈。莫解其故，咸以爲必有囑託，而林茫如也。蓋高宗御製詩有「從心不踰矩」之句，已作仄聲用矣，始知和記此詩以爲證耳。

阮文達有芍藥唱和詩

揚州黄右原比部家芍藥最盛，嘗招阮文達公元、梁茝林中丞章鉅賞之。文達以脚疾不便於行，端坐亭中，遥望之。茝林與右原則徧履花畦，真如入衆香國矣。園丁導茝林觀新綻之金帶圍，蓋千萬朵中之一朵而已，茝林自詫眼福，語右原曰：「吾師與余皆已退居林下，此花之祥，實惟園主人專之矣。」故茝林賦詩，結語云：「難得主人初日學，定教金帶擅奇祥。」文達和之云：「謝公應爲蒼生起，花主人應亦兆祥。」蓋實爲周旋賓主計也。時在座之朱蘭坡和之云：「試看黄黄金帶色，君家姓氏本符祥。」錢梅溪和云：「料得主人應似客，故教金帶早呈祥。」則亦歸美於園主人也。文達期望茝林復起，茝林乃疊韻云：「生怕山前泉水濁，隨緣止止即延祥。」蓋答文達詩意也。

漁人能詩

嘉慶時，杭州西湖錢王祠側，有漁者阮姓，佚其名，能詩。與仁和宋小茗廣文鄰，故相識。嘗記其兩詩云：「放浪西湖二十年，飢來喫飯倦來眠。今朝檢點傳家物，只有簑衣最值錢。」「垂老難將結習除，入城尋友借殘書。到家妻道晨餐缺，淡月輕烟夜打魚。」

施愠渠集千字文爲詩

嘉慶壬戌，庶常有施鷺坡者，號愠渠，曾集《千字文》，去避諱字，成九言詩九百一十一句進呈，因賜舉人。

吴曾貫詩用八庚全韻

阮文達督浙學時，按試嘉興，賞石門吴曾丱之才，爲易名曾貫。吴善五言長律。時杭州西湖修表忠觀，新俶成，命之賦詩。吴用八庚全韻爲五排，不遺一字，於工穩中時露神韻。文達因稱之曰「吴八庚」。

沈崧町詩爲人所竊

沈崧町，名景良，字敬履，杭州北郭高士也，與陳二西燦、奚鐵生岡交最密。所居土垣，圍荒畦數稜，藝花蒔菊。瓦屋二椽，蕭然四壁。嘗於雨中著書，以繖縛椅後，坐其下，蓋避屋漏也。工詩，老年詩本爲人竊去。歿後，其人攘爲己作，刊之。有知之者譁於衆，其人遂並板燬之，故其詩不傳。

方芷齋與媳唱和

仁和方芷齋夫人芳佩，勤愨公汪芍坡中丞新之繼室也。工詩文，有知人鑒。乃翁相攸時，攜文二首，一爲吴頡雲修撰鴻，一則中丞也，展轉不能決，以示夫人。時吴爲諸生，汪猶布衣也。夫人閲吴作，曰：「是當早發，然英華太露，誠恐不壽。」閲汪作，曰：「此大器也，然須晚成。」翁遂舍吴而議汪。後吴果大魁，位不顯，且未享遐齡。汪則歇歷中外，階至一品。夫人生一子二女，富貴壽考。夫人言論侃侃，旁若無人。晚年，尤喜作擘窠大字，其筆力出入襄陽，一洗脂粉氣。嘉慶丁卯，梁山舟學士重宴鹿鳴，賦詩四章，和者不下百餘人。夫人時年八十，和詩三章，評者以爲諸人皆不能及。夫人享年八十二歲，有《在璞堂稿》行世。媳王氏，名德宜，松江人，亦工詩，侍夫人日，屢有唱和。夫人既殁，家政一委之姬妾，日則彈琴詠詩，焚香禮佛而已。著《語凰巢詩稿》，其《金陵》詩二句云：「啼鳥猶呼奈何帝，居人尚説莫愁湖。」跌宕之致，可以見矣。

朝鮮人重翁覃谿詩

道光朝，鶴汀相國賽尚阿嘗出使朝鮮，攜彼國申緯《紫霞詩翰》一册，以歸示朝士。筆墨嫻雅，稱覃谿曰「翁文達公」，蓋朝人私謚也。

穆彰阿詩追少陵

鶴舫相國穆彰阿工詩，所著《澄懷書屋詩鈔》，力追少陵。首《感遇》詩十九首，摛發性真，一裁僞體;次《入直行》、《長白山行》、《掌院行》、《入閣行》洋洋大篇,絶去凡響;《登鎮海樓》、《謁東嶽廟》、《透光鏡歌》、《魯公銅印歌》,堅卓老到。其警句如「棲禽遥語合,雜草暗香生」,「淚飛沙外雨,心老鬢邊霜」,矩矱唐人,詞壇斂手。

浦情田詩婀娜

浦情田守戎常誦其寅友某《岳王墓》句云:「宰相若逢韓侂胄,將軍已作郭汾陽。」立論新奇,得未曾有。情田,金陵人,粱晉壬於吳門陳氏響山堂見之,出詩文稿相示,多有可觀。其五言絶句一首云:「最愛初三月,彎環恰似鉤。郎心鉤不轉,鉤起妾心愁。」情詞婀娜,絶非武弁口吻。

高鳳卿知文翰

高鳳卿,名殷,道光時吴妓也,寓揚之小秦淮,知文翰,豪爽有丈夫氣。其楹帖云:「媿他巾幗男司馬,餉我盤飧女孟嘗。」嘗於病中自畫蘭竹帳額,題絶句云:「裊裊湘筠馥馥蘭,畫眉筆是返魂丹。旁人漫擬圖花譜,自寫飄蓬與自看。」遂卒,年未三十也。

張亨甫詩可及空同

張亨甫,名際亮,建寧孝廉。少孤,繼母撫之。父嘗賈鄭州,伯兄繼其業。亨甫幼穎異,爲里中老儒李古山所知，其家乃使之讀。未冠爲諸生，肄業福州鼇峯書院。同舍生多俗學，亨甫視之蔑如也。道光癸未，姚石甫按察瑩至福州，亨甫袖詩往謁，姚曰：「何、李之流也，子才可及空同，若去其麤豪，則大復矣。」

曾賓谷賦詩游讌

南城曾賓谷侍郎燠任兩淮鹽運使時，闢題襟館於邗上，與錢塘吴穀人祭酒錫麒、全椒吴山尊學士鼒等賦詩游讌。蓋自王文簡公司理揚州，德州盧雅雨方伯見曾轉運兩淮而後，以提倡風雅爲己任者，曾也，一時橥敦稱盛。

龔定庵有集外詩

龔定庵集外詩，傳者殊鮮。中有《題魏槃仲扇》一絶。蓋魏方八歲時，讀書至《詩經》「何彼襛矣」章，定庵過之，遂爲書扇曰：「女兒公子各風華，争羡皇都選壻家。三代以來春數點，二《南》卷裏有桃花。」

何擷雲能詩

龔定庵之夫人曰何擷雲，能詩。其《留别清馨女史》詩云：「氣味花同馥，聰華玉比温。神仙居上笑我界，謫降亦高門。原註：女史爲崧圃相國季女。竹柏前緣在，松蘿雅誼敦。足徵家法古，相業百年存。笑我無家者，看山便結緣。偶同棲廡客，不費買鄰錢。鄉夢同思越，離樽又入燕。將何誇別墅，只合署迎仙。」

林文忠詩有勁氣

林文忠詩勁氣直達，音節高朗。其戍新疆時，有《出嘉峪關》四律云：「雄關百尺界天西，萬里征人駐馬蹄，飛閣遥連秦樹直，繚垣斜壓隴雲低。天山巉削摩肩立，瀚海蒼茫入望迷。誰道殽函千古險，回看祇是一丸泥。」「東西尉候往來通，博望星槎笑鑿空。塞下傳笳歌《敕勒》，樓頭倚劍接空同。長城飲馬寒宵月，古戍盤雕大漠風。除是盧龍山海險，東南誰比此關雄？」「敦煌舊戍委荒烟，今日陽關古酒泉。不比鴻溝分漢地，全收雁磧入堯天。威宣貳負陳尸後，疆拓匈奴斷臂前。西域若非神武定，如何此地罷防邊？」「一騎纔過卽閉關，中原回首淚痕潸。棄繻人去誰能識，投筆成功老亦還。奪得焉支顔色冷，唱殘《楊柳》鬢毛斑。我來別有征途感，不爲衰齡盼賜環。」

張南山有懷仙詩

番禺張南山，名維屏，道光時以文學負盛名。年十三時，聘方氏女，越五載，將卜吉請期，而女以哭母病歿。其兄以女小影及手臨《洛神賦》紙，屬南山藏之。女所居小閣前，有紫藤一株，女歿，藤亦枯死。南山既作《紫藤吟》弔之，更作《懷仙》四律詩以志永悼。事既哀豔，詩尤淒涴。詩云：「修成慧業易生天，藥店飛龍竟化烟。温嶠鏡臺留隔世，阿嬌金屋貯何年？落梅風颭雕欄外，修竹寒生翠袖邊。不信癡蟆吞魄去，幾番翹首望團圓。」「天女乘風訪素娥，怕來禪榻榜維摩。韋郎再世風情減，崔護重來淚點多。縱有胡麻難作飯，空留團扇不成歌。年年寒食梨花節，一琖椒漿奠女蘿。」「雙魚碧海盼迢遥，獨鶴瑶臺耐寂寥。洒淚雨零紅豆濕，步虚風起白榆摇。聘錢天上償非易，鑄鐵人間恨未銷。藏得彩鸞書一紙，此生無計學文簫。」「星辰昨夜已前塵，欲向修羅問夙因。浪説蘭香嫁張碩，不知仙子憶劉晨。望來殘月如初月，坐對新人念故人。日把沉檀薰小像，可能紙上降真真。」

王瑶湘能詩

番禺隱士蒲衣子王隼，結濠廬於西山之麓者二十年。有女瑶湘，能詩，擇婚，得故人子李孝先，遂妻之。隼嗜音樂，常自度曲，孝先倚而和之，瑶湘吹洞簫以赴節。夜闌，則聲發濠廬中，聽者有月笙雲璈之想。未幾，孝先死，瑶湘矢節，自稱「逍遥居士」。隼爲刻《逍遥樓詩》。梁藥亭太史有寄瑶湘書，書云：「聞瑶湘讀書，余甚喜。余與汝祖、若翁交，凡兩世矣，視汝如己子，故甚望汝之成也。余有女龍端，少汝一歲，頗聰慧，余授以詩，上口即能背誦。而余性懶，不能常授，以此，龍端之學不及汝。聞汝識漆園《南華》，《南華》之文章善幻，而其言道也，必溯乎未始有道，其言物也，必主乎齊，而列以不齊之狀，總歸於化，善讀《南華》者當知之。文讀《禮經》，《禮經》，漢白虎諸儒之所著也。二戴、大小夏侯各師其傳，然不越天下國家朝會、讌饗、嘉勞、贈答儀文縟節，更言閨門，則禮之節蓋謹矣。更讀《離騷》，楚臣屈原不得於君，發爲奇文。香草美人，芳蘭君子，三湘九嶷之間，左倚桂旗，右攬揭車，汝誦之，倘亦有恍焉如見者乎？余何時得來汝父西山，見汝於潔廬，使汝將所讀之書，各誦一遍，俾我泠然稱善也。」藥亭書精深雅麗，其寄示當在瑶湘未字孝先時也。

惲珠錦鷄詩

完顏夫人惲氏，名珠，陽湖人，麟見亭河帥母也。夫人父尉直隸之肥鄉，見亭之大父官肥鄉知縣。夫人以僚屬女，謁太夫人索綽羅氏，試以錦雞詩，夫人援筆立成。詩云：「閒對清波照綵衣，徧身金錦世應稀。一朝脱卻樊籠去，好向朝陽學鳳飛。」太夫人大賞之，聘爲子婦。時夫人年甫十四也。夫人課見亭嚴，好談經濟，日以循良導其子。夫人刻李二曲集，爲道光戊子刊本。序文侃侃論世，有法度，集凡二十六卷。夫人又善畫，能傳甌香館家法。

江浙細民能詩

細民能詩者，時有所聞。秀水錢梅，號玉崖，賣肉韭溪橋下，以好詩貧其家。乃肩二竹筐，置彘首、羊胃、雞跖、鴨臚於中，售諸市以自給，筐下詩幅鱗次，遇小異流俗者，輒出以贈之。《登淩秋閣》云：「江涵斜日千砧急，人倚西風一劍寒。」《金陵懷古》云：「天際楸梧留二寢，雲間宮殿失千官。」嘉興郁心哉，字秋堂，寓乍浦，以沽菽乳爲生業，自稱「粗糲腐儒」。《和王壘莊移居》詩云：「占斷清陰數畝賒，水村茅屋作煙霞。先生不種門前柳，漁父空尋渡口花。春暖聞鶯初轉蘗，月中放鶴自煎茶。世人那得知名姓，此是天台隱士家。」海鹽張炎，字淡玉，嘗賣餅平湖之清溪。日肩爐釜，行吟村落間，得句，就村夫子索筆硯書之，餅爲兒童攘竊一空，不顧也。《詠白菊》云：「老圃月三徑，曉霜秋一籬。」南匯張宏，字野樓，少工詩，以嗜酒致貧，不能自給，辱身爲門隸，循牆覓句，終日不休。《春日吳門道中》云：「渡江三日雨，寒食一村花。」《登閘港橋》云：「風闊片帆來極浦，天空一雁度斜陽。」甘泉湯振宗，字繡谷，負才不遇，嘗給事於鹽公堂，往來豫章、荆楚間，苦吟不輟。答《唐淡村》云：「風雨空庭花落後，江湖秋水雁來初。」《卽事》云：「華髮無情催客老，青山不語看人忙。」平湖陳文藻，字愚泉，以薙髮爲業，年未及冠，即工五七言。後爲童子師，專意吟詠，所詣益進。《游僧院》云：「看花香引路，坐石蘚侵衣。」《郊行》云：「漁艇迎涼依柳泊，村鷄報午隔花啼。」《秋日同人村店小飲》云：「負山茅屋松成徑，臨水漁莊竹擁門。」

湘中五子之酬唱

湘潭王闓運，字壬秋。少孤，受教於其叔。不喜制舉文，嘗肄業長沙之城南書院。院長陳本欽專事帖括，有龍友夔者，熟精《四書》匯參之學，陳聘之，使助校課藝。或聚談講論，龍來，則莫敢先發言。龍之長子皞臣及武岡鄧彌之、保之皆在，李篁仙亦從其外兄丁果臣居院齋。篁仙早入學，補廩膳生，皞臣亦舉道光丙午鄉試，下第還，侍父居內齋，皆謹飭。壬秋獨跅弛好大言，篁仙放誕自喜，壬秋與相得，日夕過從。皆喜爲詩篇，彌之尤工五言，每有作，皆五言，不取宋唐歌行近體，故號爲學古。其時，人不知古詩派別，見五言，則號爲漢魏。故篁仙以當時酬唱多，自標爲「湘中五子」，後以告曾文正，羅忠節公澤南睡中聞之，驚問曰：「有《近思録》耶？」時道學未衰，故惡五子名。

楊夫人斷釵吟

道、咸二朝名人集中，爲《斷釵吟圖》題識者，不下五六十家。圖蓋武進湯貞愍公貽汾爲其母楊夫人作也。夫人十四歲隨父官昆明，父賜之玉釵，于歸後，偕其夫侍翁官臺灣。林爽文之亂，翁殉節，夫亦殄焉。後貞愍奉板輿之官揚州，釵斷於瓊花館，夫人作一絕紀之，有「三十九年千萬路，鬢絲絲斷玉還温」之句。

毘陵趙氏三女能詩

道、咸間，毘陵趙氏有三女，皆能詩。長粹媛，次慧媛，次英媛。英媛詩古體宗漢魏，近體法少陵，古體如「欲望天無涯，欲行地無角，心傷不能言，腸中車轆轆」等句，頗類建安七子。近體如「繁花經亂萎，蔓草引愁長」，「掃徑薄寒春盡後，捲簾斜月夢醒時」等句，亦名雋可喜。

文宗慨時有詩

咸豐某年元旦，文宗御製詩有「一杯冷酒千年淚，數點殘燈萬姓膏」之句。蓋是時粤寇之禍方熾，故有慨乎其言之也。

勝保過華陰有詩

勝保，咸、同間人也。初成進士，隨左文襄平捻，勳猷卓著，遂以順天教授驟升國子監司業。後爲欽差大臣，以擅殺某提督，發往軍臺効力。有《過華陰》詩云：「山陰知有逐臣來，雨霽雲收列上台。行過終南三十里，蓮花仙掌一時開。」

葉潤臣善平韻五言

葉名澧，字潤臣，名琛弟也。由内閣侍讀改道員，需次浙江，咸豐己未卒於浙。潤臣家世華膴，官京師日，縞紵之交，率爲名流。居虎坊橋西。善爲平韻五言古詩，受詩於山陽潘大令德輿，潘弟子孔宥函繼鑅俱工五言。當道光之季，蘇詩方競，讀潤臣詩，覺灑然塵壒之外也。山陽徐賓華、度文嘉於咸豐戊午應京兆試，吴稼軒招飲，坐客有潤臣。潤臣一日上視，時久不得其兄名琛訊，相對欷歔，不復能作平生豪語矣。

徐賓華註顧亭林詩

徐賓華篤嗜顧亭林詩，爲之箋注，甫刻成，適選崑山教諭。每月宣講聖諭過千墩，必謁亭林墓。其注於時事考據最備，然有時將亭林自注混入本注中，而待補者亦頗不鮮。

僧覺阿詩似秀才

吳僧覺阿俗張姓，嘗與馮桂芬同學，爲邑附生。絶意婚娶，爲僧於蘇州之通濟菴。博雅工詩，遺詩有《通隱》、《梵隱》兩刻。咸豐庚申刧後，其徒悦巖與馮芳緝復合刻兩集。覺阿詩友朱伯韓觀察琦，謂覺阿出家前作，似和尚詩；出家後作，似秀才詩。馮以覺阿爲秀才時，視人世功名富貴，於其胸中，曾不芥蔕，寄之吟詠，固宜似和尚也。洎爲僧，袖手局外，蒿目時艱，一腔抑塞幽憤之氣，無所發舒，不覺見之於詩，又宜似秀才矣。

容閎有園居詩

香山容閎，自美游學回，適洪秀全據桂林，因進謁，獻外交、購船二策，不能用。容退隱，有《園居》十首云：「巷僻園居樂，蕭疎城市中。砌添新蘚緑，檻拂落花紅。筍好剛經雨，蘭幽恰引風。老親歡菽水，笑語課兒童。」「山好層城隔，登樓望翠微。衙蜂衙蕊入，巢燕得泥歸。水閣嫌蛙鼓，晴窗愛蝶衣。

落英堆滿徑，不解傍人飛。」「親舊憐荒僻，誰知與性宜。看花移榻近，愛月下簾遲。稚子貪摹字，山妻喜聽詩。養閒吟最好，眠嬾病能醫。」「攜枕尋雲卧，披衣對石言。疊山高過屋，引水曲當軒。階犬迎人吠，鄰鷄傍客喧。飛花禽亂起，撲朔誤開門。」「殘書愁檢束，引睡亂堆床。題竹衣黏粉，鋤梅屐惹香。買山尋路僻，移石得烟涼。且喜新蒭熟，詩懷入酒狂。」「閉門山雨夜，落葉思難禁。病久能知藥，吟多喜對燈。拂枰過棋客，尋碣得詩僧。好是盈尊酒，毋云醉未能。」「客至書隨讀，攜壺共引綸。樹邊行數息，潭影伴常親。句好題難得，香焚澤正新。春衣猶可典，不算是長貧。」「芍闌春婉娩，皎月映重簾。試墨繙眉譜，研朱涴指尖。品茶湯細瀹，鬭草韻頻拈。瑣事能銷晝，閨房笑語添。」「出門還不惡，隨分得逍遥。晴路花黏屐，春波柳拂橋。梅丁青換輭，菜甲緑輕挑。恐謂風光損，聊憑濁酒澆。」「習靜門常掩，山窗拓曉晴。嚼花林下飲，愛草澗邊行。悟筆觀雲勢，調琴學雨聲。何曾抛好夜，吟坐到天明。」讀其詩，不似其爲人也。

苗沛霖能詩

苗沛霖，鳳臺武家集人，年三十，補博士弟子員。有《登峽石山》七律詩云：「長淮鼓浪壯千秋，峽石雙峯聳上游。江左元凶仍負固，中原偉績賴誰收？迴瞻故里熱腸斷，遥憶先皇血淚流。稚子不知情與勢，啞啞向我笑無休。」蓋投誠時所撰者。又《書懷》一首云：「故園東望草離離，戰壘連珠罨畫旂。乘勢漫吞狼虎肉，借刀争割馬牛皮。知兵亂世原非福，餓死寒窗不算奇。爲鼈爲魚渾不解，終歸大海作蛟螭。」此則復叛時之作也。

葛道人偶得句

錢塘有葛道人者，以業屨爲生，得金，即沽酒自飲，往來湖山間，人無知之者。一日，爲寺僧修屨，口中微有聲，狀若哦詩者。僧怪問之，笑曰：「今日偶得句耳。」扣之，乃云：「百囀已休鶯哺子，三眠初罷柳飛花。」

朱暝庵榜詩於門

同治時，朱暝庵僑居長沙，歲暮，貧甚，榜詩於門曰：「中椒零落菊英殘，從古瀟湘作客難。連日市門三尺雪，更無人記問袁安。」時曾忠襄方家居，聞之歎曰：「文人至此，我輩之責也。」急造訪，贈錢十萬。至除夕，復榜門曰：「羔酒笙歌餞歲時，蓬門苔瘦得春遲。蒼生莫問安危局，我且無聊爾可知？」有告巡撫者，巡撫怒，將迫逐之。或解之曰：「名士狂態固爾，不足責。」巡撫笑曰：「名士能辟穀乎？」暝庵聞之，又爲詩曰：「名士原無辟穀方，貴人休替達人忙。冰山我有天公在，勝似人家沈部堂。」

蕭中素善詩

蕭詩，字中素，上海人，隱於木工，博學善詩。其警句云：「遼海吞邊月，長城鎖亂山。」「山寺落梅傷別易，天涯芳草寄愁難。」其後從之學詩者甚衆，而蕭執藝事如故。

林細細吟詩自遣

福州黄巷林細細，業裁衣，暇輒以吟詩自遣。《詠史》云：「燭影斧聲千載案，珍珠薏苡一時寃。」《白桃花》云：「不争柳絮風前韻，祇欠梅花雪裏神。」

林興吟詩自遣

福州西門有林興者，業薙髮，亦以吟詩自遣。《偶感》云：「幾輩下場如傀儡，何人作夢到邯鄲？」《夜思》云：「酒盡寒生花影外，詩成愁入雨聲中。」

蔡秀倩有無題詩

同、光間，上海引翔港有農女蔡秀倩者，自號「錦塘女史」，時投詩壇坫，男子爲之歛容。女史有《繢餘小草》二卷，毗陵趙均捐資爲刻之吴門。有《無題》十首，尤膾炙人口。兹録其四云：「閒拈舊韻譜愁工，一度思量一寸衷。月縱能圓猶有暈，花無常好不禁風。珠簾日暖黏紅雨，瑶砌春明步緑叢。芳草天涯何處是，欄杆倚徧玉玲瓏。」「春陰脈脈繡簾斜，節序頻移感歲華。機上啼痕徵素錦，酒邊愁韻譜紅牙。擬箋月府通心訴，何意瑶臺厄落花。悵惘幽情柳色裏，緑雲一角淡煙遮。」「東風吹雨過重樓，花自銷魂鳥自愁。對鏡獨虞雙鬢改，棲林難爲一枝留。玉環指約如堅節，錦纜心腸不繫舟。綽約畫圖周昉筆，淚痕難倩彩毫收。」「鶯歌柳眼泥人嬌，觸撥閒愁病易招。天上遊雲歸夢杳，人間歲月利名消。從知蓮蕊心多苦，謬説蘭因福可邀。暢好畫樓三五夜，一簾明月護深宵。」

德宗擬作試帖

光緒戊子順天鄉試，詩題「深柳讀書堂得書」字。德宗有擬作。又有二首：一題爲《烏稱萬歲》，癸巳年作。中云：「上界珠喉囀，中朝寶籙昌。和鳴偕鷲鷟，福禄頌鴛鴦。慶衍長庚祝，靈符降乙祥。八千年紀鳳，十二管吹凰。喜氣騰鴳序，歡歌進兕觴。」一題爲《去看何寺花》，丙申年作。中云：「清品宜供案，奇英尚滿塍。幻觀參衆相，微笑悟三乘。數處流仙梵，誰邊禮佛燈。素心拋一友，青眼對諸僧。」

某司員以詩自媒

光緒初葉，潘文勤公祖蔭長刑部，有司員某聞其好尚文雅，思所以媚之，乃成急就詩數十首，恭楷録正，於堂上署諾時，揖而進之。文勤即時繙閲，及見首題，爲「跟二太爺阿媽逛廟」八字，都人謂「從」曰「跟」，謂「伯父」曰「太爺」。阿媽者，滿人稱父之詞。都中隆福等寺，月有常期，陳百物以待售，往遊者輒謂之「逛廟」。不禁狂笑，冠纓幾絶。某面若死灰，逡巡退。

寶竹坡詩豪宕

京西翠微山靈光寺，故閎壯，旁近有翠微公主塔，廢池在其下，荷葉數百柄，少花，高柳數株，池上爲宗室寶竹坡侍郎廷讀書處。蓋罷官以後，歲必數宿焉。有泉涓涓出石竇，注於池。生平嗜酒耽詩，好山水遊，使車所至，必搜奇訪勝，流連旬月不能去。登泰岱，入武夷，泛太湖，上金焦，足跡徧兩峯三竺問也。

寶既罷官，時與窮交及壽伯福、富仲福兩公子徧遊京東西諸山，歲得詩數百首。居常貧乏不能自存，賴友朋資助，得錢則買花沽酒，呼故人賦詩酣醉。嘗著敝緼袍，面破殆盡，棉見焉。門人陳衍偶遊昆明湖，遇之於湖上酒家，則酩酊而行跛踦矣。其詩天才豪宕，以曲達爲主。五言近體，時近右丞、嘉州，餘則香山、擊壤、放翁、誠齋，近人則初白、隨園、北江、船山，長短數千首。遊山者居七八。田盤一集，尤爲劖刻。妙峯、香山、翠微、桑乾、戒壇、潭柘諸處，寶之龍門八節灘也。冷家莊、三家店、靈光寺諸處，寶之行窩也。別有《西山紀遊行》、《田盤歌》及《七樂》三長篇，皆一二千字，可當遊記古賦讀。同治癸酉，寶典試浙江，題詩於聚奎堂之壁。詩曰：「絶世高才未易尋，燈前幾度費沈吟。漫誇此日衡文眼，休忘當年下第心。玉氣迷離山靄重，珠光隱約海波深。英奇埋没知多少，蕊榜書成愧不禁。」錢塘徐印香舍人恩綬，其門下士也。

康步厓詩清苦

康步厓，名詠，汀州人。未弱冠，登科，以中書留寓京師。嘗從竇竹坡侍郎學詩，詩意清苦。偶作句云：「愁殺濃雲如潑墨，隨風幻作故鄉山。」《淨業湖樓飲酒有懷王芷亭先生》云：「宿雨霽城隈，登臨眼界開。山雲渡溪澗，湖水潤樓臺。昔日諸詩老，何人共酒杯？可憐隄上柳，依舊送青來。」《秋夜獨坐》句云：「秋聲初到樹，月影欲移花。」《通州道中》云：「鄉心越閩海，秋色上燕臺。」《中秋對月有懷菊客》云：「聞道今宵月，天涯共此明。可憐歡笑日，不解別離情。路已歧南北，身何問死生。秋階風露冷，贏得兩凄清。」此詩甚凄清。菊客，壽伯福號，竹坡長公子，步厓所日與倡和者也。

金亞匏晚無所遇而託於詩

上元金亞匏增生和，爲仍珠觀察還之封翁，振奇人也。跌宕自喜，近於狂，晚無所遇而託於詩。其所爲，纏綿婉篤，跌蕩尚氣。咸豐癸丑、甲寅間作，則有一種沈痛慘澹陰黑之象，誠詩史也。審其格律，無一不軌於古，而意境、氣象、魄力，求之並世作者，未有其偶；比諸遠古，不名一家，而亦非一家之境界所能域之也。

亞匏所著《秋蟪吟館詩鈔》，分七卷：曰《然灰集》。其自識曰：「余存詩斷自道光戊戌，凡十五年，至咸豐壬子，得詩二千首有奇。癸丑陷賊後，倉皇伺間，僅以身免，敝衣徒跣，不將一字，流離奔走，神志頓衰，舊時肄業所及，每一傾想，都如隔世，而況此自率胸臆之詞乎！顧以平生結習，酒邊枕上，或復記憶一二，輒録出之。然皆寥寥短章，觀聽易盡，其在閎裁鉅製，雖偶有還珠，大抵敗鱗殘羽，情事已遠，歌泣俱非，欲續鳧脛，祇添蛇足而已，故不敢爲也。久之，亦得如干首。昔韓安國之言曰：『死灰不能復然乎？』余今之寵余詩，則既然之矣。知不足當大雅，抑聊自奉也。」曰《椒雨集》，上下。其自識曰：「癸丑二月，賊陷金陵，劍淅矛炊，詭名竊息，中夏壬子，度不可留，揜面辭家，僅以身免。賊中辛苦，頓首軍門，人微言輕，窮而走死。桑根舊戚，恩重踰山，自秋徂春，寄景七月，而先慈之訃至矣。計此一年之中，涙難頮愧，聲不副愁，幾昧之無，遑言競病。惟以彭尸抱憤，輒復伊吾，亦如麴生之交，尚未謝絶。昔楊誠齋於酒，獨愛椒花雨。椒，辛物也，余宜飲之，又余成此詩，半在椒陵聽雨時，今寫自癸丑二月至甲寅二月詩，凡百五十餘首焉。」曰《殘冷集》。其自識曰：「余以甲寅八月，出館泰州，乙卯移清河，丙辰移松江，數爲人師，自愧無狀。惟以詞賦爲名，於詩，不得不間有所作。雖短章塞責，而了了萍蹤，未忍竟棄，遂積爲卷葉。此三年中，乞食則同也，而殘杯冷炙，今年爲甚。夫殘冷，宜未有如余詩者矣。乃寫自甲寅八月至丙辰十月去松江時詩，凡百有餘首焉。」曰《壹弦集》。其自識曰：「余以丙辰十月，應大興史懷甫觀察保悠之聘，佐鹺捐局於常州。明年丁巳，移江北。其七月，又移東壩，遂至己未九月。事在簿書錢穀之間，日與駔儈吏胥爲伍。風雅道隔，身爲俗人，蟲鳥之吟，或難自已，則亦獨弦之哀歌也。今寫自丙辰十月至己未冬赴杭州時所作詩，凡二百有餘首焉。」曰《南樓集》。其自識曰：「咸豐十年之閏三月，金陵大營再潰。不數月，而吴會賊蹤幾徧。東南之禍，於是乎極。余於其時，盡室由江陰渡江，一寓於靖江，再寓於如皋。又渡吴淞江，取道滬上，然後航海至粤東，止焉。初佐陸子岷大令鍾江於端、廣二郡，子岷逝世，遂佐鳳五林觀察安於潮州。前後七八年間，凡若簿書期會之煩，刑獄榷算之瑣，榷埋烽燧之警，佅僸責讓之擾，俱於幕府焉責之。感在知己，所不敢辭，則日已昃而未食，雞數鳴而後寢者，蓋往往有焉。文章之事，東之高閣而已。然猶以其聞見所及，製爲《粤風》、《粤雅》二百餘篇，又先後懷人詩七十章。草稿皆在牘背，未遑掇拾。丁卯東歸之前數日，家人輩以爲皆廢牘也，而拉雜摧燒之。於藏拙之義甚當，而歌泣已渺不可追，然則祖龍之餘虐矣。顧一生游迹，以粤東爲至遠，屐齒之所及，未可廢也。其未至粤以前及在粤餘詩，敗鱗殘爪，間有存者，輒復寫之。」曰《奇零集》。其自識曰：「余於丁卯夏，由粤東之潮州，航海東歸。既過春申江，行未至金陵，遘疾幾殆，至戊辰冬，始以家屬旋里。刼灰滿地，衰病索居，懷刺生毛，閱四五年，竟無投處。癸酉之歲，出門求食，雖間有憐而收之者，而舊時竿木，鮑老郎當，大抵墨突未黔，楚醴已徹。十餘年中，來往吴會，九耕三儉，蘄免寒餓而已。生趣既盡，詩懷亦孤。而自與夫己氏文字搆釁以來，既力持作詩之戒。又以行李所至，習見時流壇坫，尤不敢居知詩之名。即或結習未忘，偶有所作，要之變宫變徵，絶無家法。正如山中白雲，止自怡悦，未可贈人。乃知窮而後工，古人自有詩福，大雅之林，非余望也。顧吾友丹陽束季符大令數數來問詩稿，謂余詩他日必有知者，兒輩亦以葺詩爲請，余未忍峻拒，因檢丁卯至乙酉諸詩，雖甚寥寥，猶彙寫之。余已年垂七十，其或天假之年，蠶絲未盡，此後亦不再編他集矣。」

興安亞匏才氣壯盛，抱負卓犖，足以濟一世之變。而運蹇不偶，擯斥終其身。雖嘗爲諸侯賓客，而世竟無真知之者。生平好聲色，狎妓縱酒，一飲輒數斗，同坐有不能飲者，恆百端説之，必盡醉乃已。江南平，攜家歸，出橐中金縱博。在粤時，館穀豐腆，而揮霍殆盡。及年垂六十時，意氣遒上，猶如三四十人。抵掌談天下事，聲龂龂如鉅霆。得失利病，珠貫燭照，不豪髮差忒。鐫呵侯卿，有不稱意者，涕唾之若腥腐。聞者舌撟不得下，亞匏夷如也。

張文襄退食尋詩

光緒時，京都名流極盛，以張文襄公爲之魁。文襄開府江漢，朝野人士，即已雲集相從。迨入樞府，都人士尤以一瞻丰采爲榮。故退食之餘，無日不有讌會。其讌會時，又無往而不分韻題詩，即最促時間，亦必鈎心鬭角，作詩鐘一二。上好下甚，故當日十剎海之會賢堂、宣武門外之畿輔先哲祠與松筠庵，皆爲名流暢敍幽情之所。而寒山社之詩會，亦即起於是時。其人物，則以南書房、翰林院、御史台三署爲其中心，餘皆依附末光，欲標榜以成名者也。

康長素詩氣象萬千

南海康長素主政有爲之詩，大刀闊斧，氣象萬千。摘其斷句，如《還里》云：「家在故鄉仍是客，身留一髮不如僧。」《遊維揚名園繁華無覩，愴然感懷》云：「孤臣雪嶺梅花墓，賢守平生芍藥堂。」《登鎮江北固樓》云：「天入長江生遠浪，風吹落木下清秋。芍藥豔紅春欲老，杜鵑啼碧澗之幽。」《乙酉除夕病卧蘇村》云：「避債並無癡可賣，祭詩幸有蘭成編。」《雜感》云：「經過人事如流水，無限江山付夕陽。」

朱蓉笙燬詩稿

朱蓉笙，名承芳，錢塘人，硯臣提舉大勛女。提舉工書，有聲同、光間。年十八，嬪於同邑徐珂。光緒丁亥以瘵卒，結褵僅三祺也。病革時，自燬其詩稿。僅有五律四首，載《國朝杭郡詩》三輯，今摘其佳句於此。《送春》云：「自驚顏色改，忍見落花飛。」《曉泊和外子》云：「風健添帆力，人喧雜艣聲。」《登樓》云：「葉枯霜後紫，花隕雨中黃。」《邑甫大弟在金閶詩以懷之》云：「雲烟棲暝色，風雨戰秋聲。」珂嘗檢閱遺稿，成《浣溪沙》詞，詞云：「斷墨零縑不忍看，十年未褪粉痕斑。深宵掩卷淚頻彈。彤管有誰兼福慧，碧霄何處不高寒，可能天上勝人間。」蓉笙無出，有子新六，女新華，皆珂繼配何墨君所誕也。

陸小姑藉吟詠自遣

陸小姑，廣西賓州人。貌絶麗而天足，幼慧，工詩。適村農覃六六，憎其弱，不任耕織，以母疾遣歸，而别娶健婦。小姑不與較，藉吟詠自遣。

博爾濟吉特夫人嫻吟詠

宗室伯羲祭酒盛昱大雅閎達，母博爾濟吉特夫人通經術，嫻吟詠，有《芸香館遺詩》二卷梓行。光緒中葉，某學士承要人風旨，摭芸香館集中送兄詩，謂爲忘本，請旨削板，將以傾昱，朝廷不允所請。

林暾谷發憤爲詩

侯官林暾谷京卿旭雖爲沈愛蒼中丞瑜慶之壻，初固窶人子也，然不能惡衣菲食，時徵歌選伎，車馬甚都，愛蒼不能給。則熱中取上第，揣摩時藝，伏案爲殿體書。光緒甲午、乙未、戊戌，三上公車，皆薦而不售，則發憤爲詩。取徑於孟郊、賈島、陳師道、楊萬里，苦澀幽僻，喜從鄉人鄭孝胥、葉大莊、陳書、陳衍討論。自擇百十首刊之，孝胥以爲如啖橄欖，大莊以爲似袁昶，衍以爲春夏行冬令，非所宜。戊戌，衍寓京師蓮華寺，康有爲、梁啟超寓上斜街，方上萬言書，開保國會。旭日至衍所，談藝談國事。衍語以子向習詞章，經濟非所長，時局會有變，盍少竢。既下第，強使出都，乃同遊杭州。

喬茂軒詩清麗

喬茂軒左丞樹枏嘗爲張文襄公所器重，徵之不遂，乃代以楊叔嶠京卿鋭。光緒戊戌政變，楊罹禍而喬獲免焉。其詩極清麗，有《漢中輿夫》數絶、《天津歌郎》數絶，録之以見一斑。《漢中輿夫》詩云：「曾摩賊壘斬天狼，血裹征袍劍有霜。老去雄心消不得，向人猶自説沙場。」「來往陳關太散閑，一肩積雪萬重山。莫嫌涸迹風塵苦，自古英雄不肯閒。」「和尚原頭雪亂飛，峨眉山下客忘歸。可憐瘦骨迎風立，猶著當年短後衣。」「客裏逢君意氣真，書生一劍老風塵。於今海宇方多事，那使容君作隱淪」。《天津歌郎》詩云：「碧天如水泊行舟，一曲清歌水上樓。記得櫻桃斜畔月，銀茵錦燭按梁舟。」「回首蓬山事渺茫，無衫歌扇夢魂香。如何一樣春明柳，化作飄萍總斷腸。」「青門一去即天涯，冷落門前油壁車。爲語西風莫摧折，可憐曾作帝王花。」「銅壺淚盡酒微醺，歌罷臨風化彩雲。明日挂帆滄海去，不知何處又逢君。」

張樵野詩能成家

南海張樵野侍郎蔭桓起家簿尉，粗識字，中歲始力學，駢散文詩，頗能卓然成家，畫亦超逸絶塵，真奇材也。有遺詩一卷，皆遣戍西行時，關内外途中所作，兹擇其尤者録之。《九月晦渭南道中得廉卿祭酒書述敝居及壻兒蹤跡奉答》一詩云：「無限艱危一紙書，二千里外話京居。覆巢幾見能完卵，解網何曾竟漏魚。百石齋隨黄葉散，兩家春與緑楊虚。灞橋不爲尋詩去，每憶高情淚引裾。」又《留别鄧錦亭軍門》云：「交臂京華感慨深，衹憑秋雁寄邊音。艱難三箭痕猶在，倉卒離筵酒共斟。瘴海同鄉識韋叡，天山舊蹟訪裴岑。長途旌旆勞相送，萬古難忘此夜心。」又《周式如太守以錢叔美入關圖爲贈賦詩奉酬》云：「松壺畫筆時所珍，派别宋元逾三文。入關圖爲蔣侯繪，玉門歸乾嘶邊塵。款署南陽歲癸未，閲世行將八十春。桃花如笑簇鞭影，晴川野館山嶙峋。矮松紅柳互映帶，大旗獵獵懸城闉。風沙萬里羌無垠，至此似覺天迴温。伯生賛郎原通人，丹青賴爾能傳神。一藝升沈會前定，坎壈豈獨曹將軍。海王聲價日驟長，廣搜始自潘文勤。伊余藏弆本非儉，巢覆散作涼秋雲。天涯作伴衹王惲，米船未許充勞薪。使君投贈吉語真，髣髴仙梵室中聞。蹇驢一夕壓球璧，怪底寶氣騰氤氳。廿年京邸相過頻，屢困南箕傷溷茵。便宜坊夜炙鴨臛，迢迢情味猶在脣。從兹中外頓契闊，一麾西邁慳片鱗。無端遇合歲云暮，嚴譴何敢行逡巡。此身九死不忍述，合檢寒具供陶甄。天教生入作左券，願乞山水作廛民。」

張文達詩近杜陵

長沙張文達公百熙先後主試蜀、贛，督學粵中，非舊學新知具有門徑者不售，士風爲之丕變。文達雖置身通顯，而愛國憂時，於杜陵爲近。光緒戊戌、己亥間，蒿目時事，鬱鬱不自勝。嘗爲《感懷》詩八首，悲壯淋漓，直逼子美。記其二首云：「戎氛近逼姬周日，黨禍紛乘趙宋年。憂極真思蹈東海，時危忍見哭伊川。乾坤擾擾事未已，風雨瀟瀟秋可憐。萬里敢忘心報國，諸君應有力回天。」「五十二翁霜雪姿，經霜歷雪到清時。教忠深負先臣訓，補過難酬聖主知。數畝敝廬人外想，聯牀風雨夢中思。故山無恙堪招隱，會籥青雲餌紫芝。」

范伯子有自諦篇

范伯子有《自諦》一篇，語語飛動，如天馬行空，長鯨跋浪。録之，詩云：「吾嘗一日思安禪，又嘗一念遊於仙。仙者意高廣，六合廓落然。來其歸宿處，但冀形神全。禪意向枯寂，厥功彌静專。静中有真覺，願力至大千。我於二道皆未學，祇以病體圖安便。久病真如檻因陷，頗設遐想無窮邊。霞外珠宮那可得，雲中鶴駕無由傳。十洲三島盡虛妄，徒見下有深深泉。神魂散落百骸弛，欲保性命何有焉。收拾殘餘自將息，呼吸駿若遊絲牽。徐引生氣布滿腹，羣腑得職無大愆。此時諧和與物共，有日世界純陽天。誰何機來萬念起，俄頃乃有億變遷。我與衆生實同道，以次現出諸因緣。不如動植物，得性能自堅。人爲萬靈最，何術能緜緜？所以如來得自度，而自一世生悲憐。虎狼猶可道，蟲豸未忍捐。陳諸割斷法，以制人繞纏。我以哀鳴當定慧，可知於佛霄壤懸。愚僧撞鐘諒可法，長抱此念無回旋。口亦不辭瘁，手亦不辭胼。血氣終能愛，肺肝無俾鐫。正得一私淨，斯爲萬覺先。」伯子，名當世，江蘇通州人。

沈子培有詩學詩功

陳石遺學部衍，與沈子培方伯曾植相見甚晚。光緒戊戌，子培以部郎丁内艱，張文襄公招之至武昌，使掌教兩湖書院史學，與石遺同居紡紗局西院。初投刺，子培張目視石遺曰：「吾走琉璃廠肆，以朱提一流購君《元詩紀事》。」陳曰：「吾於癸未、丙戌間，聞王可莊、鄭蘇堪誦君詩，相與歎賞，以爲同光體之魁傑也。」同光體者，蘇堪與石遺戲稱同光以來詩人不墨守盛唐者。自是多夜談，索子培舊作，則棄斥不存片楮矣。

子培博極羣書，熟遼、金、元史，治輿地，與順德李芍農侍郎文田、桐廬袁忠節公昶論學相契，詞章若不屑措意者。石遺語子培曰：「吾亦耽考據，實皆無與己事，作詩卻是自己性情語言，且時時發明哲理，及此暇日，盍姑事此？他學問皆詩料也。」自是而子培意不能無動，因語石遺曰：「吾詩學深，詩功淺，夙喜張文昌、玉谿生、山谷内外集，而不輕詆七子。」詩學深者，謂閱詩多；詩功淺者，謂作詩少也。石遺曰：「君愛艱深，薄平易，則山谷不如梅宛陵、王廣陵。」子培聞是言，乃亟讀宛陵、廣陵詩。己亥，子培居水陸街姚氏園，秋病瘧，逾月不出户，乃時託吟詠。與石遺寓廬相密邇，有作，必相誇示，常夜半扣門，以函箋抵石遺。至冬，已積稿隆然。庚子亂作，南北分飛，此事亦遂廢矣。子培詩雅尚險奥，聱牙鉤棘中，時復清言見骨，訴真宰，盪精靈。昔昌黎稱東野劌目鉥心，以其皆古體也。自作近體，則無不文從字順，所謂言各有當者是也。

李珊寶能作五言絶句

常州之金匱有鄉曰蕩口，古名鵝湖，與蘇州之元和接壤。其地多美婦人，傭於上海之女閭者，皆若輩也。俗謂之曰娘姨，間有處女，則稱大姐。光緒辛丑冬，余理齋嘗偕張叔文過周琴娟校書妝閣，見琴娟之大姐李珊寶，以其美且慧而屈於傭也，訝之，語叔文曰：「珊寶且若是，宜君之濩落無所遇也。」女傭之美者多矣，而珊寶尤美，穠纖得衷，修短合度，肩若削成，腰如約素，延頸秀項，皓質呈露，雲髻峨峨，修眉聯娟，丹唇外朗，皓齒内鮮，明眸善睞，靨輔承權，瓌姿豔逸，儀静體閒，柔情綽態，媚於語言，芳澤無加，鉛華弗御，嫣然一笑，誠足以惑陽城，迷下蔡，而何有於滬？

珊寶至滬一年矣，有夙慧，嘗從琴娟之客吴彦復主政保初習詩，能作五言絶句矣。其《梅花》詩曰：

「不覺東風到，梅花昨夜開。月中疏影見，疑有美人來。」詩固不佳，而出於娟娟此豸之手，不已難能而可貴耶？且珊寶在鄉時，惟常日力作，頭戴笠，跣雙足，蹀躞阡陌間。薄暮負鉏歸，過村塾，輒就塾師問話。師爲其族祖也，教以識字，《神童詩》、《千家詩》，漸已上口成誦矣。故彥復教之作詩，不及一載，即能斐然成章也。叔文曰：「古云才難，觀於此，夫豈其然？」自是而理齋、叔文遂時與唱和矣。

秋瑾賦詩乞書

光緒壬寅，秋瑾初至京師，寓南横街圓通觀斜對一小宅，終日蟄居，非其所親，見之輒斂避。後徙南半截胡同，與吴芝瑛女士結鄰，始閲新書、新聞紙。旋改男裝，寄其子於謝滁泉部郎處，隻身赴日本留學。當居南横街時，嘗以賁硾箋索陳梅生太史書直條，媵以一絶云：「殷雷久耳右軍名，問字無由到講庭。願乞一行輝素壁，閨中曾讀換鵝經。」

周玉山卽席賦詩

周玉山制軍馥某歲赴魯撫任，膠州總督命酒，爲之洗塵。周卽席賦詩一首云：「朔風吹雪海天寒，老眼蒼茫不忍看。故國空存周典禮，斯民猶見漢衣冠。是誰握算盤盤錯，到此枯棋着着難。挽日回天空奮力，可憐筋骨已衰殘。」

張今頗爲能詩儒將

錢塘張錫鑾，儒將也，字今頗，能詩。鄭蘇堪嘗爲序其詩集，略云：「孝胥稱疾解兵，樓居五年。其出關也，挾嶔崎歷落之氣，悲歌慷慨，而至瀋陽。張蕫齋嘗語余曰：『子聞遼東有快馬張其人乎！張公今頗是也。』及明日見之，長身赭面，眉目聳異，三十年間，馳騁關外，捕賊卻敵，崛起牧令，以歷監司。其排難解紛，抑強扶弱，滿蒙羌漢，望若神人，家人婢媪，舉其名以止兒啼，此又一張遼矣。余喜就之語，益習，輒告余遼瀋近年失敗之狀，以及邊塞異聞，軍中軼事，已而撫髀喟曰：『吾年且七十矣，前年喪愛妾，今鬱鬱無以自聊。惟衝風躍馬，以寄平生志業不遂之孤憤耳。』此公之意態，殆與榆關之連峯，壺島之怒潮，同爲余東行懷抱之新得也。」

今頗詩多悲壯語，又時有悽豔語。光緒甲午中秋前日，左冠廷軍門寶貴戰没平壤，詩以弔之云：「屹屹孤城獨守難，祖邦西望客軍單。大同江上中秋月，長照英雄白骨寒。」《軍克寬甸口號》云：「邊城久陷倭人手，一戰能收匪所思。四野歡呼元佐懾，新軍初試大功時。」《清明野望》云：「亂後逢佳節，難爲塞上春。幽花開白骨，紅照陌頭人。一片斜陽裏，千聲野哭新。聽來腸欲斷，況是客中身。」以上甲午後之作。幽花一聯，悽豔極矣。《中秋無月》云：「牢落天涯望止戈，和戎消息近如何？嫦娥未忍開明鏡，千里沙場戰骨多。」庚子作也。《王郎歌》有云：「結交廿年吾畏友，一城日夜謀攻守。詎知檄下守中立，局外虎狼教袖手。」又云：「吁嗟奇局亙古無，客軍血竭吾脂枯。」又云：「俄兵不退日兵進，主人中立村爲墟，吁嗟奇局亙古無。」癸卯冬日俄戰時作也。黃仲弢嘗云：「中國可謂局中外立矣，乃自以爲局外中立乎？」《九日偕同人登鳳凰山》云：「世路險如此，山空任虎行。孤松蟠地起，亂石倚天生。杯酒重陽日，烽煙兩國兵。我來登絶巘，海宇盼澄清。」《日本倉辻君櫻雲督工兵於鳳城南河，建長橋利行人》有云：「徑盡橋來山更轉，造成世路曲如弓。」《次日本軍政大原武慶韻》云：「天風吹送雪聲乾，擊劍談兵夜未殘。浩劫乾坤塵莽莽，他山松柏氣丸丸。」《寄森井國雄野鶴》云：「野鶴橫飛向戰場，鳳山鴨水幾翺翔。筆鋒殺敵無餘事，獨倚寒燈拂劍霜。」以上皆日俄戰時作。《中秋月下》云：「故教明月滿，來照客身單。」《過大高嶺》云：「磊石支行竈，炊煙散晚霞。」《鄂城春感》云：「黃鶴不歸杯獨舉，白虹如此劍空磨。」《舟夜懷子久三弟》云：「推篷看月月如水，征雁數聲天未明。」《題友人畫帳》云：「年來一副看花眼，獨向天南望洗兵。」《再經豐樂河》云：「昔年匹馬孤征地，又向江天鼓棹來。落日掛帆風力飽，羣山列戟戰場開。軍餘野壘生春草，亂後殘村出劫灰。」《舟泊安陸》昔霆軍大破捻於此。云：「戰地重經百感生，扁舟獨繫楚王臺。十年回憶親戎陣，萬里長驅踏虜營。禾黍已高驃騎壘，波濤猶恣海門鯨。湖山清靜吟懷壯，極目乾坤無限情。」《晚泊襄陽》云：「襄陽舊是論兵地，回首閒關破陣年。春草綠封新鬼墓，野雲紅燒夕陽天。」《穀城書懷》云：「生事勞行役，春光穀伯城。幽花明客眼，細雨滑鳩聲。」《山行》云：「障面疑無路，穿雲始見村。防秋茅結屋，捍虎石爲門。」《晚行》云：「落日疑防虎，饑鷹欲趁人。」

陳石遺敍鄭蘇堪詩

光緒壬寅二月，鄭蘇堪《海藏樓詩》刊成，學者以其剗膚存液，多宗之。陳石遺爲敍之曰：「蘇堪寫定其詩，示余顧子子朋所爲敍。乃曰：『子方草創詩話，必有微言深恉，可以敍吾詩者，盍爲吾一長言之？略如姜白石所自爲詩敍若詩說。』余曰：『諾，且爲君默記往昔彼此之言，雜書之，以爲笑樂。』余與君治詩者，皆二十餘年。相與商略爲詩者，亦一十年。初時持論，若南山秋氣之相與高。所謂否，不稍假借，用輒引爲詬病，回思足自哂。然亦可見年少負氣，不如今之老大頑鈍，譽不喜而毁不怒也。君詩始治大謝，浸淫柳州。乙酉歸自金陵，訪余於西門街，則亟稱孟東野。詣君案有手鈔東野詩四册，題五言古數章於上，有精語，足資詩學。出示癸未、甲申詩數十首，屬爲評品。題以詩題一五言古還之，君乃以余詩爲精進。時多過從夜談，坐池旁樹下老屋，盡兩三燭而去。兩家老屋皆有池有樹，君贈詩所云『孤往希真侶，相逢亦冷蹤；何緣疎淡意，頻爲説詩濃』者。未久，君將往天津，作五言一首爲别，自謂似顔延之北使洛。喜余送行兩五律，屢誦於陳弢庵。又喜誦余建溪數詩，余次年入都，都下所知，有能誦之者。客天津，書來言，北地曠爽，詩藴皆盡。大抵作詩亦隨地氣，山川秀藴，則觸處成吟；原野衺延，則搜剔難就云云。寄示《浮海》詩，有『風煙知異縣，道里計中原』云云，《出都》詩，有『出門俯滄海，登高見帝都』云云。今此數詩，集中皆不存。文人喜割棄少作，未必其前盡不如後也。己丑、庚寅入都，君寓可莊所及官學，案上手鈔詩本，有晚唐韓偓、吴融、唐彦謙諸家，北宋梅聖俞、王荆公諸家。君詩已一變再變，爲姚合體，爲北宋，服膺荆公。而余感君言，作詩盤鬱往復於中者稍久，其出之也，必有自耐咀味者。乙酉後，渡海游臺北，泝江游湖南，亦遂變其前詩。一日，遇君與季直於騾馬市，相將入浴堂，君解衣探夾袋，出殘稿數紙，則游攝山詩，皆七言，余以爲神似樊榭，君乃爲此。君曰：『吾向未嘗爲七言，去年始爲之。』自後相見，常論七言。君始於七古，常獨舉韋蘇州、温庭筠，然亦一時興到語，所作如《大阪登高》、《感舊》、《示李芝楣》、《登北極閣》、《登周處讀書臺》、《侯府懷陳幼蓮》、《石鐘山》、《昭忠祠》、《郗超》、《漢陽琴臺》、《子培見訪湖舍》等篇，皆半山、遺山、道園之遺，何嘗爲蘇州、庭筠哉？君每言，作詩無深抱遠趣，所謂不可適獨坐者，固已。若處處不忘是作家，而不敢極其才思，誠作家矣。然終於此而已，安有深造自得之境？其題晚翠集云云。余故以爲至言，非君莫能道者。君又言，律詩要能作高調，不常作可也。老杜『風急天高』一首，全首高調。此外吾舉楊徽之『天寒酒薄難成醉，地迥樓高易斷魂』一聯，惜難易作對。余曰：『君往事夢空一聯，當復過之。亂峯出没一聯，與放翁之江山重複争經眼，風雨縱横亂入樓甚相似。』韓冬郎云：『人間易得芳時恨，地迥難招自古魂。』非高調而落想甚高，亦惜難易作對。高調要不入俗調，要是自家語。元裕之多是高調，卻無俗調。高季迪、前後七子喜高調，遂多俗調。東坡律句極少，高調屬對，每以動宕出之。此祕發於沈佺期、王右丞，極變化於老杜。《吴都賦》云：『嶔崎乎數州之間，灌注乎天地之半。』七律中對，要有此二語體勢。沈佺期『九月寒砧催木葉』二聯，王右丞『到門不敢題凡鳥』二聯，足以當之。東坡云：『老僧已死成新塔，壞壁無由見舊題』，『獨眠牀上夢魂穩，回首人間憂患長』，『簾前柳絮驚春晚，頭上花枝奈老何』？『酒闌病客惟思睡，蜜熟黄蜂亦嬾飛』。此例極多，何等神妙流動！『身行萬里半天下，僧卧一庵初白頭』，山谷謂當是『初日頭』。曰：『豈有用白對天。』東坡曰：『黄九要改作日頭，不奈何他！』往時葉損軒作律句，對語喜工整，余常以此例語之，損軒頗從余言。後又復其舊步。沈了子培，稍護青邱七子者，余曰：『留客山中生桂樹，懷人江上落梅花，在七子中最爲清秀，然亦著眼此桂樹梅花，而不能舍耳，若雪滿山中月明林下，函關月落華岳雲開，皆所謂干卿何事者，抑人人適秦，皆有一聯，華岳三峯，潼關四扇，將若何？放翁云：「老夫合是征西將，胸次先收一華山」，則真能負之而走矣。』戊戌，君來鄂，所居隔一江。歲暮，約相督爲律詩。余因言，作詩起調不落凡近易，結調不落凡近難。君則言作詩用利筆易，用秃筆難。謂余寄弢庵送子培詩中，有能用秃筆者，殆即書家折釵脚屋漏痕之説耳。大抵詩要興象才思，兩相湊泊，有惘惘不甘之情，不自覺其動魄驚心，迴腸蕩氣也，有自然高妙之恉，乃使人三日思百回讀也。李衛公之『獨上高樓望帝京』，王荆公之『南浦隨花去』，東坡之『但有尊中若下元』，遺山之『落日青山一片愁』各絶句，皆李嶠真才子語，能使人悵惘損志者。白樂天之『一道殘陽鋪水中』絶句，坡公之『雨洗東坡月色新，決去湖波尚有情』，『江東估客木棉裘，竹外桃花三兩枝』各絶句，荆公之『鷗鳥一雙隨坐嘯，荷花十丈對冥搜』，『丈夫出處非無意，猿鶴由來自不知』，『試問道人何所夢？但言渾忘不言無』，『無人語與劉玄德，問舍求田意最高』，『久聞陽羨溪山好，頗與淵明性分宜』，『但顧一門皆貴仕，時將車馬過茅茨』，黄山谷之『翰墨場中老伏波，菩提坊裏病維摩』，『近人積水無鷗鷺，時有歸牛浮鼻過』，陸放翁之『江頭漁翁結茅廬，青山當門盡不如』，『恨渠生來不讀書，江山如此一句無』，『我亦衰遲慚筆力，共對江山三歎息』，皆可云高妙者。姜白石『人生難得秋前雨』一首，文與可此君庵之『我常愛君此默坐，勝見無限尋常人』，亦庶幾。姜白石甚似孟浩然，文與可頗類韋蘇州。與浩然同時，有李、杜、摩詰，皆推服浩然。與白石同時，有尤、蕭、范、陸、楊，皆傾倒白石。白石如《哭石湖寄誠齋》等篇，集中亦不多遇也。又余嘗語君詩爲友朋而爲者居多，然往往有數朋友焉。爲彼爲之而常工，爲此爲之而不盡工者，豈其意之屬不屬？如靈運所云『對惠連輒有佳句歟』？然又有刻意求工而不工，不刻意求工而轉工，又所謂佇興而得者歟？二者事理乃相反，則或者其工力之至與不至。不至者，不刻意則轉工，天之事也；至焉者，意所不屬，亦天之事。意所屬，又學之功歟？子培工爲詩，而不常爲。嘗言吾遇蘇堪，則詩思自生，爲之亦多工。弢庵詩爲謝枚如、張幼樵而爲者常工於他作。蘇堪工者固多，而爲子朋而作者則尤工，且無不工，是數者，於前數說必有合者也。君論詩宗旨，可聽者實多。以余妄見，向多已合復離，近來亦罕有所異同，然彼此亦垂垂老矣。乃尋檢所存往來詩札及平日所言，記爲誰語與不記爲誰語者，皆書之以復於君。」

陳石遺刻詩之自述

光緒乙巳十一月，陳石遺在武昌寓廬，刻其《石遺室詩集》，既成，乃自敍之曰：「余作詩三十年，所剩止此，所詣亦止此，乃分爲三卷刻之。第一卷，凡八年，多閒居及游覽之作；第二卷，凡十有三年，多行旅之作，有歌勞之思焉；第三卷，凡八年，有悲傷之作，詩與人亦俱老矣。此後或三四年或五六年、七八年，以至長辭人世，當更得一卷之詩，爲第四卷。其詩境未知何如，然得自放於山顛水涯，則幼時之流連景光，覽玩物華，意中有欲言而未能言者，將如獲故物，如履舊游焉，不亦既全其天矣乎？」

林亮奇自謂詩非閩派

閩縣林亮奇，名景行，一字寒碧。能詩，或謂爲閩派後起之秀。然其自述也，則曰：「余於閩派實無所知，年十三四時，頗喜讀魏晉南北史，塾師因授以《文選》。時方竊摹定庵之詩，師欲矯其失耳。既出，治法律，在日本。光緒丁未，逭暑箱根，從友人逆旅中借讀韋、柳詩鈔，乃稍稍摹仿之，而亦不多作也。」其《旅行卽目》云：「掛眼秋曦葉葉黄，横窗散柚作微香。離人已覺邊寒重，居女何知物感長。小閣攤書容且坐，鱸羹張飯待初裝。勞生未入駝行地，到此應稱雁斷鄉。」《題徐仲可丈純飛館填詞圖》云：「早從京國擅新聲，晚向吴疆發古情。半壁江山餘濩落，一家詞賦共峥嶸。追陪獨愧姜生後，傳誦應令雲水清。更傍梅花添韻事，不教畫扇羨風行。」

俞小霞飼蠶吟詩

俞小霞，皖南農家女也。性聰穎，聞村塾童子讀《千家詩》，入耳若有所悟，復聞，便能誦。一日，晨起採桑，得「萬籟無聲蠶正眠」句，因自喜，反覆吟誦不置。復購通行之《唐詩三百首》，乞鄰兒教之讀，於是遂能詩。父母固務農，不知愛，亦不禁其所爲。年十七，爲之議婚，小霞不可。隣有方叟者，亦業農，有田數百畝，以富聞於鄉。耳霞名，爲其子普明求婚。普明學商不成，好與無賴游。霞父母羨其富，許之。始告霞，霞默默無一語，習詩如故。明年，歸方氏，見普明，謂之曰：「聞君不習正業，日與無賴游，非我夫也。今待汝五年，讀書有業，當爲君婦。不然，請相見於泉下。」出袖中穫稻之刀示之，普明驚而逃，賓客相顧失色，結舌不敢語。方叟曰：「今如汝言矣。」乃延師課子讀，送霞還母家待之。普明非愚蠢者，以嬉荒其業，自受霞激，發憤力學。數年，學大進。霞聞之，私喜。普明忽謂父曰：「兒豈患無婦哉？兒縱鰥，斷不以輕我者爲婦。」父母勸之，不可，強之，亦不可，遂與他姓聯姻。霞亦漠然置之，而習詩如故，日飼蠶吟詩以自遣。後三年，忽嘔血而死。

丐能詩

某丐，餘杭人，無姓氏，年約三十餘。嘗攜紙筆，出賣詩，人給錢數枚，命題作詩，援筆立就。在市十數日，人争傳述。有好事者從之行，記其所作。一日，在鳳凰橋，破衣敗履，而神氣清爽。先有一人向之買詩，以「鳳凰橋」爲題，限「題」字韻。丐執筆，不假思索，立成一絶云：「也不飛來也不啼，讓他野鶩與山雞。自從五色成文後，要待才人彩筆題。」適有童攜豆腐一筐，過其側。其人又給錢，以「豆腐」爲題，限「斑」字。丐書云：「可知佳種在南山，煮萁燃萁任世間。磨已去磷緇不涅，麻姑長爪莫成斑。」又以老少年一枝索詠，書曰：「霜前雪後見丰姿，老圃秋容慘淡時。似爾有情能不死，阿儂怎免鬢添絲。」突有二人破圍入，其一人欲給錢買詩，一人曰：「若輩無恥，假以詩文自炫，賺人錢財。既有薄才，何不自謀，乃向街頭乞食耶？爾我爲友人約，在某妓家博，待久矣。」扯之去。丐者慨然曰：「紈袴不餓死，儒冠多誤身。君將來似我，且無詩可賣也。」言已，捲紙筆逕去。

江西有李丐，逸其名，往來江漢間二十餘年，隨身一瓢外無長物。每購牛肉、飥膏，并所捕鼠，生啖之，餘納諸敗襖中，雖盛暑，色味不變。遇紙筆即書，語無倫次，或雜一二字如符籙。人以意揣之，始知爲詩，飄飄有仙氣。問之，輒不答。郡丞某強邀之入署，贈輕葛文舄。及出，被葛着舄，插花滿頭，行吟市上，終日如是。有《觀瀑》詩二首，最佳。詩曰：「瀑泉今古説廬臺，頓向雲居絶頂來。潭逼五龍時怒吼，勢摧三峽更喧豗。横奔月窟千堆雪，倒瀉銀河萬道雷。鎖斷鷗峯懸白練，遥看蛛網掛層臺。」「灩瀲湖光數頃浮，誰知曲湧萬峯頭。豁開古殿當前月，散作空山不盡流。金碧影摇冰鏡裏，魚龍深在廣寒秋。一輪直接曹溪路，白浪家風遍大洲。」或云，丐向爲諸生，有名，屢試失意，蓋有託而爲丐者。

通州有詩丐墓，墓前竪短碣，鐫其絶命詩一章云：「野性從來似白鷗，又攜竹杖過通州。飯囊傍曉盛殘月，歌板臨風唱晚秋。兩足踢翻塵世界，一肩挑盡古今愁。而今不食嗟來食，黄犬何須吠不休。」

圭塘酬唱

項城袁慰庭樞相世凱久歷宦途，罕事呫嗶，不甚以文藝見長，然亦偶爲小詩。光緒戊申十月，攝政王載灃既監國，命其開缺回籍養痾，蓋足疾也。以項城舊邸不適於居，乃於彰德北門外築別墅，前有洹水繞之，小橋通焉，是名圭塘別墅。中有小園，蒔花種竹，疊石濬池，點綴林亭，顔曰養壽園。圭塘者，横渡洹水之橋名也。

袁初購屋於衛輝府城外，宣統己酉春夏間，既以足疾回籍，乃游覽蘇門百泉之勝。地爲邵堯夫、孫夏峯等講學處，高宗亦曾駐蹕，其清暉閣巍然獨存，袁與徐菊人相國世昌各捐資修之。五月，移居圭塘別墅。其三兄清泉觀察世廉方自徐州道乞假歸，遂迎之同居。風日暄和，輒共杖同游，聽鶯觀魚，吟詠自適。又常乘小舟，清泉披簑垂綸，自持篙，立船尾，賓僚皆從游，賦詩爲樂。次子克文曾梓《圭塘酬倡集》一卷。所與酬唱者，貴陽陳夔龍、永城丁象震、汲縣王錫彤、商邱謝愃、廬江吴保初、合肥朱家磐、漢陽田文烈、宜賓蓋士佐、番禺淩福彭、元和徐沅、吴江費樹蔚、甘泉閔爾昌、桐鄉嚴震、山陰沈祖憲，又女弟子二人，一静海權静泉，一江都史濟道。

袁詩如《春日飲養壽園》云："背郭園成别有天，盤飧樽酒共羣賢。移山繞岸遮苔徑，汲水盈池放釣船。滿院蒔花媚風日，十年樹木拂雲煙。勸君莫負春光好，帶醉樓頭抱月眠。"《次權史兩女士月下遊養壽園》云："曾來此地作勞人，滿目林泉氣象新。牆外太行横若陣，門前洹水喜爲隣。風煙萬里蒼茫繞，波浪千層激盪頻。寄語長安諸舊侣，素衣早浣帝京塵。"《憶庚子舊事》云："八方烽火古來無，稚子操刀建遠謨。慚對齊疆披枳棘，還臨燕水補桑榆。奔鯨風起驚魂夢，歸馬雲屯感畫圖。海不揚波天地肅，共瞻日月燿康衢。"《雨後遊園》云："昨夜聽春雨，披蓑踏翠苔。人來花已謝，借問爲誰開？"《登樓》云："樓小能容膝，高檐老樹齊。開軒平北斗，翻覺太行低。"《晚陰看月》云："棹艇撈明月，逃蟾沉水底。搔頭欲問天，月隱煙雲裏。"

姚鵷雛評近來詩派

華亭姚鵷雛嘗曰：近來詩派，大别爲三宗。王湘綺崛起湘潭，與鄧彌之相唱和，力追魏晉，上窺風騷，無唐以下語，是一大宗。而彌之《白香亭詩》，高秀實出湘綺之上。湘綺自謂至鮑、謝已無階可登，而彌之和陶，深嚌神味，集中如《湖湘大水送弟崡》、《鴻雁篇》、《休洗紅》諸作，沖澹微遠，非王所幾。余論詩絶句所謂「解識太羹玄酒味，陶琴自古已無絃」者也。章太炎詩不多作，每出一篇，韻古格高，欲軼湘綺。其弟子黄侃，五言頗窺庾、鮑，皆屬此宗。張文襄公嘗謂洞庭南北有兩詩人，壬秋五言，樊山近體，皆名世之作。樊山早歲爲袁子才、趙甌北，自識文襄，乃悉棄去，從李蒓客遊，頗究心於中晚唐。吐語新穎，則其獨擅。龍陽易實甫固能爲元、白、温、李者，於是中晚唐詩，流傳頗盛。大抵二人少作雋妙，過於近詩。樊山名句，如「秋千幾架酴醿雪，款段一鞭楊柳風」、「井桃澹白清明雨，水柳輕黄上巳天」、「窗臨鴨緑三篙水，門掩來禽一樹花」，似此類者實多。實甫則如「星光忽墮岸千尺，水氣平添波一層」等句，皆少年之作，後不可覯矣。此宗效者頗多，而佳者尠，易入而難精造也。若同光體詩人，海藏、石遺、聽水之倫，與義寧公子、散原精舍詩，出入南北宋，標舉山谷、荆公、后山、宛陵、簡齋以爲宗尚，枯澀深微，包舉萬象，而學之有得者殊鮮。前有林晚翠，後有李拔可，差爲此宗張目耳。

王晉卿詩有唐音

自咸、同以來，言詩者喜分唐、宋。每謂某也學唐詩，某也學宋詩。陳石遺則謂唐詩至杜、韓而下，現諸變相，蘇、王、黄、陳、楊、陸諸家，沿其波而參互錯綜變本加厲耳。然必欲分之，亦自有辨。俞確士、王晉卿二人皆歷少陵、嘉州所歷之地，爲少陵、嘉州所爲之詩。嘗敍晉卿詩續集云：「人之言曰，咸、同以降，古體詩不轉韻，近體詩不尚聲，貌之雄渾者，其敝也。蓄積貧薄，翻覆只此數意數言，或作色張之。非其人而爲是言，非其時而爲是言，與貌爲漢、魏、六朝、盛唐者，何以異也？余交晉卿淺，別去二十餘年，惟聞晉卿官方岳，出玉門，踰天山，管領古西域三十六國。向治攷據，工古文詞，著述行世有幾，道遠莫得詳，海内學人不易得，時時往來心中。今年相見京師，出近詩五卷，使序之，曰：『吾生平撰述，未嘗乞人一序也。』受而讀之，則如讀岑參之《涼州》、《北庭》、《隴頭》、《磧西》、《交河》、《臨洮》、《輪臺》、《燕支》、《熱海》、《火山》，杜陵之《赤谷》、《寒硤》、《鐵堂峽》、《木皮嶺》、《泥功山》、《石櫃閣》、《桔柏渡》諸詩也。能詩者不必至其地，至者不能詩，能之，亦才力不稱其景物之壯遠。余於詩文，無所偏好，以爲惟其能與稱耳。淺嘗薄植，勉爲清雋一二語，自附於宋人之爲江湖末派之詩耳。而步武岑、杜之詩以爲詩，固治攷據工古文詞者所饒爲哉！」今録數首，與海内治詩者共辨之。《入子午谷》云：「薄曉發石泉，冬日含春暉。行行入層巖，草木青不腓。夜來北風勁，吹起雲千堆。天女剪寒花，撒手片片飛。漫天三日雪，不辨山徑蹊。攀藤陟崔巍，下臨千丈溪。麻鞵蹋冰石，性命懸微絲。一谷通秦喉，萬險無一夷。當關塞丸泥，諸葛不敢窺。老亮慎用兵，善正不善奇。天心久去漢，空作鷸蚌持。惜哉魏延策，一失不可追。」《雞頭關》云：「寒風出陰崖，吹我度雞頭。重關倚層雲，下顧猿狖愁。衆水匯一泉，滾滾東南流。漢中大如丸，萬舍隨沈浮。南瞻漢王城，片瓦不可抔。當時逐鹿人，零落同山邱。英雄一骸骨，千載空悠悠。」《龍門閣》云：「兩日山中行，複沓如平坦。崎嶇百里餘，豁然見龍門。修棧蹋蒼虺，首尾雲中蟠。北峯祖羣峭，羅立高曾孫。陰柯舞魑魅，矗壁愁猱猿。頑龍穴山腹，穿破盤古根。一水入無底，哆口汨汨呑。西出吐涎腥，駛入長江奔。女媧補天能，失手塞漏坤。吾欲探其幽，趦趄喪精魂。」《望朱圉山過羲皇故里》云：「伏羌之西朱圉山，先儒傳注相流傳。朱圉反在鳥鼠下，導山次序毋乃顛。昔與陶君討山脈，陶拙存陳子爲説洮西偏。陳子庚中有一山類伏虎，兩峯夾之雄且殷。朱圉祝敔本同義，卓尼字變音流遷。土司取名實可證，有若豬野訛居延。古來地輿失圖學，《禹貢》誤説尤連篇。行行廿里近城郭，羲皇故里豐碑鐫。曾聞羲都在天水，遺址又復留秦安。世儒嗜古好附會，名人名地爭依攀。驅車訪古日已暮，下馬四顧心茫然。」晉卿，名樹枏。

江西多詩人

江西多詩人，陳伯嚴、楊昀谷、胡瀨唐外，有夏劍丞、胡詩廬、陳師曾、汪辟疆、劉伯遠。辟疆年少好學，有贈詩廬句云：「同光二三子，差與古澹會。骨重神乃寒，意匠與俗背。」又云：「吾子吐佳句，志欲古賢配。理弦三五彈，泠泠非俗愛。又如振霜鐘，清響度林外。」又云：「吾鄉散原翁，吐語多恣態。排奡出恢詭，瑰麗遂無對。」狀伯嚴及詩廬詩頗肖。《送褧广歸永新》句云：「石潭瀉落琴亭水，疑帶蘆溝嗚咽聲。潑墨遠天人獨往，凝寒小閣醉初成。」伯遠宦閩有年，《送友人之海上者》云：「子雲校書忘朝夕，泄柳閉門甘獨處。咫尺之間稀往還，不如任君長別去。春江正好理舟楫，江闊應不喧鼙鼓。鶯飛草長近何如？倘憶故人一傳語。」

陳伯嚴詩避俗避熟

義寧陳伯嚴主政三立詩避俗避熟，力求生澀，而佳語仍在文從字順處。世人只知以生澀爲學山谷，不知山谷乃槎枒，並不生澀也。伯嚴生澀處與薛士龍季宣絶似，無人知者，陳石遺嘗持《浪語詩》示人，以證此説，無不謂然。

俞麟洲工詩

俞麟洲爲陳伯嚴之婦，工詩，嘗與伯嚴賡和。《曉起》云：「捲簾看燕子，池水膩如羅。草色花朝雨，簫聲子夜歌。曉寒因霧重，春恨爲誰多？拋繡依亭石，微吟帶薜蘿。」《庚戌寒食病中作》云：「病中忘卻是春時，開過辛夷了不知。强起如煙疑化柳，未眠有夢欲成絲。年年藥椀違寒食，夜夜殘燈隔酒卮。雪外園林花滿眼，縱能臨賞已空枝。」

夏劍丞詩神似宛陵

新建夏劍丞提學敬觀溺苦於詩，其造語大有不驚人不休之意。嘗謂唐、宋詩人，獨有一梅聖俞耳。其詩如《雲栖寺竹徑》云：「理安長柟直插地，雲栖大竹高參天。二寺夐然到聖處，柟不蠹朽竹愈堅。昔稱理安境無對，未見雲栖真枉然。漸尋竹徑避白日，步步到寺循花甎。又如葺葉作廊覆，左右柱立皆修椽。露骨專車巖窒底，表影累尺僧房巔。空亭駐足一遐想，夜至風露宜娟娟。人言此寺惟有竹，他景不勝名虛傳。正惟有竹便佳絶，雜樹亦衆何稱焉。願筍不斷盡成竹，連坡長到澄江邊。」「昔稱」二句，「又如」二句，「人言」六句，用筆造語，皆得髓於宛陵，而神似之。

趙堯生詩肖蜀中山水

宣統庚戌、辛亥間，京朝官方結社爲樂，多遊覽題詠之作。趙堯生侍御則揮斥而成，無攢眉苦吟之態。議之者則以爲沙石並下，有未違淘汰而涵澄者。陳石遺則曰：「堯生，蜀人也。蜀中山水巉刻，而所生詩人，若伯玉、太白、東坡所爲詩，不甚似其山水。其似者，轉在寓公遊客，爲少陵、玉溪、山谷、劍南諸人。豈前數人者，生長於蜀，多宦游四方，故蜀中之詩少，後數人者，宦遊其地而詩多歟？然文與可、唐子西、韓子蒼，皆蜀中詩人之著者，亦皆宦遊四方，其詩則與後數人相近。今堯生古體，極似與可、子蒼，而有時恣肆過之。近體極似子西、與可，亦有似子蒼者，而甚肖蜀中山水。余雖未至蜀，固可由少陵、玉溪、山谷、劍南之狀蜀中山水者知之也。」

陳仁先爲悽惋雄摯之詩

陳仁先弱冠登甲乙科，爲部郎，以言官待補，特科入高等，能爲經濟家、性理家言，公卿大臣多器之。苟稍有甘利達樂高職之意者，則與同時年少之子並驅先登矣。乃皆棄不顧，獨肆力爲悽惋雄摯之詩。始爲漢魏六朝，筆力瘦遠。陳石遺慮其矜嚴而可言者寡也，意有未足。別去三四年，相見京邸，出所作一二百篇，無以識其爲仁先之詩。韓之豪，李之婉，王之遒，黄之奇，詩中自道所祈嚮者，皆向所矜慎而不敢遽卽者也。石遺又曰：「詩者，荒寒之路，羌無當乎利禄。仁先精進之猛，乃不在彼而在此，可不謂嗜好之異於衆歟！」

李拔可詩工嗟歎

閩縣李拔可太守宣龔詩最工嗟歎，古人所謂悽惋得江山助者，不必盡在遷客羈愁也。《題吴丈劍隱鑑園圖》云：「事業欲安説，溪邊柳成圍。當時叩門人，百過亦已衰。此園在城東，地偏故自奇。世俗便貴耳，濁醪争載窺。那識賞寂寞，但聞簧與絲。我羇喜獨遊，扁舟弄漣漪。拊檻一片雲，鍾山遠平籬。花竹不迎拒，魚鳥無瑕疵。豈惟客忘主，青溪吾所私。中間共出處，就官淮之湄。土瘠民力瘁，百無一設施。鄂渚得再覯，征車方北馳。歸途望楚氛，微服鷁退飛。陵谷事已改，變遷到茅茨。相逢忽攬卷，不收十年悲。鄭記似柳州，平淡乃過之。夙忝文字飲，可能欠一詩。巷南數椽屋，有枝亦無依。儻免熖燿畏，愔愔還當歸。芳草結忠信，吾言兹在兹。」此詩寫二十年來在青溪、鍾阜間交遊蹤跡，離合悲歡，直舉蘇堪《吴氏草堂》、《晚登吴園小臺》、《正月二日試筆》、《上巳吴園修禊》、《濠堂題吴鑑泉新成水榭》、《舟過金陵》諸詩懷抱，略萃於一詩。拔可少遊白下，後自築屋青溪旁，小有林亭，經亂頗遭蹂躙，又目擊武昌兵亂，故語意時含悽惋。陳石遺嘗謂金陵詩，自王子敬《桃葉》、陳後主《玉樹後庭花》

外，惟李太白《鳳凰臺》一首、劉夢得《懷古》一首及五絶句，稱爲高唱。至荆公退處，而名作以多，類撫景感時，藉抒悒悒之抱。蘇堪、拔可先後寓居金陵，又皆服膺荆公詩，發音之同，有自來矣。

桂伯華詩澹泊

桂伯華居士，名念祖，生平不昏不宦，安貧勑學。善詩，少壯所作，喜沈麗，中年以後，一歸澹泊。因文見道，有寒山、拾得之風。録其《題程擷華易廬集並導以學佛》云：「朅來北海復南海，歷覽今人到古人。雲雨總供翻覆手，桑麻幾見太平民。羣迷那更知三世，大苦都因誤六塵。試與空齋一趺坐，定中面目本來真。」《酬胡蘇存四疊前韻》云：「雲沈海色天愁客，雷走車聲日聒人。蕉夢醒來聞郢曲，桃源思去訪秦民。如今世界誰先覺？自古王侯一聚塵。遮莫千山萬山處，蒲團坐破始全真。」《汪君友箕憫亂心切，次韻述感，余復推論亂本，而有是言，六疊前韻》云：「韓非、老子迺同傳，盜跖、顔回儼一人。八九百言留妄語，二千餘歲苦吾民。嚋令道、釋風墜地，更有韓、朱韓愈、朱熹。步後塵。從此乾坤莽荆棘，與誰披豁見天真？」

程子大詩囊括宋賢佳境

寧鄉程子大觀察頌萬爲雨滄教授霖壽之叔子。教授富著述，有《萬涵堂文》、《湖田曉角詞》。子大淵源家學，皆能之，而尤長於詩。於湘鄉曾重伯太史廣鈞、龍陽易實甫觀察順鼎而外，爲異軍之特起，以是名噪光、宣間。嘗自言：「文章之道，程功積久而始近於古，非可妄意速成也。若乃端居多暇，稱心而言，吾身所值之境與事，未嘗不藉文字以傳。至於幽憂疾疢之餘，亦惟冥心於文字之中，足以與世相忘而不失乎古。凡吾所爲，如是而已。」其詩境凡數變。陳伯嚴則謂其光緒辛丑以後之作，能囊括宋賢佳境。南海梁星海亦謂其可傳。子大則又自謂古之人有未盡、今之人有未喻者，胥於是焉發之，未暇計其傳與否也。

姜潁生集唐

懷寧姜潁生，工丹青，聲價極高，非重金，不能得其尺幅。生平喜集唐句，多至千餘聯。如「年來可有新詩句，醉後常稱老畫師」，「吳質不眠倚桂樹，劉郎重到滯桃花」，「夢裏分明見關塞，人間空自造樓臺」，均各擅其妙。

萬樂漁苦吟六十年

丹徒萬樂漁布衣沛淇隱於賈，苦吟六十年，著《困學詩鈔》。時輩多揶揄之，爲韓滄江所見，乃獎其古雅。其五言如《遣興》云：「讀書荒歲月。」《同馨山坐馬車至静安寺即景》云：「軟塵十里已魂銷，油碧香車露翠翹。花徑日斜人影聚，柳陰風暖馬蹄驕。村姑傅粉遮黧面，蠻婦拖裙束細腰。結伴紛來茶社集，有誰習静訪僧寮？」《古墓》云：「石人對峙尚昂然，淺土犂平種作田。紫誥空争官爵大，黄金難買子孫賢。野狐穿穴悲長夜，古木交柯憶昔年。麥飯一盂知久餒，有無隱恨抱重泉？」七言如《瓜州渡江》云：「小艇拖潮輕似鳥，遠山無樹秃於僧。」《過曹公祠題壁》云：「草封京觀供饑馬，月照荒祠宿野狐。」

胡淑娟爲夫改詩

胡女士恕其，字淑娟，麗懷内朗，淑儀外潤，於鍼縷佩服櫛珥，必修潔。未嫁前二月，其夫余十眉病幾殆。夜聞家人絮談，潛聽，得其實，大戚。自維設有不測，誓必死，爲損眠食者數日。十眉喜詞章，中饋餘暇，輒從之讀，燈影書聲，恆至丙夜。有所作，復促十眉爲增損之。十眉嘗題楊秋心《探花杏苑圖》，有句云：「玉樓好夢今何似，沉醉東風又一回。」淑娟笑曰：「次句當作『沉醉東風第幾回』，似較宛轉矣。」

八指頭陀工詩

法師俗姓黄，本名讀山，出家後，曰敬安，字寄禪，自號八指頭陀，爲山谷後裔，居湘潭，世業農。父宣杏，母胡氏。少爲農家牧牛，又嘗爲人奴。一日，見籬間白桃花爲風雨摧敗，不覺失聲大哭，遂投湘陰法華寺出家，禮東林長老爲師。時同治戊辰歲也。

師誕時，母禱於白衣大士。咸豐辛亥十二月初三日，夢蘭而生。少未識字，壯歲在家，好仙佛事，忽有神悟。偶登岳陽樓，俛視湖光，一碧萬頃，忽得「洞庭波送一僧來」之句。及出家，詣南嶽祝聖寺，從賢楷律師受具，首參恆志和尚於歧山，專司苦行諸職，暇則隨衆坐禪。越五年，頗有省，是時詩學大進。顧口吃，期期不能言。而爲詩則宗法六朝，中歲以後，步趨王、孟，高者直逼盛唐。與湖湘老輩鄧彌之、王壬秋相唱和。數十年來，湖海名流，節牙豪帥，無不與相過從。晚年學道，益精進，率其徒提倡苦行。所爲説法語録稿本，藏天童山。

師在天童時，因日僧伊藤從道誘合浙江寺院歸日保護，報章登載，竊師首名。師憤外勢欺淩，乃自立僧教育會，往來寧、滬間，以傳衍佛學爲己任。

秀水董氏五世能詩

濮院董氏，籍秀水，以詩畫鳴於世，累代矣。最初有養中布衣名涵者，覃精《易》理，暇輒吟詠自適，喜放翁詩，嘗云：「劍南詩有靖節之性情，兼少陵之風骨。」誠篤論也。晚年參悟禪理，輒自繢《面壁圖》以見志。子樂閑繼之。樂閑名棨，號石農，亦布衣。天資高敻，少無師承，而工詩。孫爲枯匏明經燿，晚歲通内典。詩品沖淡，似韋蘇州。有《養素居詩》，句如「浮雲拂澄宇，白日下危檐」「雲淨淡溪色，松高落翠陰」。又詠《閩蘭不開花》云：「孤芳不媚世，空谷甘寂寞。移種庭階前，幽懷欣有托。真意不在花，勿厭得氣薄。不見木槿花，朝開暮還落。浮榮亦何爲？吾將藏吾樸。」曾孫小匏，名念棻；玄孫東蘇，名壽慈，亦皆能詩，著稱於同、光間。東蘇且諳英文，通新學。

張宗揚詩有音節

陳石遺有僕張宗揚，侯官紳帶鄉人。鄉在萬山中，由陶江西上，十餘里至洪江，又水路西上數十里，至小箬，又陸路四十里，乃至其鄉。泉石林木，奥如翚如，鄉名紳帶者，以溪流形勢言之也。宗揚侍石遺久，喜弄文墨，無流俗嗜好，行草書神似鄭蘇堪，見者莫辨。從石遺奔走南北，若匡廬、彭蠡、泰岱、上谷、居庸、昌平、桑乾，京西之香山、翠微，長江之金焦、北固、鍾山、石鍾、西山、赤壁，漢上之大别、郎官，西湖之南北高峯，無役不從。釘鉸之作，遂亦裒然徑寸。雖識字無多，艱於進境。某歲除夕，曾和石遺《村居》韻三首。詩云：「詩人無不愛江村，我願江頭得小園。蓺菜蒔花成老圃，種松栽竹繞柴門。此時岩下梅應發，主人所居名楞巖。遥想闇香都斷魂。待到曉來潮水漲，鮮魚味嫩佐芳尊。」「夜眠如在萬梅村，室中瓶梅甚夥。曉起尋詩城北園。主人女公子園林在城北。寄語主人休遠念，出游自鎖幾重門。鼕鼕臘鼓歲云暮，耿耿蘭釭摇夢魂。爆竹聲喧街柝静，昨宵獨酌酒盈尊。」「雪峯水碓響村村，草棘爲籬護菜園。記得童時返樵擔，山中日落早關門。田園不覺十年别，世事茫茫若夢魂。欲與主人同笠屐，到吾草舍醉匏尊。」三首起句俱好。又《九日次韻和石遺天寧寺登高之作》云：「蕭瑟秋忽晚，景物俱變衰。客中何寂寥，畸人思東歸。重陽好天氣，晴暉風力微。迢遞望故鄉，鄉情總牽羈。居守不出游，閉門獨詠詩。喬木脱將盡，矮菊尚未開。昨夜微霜落，凄凄歷蒿萊。西山當此時，紅葉正美哉。故園弟與妹，尺書絶不來。天寒賴有酒，日月醉霞杯。愁我多疾病，顑頷鬢髮摧。昔人半銷磨，舊事徒傷懷。往年登高處，矗矗隣霄臺。太息屢爲客，渡海還幾回。」音節瀏亮，波瀾老成。叔世之以帖括起家，號稱士大夫者，尚鮮有能詩者，乃於臧獲中得之，奇矣。

演詩牌

前人演詩牌，有「雨窗話鬼燈先暗，酒肆論仇劍忽鳴」等句。施望雲嘗在萬藻卿家演之，集得「彈琴別苑初聞雨，丸藥空階已見星」一聯，萬藻卿集得「水平橋到脊，風颺柳如髯」，「飢鷺窺魚立，浮蛙見客潛」等句，殊佳。又「風枝搖倦鴉」五字，尤風韻獨絶。

鬭句

施望雲少時赴宴，嘗於席次賡晉人鬭險之意，爲鬭句。於酒籌下書「奇」「險」「幽」「麗」「蒼」「荒」「壯」「闊」「疎」「淡」各一字，如拈得奇字者，卽作奇語，座客各以奇句鬭，不鬭者聽。姚雲坡作奇句云：「洞蠻鞚象作宛馬，河伯結螭爲海梁。」施曰：「赤縣夢游煙九點，青天醉睨月雙圓。」姚作險句云：「一分垂趾懸崖側，一髮牽舟惡浪中。」施曰：「崖風落石人酣卧，山雪迷途虎夜追。」施作幽句曰：「松杉老屋眠秋士，瓜果空樓祭曉仙。」又曰：「古圖宮女描黄額，孤塔觀音坐白衣。」袁跛仙曰：「短衫舞鏡天懸月，破帽霑花夜雨霜。」姚作麗句曰：「隔簾花底啼鸚鵡，懸鏡屏間照鳳凰。」施曰：「鮫人夜織垂蠶錦，龍女春妝坐蜃樓。」又曰：「帝子妙傳蝴蝶影，神仙雙跨鳳凰飛。」施作荒句曰：「黄沙滚地馳胡馬，白草連天戲洞鑾。」又曰：「狐鼠夜鳴羅刹國，牛羊秋下鐵圓山。」又作壯句曰：「揚帆滄海封王去，走馬天山殺賊回。」又作闊句曰：「瘡痍遍地干戈後，貧賤論交宇宙間。」又作疎句曰：「斜陽溪上逢僧話，細雨山南采菊來。」明日，施又成戲句若干聯，有曰：「醜女簪花春有恨，庸醫賣藥鬼相隨。」「青史聲名輸戲齣，六經傳誦仗時文。」「無故遠游貧士志，多方作態顯官身。」「怪事易傳村老口，神工難畫館師形。」「俗客相逢惟點首，故人乍見忽留鬚。」一座皆笑，至噴酒滿案。

太清春工詩詞

太清西林春，姓顧氏，蘇州人，才色雙絶，爲貝勒奕繪之側福晉。有《天游閣集》，所作詞名《東海漁歌》，兹録其三闋焉。《慈溪記遊調寄浪淘沙》云：「花木自成溪，春與人宜。清流荇藻蕩參差。小鳥避人棲不定，撲亂楊枝。歸騎踏香泥，山影沈西，鴛鴦沖破碧烟飛。三十六雙花樣好，同浴清溪。」《山行調寄南柯子》云：「絺綌生涼意，肩輿緩緩遊，連林梨棗綴枝頭。幾處背陰，籬落挂牽牛。遠岫雲初斂，斜陽雨乍收，牧蹤樵徑細尋求。昨夜驟添溪水繞邨流。」《春夜調寄早春怨》云：「楊柳風斜，黄昏人靜，睡穩棲鴉。短燭燒殘，長更坐盡，小篆添些。紅樓不閉窗紗，被一縷春痕暗遮。澹澹輕煙，溶溶院落，月在梨花。」太清嘗與貝勒雪中並轡游西山，作内家妝束，披紅斗篷，於馬上撥鐵琵琶，手潔白如玉，見者咸謂爲王嬙重生也。

或曰，龔定庵嘗通殷勤於太清，事爲貝勒所知，大怒，立逼太清大歸，而索龔於客邸，將殺之，龔孑身跳以免。然其事未可盡信。如皋冒廣生有《記太清遺事》六首，録之以資攷證。詩云：「如此佳人信莫愁，出身嫁得富平侯。九年占盡專房寵，妙華夫人以道光庚寅七月逝。四十文君倘白頭。」太清與貝勒同生於嘉慶己亥，《明善堂詩》編至戊戌，則太清之寡恰四十齊頭矣。「一夜瑶臺起朔風，彫殘金鎖淚珠紅。秦生晚遇潘生死，秦、潘皆醫也。腸斷天家鄭小同。」太清於道光甲午正月五日生子，因與己同日，故名載同。是年十二月以痘殤。「寫經親禮玉皇前，太清曾集《玉皇心印經》爲五言詩四首。偷翦黃絁便學仙。太清有道裝小象，道士黃雲谷所畫。不畫雙成伴王母，石榴可惜早生天。」石榴，太清侍婢名，早卒。「信是長安俊物多，紅禪詞句不搜羅。淮南别有登仙犬，一唱雙鬟奈若何？」雙鬟，太清所畜犬也。雙鬟病，太清拈一字與之。拈得福字，衆皆曰吉，太清曰：「不祥也。是示一口田耳。」道人有《金縷曲》云：「示一口田埋薄命」，即用本事。「貂裘門下列衣冠，綵服庭前兒女，貂裘門下衣冠，太清春燈詞也。詞到歡娱好最難。忽忽不知春料峭，水精簾外有天寒。」「太平湖畔太平街，邸西爲太平湖邸，東爲太平街，見貝勒《上夕侍宴》詩註。南谷春深葬夜來。南谷大房山東，貝勒與太清葬處。人是傾城姓傾國，丁香花發一低徊。」

程蕙英工詩詞

陽湖程蕙英茝儔，著有《北窗吟稿》。家貧，爲女塾師。曾作《鳳雙飛》彈詞，才氣横溢，紙貴一時。所爲詩，純乎閲世之言，非尋常閨秀所能。其《自題鳳雙飛後寄楊香畹》云：「半生心跡向誰論？願借霜毫説與君。未必笑啼皆中節，敢言怒罵亦成文。驚天事業三秋夢，動地悲歡一片雲。開卷但供知己玩，任教俗輩耳無聞。」

鄭太夫人工詩詞

錢塘鄭太夫人，名蘭孫，字娛清，爲仁和徐若洲司馬鴻謨之婦，花農侍郎琪之母。工詩詞。閨中賡唱之暇，嘗以課子。自道光丙申至咸豐壬子，刪存詩詞八百餘首，分爲兩集：一曰《都梁香閣》，一曰《蓮因室》。中以隨宦江北時所作者爲多。方粵寇之初陷揚州也，從其姑孫太夫人倉卒出城，服物皆不復顧，惟奉先世畫像及高宗賜文穆公本詩墨蹟，並司馬爲太夫人所書詩詞手册以行。其後，恭親王奕訢題詩於侍郎所刊太夫人之詩詞集，有二句云：「漫將趙管圖書擬，忠孝遺徽此幀中。」即指此也。太夫人吟詠餘晷，喜諷梵經。其在如皋時，居東岳禪院旁，嘗以十四晝夜禮《妙法蓮華經》七部。故其所作，時有禪悟，與司馬所著之《簷蔔花館詩》並稱於時。

毘陵莊氏閨秀工詩詞

毘陵多閨秀，世家大族，彤管貽芬，若莊氏，若惲氏，若左氏，若張氏，若楊氏，固皆以工詩詞著稱於世者也。今以莊氏言之，則有同生之婦沈恭人及次女靜芬，季女蕢孫；儀生之婦卓媛字紫素；柱之婦錢太夫人；定嘉之婦荆安人及長女德芬；存與之次女；暎之季女玉芝；培因之長女環玦；高駟之婦李孺人；鈞之次女蓉讓之長女玉珍及次女；逢原之女芬秀；闢和之女盤珠；文和之長女如珠；雋甲之婦汪孺人；素馨；炘之次女婉嫺；述之婦夏孺人；映垣之季女若韞；翊昆之婦楊孺人。自康熙以迄同治，凡得二十二人，皆以詩詞名於時，而盤珠尤著。

石門徐氏一門能詩詞

石門徐迓陶太守寶謙工詩文辭，一門風雅，論語溪門望者，當首推之。太守嘗與其婦蔡氏唱和於月到樓，女孫畹貞、蕙貞、自華、蘊華咸侍側，分韻賦詩，里巷傳爲盛事。自華、蘊華尤著稱於時。自華字寄塵，有《懺慧詞》。蘊華字小淑，俟官林亮奇文學景行之室也，有詩詞，刊入《南社集》。

詞學名家之類聚

明崇禎之季，詩餘盛行，人沿竟陵一派。入國朝，合肥龔鼎孳、真定梁清標皆負盛名，而太倉吳偉業尤爲之冠。其詞學屯田、淮海，高者直逼東坡，王士禎以爲明黄門陳子龍之勁敵。自餘若錢塘吳農祥、嘉興王翃、周篔，亦有名於時。其後繼起者，有前七家、後七家、前十家、後十家之目。前七家者，華亭宋徵輿、錢芳標、無錫顧貞觀、新城王士禎、錢塘沈豐垣、海鹽彭孫遹、滿洲性德也。徵輿，字轅文，其詞不減馮、韋。芳標，字葆馚，原出義山，神味絶似淮海。貞觀，字華峯，號梁汾，考聲選調，吐華振響，浸浸乎薄蘇、辛而駕周、秦。士禎，字貽上，號阮亭，别號漁洋山人，尤工小令，逼近南唐二主。豐垣，字遹聲，其詞柔麗，源出於秦淮海、賀方回。孫遹，字羨門，多唐調，士禎撰《倚聲集》，推爲近今詞人第一，嘗稱其吹氣若蘭，每當十郎，輒自愧傖父。性德，原名成德，字容若，其品格在晏叔原、賀方回間。更益以華亭李雯、錢塘沈謙、宜興陳維崧三家，遂爲十家。雯，字舒章，語多哀豔，逼近温、韋。謙，字去矜，步武蘇、辛，而以五代、北宋爲歸。維崧，字其年，鬱青霞之奇氣，譜爲絲之新製，實大聲宏，激昂善變者也。

同時與其年齊名者，爲秀水朱彝尊。彝尊，字錫鬯，號竹垞，當時《朱陳村詞》流徧宇内，傳入禁中。彝尊又別出新意，集唐人詩，成數十闋，名《蕃錦集》，殊有妙思。士禎見之，以爲殆鬼工也。然彝尊詞一宗姜、張，其弟子李良年、李符輔佐之，而其傳彌廣。康、乾之際，言詞者幾莫不以朱、陳爲範圍。惟朱才多，不免於碎；陳氣盛，不免於率，故其末派有俳巧奮末之病。錢塘厲鶚、吳縣過春山，近朱者也。興化鄭燮、鉛山蔣士銓，近陳者也。太倉王時翔、王策諸人，獨軼出朱、陳兩家之外，以晏、歐爲宗。時翔，字抱翼，其詞淒惋動人。策，字漢舒，意味深長，亦自名家。至宜興史承謙、荆溪任曾貽自出杼軸，獨抒性靈，於宋人吸其神髓，不沾沾襲其面貌，一語之工，令人尋味無窮，而又不失體裁之正，則亦詞家之作手也。

乾、嘉之際，作詞者約分浙西、常州二派。浙西派始於厲鶚，常州派始於武進張惠言。鶚詞宗彝尊，而數用新事，世多未見，故重其富。後生效之，每以捃摭爲工，後遂浸淫而及於大江南北。然鈔撮堆砌，音節頓挫之妙未免蕩然。惠言乃起而振之，與其弟琦選唐宋詞四十四家百六十首爲《詞選》一書。闡意内言外之旨，推文微事著之原，比傅景物，張皇幽渺，約千編爲一簡，蹙萬里於徑寸，誠爲樂府之揭櫫，詞林之津逮。故所撰作，亦觸類修鬯，悉臻正軌。其友人惲敬、錢寄重、丁履恒、陸繼輅、左輔、李兆洛、黃景仁、鄭善長輩，亦皆不愧一時作家。其學於惠言而有得者，則歙縣金應珹、金式玉也。其以惠言之甥而傳其學者，則武進董士錫也。荆溪周濟友於士錫，嘗謂詞非寄託不入，專寄託不出。其所立論，實足推明張氏之説而廣大之。所著《味雋齋詞》及《止齋詞》，堪與惠言之《茗柯詞》把臂入林。蓋自濟而後，常州詞派之基礎益以鞏固。潘德輿雖著論非之，莫能相掩也。

後七家者，張惠言、周濟、龔自珍、項鴻祚、許宗衡、蔣春霖、蔣敦復也。惠言，字皋文；濟，字保緒，號止菴；自珍，字定菴；鴻祚，字蓮生；宗衡，字海秋；春霖，字鹿潭；敦復，字劍人。七家中，蓮生、海秋、鹿潭之作，大都幽豔哀斷。而鹿潭尤婉約深至，流别甚正，家數頗大，人推爲倚聲家老杜。合以張琦、姚燮、王拯三家，是爲後十家，世多稱之。

其效常州派者，光緒朝有丹徒莊棫、仁和譚獻、金壇馮煦諸家。棫，字中白；獻，字仲修；煦，字夢華。

光、宣間之倚聲大家，則推臨桂王鵬運、況周頤、歸安朱祖謀、漢軍鄭文焯。鵬運，字幼霞；周頤，字夔笙；祖謀，字古微；文焯，字叔問。

朱陳村詞

宜興陳其年檢討維崧少清臞，冠而於思，鬚浸淫及顴準，儕輩號爲陳髯。性好雅游，以文章鉅麗爲海內推重。相與躪角壇坫者，吴江吴漢槎、雲間彭古晉也。吴梅村有江左三鳳皇之目。其年未達時，嘗自中州入都，與朱竹垞合刻所著，曰《朱陳村詞》，流傳入禁中，曾蒙聖祖賜問褒賞。

王井未好填詞

王井未客揚州數年，文采富豔，傾動時流。好填詞，所著名《月底修簫譜》，倚聲家頗傳誦之。未幾，搆疾遽卒，年猶未及三十也。彌留時，與其婦曹夫人相訣，約三年即見。至期，曹夫人果亦香消玉殞矣。

詞家創格

麟見亭河帥曾以游歷所至分繪爲圖，名曰《鴻雪因緣》，自爲之記，並囑吴門戈寶士明經各附一詞於後。長洲陶鳧薌宗伯則舉生平境遇，自繫以詞，寓編年紀事於協律中，皆爲詞家創格，《紅豆樹館詞》五六兩卷是也。其記嘉慶癸酉林清遣其黨陳爽、陳文魁潛結太監閻進喜等突入大内滋事《百字令》云：「刀光如雪，鎮驚魂一霎，頭顱依舊。祕館校書剛日午，猝遇跳梁小醜。義膽同拚，兇鋒正鋭，血濺門争守。狼奔豕突，半空霹靂驚走。更遣飛騎訛傳，款關諜報，匪黨還交搆。往事思量成噩夢，差幸餘生虎口。淨掃欃槍，肅清輦轂，功大誰稱首？神槍無敵，當今神武天授。」

吳蘋香詞似漱玉

吳蘋香女史初好讀詞曲，後乃自作，亦復駸駸入古。錢唐梁應來題其《速變男兒圖》有句云：「南朝幕府黃崇嘏，北宋詞宗李易安。」非虛譽也。所著有《花簾詞》一卷，逼真漱玉遺音。其《祝英台近·詠影》云：「曲欄低，深院鎖，人晚倦梳裹。恨海茫茫，已覺此身墮。那堪多事青燈，黃昏纔到，又添上影兒一個，最無那。縱然著意憐卿，卿不解憐我，怎又書窗依依伴行坐？算來驅去應難，避時尚易，索掩卻繡幃推卧。」《河傳》云：「春睡，剛起。自兜鞋，立近東風。費猜，繡簾欲鈎人不來。徘徊。海棠開未開？料得曉寒如此重，烟雨凍，一定留春夢。甚繁華，故遲些，輸他，碧桃容易花。」《如夢令·燕子》云：「燕子未隨春去，飛入繡簾深處。軟語話多時，莫是要和儂住？延佇延佇，含笑回他不去。」女史父夫皆業賈，無一讀書者，而獨工倚聲，真夙世書仙也。

徐紫仙填詞自遣

仁和徐紫仙女士雲芝爲若洲司馬鴻謨娱清太夫人蘭孫之女，花農侍郎琪之姊，好倚聲，即以咸豐戊午辛酉兩次刲股療母疾著稱於時者也。咸豐初，隨宦揚州。適有粵寇之擾，紫仙乃與侍郎同侍太夫人避居如皋。雖晨炊暮爨，紫仙亦兼任之。然稍暇，必填小詞以自遣。多雋句，可與侍郎之《玉可詞》、《落葉詞》並傳。癸亥，適袁子才之從曾孫蔚文上舍，倡隨甚得。及太夫人卒，以思慕成疾，遂至不起，時同治癸亥也。所著爲《秀瓊詞》。恭忠親王奕訢題詞以譽之，有「裁雲縫月，驪珠一串，陽春調」等句。

譚復堂爲詞學大家

同、光間，有詞學大家，前乎王幼霞給諫、況夔笙太守、朱古微侍郎、鄭叔問中翰，爲海内所宗仰者，譚復堂大令是也。大令既舉於鄉，一爲校官，旋筮仕於皖，以經術師吏治。簿書餘暇，輒招要朋舊，爲文酒之宴集。吮毫伸紙，搭拍應副，若不越乎流連光景之情文者。讀其詞者，則云幼眇而沈鬱，義隱而指遠，腷臆而若有不可於名言。蓋斯人胸中，别有事在。而官止於令，犖然不能行其志爲可太息也。大令所著《復堂詞》，在《半厂叢書》中。又選順、康至同、光人詞，爲《篋中詞》，更取周濟《詞辨》，爲徐珂評泊之。其跋曰：「及門徐仲可中翰録《詞辨》，索予評泊以示檃範。予固心知周氏之意，而持論小異。大抵周氏所謂變，亦予所謂正也，而折衷柔厚則同」云云。觀此，可以知復堂詞宗旨之所在矣。

王幼霞詞渾化

朱古微少時隨宦汴梁，王幼霞以省其兄之爲河南糧道者至，遂相遇。古微乃納交於幼霞，相得也。已而從幼霞學爲詞，愈益親。光緒庚子之變，八國聯軍入京城，居人或驚散，古微與劉伯崇殿撰福姚就幼霞以居。三人者，痛世運之陵夷，患氣之非一日致，則發憤叫呼，相對太息。既不得他往，乃約爲詞課，拈題刻燭，于喁唱酬，日爲之無間。一闋成，賞奇攻瑕，不隱不阿，談諧間作，心神灑然，若忘其在顛沛兀鯢中，而自以爲友朋文字之至樂也。

幼霞天性和易而多憂戚，若别有不堪者。既任京秩久，而入諫垣，抗疏言事，直聲震内外，然卒以不得志去位。光緒甲辰，客死蘇州。其遇厄窮，其才未竟厥施，故鬱伊無聊之概，一於詞陶寫之。其詞導源碧山，復歷稼軒、夢窗，以還清真之渾化，與周濟之説固契若鍼芥也。

況夔笙述其填詞之自歷

況夔笙爲倚聲大家，著有《第一生修楳華館詞》，與王幼霞、朱古微相友善。其官秩亞於幼霞、古微，而聲望實與相埒。嘗自述其填詞之所歷曰："余自同治壬申、癸酉間，即學填詞，所作多性靈語，有今日萬不能道者，而尖豔之譏在所不免。光緒己丑，薄遊京師，與半唐共晨夕。半唐詞夙尚體格，於余詞多所規誡，又以所刻宋元人詞，屬爲斠讎。余自是得闚詞學門徑，所謂重拙大，所謂自然從追琢中出，積心領神會之，而體格爲之一變。半唐亟奬藉之，而其它無責焉。夫聲律與體格並重也，余詞廑能平側無誤，或某調某句有一定之四聲，昔人名作皆然，則亦謹守弗失而已，未能一聲一字，剖析無遺，如方千里之和清真也。如是者二十餘年。繼與漚尹以詞相切礳，漚尹守律綦嚴，余亦恍然嚮者之失，斷斷不敢自放。乃悉根據宋、元舊譜，四聲相依，一字不易。其得力於漚尹，與得力於半唐同。人不可無良師友，不信然歟？大雅不作，同調甚稀。如吾半唐，如我漚尹，寧可多得！半唐長已矣。於吾漚尹雖小别，亦依黯，吾漚尹有同情焉，豈過情哉，豈過情哉！"半唐，即幼霞也。漚尹，即古微也。

程子大與況夔笙以詞相切劘

光緒庚寅、辛卯間，況夔笙居京師，常集王幼霞之四印齋，唱酬無虚日。夔笙於詞不輕作，恆以一字之工，一聲之合，痛自刻繩，而因以繩幼霞。幼霞性雖懶，顧樂甚，不爲疲也。己亥，夔笙客武昌，則與程子大以詞相切劘。幼霞聞之而言曰：「子大詞清麗縣至，取徑白石、夢窗、清真而直入温、韋，得夔笙戡尚婞詣以附益之，宜其相得益彰矣。」

朱古微述其填詞之自歷

朱古微爲倚聲大家，著稱於光、宣間，其所著爲《彊村詞》。嘗視學廣東，未滿任，即解組歸。嘗曰：「予素不解倚聲，歲丙申，重至京師，王幼霞給事時舉詞社，强邀同作。王喜獎借後進，於予則繩檢不少貸。微叩之，則曰：『君於兩宋塗徑，固未深涉，亦幸不睹明以後詞耳。』貽予四印齋所刻詞十許家，復約校夢窗四稿，時時語以源流正變之故，旁皇求索，爲之且三寒暑。則又曰：『可以視今人詞矣。』示以梁汾、珂雪、樊榭、稚圭、憶雲、鹿潭諸作。會庚子之變，依王以居者彌歲，相對咄咄，倚兹事度日，意似稍稍有所領受。而王則翩然投劾去。辛丑秋，遇王於滬上，出示所爲詞九集，將都爲《半唐定稿》，且堅以互相訂正爲約。予强作解事，於王之閎指高韻，無能舉似萬一。王則敦促錄副去，許任刪削。復書至，未浹月，而王已歸道山矣。自維劣下，靡所成就，即此趦趄小言，度不能復有進益，而人琴俱逝，賞音闃然，感歎疇昔，惟有腹痛。既刊王之《半塘定稿》，復用其恉，薙存拙詞若干首，以付剞氏。」

鄭叔問尤長倚聲

鄭叔問爲蘭坡中丞之子，以承平少年，羈滯吴下數十年，負時望。宏博精敏，著書滿家，出其緒餘，尤長倚聲，才力雄獨，進復古音，追撣兩宋，精辨七始。同時詞流，如易實甫、王夢湘，未之或先也。德清俞曲園太史樾嘗曰：「入叔問之室，輒見其左琴右書，一鶴翔舞其間，超然有人外之致，宜其詞之工也。」

張沚蒪填詞有心得

錢塘張沚蒪，名上龢，家世通門，領聞劭學，冠絶流輩。久官畿輔，吏事精敏，不廢歔歌，於填詞一道，尤有心得。光緒丁酉、戊戌間，吴昌綬客津沽，奉手承教，酬和極歡，傳牋之使，頓轡以待。時津門已多南曲中人，煙墨脂黛，取給醉夢，太守不怒而笑，頗賙其乏。《滿庭芳》詞所謂「花間流鶯」，皆事實也。公子孟劬太守爾田與吴常過從，問羣書流别，以古學相切劘，陪游羣紀之間，引爲至樂。比謝事還，卜居蘇州，與鄭叔問、朱古微婆娑尊俎間，商榷舊藝，倚聲益富。識者皆謂沚蒪寢饋宋賢，造語下字，分刌節奏，悉合櫽度。可傳者逾數百篇，乃矜慎芟訂，僅録《吴漚煙語》一卷。

言琴吾謂詞須審音

古人填詞，好用熟調，如草窗諸老熟於一調，必屢填之，以和其手腕，此長調也。小山於小令，亦填一調至十數，蓋亦避生就熟，易於著筆耳。常熟言琴吾大令家駒治詞學至五十年之久，所著《鷗影詞》六卷，幾於無調不備。且每有所作，輒從事絃管以求諧律。嘗謂詞之爲道，承詩之盛，開曲之先，不深音韻，不窮律吕者，率爾操觚，恆至傷斲。始宋、元以逮今，海内勝流無不嗜此者，以能審音也。琴吾有子仲遠總戎敦源，亦以文學政治名於時。

楹聯至本朝而盛

楹聯之興，肇於五代之桃符，孟蜀「餘慶長春」十字，其最古也。至推而用之楹柱，蓋自宋人始，而見於載籍者寥寥。然如蘇文忠公軾、真文忠公德秀、朱文公熹之撰語，尚有存者。元、明以後，作者漸夥。至於本朝，則凡殿廷、廟宇之間，各有御聯懸掛。翠華臨蒞，輒荷宸題，天章稠疊，海内承學之士，翕然向風，楹聯之製，遂日臻美富矣。

連環格聯

吾國文學中有屬對一事，亦絕藝也。聞有一對，以翁笠漁大令曾任崑山、山陽、陽湖三縣，因出對曰：「崑山縣，山陽縣，陽湖縣，湖南從九，做過四五年知縣。」此對以崑山、山陽、陽湖爲連環格，而「湖南從九」又上頂「湖」字，下以「九」字扣四五年之暗數，且又爲實事也。後有對之者，甚巧妙，曰：「鐵寶臣，寶瑞臣，瑞鼎臣，鼎足而三，都是一二品大臣。」

流水聯

對聯僅對字面，而命意絶不相同者，世所謂流水聯者是也。如「木已半枯休縱斧」，對「果然一點不相干」。「干」對「斧」，以虚字作實字解矣，工絶。又有一聯曰：「楊三已死無京丑。」對「李二先生是漢奸」。以「先生」對「已死」，至工。又「春眠未覺花心動」，對「夏禮能言杞足徵」，「欲解牢愁須縱酒」，對「興觀羣怨不離詩」，亦工。又光緒時，天津富翁某嘗自擬上聯，囑人對之，句曰：「三徑漸荒鴻印雪。」旋有人對之曰：「兩江總督鹿傳霖。」

吴山尊撰聯之速

嘉慶甲子，吴山尊學士主試粤西，所得皆知名士。既撤棘，門生入謁，立撰聯句贈之，各肖其人。解元爲臨桂唐維釗，其祖某以乾隆甲子舉於鄉，兄維錫，亦解元也。聯云：「祖德慶餘先後甲，元燈分照弟兄明。」撫軍百齡宴兩主司於七星巖，酒次，索題廨中楹帖，即書云：「地有七星拱北斗，人如二客侍東坡。」

西湖彭剛直公祠長聯

長聯最難作，蓋不難於長而難於一氣貫注也。俞曲園太史嘗撰彭祠一聯，長至三百餘字，並自記曰：「楹聯乃古桃符之遺，不過五言、七言，今人有至數十言者，實非體也。世傳雲南大觀樓聯最長，合上下聯，亦不過一百八十字。今年湖上彭剛直公祠落成，其湖南同鄉撰一長聯，寄余點定，凡二百七十字。余因亦自撰一聯，共三百十四字。」聯云：「偉哉，斯真河嶽英靈乎！以諸生請纓投筆，佐曾文正創建師船，青旛一片，直下長江，向賊巢奪轉小姑山去。東防歙婺，西障湓潯，日日争命於鋒鏑叢中，百戰功高，仍是秀才本色。外授疆臣辭，内授廷臣又辭，強林泉猿鶴，作霄漢夔龍。尚書劍履，迴翔上接星辰，少保旌旗，飛舞遠臨海澨。虎門開絶壁，巖崖突兀，力扼重洋。千載後過大角礮臺，尋求故蹟，見者猶肅然動容，謂規模宏壯，布置謹嚴，中國誠知有人在。悲夫，今已旂常俎豆矣！憶疇昔傾蓋班荆，偕阮太傅留遺講舍，明鏡三潭，勸營别墅，從珂里移將退省庵來。南訪雲棲，北游花塢，歲歲追陪到烟霞深處，兩翁契合，遂聯兒輩因緣。吾家童孫幼，君家女孩亦幼，對穠華桃李，感暮景桑榆。粤嶠初還，舉足已憐蹩躠，吴閶七至，發言益覺啞嘲。鴛水遇歸橈，俄頃流連，便成永訣。數月前於右台仙館，傳報噩音，聞之爲潸焉出涕，念酒坐尚温，琴歌頓杳，老夫何忍拜公祠。」蓋上聯述剛直一生事蹟，下聯述己與剛直交誼，皆包括無遺也。

集四書篇名聯

有集《四書》篇名爲聯而極自然者。聯云：「衛靈公遣公冶長祭泰伯於鄉黨中，先進里仁舞八佾；梁惠王命公孫丑請文公在離婁上，盡心告子讀萬章。」可謂鉤心鬭角，具有鬼斧神工之妙矣。

集句聯

金匱楊子延能集長句爲長聯，有云：「蓋有功德材行志義之美者，豈獨花木土石水泉之適歟？」上句曾鞏《寄歐陽舍人書》，下句柳宗元《永州韋使君新堂記》。又云：「放歌自得，心曠神怡，儘教風雪江湖，夢裏不知身是客；逸興遄飛，酒酣耳熱，難得烟花魚鳥，老來專以醉爲鄉。」上聯第一句張炎《寄興》詞，第二句范仲淹《岳陽樓記》，第三句張玉田《歸杭疏》，第四句李後主《浪淘沙》詞。下聯第一句王勃《滕王閣序》，第二句魏帝《與吳質書》，第三句李商隱《謝河東公和詩啓》，第四句蘇軾《次韻趙金鑠》詩也。

集佛語經文聯

青浦金有鈞與俞曲園神交十年，未一謀面，而函札往來，輒自署「林陰仰雪翁」，或「無礙翁」。曲園贈以聯云：「心無罣礙；身其康强。」以佛語與經文作偶，頗渾成。

集詞句聯

有集詞句爲聯而極自然者，如集玉田、梅溪云：「石磴拂松陰，幾曲闌干，古木迷鴉峯六六；烟光搖綠瓦，一屏新繡，芙蓉孔雀夜温温。」集稼軒、草牕云：「雲洞插天開，欲往何從，一百八盤狹路；湘屏展翠疊，臨流更好，幾千萬縷垂楊。」集晉卿、永叔云：「海棠開後，燕子來時，黃昏庭院；紅粉牆頭，秋千影裏，臨水人家。」集稼軒云：「素壁寫歸來，畫舫行觴，細雨斜風時候；瑤琴才聽澈，鈞天廣樂，高山流水知音。」集清真云：「錦幄初温，葡萄架上春籐秀；闌干四繞，蒼蘚松階秋意濃。」集草窗云：「蓮葉共分題，貯月杯寬，笑拍闌干呼范蠡；篔屏掩雙扇，避風臺淺，旋移芳檻引流鶯。」集梅溪云：「竹杖敲苔，倚窗小梅覓句；簾波浸筍，閉門明月關心。」集夢窗云：「數曲闌干，人事迴廊縹緲；一奩越鏡，仙山小隊登臨。」竹垞云：「遊子何之，只是北燕南楚，落拓江湖，忍負了芳辰，萬事不如歸也；阿儂憊矣，最憐酒釃花濃，逍遙文史，問誰是豪傑，幾回搔首茫然。」

集哀啓句聯

張文襄之薨也，有集其公子哀啓中詞句爲輓聯者，曰：「無一日不辦事，無一事不用心，疆寄三十年，僅乃如此；行治術十之六，行學術十之四，存詩五百首，嗚呼哀哉。」

集節氣名聯

有集節氣之名爲聯而極自然者，聯云：「夜氣大寒，霜降茅簷如小雪；日光端午，清明水底現重陽。」

集五行名聯

有集五行之名爲聯而頗自然者，凡十字，皆有金木水火土之偏旁。上聯曰：「烟鎖池塘柳」，下聯曰：「燈深村寺鐘。」

集五行五方名聯

都門名流嘗結絢秋盦詩社，時宗室盛伯羲祭酒昱，方中同治庚午解元，年少氣盛，尤跳盪，嘗摘唐人詩「鑪烟添柳重」五字索對，同人屬句者皆謂不稱。丹徒趙曾望對曰：「峀凍洒蔄虛。」伯羲歎爲絕對。衆不服，伯羲曰：「吾出句按五行水火木金土，此對句乃按五方東南西北中也。」衆猶有不知北字所在者，相與一笑而罷。

集四季四方名聯

有集四季、四方之名爲聯而極自然者，聯云：「冬夜燈前，夏侯氏讀《春秋傳》；東門樓上，南京人唱北《西廂》。」

集四方名聯

高宗南巡，駕次順天之通州，曾出一聯以令侍臣屬對。聯曰：「南通州，北通州，南北通州通南北。」凡十三字，以南北通州四字貫之。紀文達公昀對之曰：「東當鋪，西當鋪，東西當鋪當東西。」

集戲名聯

有以戲名集聯而極自然者，如「潘烈士投海」對「孫夫人祭江」，「花園贈珠」對「草船借箭」，「背娃入府」對「打姪上墳」，「武松打店」對「曹操逼宮」，「哪吒鬧海」對「徐策跑城」，「烏龍院」對「白虎堂」，「三岔口」對「十字坡」，「春秋配」對「宇宙瘋」，「紫霞宮」對「白雲塔」，「四郎探母」對「九美奪夫」，「賣身投靠」對「打子放逃」，「問樵鬧府」對「打漁殺家」，「掛印封金」對「贈劍點將」，「花蝴蝶」對「玉麒麟」，「鴛鴦劍」對「雌雄鞭」，「日月圖」對「乾坤帶」，「七星燈」對「五雷陣」，「賣馬」對「偷雞」。

集俗語聯

有以俗語集爲聯而極自然者，如「水底撈月」對「雪上加霜」，「挺腰凸肚」對「擺尾搖頭」，「花言巧語」對「油腔滑調」，「苦中得樂」對「忙裏偷閒」，「靠天吃飯」對「坐地分贓」，「賊頭狗腦」對「人面獸心」，「移花接木」對「牽絲扳藤」，「逢場作戲」對「揀廟燒香」，「黃花閨女」對「白木監生」，「酒肉朋友」對「柴米夫妻」。又一聯云「山童採栗用筐承，劈栗撲籠」，對「野老賣菱將担倒，傾菱空籠」。

姓名聯

有以人之姓名號及成語屬對，而工巧絕倫者，如「張之洞」對「陶然亭」，「烏拉布」對「蠶吐絲」，「葉志超」對「花心動」，詞牌名。「準良」對「拳匪」，「黃興」對「白墮」，造酒人。「張人駿」對「通天犀」，「金向辰」郵傳部之官。對「銀托子」，「湯蟄仙」對「油炸鬼」，「朱介人」對「赤髮鬼」，見《水滸傳》。「湯化龍」對「油氽蟹」，氽，土懇切，吞上聲。「李柳溪」對「荷蘭水」，「朱桂辛」對「白瓜子」，「朱桂卿」對「赤松子」，「劉心源」對「弓背路」，劉，兵器名。《書·顧命》「一人冕執劉」。俗稱路之直捷者曰弓弦路，迂折者曰弓背路。「蔡鍔」對「蛇矛」，「陸鳳石」對「九龍山」，又對「山雞絲」，「額勒和布」對「腰圍戰裙」，「阿穆爾靈圭」對「又求其寶玉」，《左傳》句。「劉幼丹」對「康長素」，以姓字對姓字，別爲一格。「汪精衛」對「周自齊」，自爲鼻之本字。「萬青藜」對「雙紅豆」。詞牌名。此種對，尤難於半虛半實之字，銖兩悉稱，「興」對「墮」，猶「匪」對「良」也。

拆字聯

有拆字爲聯而極自然者，如「黑土墨」對「白水泉」，「田心思遠客」對「門口問行人」，「張長弓」對「騎奇馬」，「單戈合戰」對「十口爲田」，「種重禾」對「犂利牛」，「凍雨灑窗，東二點，西三點」，對「典木置屋，曲八根，直四根。」

汪容甫斥袁子才聯

汪容甫聞袁子才隨園書齋嘗揭一聯以自誇也，思有以折之。先馳書，訂期相見。袁之聯爲「此地有崇山峻嶺，茂林修竹；是能讀三墳五典，八索九邱」二句。及期往，袁不見。汪知其出避也，語其僮曰：「爾主人果在者，吾將假其所讀之墳典索邱一觀也。」袁歸，僮以告，遂撤其聯。

紀文達所見馬神廟聯

紀文達在京師，嘗偕友過馬神廟。廟門左掩一扇，上有聯云：「左手牽來千里馬。」友謂文達曰：「且勿觀下聯，試各思之。」文達曰：「下聯當爲『前身終是九方臯』。」及審視，乃「右手牽來千里駒」也。

龔定庵喜朱野雲聯

畫師朱野雲遊京師，高冠大屐，絕不作江湖態。與龔定菴交稱莫逆，嘗書聯贈之云：「灌夫駡座非關酒，江斆移牀那算狂。」定菴大喜，懸之聽事。徐垣生太史語人曰：「入門但觀此聯，便知是定菴家也。」

壽袁世凱聯

光緒戊申八月，爲直督袁世凱五十壽辰，各部堂司官及直隸之候補者，奔走祝賀。壽文、壽聯至多，惟署順天府治中阮忠樞一聯云：「五嶽視三公，惟嵩峻極；百年稱上壽，如日方中。」最工雅，他作皆不及。又有自海外緘寄一聯者云：「戊戌八月，戊申八月；我佛萬年，我公萬年。」不知何人所作也。

下聯不易對

有以蜀漢諸葛亮事衍爲上聯，而頗難屬對者，蓋句中含有一二三四五六七八九十等字，而皆武侯一人之事實也。句云：「守二川，排八陣，七擒六出，五丈原點四十九盞明燈，祇爲一身受三顧。」

少尹祭幛懸中堂

曾忠襄公國荃督兩江，光緒庚寅，薨於位。開喪時，同城文武大員及各僚屬，並京外各官，均有奠儀，祭幛、輓聯以數百計。先數日，有少尹某誇於同僚曰：「余欲送祭幛一軸，使懸中堂，雖王公大人不能易位也。」是日，弔客盈門，視其中堂所懸祭幛，下款果爲少尹某。中以白布書「兩宮垂淚」四字，蓋指孝欽后及德宗也。少尹以末秩浮沈宦海，因此知名。

詩鐘之名稱及原起

詩鐘之爲物，似詩似聯，於文字中別爲一體。初不名詩鐘也，曰嵌字偶句；專指嵌字格而言，見《閩雜記》。曰分曹偶句；專指分詠格而言，桐城張辛田用糈有分曹偶句之輯，見《閩雜記》。曰改詩，則改律句、絶句之詩而爲兩句，陳石遺且謂之曰兩句詩也；改字，意同截句之截字；曰折枝，則以爲詩之一聯，故云，與改詩用意略同；又曰百衲琴；吳縣秦雲、秦敏樹二人有《百衲琴》之刻。又曰羊角對；見俞廷瑛《百衲琴跋》。皆不知所取義。至詩鐘二字，則取擊鉢催詩之意，故又曰戰詩。樊增祥有《樊園五日戰詩記》。要之，此名以詩鐘名爲最通行。始於道、咸間，殆仿制藝之截搭題而作，蓋截搭合二題以製一文，詩鐘亦合二題以製一聯也。至近代而大盛。作俑者爲閩人，久之而燕北、江南亦漸有仿效之者矣。

徐鐵孫觀察榮嘗言，少時與諸友作嵌字聯句。鐵孫，爲廣州駐防漢軍人，是則粵中亦有之也。

昔賢作此，社規甚嚴。拈題時，綴錢於縷，繫香寸許，承以銅盤，香焚縷斷，錢落盤鳴，其聲鏗然，以爲搆思之限，故名詩鐘，即刻燭擊鉢之遺意也。

詩鐘之製題

詩鐘本爲觴政文酒之會，即席鬮題，或以雅對俗，或以人對物，拈絶不相蒙之目，撰十四字聯合之，以語工而成速者爲上，優者醇醪，劣者苦茗。今則徵人納卷，鉤思累日，猶不愜意。此自賢於博簺，然亦不免如韓退之所云「彫瑑愁肝腎」也。

詩鐘題有詠一事一物者，有詠兩物者，然總以詠一事一物且詠不倫不類之事物爲此體之正宗，若憑虛搆題，傑作尤罕。

憤時嫉俗之士，每於詩鐘出題時，寓其嬉笑怒駡，如天子與獸，官與狗，司法與傀儡，科舉與溺器，選舉與彩票，一薰一蕕，使與並列，可見矣。

詩鐘之體格

詩鐘分兩體，曰嵌字，曰分詠。任舉兩字，分嵌兩句中，嵌字也。兩句分詠兩物或兩事，分詠也。

嵌字之格不一，嘗以通行與否，分爲正格、別格。

正格七：曰鳳頂，一名鶴頂，又名虎頭，嵌第一字。曰燕頷，一名鳧頸，嵌第二字。曰鳶肩，一名鴛肩，嵌第三字。曰蜂腰，嵌第四字。曰鶴膝，嵌第五字。曰鳧脛，嵌第六字。曰雁足，嵌第七字。

別格九：曰魁斗，一字嵌上句之首，一字嵌下句之末。曰蟬聯，一字嵌上句之末，一字嵌下句之首。曰鼎峙，三字嵌兩句中，不相並。曰鴻爪，三字，一嵌上句第四字，二嵌下句首尾。曰雙鉤，以四字分嵌兩句首尾。曰五雜俎，五字任意嵌於兩句中。曰四五捲簾，一嵌上句第五字，一嵌下句第四字。曰三四轆轤，一嵌上句第三字，一嵌下句第四字。曰碎錦，一名碎流，四字以上，任意分嵌於兩句中。

或無鳳頂、燕頷諸名，但謂之唱。嵌第一字曰一唱，嵌第二字曰二唱，以下仿此。

分詠者，兩句分詠兩事，或分詠兩物，或一事、一物，要以詠不倫不類之兩事物見長。

詩鐘之嵌字格舉例

詩鐘之嵌字格甚多，舉例如下。睡星鳳頂格云：「睡漢金鼇春及第，星河銀雀夜填橋。」兵雀燕領格云：「酒兵宵按詩壇築，銅雀春荒霸氣沈。」鴨花鳶肩格云：「養得鴨言驚客彈，拈將花笑悟禪機。」姑國蜂腰格云：「新放鼠姑蜂蝶鬧，小營蝸國觸蠻爭。」苔膽鶴膝格云：「槍染綠沈苔半臥，筝彈銀甲膽初寒。」楚宮梟脛格云：「巫峽朝雲歸楚夢，連昌夜月入宮詞。」甲啼雁足格云：「龍騰滄海頻舒甲，猿聽巫山不住啼。」佛紅魁斗格云：「佛子座邊蓮葉碧，美人簾底棗花紅。」子雞蟬聯格云：「驊騮冀北無餘子，雞犬淮南並得仙。」壽字香鼎峙格云：「壽真無量人稱佛，書到相思字亦香。」大司馬鴻爪格云：「大宛職貢來天馬，少昊官司有祝龍。」太常仙蝶雙鉤格云：「太液聯翩池上蝶，常儀縹渺月中仙。」山冷微有雪五雜俎格云：「快雪看山晴有約，微波蕩月冷無聲。」袍到四五捲簾格云：「偶攜游屐到琴峽，待脱征袍隱鑑湖。」端菜三四轆轤格云：「詔下端門恭己日，禮成釋菜祭丁時。」雪練西瓜碎錦格云：「瓜皮雪泛西溪艇，練影江涵北固樓。」天地人碎錦格云：「雞踪踏地斜書个，鯉尾朝天倒寫人。」張三李四碎錦格云：「四壁圖書三尺劍，半肩行李一張琴。」十二月十二碎錦格云：「十里樓臺十里月，二陵風雨二陵秋。」雞魚肉鑼鼓板碎錦格云：「雞市鼓喧分社肉，板橋鑼響賣溪魚。」

詩鐘之限字

龍陽易實甫觀察順鼎曰：「限字體，大率限兩字不對者，分嵌於兩句中第幾字，其用三字、四字以至七八字者，則苛政也，變體也。」閩人又有五碎、七碎之名。小兒未學作詩，先學作對。作對之後，又學作碎對者，對他人五字、七字之句。碎者，自作一對五字、七字之句，其題則先命兩字，使分嵌於兩句中，亦限嵌於第幾字，但五七碎所限之字，皆相對者。分詠體有《申報》、赤壁一題，實甫有一聯云：「字多英法蛟龍氣，江是孫曹鷸蚌場。」

詩鐘之分詠格舉例

詩鐘之分詠格，舉例如下。《赤壁賦》、泰山云：「前後兩篇名士筆，東南千仞丈人峯。」壽星、簾鉤云：「南極經天珠照耀，西山捲雨玉彎環。」《紅樓夢》、白髮云：「應號怡紅公子傳，已非慘緑少年時。」醉蟹、情絲云：「濁世不容公子醒，春愁多爲女兒牽。」

詩鐘有籠紗嵌珠二格

咸陽李孟符兵部岳瑞曰：「詩鐘之作，近世極盛，有籠紗、嵌珠二格。籠紗者，取絶不相干之兩事，以上下句分詠之者也。嵌珠者，任取兩字，平仄各一，分嵌於第幾字者也。籠紗易穩而難工，嵌珠難穩而易工。」晚近多尚嵌珠，鄙意頗不喜之。都中相傳有分詠楊貴妃、煤者云：「秋宵牛女長生殿，故國君王萬歲山。」超脱悲渾，當爲極格。又有朱古微詠山谷、蠹魚云：「詩派縱横不羈馬，書叢生死可憐蟲。」李西漚詠寶劍、崔雙文云：「萬里河山歸赤帝，一生名節誤紅娘。」或詠魁星及承塵，魁星手中不持筆而持元寶者云：「文章自古須錢買，臺閣於今半紙糊。」詠《史記》、白糖云：「傳世文章無礙腐，媚人口舌只須甜。」詠醉蟹、情絲云：「濁世不容公子醒，春愁多爲女兒牽。」皆超雋。

此體閩人最工，魁星、承塵兩聯，皆閩人所爲也。鄭蘇堪嘗言，某歲福州某社出「女花」兩字，用嵌珠格，因字面太寬，限集唐詩。其前列三人皆極工，一云：「青女素娥俱耐冷，名花傾國兩相歡。」一云：「商女不知亡國恨，落花猶似墜樓人。」一云：「神女生涯原是夢，落花時節又逢君。」此非所謂文章天成，妙手偶得者耶！有人欲嵌「雪珠」二字，倩蘇堪爲捉刀者，蘇堪應聲曰：「雪膚花貌參差是，珠箔銀屏迤邐開。」二語皆在《長恨歌》，尤極自然。

詩鐘之唱卷

閩人作詩鐘，以唱爲重。其作詩鐘、閱詩鐘之法，每發題後，人例作四聯，投卷於筒，彙交謄録，謄録以小箋紙分謄，每箋例四聯。如每會十人，每人四聯，則小箋十紙，卽可謄畢。每謄畢一紙，卽送末座先閱，閱畢，遞傳上座者，以次輪閱，擬取者各另紙録出。所取不過十聯以内，自定甲乙。如每會十人，則十人各定所取甲乙也。各閱定後，以次宣唱之，優等者有賞。唱卷之法，從最後先唱，至元卷而畢。

詩鐘以唱爲樂，但頗費時耳。閩人例作四聯，欲多作者，則必作八聯而後可，不許少，亦不許多。易實甫每次皆作八聯，然不如僅作四聯之少而易精耳。閩派以陳伯潛閣學寶琛爲最工，如東年云：「東脩白笑羊何瘦，年齒誰憐馬又加。」羣雪云：「絶羣新築空山屋，犯雪親拏獨夜舟。」乞迷云：「殘酒乞鄰聊一醉，亂山迷路欲何歸？垂暮迷方終不逕，忍飢乞食定誰門。」木安云：「十年竿木逢場戲，一夢槐安作宦歸。」炊季云：「貧有一炊寧斷飲，老思羣季罷登高。」補顔云：「生際聖朝無補甚，老營陋室自顔之。」皆沖遠深微，詩鐘之最上乘也。

閩派有葉芾棠者，亦作手也。其所作，有蟲館限第二字云：「已蟲琴柱知音杳，久館權門脱穎難。」蟲館皆實字，頗難對，此聯竟將蟲館揉成虚字，妙矣。葉肖韓則云：「壁蟲待蟄秋絲盡，颷館無悰晚吹哀。」吐屬亦佳。又有佚其姓名者兩卷云：「倮蟲慚愧儂爲長，旅館喧嘈客自孤。」「號蟲身世如寒士，解館賓朋似落花。」存之，亦足以略見閩派矣。

集唐詩以爲詩鐘

詩鐘能以唐人詩句之爛熟人口者，運用得法，而屬對又相稱，自爲有目共賞之作。然不可失之於淺，淺亦斷不能出色。福州某社女花二字所集唐詩之外，亦頗有之。如順德羅掞東主政惇㬊伏星限第三字云：「香鑪伏枕京華望，雪涕星關早晚收。」又儀徵張丹斧好詩鐘，嘗以《傳箇》、《驚夢》題徵集作者，海寧程搏九所成僅十字，曰：「忽逢青鳥使，打起黃鶯兒。」蓋皆集句之渾成者也。

詩鐘有狀元謄録

詩鐘甲乙最優者爲狀元，最劣者爲謄録。梁節庵按察鼎芬嘗言：「陳伯嚴主政三立、繆筱珊編修荃孫作詩鐘，皆由謄録升至狀元。」言其初皆不工，後乃甚工也。

施鴻保在閩所見詩鐘

錢塘施鴻保在閩時，所見之詩鐘，佳者甚多，今記其數聯。如七才子八鄉兵云：「七步詩才曹子建，八門兵法武鄉侯。」依次分嵌，今無其格。七月半燒紙衣云：「半夜燒燈花落紙，七絃彈月露沾衣。」其但拈二字，次第限嵌者，即鳳頂、燕頷等格也，尤巧。如子魚限第二字云：「燕子不歸春寂寂，鯉魚無信路迢迢。」斷江限第三字云：「可憐斷雁無消息，不及江潮有去來。」田月限第四字云：「薄宦無田何日返，故人如月幾時圓？」皋馬限第五字云：「金玦心傷皋氏宅，玉環魂斷馬嵬坡。」雪如限第六字云：「湖上殘山松雪老，江南春雨六如歸。」此數聯俱自然連合，而上下語意仍復相貫，非心靈手妙者不辦。

張施詩鐘之唱和

桐城張辛田明府用糈爲詩鐘，以不類事爲題，合二題詠七言一聯。端午日孔子云：「赤帝驕人重五日，素王去我二千年。」魁星頂篷云：「曾將綵筆干牛斗，未許空梁落燕泥。」梳頭朝帽云：「雲開曉鏡攏蟬鬢，風閃峨冠動雀翎。」寶新閏靴襪云：「事經訪後傳多誤，步太高時穩最難。」剔脚人題名録云：「足下工夫三寸鐵，眼前聲價一文錢。」官坐堂養私孩云：「鼓吹堪憐聲是肉，歡娛誰料禍成胎。」枕頭劊子手云：「黄昏我便思依汝，白晝君偏敢殺人。」不應鄉試牛肉云：「秋戰任人雄拔幟，春耕憶爾病扶犂。」告示放屁云：「鄉老抬頭看日月，通人掩鼻笑文章。」吹簫和尚煮狗肉云：「定知跨鳳終成偶，不比燒豬要避人。」褡衣囚車云：「方外可知無正服，此中幾見有完人？」戒方新經布云：「子弟不材程白木，女兒有喜驗紅巾。」官廚子菊花云：「寡人公膳更雙鵞，隱士閒情對一鷗。」報馬糞桶云：「鈴聲急雨三更驛，擔影斜陽十畝田。」先生解館木芙蓉云：「化雨已成前日事，拒霜又見此時花。」鏡中美人撲滿云：「彼姝對影總如玉，此虜失聲空守錢。」海狗腎木偶云：「縱使生兒亦豚犬，是誰作俑到公卿？」燕子番狗云：「三春又見君尋主，諸夏難容爾吠人。」辛田素施鴻保效之，鴻保卽以燒年紙打紙牌爲題云：「明歲祈神重福我，今宵約伴共由吾。」又點燭嬾貓云：「書成誤處憑燕説，睡正酣時任鼠偷。」門神愁酌云：「笑爾常爲門外漢，教兒且覆掌中杯。」扳不倒錢云：「此老平生最倔强，乃兄何處不流通？」溺桶蓋冬菜云：「掩鼻無須避惡臭，咬根最好解餘酲。」鴻保旋自拈數題詠之，賊寶劍云：「何妨梁上有君子，要使世間無亂人。」與友行吟賭場云：「脱巾微步偕詩客，擲帽狂呼聚博徒。」呼狗家信云：「八尺休憑宣孟嗾，萬金曾記少陵吟。」請酒罩紗帳云：「覓醉惟應招大户，禦風最好製輕容。」蛇溺桶云：「不聞壯士行時畏，好供將軍飯後遺。」烟燈正月二十九日云：「長宵好友伴横卧，明日古人偕送窮。」雪中人傳奇沽酒云：「不信英雄常乞食，且憑賢聖暫祛愁。」打灘柳云：「白晝長年鬧狎浪，青春少婦倦登樓。」老婆兒許願得孕云：「此種癡情惟佛諒，最先喜信祇郎知。」聽鶯弄猢猻云：「春來好共客携酒，樹倒便隨人乞錢。」鴻保續又就原題和之，梳頭朝衣云：「蛾描鴛鏡奩初啓，虎拜螭坳佩共垂。」燕子番狗云：「代飛候暖催賓雁，入貢時清比旅獒。」告示放屁云：「官銜有例起頭大，文字無憑下氣通。」戒方新絰布云：「頑心須警木三尺，喜信初傳月一番。」枕頭劊子手云：「游仙我戀真佳境，入市人呼好快刀。」褡衣囚車云：「梵相最宜圖託鉢，土音亦好聽操琴。」官廚子菊花云：「勞薪有客知真味，晚節惟君傲衆芳。」辛田嘗曰：「此雖游戲筆墨，然非聰明不能裁對，非博洽不能使俗爲雅也。」

易實甫開詩鐘社於蜀

光緒乙酉，易實甫隨侍其尊人叔子方伯於川藩任所，趨庭之暇，與弟由甫、妹香畹及妹壻黄玉宗開詩鐘社。時張子苾、曾季碩夫婦居署中，而蜀中羣彦有顧印伯、范玉賓、劉健卿、江叔海諸人，簪裾畢集，同作詩鐘，往往酒闌燭爐，夜分不休。刻成四册，玉賓題簽曰《仿建除體詩》。蓋《鮑明遠集》有《建除》詩一首，以建除滿平定執破危成收開閉十二字，分嵌於一詩之中，六朝人多有之。有嵌數目者，有嵌五音八音者，亦文人游戲之一，與詩鐘相似者也。實甫命名之取材以此。

詩鐘風行於京都

光緒庚子初春，易實甫在京師，詩鐘之作，風行一時。琉璃廠南紙鋪之門，皆貼有詩鐘題，徵收試卷，標明彩物。波及內城，亦有發題並送卷者，不知何人所爲也。實甫所聞警句，如韓信墨盒云：「國士自真王自假，兼金其外絮其中。」楊柳七夕云：「三起三眠三月暮，一年一度一魂銷。」古書老妓云：「文字鬱律蛟蛇走，門前冷落車馬稀。」「零星掇拾秦灰後，去日銷磨楚夢中。」逾數月，遂有拳匪之亂，此事亦遂廢矣。

常州有鯨華社詩鐘

常州有鯨華社詩鐘，先後與社者四十有四人，創於江陰金湝生運副武祥、武進劉葆良兵備樹屏，起光緒辛丑四月，訖癸卯十月，凡四十集。其期會之疏數，賓朋之衆寡，無定形，亦無常主。或一月再三集，或間三四月一集。前集之人，與後集不必相謀。蓋同社之中，宦游四方者什六七，其它或迫於生事，僕僕奔走，或過客，傀焉至止，一集輒去，乍歸復出，倏來倏往，其優游閭巷無官私之牽率者，無數人焉。癸卯以後不復舉，亦以散者不可猝聚，故莫之止而止也。史朗存每集必赴，罷，輒裒一日所得句，挾以歸，纂次而藏之，都四千餘聯。

張文襄好詩鐘

張文襄好作詩鐘，督鄂時，輒於政暇召集僚友作詩鐘，往往限以難字。嘗以奇態二字命題，某用杜詩分點一聯云：「弟兄陳氏奇皆好，姊妹楊家態並濃。」

一日，傳某某入署爲詩鐘。一被傳者，婦病方殆，不敢辭，勉具衣冠而往。文襄不衫不履，劇談久之，始出題，乃皆搆思。某哀急萬分，知其婦於此數分時，必已不起。瞥見其僕在窗外探望，若有言而不敢入者，心益痛，不覺涕泗交流。文襄見之，大笑曰：「做不出，亦常事，何哭爲？」某起立，言實婦病垂危，痛極而流此急淚耳。文襄云：「何不早言！」即揮之出。

文襄入樞垣，結習未除，嘗限蛟斷二字分嵌一聯。梁節庵作云：「射虎斬蛟三害去，房謀杜斷兩心同。」文襄大悦。

蔡伯浩好詩鐘

蔡伯浩觀察乃煌好詩鐘，其官江蘇蘇松太道時，尤喜爲之。與幕賓競字鬬格，擊鉢相催，一聯既成，電傳金陵。樊雲門嘗爲之評判甲乙，誠可謂極文人之好事矣。

伯浩當時有《絜園詩鐘》之刻，佳構頗多。如睡宫鳳頂云：「睡足海棠春色豔，宫深槐樹午陰長。」門六鳶肩云：「火樹六街城不夜，碧蕪門館地無埃。」緑繩鳶肩云：「相看緑鬢菱花鏡，自寫繩頭貝葉經。」一人粉蜂腰云：「三策天人新著作，六朝金粉舊河山。」翠油蜂腰云：「一水如油浮艇去，四山將翠入城來。」皆警句也。

李孟符開詩鐘會於粵

李孟符曰：「嵌珠難穩而易工。」良然。顧其佳者，亦正可諷。光緒丁未旅粵，暇輒從朋輩爲詩鐘之會。一日，拈得臣滿二字，皆用嵌珠中之虎頭格。虎頭格卽鳳頂格。虞和甫觀察云：「臣門車馬登龍日，滿屋圖書伏蠹年。」況晴皋大令云：「臣門冷落容羅雀，滿地淒涼怕聽鵑。」陳伯瀾刺史云：「臣心常與葵同向，滿鬢羞將菊亂簪。」自然名雋。又用燕領格嵌屋心二字，伯瀾云：「老屋欲傾松作柱，禪心未定絮沾泥。」用鳶肩格嵌人南二字，晴皋云：「杜陵人日淒涼甚，庾信南來感慨多。」陳少衡大令云：「天上人間今夜月，南征北下隔年霜。」又陳壚伯大令用虎頭格嵌臭珠二字云：「臭逐不妨來海上，珠還何日返天南？」皆佳句也。拙作臭珠云：「臭如蘭蕙交如水，珠辟塵埃玉辟寒。」又千土二字，用蜂腰格云：「隔院秋千雜絲竹，東華塵土夢觚棱。」嗜痂者以爲後一聯感喟蒼涼，別有懷抱。

高乃超詩鐘好嵌字

高乃超，名超，閩人。其先世爲揚關榷吏，遂家於揚。嘗於揚之教場，設可可居小酒肆，營業日起，乃增益資本而擴之。閩人好作嵌字詩鐘，高尤嗜之，日夕集文士從事吟詠。其司簿籍之某，亦能詩能棊。有客過其門，輒聞咿唔之聲。店小二報帳，而居停與司帳者方閉目推敲，其營業遂因詩鐘以敗。

謎之名稱及原起

謎必用燈，不知何人作俑。古名「商燈」，又曰「春燈」，或呼爲「文虎」，一曰「燈虎」，而又疑其爲「燈糊」。虎字必有所本，殆取以矢射之之義也。商則取商榷之義。惟「春燈」之名甚雅，蓋春市一燈，文人小集，必在上元良夜金吾不禁時也。

古無謎字，但謂之隱語。麥麴、河魚、庚癸等詞，見於《左傳》。其次則《國語》之「秦客爲廋詞於晉之朝」，而《新序》之狐白羊皮，《曹娥碑》之「絶妙好辭」，孔北海之「魯國孔融文舉」，皆是也。北海作離合體詩，其詩曰：「漁父屈節，水潛匿方。與時進止，出寺弛張。吕公饑釣，闔口謂旁。九域有聖，無土不王。好是正直，安固子藏。海外有截，隼逝鷹揚，六翮不奮，羽儀未彰。龍蛇之蟄，其它可忘，玟旋隱曜，美玉韜光。無名無譽，放言深藏。按轡安行，誰謂路長！」此詩離合「魯國孔融文舉」六字。如第一句漁字，第二句水字，漁去水爲魚。第三句時字，第四句寺字，時去寺爲日。離魚與日而合之，則爲魯字。餘做此。

《文心雕龍》曰：「謎者，回互其詞，使昏迷也。」《七修類稿》曰：「隱語轉而爲謎。至蘇、黄而始盛，有編集四册，曰《文戲》。」

謎之體格

謎有體有格。以體言之，有會意、象形、諧聲、增損、離合、假借、分詠之別。大抵用格必須在旁註明，體則不能先爲表示。至古人所謂重門垂柳，不知是何體裁，今失傳矣。

謎之格甚多，自「黄絹幼婦，外孫齎臼」八字合爲「絶妙好辭」始，其後踵事增華，而格日多。曰白描，曰集錦，曰繫鈴，曰解鈴，曰捲簾，曰落帽，曰脱靴，曰折腰，曰錦屏，又謂之鴛鴦。

謎之神品能品逸品

謎爲文人之餘事，張文襄好猜之，嘗以「夜來風雨聲，花落知多少」射《易經》「中心疑者其辭枝」，神傳阿堵，餘味盎然，是爲神品。葉奂彬之「末座少年，異日必是有名卿相」射《詩經》「緑衣黄裳」，文章天成，妙手偶得，是爲能品。某之「伯姬歸于宋」見《春秋》。射《唐詩》「老大嫁作商人婦」，别開生面，妙造自然，是爲逸品。

謎以摹神見長

謎之以摹神見長者，不在以面底字義相配合，如潘文勤之「臣東鄰有女子窺臣三年矣」射「總是玉關情」，不著一字，儘得風流，純然一片靈機，非笨伯所能夢見。張味鱸以「臣至今未許也」，射《西廂》

「不要東牆」，則自謂差堪髣髴。又以「聞甬道中屐齒聲甚厲」射「庾公之斯至」；「彼可取而代也」，射「爲政不難」；「汝視阿嬌好否」射「姑將以爲親」；「孔子亦矙其亡也，而往拜之」，射「立於虎門之外」，皆意在言外。惟所射爲書句，不及詩詞流宕有致耳。但此種謎面，必用成語爲佳。若後人以「《紅樓夢》中女」亦射「總是玉關情」者，雖同一用心，未免相形見絀耳。味鱸，名啓南，閩人。

謎有書家意江湖意之别

光緒戊申，番禺沈太侔禮部宗畸在京師刊行《國學萃編》，其徵謎語有云：「書家意者方能照登，江湖意者恕不登録。」此語直得謎中三昧。謎之最忌者二：一曰俗，如鄉人所猜之謎是也；一曰呆，如蘇滬各地茶肆中丐者所書之謎是也，是皆太侔所謂江湖者是也。一染此習，便失文人身分。故謎雖屬游戲，必非胸無點墨者所能從事。

以「政」射書名「正字通」，以「五經無陣字」射「陳代」，以「菊」射「鞠通」，此謎之通於字學者也。唐薇卿中丞景崧以「虛帳不必實給」射「花開堪折直須折」，此與書注之彼此通同而無折閲者相合。以「李憲之有韋」射「言及之而不言」，以「寺」射「已欲立而立人」，此謎之通於訓詁者也。以「期期艾艾」射「蓋三百年於此矣」，古文以「萬取千焉，千取百焉」射「其實皆什一也」，此謎之通於數學者也。以「水火金木土」射「其下維穀」，以「詩賦」射「自葛始」，以「檮杌」射「南國之紀」，以「當與夢時同」射「有覺其楹」，以「召公奭、太公望」射「旦畢中」，以「二十號」射「冠而字之」，以「非徒無益，而又害之」射「謂語助者」，以「崔雙文」射「在南山之下」，此謎之通於經者也。必如是，始可謂之得書家意。

王嘯桐孝廉風雅能文，謎雖非其所長，偶一爲之，亦皆膾炙人口。如「白牡丹」射「素富貴」，「伯牙終身不復鼓琴」射「爲期之喪」，「松子」射「父爲大夫」，「右徵角，左宮羽」射「商也不及」，「德行、言語、政事、文學」射「夫子之設科也」，「戊辰」射「天數五，地數五」，「塞翁吟」射「思馬斯作」，「族譜」射「在宗載考」，「太顛、閎夭、散宜生、南宮适」射「亂爲四輔」，「非實中心好吳也」射「越在外服」，「泥馬」射「康王跨之」，「管仲不死」射「生夷吾」，「甲長」射「龜爲前列」等謎，皆嘖嘖人口。或以運典見長，或以底面現成取勝，自非江湖諸家所能望其項背也。

謎之有書家、江湖之別者，雅俗耳。然亦有意俗而詞不俗者，並有詞亦俗而不厭其俗，一似無傷雅道者。如「使女擇焉」射「決汝漢」，「打胎」射「既欲其生，又欲其死」，「人盡夫也」射「漢之廣矣」，「太監」射「爲其嫌於无陽也」，「娘子誇才郎」射「能官人」，「賴債」射「借曰未知」，「視之男也」射「相其陰陽」，「宮」射「滅下陽」，「怎當他臨去秋波那一轉」射「離騷」，「退婚證據」射「前漢書」，「閨門」射「黃花地」，「太史公下蠶室」射「畢竟是文章誤我，我誤妻房」，「宮辟疑赦，其罰六百鍰」射「有錢有勢」，「其勢不佳」射「如之何不弔」，梨花皆足令人捧腹，然仍不脫書家意，洵爲文人之游戲也。

謎須面底相扣

尋常之謎，其面與底之相扣，恆不外正反二義。其以正義扣者，如「衆善奉行」射「好事者爲之也」，

「和尚還俗」射「釋新民」，「命舜浚井」射「使虞敦匠事」，「施恩不求報」射「賜也何敢望回」，「拙荆」射「柴也愚」，「偷香」射「竊聞之」，「竹書」射「簡而文」，「昌黎」射「文王之民」，「雁足傳書」射「飛鳥之遺音」，「監生」射「觀其所養也」，「詩思在驢子背上」射「有懷於衛」，「是謂過矣」射「可以爲錯」，「閨怨」射「婦歎於室」，「夜半鐘聲」射「牢曰子云」，「諸峯羅列是兒孫」射「太岳之胤也」，「都御史上白簡」射「從臺上彈人」，「鴉背夕陽明」射「日在翼」，「告别」射「歸去來辭」，「吐氣如虹」射「長息」，「争座位」射「鬬班」，「心喪三年」射「師服」，「楊柳樓臺」射「絮閣」，劇名。「一鞭殘照裹」射「馬兒向西」之類皆是。雖確切不移，終有天地即乾坤之嫌，猶之行文不重正面而重反面，故謎之以正義扣者，不若反扣之爲曲折而多趣。如「日入而息」射「不昏作勞」，「非實中心好吴也」射「越在外服」，「閫教」射「夫有所受之也」，「樵子」射「其父析薪」，「予天民之先覺者也」射「我不以後人迷」，「直呼其名」射「或不知叫號」，「不貳過」射「惟一經」，「圓轉如意」射「不可方思」，「師也辟」射「夫子未出於正也」，「惟正之供」射「弗納於邪」，「輕減了小腰圍」射「帶則有餘」，「逝不相好」射「人在情在」，「南元」射「北方之學者未能或之先也」，「俯允」射「不肯把頭抬」，「顧閭已過」射「許人尤之」，「受用」射「不辭費」，「正面着想」射「反是不思」，「娘子軍」射「出夫家之征」，「蓋有之矣」射「乃底滅亡」，「曲有誤」射「直不疑」，是皆以反面字扣正面也。

六經謎

《六經》謎雖較《四子書》爲易作，然所易者，不過材料較多耳，於謎之真際無與也。《詩經》謎之佳者，如「指囷相贈」射「予所蓄租」，「牧童遙指杏花村」射「彼有旨酒」，是皆指點得神者。「一二梅花烘夕照」射「三五在東」，「雞」射「二三其德」，是以數字扣合者。他如「聞雞起舞」射「先祖是聽」，「髀肉復生」射「無使君勞」，「懊儂歌」射「亂我心曲」，「此非吾君也，何其聲之似我君也」，射「明明魯侯」，「天地一孤舟」射「載玄載黃」。《易》謎如「凱風何以不怨」射「蓋取諸小過」，「西廂記」射「兼三才而兩之」，「衆賓望之以爲神仙」射「觀泰同人既濟」，亦靈變可喜。《書經》謎如「畫」射「聿求元聖」，「欲有謀焉則就之」射「王來自商」，「覺」射「三江既入」，「二十四朝事略」射「三八政」，皆顯切渾成，無一毫餖飣習氣者也。

謎詩

遂安毛鶴舫際可嘗賦謎詩十二首，每首隱四人名，均在一部書中。清奪晉人，覆發漢主，取當老參禪，留作韻事譜。長洲褚人穫爲之解釋於下。《聖瑞圖》云：「美玉無瑕輯瑞同，白圭。岐豐佳氣慶雲中。周賓。從天產下鱗蟲長，龍子。兩道祥光一色紅。丹朱。」《太平樂》云：「虎旅歸來已罷兵，畢戰。關梁無禁任遙征。許行。九重天子稱仁聖，王良。異獸趨朝負輦行。象。」《王會圖》云：「節屆陽和萬彙蘇，景春。降藩歸化效前驅。王順。北門鎖鑰推良佐，司城貞子。絕域從今按版圖。貉稽。」《嘲一家低碁》云：「滿院碁聲暑氣收，弈秋。乃翁局敗少機謀。公輸子。君家季父還猶豫，子叔疑。爲語兒童且退休。子莫。」《金蘭會》云：「綠柳陰中點絳紅，楊朱。良材勝任棟方隆。杞梁。少年意氣真堪託，季任。一諾何妨縞紵通。然友。」《高隱》云：「垂楊枝上漏春光，泄柳。歸去來辭獨擅長。晉文。聖主南山容霧隱，王豹。素絲白馬爲誰忙。綿駒。」

《家慶》云：「舊識傳家有雋才，陳良。長男濟困散家財。孟施舍。更傳遲暮添丁好，晏子。疑是籛鏗改姓來。彭更。」《宮詞》云：「春日問花花解語，桃應。良緣欲就轉横波。成覸。東鄰相對憐嬌小，西子。争比椒房絶豔何？宮之奇。」《山行》云：「岧嶢西岳接西京，華周。天際冥鴻物外情。飛廉。莫道路遥頻顧僕，百里奚。衰年負荷歎勞生。戴不勝。」《嘲村學究》云：「身長九尺皓鬚眉，高叟。俯首常如持滿時。戴盈之。村塾全然無約束，師曠。任兒攜幼浴清池。子濯孺子。」《宮怨》云：「夜永雞鳴漏未收，景丑。官家沉醉百無憂。王驩。娥眉一色誰相讓，顔般。南院光輝相對幽。北宮黝。」《老農》云：「中男驅犢出前村，牧仲。須避南山百獸尊。陽虎。更與諸兒相共語，告子。年來齒落復生根。易牙。」

諺語謎

以諺語爲謎，非扣以成語不可，況五方異宜，語亦不同，作謎者尤須在楚言楚，在齊言齊。如「幸而獲之，坐以待旦」射「不曉得」，以「鼓鐘送尸」射「不留神」，以「閲後付丙」射「一目了然」，皆諺語之普通者。外此，如以「强得易貧」射「四十弗富」，蘇諺也；以「吉利吉利」射「雙料曹操」，京諺也，則各限一方，不相通用。非特底也，面亦有之。如以「乖覺」射「是知津矣」，蓋用京諺之以乖爲婦人口也。以「東風」射「西瓜」，京音瓜近刮，言起東風時，向西吹也。以「城外麪餅極多」射唐詩「野火燒不盡」，蓋以京都麪餅小厚而無芝麻者稱曰火燒，故云。諺謎之不可通也如是。

孝欽后喜謎

孝欽后喜製春燈謎，其得意者，射中之，每條賞銀五十兩。

唐薇卿謎有絶詣

唐薇卿嘗著有《謎拾》一書，佳者頗多，炙膾人口。如以「夫陽子本以布衣處於蓬蒿之下」射「城非不高也」，以「本以」字反振「非不」字，何等自然，似韓文公當日下筆時，特爲此句而設。又以「送之至湖口」射「視我邁邁」，底面皆極渾成，又恰合口吻，可稱謎中絶詣。

張味鱸在辰所見之謎

光緒甲午，張味鱸客長沙，值孝欽后萬壽，滿城金碧，士女殷闐。而好事文人，亦於此時分曹射覆，點綴昇平。入夜，輒往觀之。至一處，偶一瞻眺，見他人所射中者，鄙俗不堪，令人欲嘔，望望然去之。如「妓女入大成殿謁聖」射「陽貨欲見孔子」，落帽。已極可笑。又有一梨花格，面爲「孔子爲魯司寇，鑿壁偷光」射《四子》二句，其雜湊不通，蔑以加矣。及揭出，乃「聽訟吾猶人也」。以「吾猶」諧爲「無油」，真可謂想入非非矣。繼至一家，則表裏均甚大方，確爲文人之筆，其披露者數條。如「萬國衣冠拜冕旒」射一「命」字，捲簾。分之爲「叩一人」，語合頌揚，故爲佳耳。「不是因緣也並頭」射一「韻」字，以諧聲兼會意，頗具匠心。「乃審厥象，俾以形旁求于天下」射一「像」字，以底面爲增損，亦甚佳妙。他如「綠林豪傑舊知名」射「昔者竊聞之」，「外孫丰度鼠姑馨」射「好色富貴」，「自寫家書寄弟兄」射「啓予足啓予手」。味鱸則曰：「此雖非成語，而措詞不俗，亦謎中能手也。」

張味鱸設謎社於辰

張味鱸弱冠以前，專喜猜謎而未嘗自製。光緒辛丑客辰州，襄卝局事，時值上元將屆，辰郡燈火甚盛，戲蚌舞獅，魚龍曼衍，遊人肩摩轂擊，絡繹於衢，偶然興動，於是懸一燈於廛市，備紙筆爲酬庸。辰人最喜食粿，即俗呼爲元宵者，及檳榔諸食物，亦因其所嗜以爲贈品焉。彼中文人素不諳此，訝爲搬見。初時僅就其淺近者射之，經味鱸指示要領，開陳窾竅，並述古謎爲比例，遂得舉一反三之效。既而靈思日闢，嗜者益多，昕夕過從，竟成莫逆。味鱸與辰人士訂交，實以謎爲之作合焉。

張味鱸論謎

張味鱸曰：「作謎必求人猜，佳者尤望其發表，如賈者之奇貨得售，庶幾不負，非若軍人之臨敵，惴惴然惟恐彈丸之注射也。嘗見他人之出謎者，或專事艱深，以僻典異書，自矜博洽，苦人所難。或多方挑剔，猜者字句間偶有小誤，即斥爲非是。雖勝於原作，亦堅不認可，其居心惟恐人之猜中耳。既畏人猜，何如勿出，作此醜態，甚無謂也。余則反其所爲，遇有佳製，竊恐人之不中，有時微示其意，指點迷途，俾不誤厥眼光，終能達其目的，或亦吾儒忠恕之一道乎！」

張味鱸以新式燈猜謎

普通所張之燈，大都長一二尺許，分兩層，中然小燭，所出亦僅數十百條而止。張味鱸則變通其法而擴充之，製一巨架，長四五尺，上下作三級，籠以兩巨煤氣燈，光明如晝。謎則《四子》、《五經》、雜俎，各從其類，凡數百條。已猜中者，則將原紙標明謎底，黏示其旁，俾觀者知其用意之淺深，以爲模範。故人皆樂於從事，歎爲春燈之大觀也。

張修五有謎癖

有不善猜謎而有此癖者，張修五也。修五爲味鱸之族叔，幼相親，長相得，復同皋茂才，同辦辰州卄務，連床話雨，樽酒論文，數十年如一日也。修五勤於學，博聞強記，有書厨之目。見味鱸製謎，必一一諮詢，與語，亦領悟，出題時，必從旁坐聽。遇有佳製爲人射中，則眉飛色舞，若自己出。夜漏三四下，無倦容，觀者不散，不去也。然始終未嘗自猜一謎，以天性篤厚，不諳機變也。

鄧舜欽不能猜謎

有精於詞章而性不相近者，江右鄧舜欽孝廉是也。鄧工書畫，尤嫻於詩詞，於謎獨懵然罔覺，且視之索然無味。張味鱸識之，嘗以古謎之極佳者爲之稱説，其如何命意，如何扣題，及着眼下手之法，罕譬曲喻，當時似亦了了，及易一題，而仍茫然。雖以極淺之謎，如「夏以水德王」射「黨」字者，令其試猜，亦決不能中。不知天賦聰明，何以優於彼而絀於此也。

陳白水謎不耐思

有性極靈敏而不耐思索者，如湘潭陳白水者，風雅士也，八法六法，皆獨步一時，金石刻畫，亦駸駸入秦、漢人之室。嘗假館於張味鱸家數年，晨夕與共，每讀報章，見有謎語，輒邀與同觀，品評優劣。所言悉中肯綮，其感覺之敏速，有時爲味鱸所不及。一日，見報載以「力」字射「二之中四之下」也。味鱸尚未悟，白水見之，卽知其從「五」字中心抉出。惟性不喜沈潛，一擊不中，則躁急不可復耐，便爾棄去，雖强嬲之，弗顧也。

沈中路善燈虎戲

沈中路爲文定公裔，其於燈虎之戲，有出人意表者。如「聞説康成讀書處，而今賸有刼餘灰」射「不其然乎」，「一自漢家驂乘禍，編詩怕誦《黍離》篇」射「霍亂傷風」，皆不失詞人吐屬。尤絶倒者，如「笑拈髭鬚問夫壻」射「汝何生在上」，一時聞者咸爲捧腹。

繙書房

崇德己卯，太宗患滿人不識漢字，命巴克什文成公達海繙譯滿語《孟子》、《通鑑》、《六韜》及《三國志演義》各一部，頒賜耆舊，以爲臨政規範。定鼎後，設繙書房於太和門西廊下，揀擇旗員中諳習滿文者充之，無定員。凡《資治通鑑》、《性理精義》、《古文淵鑑》諸書，皆譯之以行。

國初，滿洲武將不識漢文者，類多得力於《三國志》。嘉慶時，額勒登保初以侍衛從超勇公海蘭察帳下，每戰輒陷陣。超勇曰：「爾將材，可造，須略識古兵法。」以滿文《三國演義》授之，卒經略三省。教匪平，論功第一，蓋超勇亦追溯舊聞也。

李濤能以滿文譯漢文

當奉詔飭漢翰林習學滿文之時，李司寇濤方在館，亦與焉，日夕肄之，矻矻不稍休。能以滿文譯漢文，並通滿語，滿翰林亦贊之。其後爲浙中監司，時撫軍、藩司皆滿人，將於鹺務有所變更，司寇不聽。一日，撫作滿語謂濤曰：「事可徑行，計須爾爾，不關傖父事。」司寇俯而笑。撫遽悟，掩面語曰：「渠是清字翰林出身。」

清字經館

乾隆壬辰，高宗以大藏佛經有天竺番字、漢文、蒙古諸繙譯，然禪悟深邃，漢經中之咒偈，代以翻切，未得祕旨，清文句意明暢，轉可得其三昧。故設清字經館於西華門内，命章嘉國師綜其事，以達天蓮筏諸僧助之。考取滿謄録、纂修若干員，繙譯經卷。先後凡十餘年，《大藏》告蕆，四體經字始備。初存經板於館中，後改爲實録館，乃移其板於五鳳樓。

滿文金瓶梅

京師琉璃廠書肆有滿文之《金瓶梅》，人名旁注漢字，蓋爲内務府刻本，户部郎中和泰所譯者也。此書而外，尚有《西廂記》。蓋國初雖有繙書房之設，此或當時在事諸人以游戲出之，未必奉勅也。

雙譯

佛經有名雙譯者，乃印度所著，唐古忒所譯，而此土重譯之本。有名單譯者，則譯唐古忒所著之本。惟《楞嚴經》爲此土所著，未入西域。

裕思元以唐古忒字譯校佛經

宗室裕瑞，字思元，豫通親王裔，封輔國公。嘗畫鸚鵡地圖，卽西洋地球圖也。通西番語。嘗謂佛經皆自唐時流入西藏，近日佛藏皆是一本，無可校讐，乃取唐古忒字譯校，以復佛經唐本之舊，凡十餘簏，悉存於家。盛伯羲於光緒時猶及見之。

徐雪村主譯西書

無錫徐雪村封翁壽，爲仲虎觀察建寅之尊人，精理化學，於造船、造槍礮彈藥等事，多所發明，並自製鏹水棉花藥汞爆藥。我國軍械既賴以利用，不受西人之居奇抑勒。顧猶不自滿，進求其船堅礮利工藝精良之原，始知悉本於專門之學，乃創議繙譯泰西有用之書，以探索根柢。曾文正公深韪其言，於是聘訂西士偉力亞利、傅蘭雅、林樂知、金楷理等，復集同志華蘅芳、李鳳苞、王德均、趙元益諸人以研究之。閱數年，書成數百種，於是泰西聲光化電、營陣軍械各種實學，遂以大明，此爲歐西文明輸入我國之嚆矢也。

總署章京譯俄相書

光緒癸巳，駐華俄使以其國相所上德宗之書及討論税則者，交由總理衙門堂官轉呈。以原文質直，令章京譯而書之，乃始呈進。或詢原書，則曰：「雜置書庫中矣。」索觀所譯，乃皆諛頌之辭，絶類章奏，咋舌而詢之曰：「俄之文法，似不爾爾。」則曰：「原書言質，豈可使皇上見之耶？」

葉清漪論譯西書

仁和葉瀚，字清漪，以我國所譯西書凌雜不合，嘗於光緒丁酉春論其弊。其言曰：「自中外通商以來，譯事始起，京師有同文館，江南有製造局，廣州有醫士所譯各書，登州有文會館所譯學堂便用各書，上海益智書會又譯印各種圖説，總税務司赫德譯有《西學啓蒙》十六種，傅蘭雅譯有《格致彙編》、《格致須知》各種。館譯之書，政學爲多，製局所譯，初以算學、地學、化學、醫學爲優，兵學、法學皆非專家，不得綱領。書會税司各學館之書，皆師弟專習，口説明暢，條理秩然，講學之書，斷推善本。然綜論其弊，皆未合也。一曰不合師授次第。統觀所譯各書，大多類編專門，無次第，無層級，無全具文義卷帙，無譯印次第章程，一也。一曰不合政學綱要。其總綱則有天然理數測驗要法，師授先造通才，後講專家。我國譯書，不明授學次第，餘則或祇零種，爲報章摘録之作，爲教門傅翼之書，讀者不能觀厥會通，且罔識其門逕。政學則以史志爲據，法律爲綱，條約、章程、案據爲具，而尤以格學理法爲本。我國尤不達其大本所在，隨用逐名，實有名而無用，二也。一曰文義難精。泰西無論政學，有新造之字，有沿古之字，非專門不能通習。又西文切音，可由意拚造，孳乳日多。漢字尚形，不能改造，僅能借用切音，則字多詰屈，閲者生厭。譯義則見功各異，心志難齊，此字法之難也。泰西文法，如古詞例，不是詞法，語有定法，法各不同，皆是創造，不如我國古文、駢文之虚樵砌用，故照常行文法，必至扞格不通，倘仿子史文法，於西文例固相合，又恐初學難解，此文法之難也，三也。一曰書既不純，讀法難定。我國所譯，有成法可遵者，有新理瑣事可取者，有專門深純著作前尚有數層功夫，越級而進，萬難心解者，取材一書，則嫌不備，合觀各書，又病難通，起例發凡，蓋甚難焉，四也。坐此四弊，則用少而功費，讀之甚難。欲讀之而標明大要，以便未讀之人，又難之難也。」